Plutarch   Leben und Taten
berühmter Griechen
und Römer
Vier Parallelbiographien

Aufbau-Verlag 1986

Ausgewählt und mit Anmerkungen versehen
von Wolfgang Ritschel

Aus dem Griechischen übersetzt
von Johann Friedrich Salomon Kaltwasser

Die Übersetzung wurde redaktionell überarbeitet
von Wolfgang Ritschel

1. Auflage 1986
Alle Rechte an dieser Ausgabe Aufbau-Verlag Berlin und Weimar
Einbandgestaltung Heinz Hellmis
III/9/1 Grafischer Großbetrieb Völkerfreundschaft Dresden
Printed in the German Democratic Republic
Lizenznummer 301. 120/110/86
Bestellnummer 613 463 7
00460

Themistokles

1. Themistokles konnte wegen seiner niedrigen Geburt wenig Anspruch auf Ruhm und Ehre machen. Sein Vater Neokles war ein unbedeutender Bürger zu Athen, aus dem zum leontischen Stamme gehörigen Flecken Phrearrhoi; von seiten seiner Mutter aber war er nicht einmal ein echter Bürger, wie dies Epigramm bezeugt:

Ich, Abrotonon, bin ein thrakisches Weib, doch gebar ich
Euch den tapferen Held, Griechen, Themistokles.

Phanias hingegen sagt, Themistokles' Mutter sei nicht eine Thrakierin, sondern eine Karierin gewesen und habe Euterpe, nicht Abrotonon geheißen. Auch gibt Neanthes Halikarnassos in Karien als ihre Vaterstadt an. Damals war noch solchen unechten Bürgern zu ihren Übungen das Kynosarges angewiesen, ein Gymnasium, das außerhalb der Stadt lag und dem Herakles geweiht war, weil auch dieser seiner sterblichen Mutter wegen nicht unter die echten Götter gezählt wurde. Themistokles wußte nun einige Jünglinge von edler Geburt zu bereden, daß sie mit ihm nach Kynosarges gingen und da ihre Übungen hielten, wodurch er auf eine schlaue Art den Unterschied zwischen echten und unechten Bürgern aufzuheben schien. So viel ist indes gewiß, daß er zu dem Geschlechte der Lykomiden gehörte, denn er ließ, wie Simonides meldet, das den Lykomiden gemeinschaftliche Heiligtum in Phlya, nachdem es von den Persern verbrannt worden, auf seine Kosten wiederherstellen und mit Gemälden ausschmücken.

2. Schon in seiner Kindheit war er, wie man einstimmig versichert, voller Feuer und ließ nicht nur einen gesunden na-

türlichen Verstand, sondern auch eine besondere Neigung zu großen Unternehmungen und Staatsgeschäften blicken. Die Stunden, welche ihm zur Erholung vom Lernen übrigblieben, verwendete er nicht, wie Knaben sonst zu tun pflegen, auf Spiel und Müßiggang, sondern man fand ihn immer für sich selbst Reden ausarbeiten, die eine Anklage oder Verteidigung eines seiner Gespielen enthielten. Daher sagte auch sein Lehrer oft zu ihm: „Aus dir, Junge, wird einmal nichts Geringes werden, entweder etwas recht Gutes oder etwas recht Böses." Alle die Wissenschaften, welche zur Bildung der Sitten dienen oder des Vergnügens und der feinern Lebensart wegen erlernt werden, trieb er nur nachlässig und mit großem Widerwillen; dagegen bemerkte man deutlich, daß er Lehren, die auf Klugheit oder Geschäftsführung abzielten, gleichsam im Vertrauen auf seine Talente, mit größerer Aufmerksamkeit anhörte, als sich von seinem Alter erwarten ließ. Deswegen sah er sich in der Folge genötigt, gewisse Leute, die in den sogenannten feinen und galanten Künsten besser geübt zu sein glaubten und ihn damit aufzogen, mit der ziemlich derben Antwort abzufertigen: „Ich verstehe zwar nicht, eine Leier zu stimmen oder mit einer Harfe umzugehen, aber ich verstehe, einen kleinen unansehnlichen Staat, dessen Verwaltung ich bekomme, groß und berühmt zu machen."

Stesimbrotos behauptet, Themistokles sei ein Schüler des Anaxagoras und des Physikers Melissos gewesen; aber er irrt in der Zeitrechnung. Denn Melissos war Feldherr der Samier, als Perikles, der viel jünger ist als Themistokles, Samos belagerte, und Anaxagoras lebte mit ebendiesem Perikles in vertrautem Umgange. Mehr Glauben verdienen also wohl die, welche den Themistokles zu einem Schüler des Mnesiphilos, des Phreariers, machen. Dieser Mann war weder ein Redner, noch gehörte er unter die Philosophen, die Physiker genannt wurden, sondern er beschäftigte sich mit der sogenannten Weisheit, welche die Geschicklichkeit, Staaten zu regieren, und die praktische Klugheit in sich begriff, und erhielt noch gewissermaßen die bis auf ihn fortgepflanzte Schule Solons. In der Folge aber verbanden einige diese Weisheit mit spitzfindigen Rednerkünsten und leiteten die Übung von den Geschäften auf bloße Worte, wovon sie dann Sophisten genannt wurden. Des Unterrichts dieses

Mannes bediente sich Themistokles noch, als er sich schon dem Dienste des Staats gewidmet hatte.

In der ersten Jugendhitze war er sich sehr ungleich und flatterhaft, indem er sich seiner rohen, durch keinen Unterricht gebildeten Natur ganz überließ, welche machte, daß er immer von der einen Lebensart zur entgegengesetzten überging und sich nicht selten zum Bösen hinreißen ließ. Dies gestand er auch nachher selbst, als er sagte: die wildesten Füllen würden noch die besten Pferde, wenn sie gehörig abgerichtet und gebändigt worden. Die Erzählungen aber, die einige noch hinzufügen, daß sein Vater ihn enterbt und seine Mutter aus Betrübnis über die schändliche Aufführung ihres Sohnes sich das Leben genommen habe, sind ohne Zweifel erdichtet; im Gegenteil versichern andere, daß sein Vater, um ihn von der Staatsverwaltung abzuwenden, ihm am Strande die alten zertrümmerten und vernachlässigten Kriegsschiffe gezeigt habe, mit der Bemerkung, daß das Volk mit Staatsmännern, die ihm Dienste getan hätten, ebenso umzugehen pflege.

3. Indes scheinen die politischen Geschäfte für Themistokles schon in frühern Jahren viel Anziehendes gehabt und die Ruhmbegierde ihn ganz gefesselt zu haben. Diese machte, daß er gleich anfangs der Erste zu sein strebte und mit großer Keckheit sich der Feindschaft der mächtigsten und angesehensten Männer im Staate bloßstellte, besonders des Aristeides, Lysimachos' Sohns, der ihm bei allen Gelegenheiten entgegenarbeitete. Doch scheint der Grund zur Feindschaft mit diesem Manne schon früh in der Jugend gelegt worden zu sein, da beide den schönen Stesileos von Tejos liebten, wie der Philosoph Ariston berichtet. Deswegen waren sie nachher beständig auch über öffentliche Angelegenheiten miteinander uneins; aber freilich mag die Ungleichheit ihrer Lebensart und Sitten diese Uneinigkeit gar sehr vermehrt haben. Denn Aristeides war von Natur sanftmütig und ein redlicher Mann; er unterzog sich den öffentlichen Geschäften, nicht um die Gunst des Volks oder Ruhm zu erwerben, sondern in der besten Absicht mit Treue und Gewissenhaftigkeit und war daher oft genötigt, dem Themistokles, der das Volk zu vielen Unternehmungen verleitete und manche wichtige Neuerungen angab, sich zu widersetzen und seiner zunehmenden Macht bei-

zeiten Einhalt zu tun.

Themistokles hatte eine so unmäßige Ruhmbegierde und strebte, um diese zu befriedigen, so sehr nach großen Taten, daß er schon als Jüngling nach der bei Marathon den Persern gelieferten Schlacht, worin Miltiades als Feldherr sich den ausgebreitetsten Ruhm erworben hatte, immer tiefsinnig herumging, des Nachts nicht schlafen konnte, sich den gewöhnlichen Schmausereien entzog und seinen Freunden, die ihn voll Verwunderung wegen dieser veränderten Lebensart befragten, zur Antwort gab, das Siegeszeichen des Miltiades ließe ihn nicht schlafen. Alle hielten die Niederlage der Barbaren bei Marathon für das Ende des Krieges; nur Themistokles sah weiter in die Zukunft hinaus und betrachtete sie als den Beginn größerer Kämpfe, auf welche er sich selbst und den Staat zur Verteidigung von ganz Griechenland aufs beste vorbereitete.

4. Sein erster Schritt nun war, daß er es allein wagte, den Athenern in einer Volksversammlung den Vorschlag zu machen, daß sie nicht mehr, wie bisher geschehen war, die Einkünfte aus dem laurischen Silberbergwerk unter sich verteilen, sondern von diesem Gelde Trieren zu dem Kriege gegen die Aigineter erbauen sollten. Dieser wurde eben damals in Griechenland mit größter Hitze geführt, und die Aigineter behaupteten durch ihre zahlreiche Flotte die Herrschaft zur See. Desto leichter ward es also dem Themistokles, die Athener dazu zu bereden, da er ihnen nicht mit dem Dareios und den Persern drohte – denn diese waren zu weit entfernt, und man fürchtete sich nicht gar zu sehr vor ihrer Rückkehr –, sondern sich zu rechter Zeit des Hasses und der Eifersucht seiner Mitbürger gegen die Aigineter bediente, um die Rüstung zustande zu bringen. So wurden nun von jenen Geldern hundert Schiffe gebaut, die auch an den Seegefechten gegen Xerxes teilgenommen haben.

Von nun an suchte er unterderhand den Staat immer mehr zum Seewesen zu gewöhnen und dahin zu leiten, in Rücksicht darauf, daß die Athener zu Lande nicht einmal ihren Nachbarn gewachsen wären, durch eine Seemacht aber nicht nur den Barbaren widerstehen, sondern auch die Herrschaft über Griechenland erhalten könnten, und machte sie also, wie Plato sagt, aus tapfern Landsoldaten zu

Matrosen und Seeleuten, wodurch er sich den Vorwurf zuzog, er habe seinen Mitbürgern Schild und Speer aus den Händen gewunden und die Athener an die Ruderbank gefesselt. Bei diesem Vorschlage fand er in Miltiades einen starken Gegner, setzte ihn aber demungeachtet durch, wie Stesimbrotos erzählt. Ob er der Sicherheit und Reinheit der Verfassung dadurch geschadet hat, erfordert eine tiefere und genauere Untersuchung; aber daß die Griechen damals ihre Rettung dem Meere zu verdanken hatten und jene Trieren Athen aus seinen Trümmern wieder aufrichteten, hat außer andern Umständen auch Xerxes selbst bezeugt. Dieser begab sich nach Besiegung seiner Flotte, obgleich die ganze Landmacht noch unversehrt dastand, eiligst auf die Flucht, als wenn er es nun nicht mehr mit den Griechen aufnehmen könnte, und hinterließ, wie mich dünkt, den Mardonios, mehr um seinen Rückzug zu sichern, als um die Griechen zu unterjochen.

5. Einigen zufolge war Themistokles sehr auf den Erwerb von Geld bedacht, und dies wegen seiner Pracht und Freigebigkeit; denn da er gern opferte und Gastfreunde herrlich bewirtete, so brauchte er zu solchem Aufwande immer viel Geld. Andere hingegen beschuldigen ihn einer so großen Knickerei und Kargheit, daß er sogar die ihm zugeschickten Speisen verkaufte. Als Philides, der Pferdehändler, ihm ein Füllen, das er verlangte, abschlug, drohte er, er wollte sein Haus in kurzem zum hölzernen Pferde machen, wodurch er zu verstehen gab, daß er den Mann in Familienstreit und in Prozesse mit seinen Verwandten verwickeln wollte.

An Ehrsucht wurde er nicht leicht von jemandem übertroffen. Diese ging so weit, daß er, als ein junger Mann noch ohne Ansehen, den Epikles, einen Zitherspieler aus Hermeione, der in Athen großen Beifall fand, inständig bat, sich bei ihm hören zu lassen, weil er eine Ehre darein setzte, daß viele sein Haus suchten und bei ihm zusammenkamen. So stellte er sich auch bei den olympischen Spielen ein und wetteiferte da mit Kimon in der Pracht der Tafel, der Zelte und des übrigen Aufzugs, was ihm aber die Griechen sehr übelnahmen. Denn einem jungen Manne wie Kimon, der aus einem großen Hause war, glaubte man so etwas zugute halten zu müssen; ihm hingegen, der sich noch durch nichts bekannt gemacht hatte, vielmehr aus dem niedrigsten Stande ohne alles Verdienst sich emporzuheben schien, legte man dies als eine eitle Prahlerei aus. Er trug auch bei Aufführung der Tragödien als Chorage den Preis davon, ein Wettstreit, der schon damals unter den Bürgern Athens Eifer und Anstrengung erweckte; und zum Andenken an diesen Sieg hängte er eine Tafel auf mit der Inschrift: „Themistokles der Phrearrhier war Chorage, Phrynichos Verfasser des Schauspiels und Adeimantos Archon."

Bei dem allem machte er sich unter dem Volke sehr beliebt, da er nicht nur von selbst jeden Bürger bei seinem Namen zu nennen wußte, sondern auch bei vorfallenden Streitigkeiten sich immer als einen unparteiischen Richter zeigte. So fertigte er den Simonides von Keos, der von ihm als Feldherrn etwas Unbilliges verlangte, mit der Antwort ab: „Sowenig du ein guter Dichter wärest, wenn du gegen das Silbenmaß verstießest, so wenig wäre ich ein guter Befehlshaber, wenn ich dir dem Gesetze zuwider einen Gefallen erzeigte." Ein anderes Mal sagte er aus Spott zu ebendiesem Simonides: Er müßte nicht wohl bei Verstande sein, daß er auf die Korinther, die eine große Stadt bewohnten, schimpfte und sich doch malen ließe, obwohl er ein so häßliches Gesicht hätte. Sein Ansehen ward auch immer größer, und er wußte sich bei dem Volke so sehr in Gunst zu setzen, daß er es endlich gegen Aristeides aufhetzte und ihn vermittels des Ostrakismos aus der Stadt verbannte.

6. Als das persische Heer nun schon gegen Griechenland heranrückte und die Athener wegen der Wahl eines Feldherrn beratschlagten, weigerten sich alle, wie man sagt, aus Furcht vor der Gefahr, dieses Amt zu übernehmen; nur Epikydes, Euphemides' Sohn, ein Volksredner, der zwar sehr beredt, aber von feiger Gemütsart war und das Geld zu sehr liebte, bewarb sich um das Kommando, und es war sehr zu vermuten, daß er die meisten Stimmen bekommen würde. Themistokles befürchtete einen schlimmen Ausgang, wenn die Wahl auf diesen Epikydes fallen sollte, und erstickte dessen Ruhmbegierde durch eine Summe Geldes.

Man lobt auch sein Verfahren gegen den Dolmetscher, der mit den Abgesandten des Königs gekommen war, um Erde und Wasser zu fordern. Er ließ ihn nämlich vermöge eines Volksbeschlusses in Verhaft nehmen und hinrichten, weil er sich erfrecht hatte, die griechische Sprache zu den Befehlen eines Barbaren zu gebrauchen. Nicht weniger Beifall fand die Bestrafung des Arthmios von Zela, der auf seinen Vorschlag mit allen Kindern und Nachkommen für ehrlos erklärt wurde, weil er medisches Gold nach Griechenland gebracht hatte. Sein wichtigstes Werk indessen war, daß er die Mißhelligkeiten unter den Griechen beilegte, die Staaten miteinander aussöhnte und sie beredete, ihre Feindschaften des Krieges wegen beiseite zu setzen, worin ihm der Arkadier Cheileos am meisten soll beigestanden haben.

7. Sobald er zum Feldherrn war ernannt worden, suchte er die Bürger zu bereden, daß sie ihre Stadt verlassen, sich auf die Schiffe begeben und den Barbaren zur See so weit als möglich von Griechenland weg entgegenfahren möchten. Dies fand jedoch bei dem Volke noch vielen Widerspruch, und so führte er mit den Lakedaimoniern ein ansehnliches Heer nach Tempe, um dort Thessalien zu decken, welches noch nicht die Partei der Medier ergriffen zu haben schien. Da sie aber unverrichteter Sache zurückkehren mußten, die Thessalier sich mit dem Könige verbanden und nun auch alles bis nach Boiotien hin auf dessen Seite trat, so gaben die Athener dem Vorschlage des Themistokles wegen des Seezuges desto williger Gehör und schickten ihn mit einer Flotte nach Artemision, um die Meerenge zu beschützen. Hier verlangten die Griechen, daß Eurybiades und die Lakedaimonier das Oberkommando führen sollten, die Athener hingegen weigerten sich, von andern Befehle anzunehmen, weil sie allein mehr Schiffe hätten als die übrigen zusammengenommen. Themistokles, der die schlimmen Folgen dieses Zwistes einsah, überließ freiwillig dem Eurybiades den Oberbefehl und beruhigte die Athener durch das Versprechen, wenn sie sich in diesem Kriege als brave Leute hielten, wollte er es schon dahin bringen, daß ihnen die Griechen in der Folge von selbst gehorchten. Man kann deswegen wohl sagen, daß Griechenland vorzüglich dem Themistokles seine Rettung, die Athener aber den zweifachen Ruhm, die Feinde durch Tapferkeit und die Bundesgenossen durch Nachgiebigkeit überwunden zu haben, verdanken müssen.

Nachdem die persische Flotte bei Aphetai angelegt hatte, geriet Eurybiades über die Menge der ihm gegenüberstehenden Schiffe in Bestürzung, und da er noch erfuhr, daß zweihundert andere über Skiathos herumfuhren, wollte er unverzüglich nach dem Innern Griechenlands an die Küsten des Peloponnes zurückkehren und die Landmacht zur Unterstützung der Flotte gebrauchen, weil nach seiner Meinung gegen die Seemacht des Königs nichts auszurichten wäre. Die Euboier gerieten darüber in Besorgnis, sie möchten von den Griechen im Stich gelassen werden, und ließen sich mit Themistokles insgeheim in Unterhandlungen ein, indem sie den Pelagon mit einer großen Summe Geldes an ihn schickten. Themistokles nahm das Geld, wie Herodot sagt, und gab es dem Eurybiades. Unter seinen Mitbürgern widersetzte sich ihm keiner mehr als Architeles, der Befehlshaber des heiligen Schiffes war und, weil er seiner Mannschaft den Sold nicht bezahlen konnte, durchaus nach Hause zurückkehren wollte. Themistokles hetzte die Bürger noch mehr gegen ihn auf, so daß sie sich zusammenrotteten und ihm sein Abendessen wegnahmen. Da Architeles darüber sehr betreten und aufgebracht war, schickte ihm Themistokles in einer Kiste ein Abendessen mit Brot und Fleisch, worunter ein Talent Silber lag, mit der Aufforderung, er sollte für diesen Abend seine Mahlzeit halten und den folgenden Morgen auch für seine Mannschaft sorgen, widrigenfalls würde er ihn bei den Bürgern anklagen, daß er von den Feinden Geld empfangen hätte. Dies erzählt der Lesbier Phanias.

8. Die verschiedenen Gefechte, welche hierauf in der Meerenge mit den Barbaren geliefert wurden, brachten zwar keine völlige Entscheidung, waren aber doch für die Griechen insofern sehr nützlich, als sie mitten unter Gefahren durch die Tat selbst belehrt wurden, daß weder die Menge der Schiffe noch deren prachtvolle Verzierungen am Vorderteile, noch das prahlerische Geschrei und die Schlachtgesänge der Barbaren für Männer, die mit kühnem Mute zu streiten und den Feinden unter die Augen zu treten wissen, etwas Furchtbares haben; daß man vielmehr dergleichen Dinge verachten, den Feinden selbst zu Leibe gehen und mit dem Schwert in der Faust gegen sie streiten müsse. Dies scheint auch Pindar klug eingesehen und deswegen von dem Treffen bei Artemision gesagt zu haben: „Hier leg-

ten die Söhne der Athener den glänzenden **Grund zur Frei-**
heit." Denn der Anfang des Sieges ist kühner Mut.
Artemision heißt die Küste von Euboia, die sich über die
Stadt Hestiaia gegen Norden hin erstreckt. Gerade gegenüber liegt das ehemals zu Philoktetes' Gebiet gehörige Oli-
zon. An der Küste befindet sich ein nicht eben großer Tempel der Artemis mit dem Beinamen Proseoa, um welchen
Bäume und einige Säulen aus einem weißen Steine herum-
stehen. Dieser Stein gibt, wenn man ihn mit der Hand reibt,
sowohl die Farbe als den Geruch des Safrans ab. Auf einer
der Säulen steht folgende Inschrift:

> Über die zahllosen Scharen des asischen Landes
> gewannen
> Einst die Kinder Athens einen herrlichen Sieg.
> Hier in diesen Gewässern zerstörten sie Persiens
> Flotte,
> Dankbar weihten sie dir, Artemis, dies Denkmal.

An der Küste zeigt man einen von Sandhaufen umgebenen
Platz, wo aus der Tiefe ein schwarzer, ascheartiger Staub,
der wie verbrannte Materie aussieht, heraufgebracht wird,
und man glaubt, daß hier die Schiffstrümmer und die Toten
verbrannt worden sind.
9. Allein als man in Artemision von den Ereignissen bei
Thermopylai Nachricht erhielt, daß Leonidas gefallen war
und Xerxes auf der Landseite den Paß bezwungen hatte,
kehrte die griechische Flotte nach dem Innern Griechenlands zurück, wobei die Athener, stolz auf ihre großen und
rühmlichen Taten, den Nachzug bildeten. Themistokles
fuhr längs dem Lande hin und ließ überall, wo er glaubte,
daß die Feinde anlegen und Schutz suchen würden, auf
Steinen, die er von ungefähr vorfand oder erst zu diesem
Zwecke an schicklichen Anker- und Wasserplätzen aufstellte, eine in die Augen fallende Schrift eingraben. Durch
diese ermahnte er die Ionier, sie sollten, wenn es ihnen
möglich wäre, zu den Griechen, ihren Stammvätern und
den Verfechtern ihrer Freiheit, übergehen, außerdem aber
den Barbaren in vorfallenden Gefechten allen Abbruch tun
und unter ihnen Verwirrung anrichten. Seine Absicht dabei
war, entweder die Ionier zum Abfall von den Persern zu be-

wegen oder sie wenigstens durch den bei den Barbaren erregten Verdacht zu beunruhigen.

Indes rückte Xerxes von oben herab durch Doris in Phokis ein und verheerte alle Städte der Phokier mit Feuer und Schwert, ohne daß die Griechen einige Gegenwehr leisteten, obgleich die Athener dringend baten, zur Deckung von Attika den Feinden nach Boiotien entgegenzugehen, so wie sie selbst mit der Flotte bis nach Artemision gegangen wären. Da sie aber damit kein Gehör fanden, sondern man nur auf die Sicherheit des Peloponnes bedacht und entschlossen war, die ganze Macht jenseits des Isthmos zusammenzuziehen und auch diesen schon von einem Meere zum andern verschanzte, wurden sie über diese Verräterei erbittert, zugleich auch, weil sie sich von allen verlassen sahen, mutlos und niedergeschlagen. Denn für sich allein gegen eine so ungeheure Macht zu streiten, durften sie sich gar nicht einfallen lassen, und das einzige Mittel, welches ihnen in dieser Lage noch übrigblieb, die Stadt zu verlassen und sich an die Schiffe zu halten, verwarfen die meisten mit Unwillen, indem sie weder einen Sieg begehrten noch das für eine Rettung ansahen, wobei sie die Tempel der Götter und die Grabmäler ihrer Vorfahren den Feinden preisgeben müßten.

10. Jetzt nun, da Themistokles das Volk durch alle menschlichen Gründe nicht zu seiner Absicht zu bringen wußte, nahm er, wie oft in Tragödien geschieht, seine Zuflucht zu einer Maschine und bediente sich zur Erreichung seines Ziels göttlicher Vorbedeutungen und Orakelsprüche. Als Vorbedeutung gebrauchte er den Umstand mit der Schlange, die eben in jenen Tagen aus dem Heiligtume der Athene verschwunden sein sollte. Die Priester fanden die Erstlinge, die ihr täglich vorgesetzt wurden, noch unberührt und verkündigten das dem Volke, wobei Themistokles dies so deutete, als habe die Göttin die Stadt verlassen und zeige ihnen den Weg nach dem Meere zu. Zugleich brachte er dem Volke das erhaltene Orakel aufs neue in Erinnerung und behauptete, unter der hölzernen Mauer wäre nichts anderes zu verstehen als die Schiffe und Apollon hätte die Insel Salamis deswegen die göttliche, nicht die elende oder unglückliche genannt, weil eine große, für die Griechen glückliche Begebenheit von ihr den Namen be-

kommen würde. Seine Meinung behielt endlich die Oberhand, und nun faßte er den Volksbeschluß ab, man übergebe die Stadt der Obhut der Athene als der Schutzgöttin der Athener; alle streitbare Mannschaft solle sich auf die Schiffe begeben und die Weiber, Kinder und Sklaven jeder, so gut er könnte, in Sicherheit bringen. Sobald dieses Dekret bestätigt worden, schafften die meisten Athener ihre Eltern und Weiber nach Troizen, wo sie eine liebreiche Aufnahme fanden. Die Troizenier beschlossen, sie alle auf gemeinschaftliche Kosten zu unterhalten, und bestimmten für die Person täglich zwei Obolen; überdies erlaubten sie den Kindern, sich überall Obstfrüchte zu holen, und hielten ihnen auch noch einige Lehrer. Der Verfasser dieses Beschlusses war ein gewisser Nikagoras.

Aristoteles erzählt, weil damals in dem Schatze der Athener kein Geld vorhanden gewesen, habe der areopagitische Rat jedem Soldaten acht Drachmen reichen lassen und dadurch am meisten bewirkt, daß die Trieren gehörig bemannt wurden. Allein nach Kleidemos war auch dieses ein feiner Kunstgriff des Themistokles. Als die Athener, sagt er, nach dem Peiraieus hinabziehen wollten, vermißte man den Medusenkopf an der Bildsäule der Athene. Themistokles stellte sich, als wenn er danach suchte, und indem er alles um und um kehrte, fand er unter altem Geräte eine große Summe Geldes; dies wurde unter die Mannschaft der Schiffe verteilt, und so bekam jeder die nötige Zehrung.

Dieser Anblick, da die ganze Stadt sich zu Schiffe begab, erweckte bei einigen Mitleid, bei andern Bewunderung über den kühnen, unerschrockenen Mut der Athener, welche erst ihre Eltern anderswohin führten und dann, ohne sich von den Klagen, Tränen und Umarmungen der Ihrigen rühren zu lassen, nach der Insel Salamis hinüberfuhren; doch bedauerte man viele Bürger, die ihres Alters wegen in der Stadt zurückgelassen wurden. Eine nicht geringere Rührung und Weichmütigkeit verursachten die zahmen Haustiere, welche unter Heulen und Winseln bis an die Schiffe neben ihren Herren herliefen. Unter andern erzählt man, daß der Hund des Xanthippos, des Vaters des Perikles, seinen Herrn durchaus nicht habe verlassen wollen, sondern ins Meer gesprungen, neben dem Schiff hergeschwommen und, nachdem er die Insel Salamis erreicht hatte, vor Entkräftung gestorben sei. Man zeigt dort noch jetzt einen Ort, Kynos Sema genannt, welcher das Grabmal dieses Hundes sein soll.

11. Unter die großen und rühmlichen Handlungen des Themistokles gehört auch noch folgende. Da er bemerkte, daß die Athener nach dem Aristeides, der durch seine Kabalen kurz vor dem Kriege vermittels des Ostrakismos war verbannt worden, ein großes Verlangen äußerten und befürchteten, er möchte sich aus Erbitterung mit dem Feinde verbinden und der Sache Griechenlands Abbruch tun, faßte er einen Volksbeschluß ab, daß es allen, die auf eine bestimmte Zeit verbannt worden, freistehen sollte, zurückzukehren und mit den übrigen Bürgern durch Reden und Handlungen des Beste Griechenlands zu befördern.

Eurybiades, der wegen des Ansehens von Sparta das Kommando über die ganze Flotte führte, ward bei Annäherung der Gefahr immer zaghafter und wollte sich nach dem Isthmos zurückziehen, wo die peloponnesische Landmacht zusammengezogen worden war. Themistokles aber widersetzte sich dem aus allen Kräften, bei welcher Gelegenheit jene denkwürdigen Worte gefallen sein sollen. Eurybiades sagte nämlich zu ihm: „Höre, Themistokles! Bei den Wettkämpfen gibt man denjenigen Streiche, die vor der Zeit in die Schranken treten." – „Das ist wahr", versetzte dieser, „aber man krönt auch diejenigen nicht, die zurückbleiben." Schon hob Eurybiades den Stock auf, um nach ihm zu schlagen. – „Schlag immer zu", rief Themistokles, „aber höre mich auch an." Eurybiades, über diese Kaltblütigkeit ganz betroffen, hieß ihn reden, und Themistokles führte ihn auf die Hauptsache zurück. Da jetzt ein anderer zu ihm sagte, ein Mann ohne Vaterland habe eben nicht Ursache, denen, die noch ein Vaterland hätten, anzuraten, es zu verlassen und dem Feinde preiszugeben, wandte er sich mit den Worten an ihn: „Ja, Nichtswürdiger, wir haben unsere Häuser und Mauern verlassen, weil wir um lebloser Dinge willen nicht Sklaven werden wollten. Aber wir haben noch immer die größte Stadt in Griechenland, nämlich diese zweihundert Schiffe, die euch zum Beistande bereit stehen, wenn ihr euch durch sie retten wollt. Allein laßt ihr uns zum zweitenmal verräterischerweise im Stich, so soll mancher Grieche bald hören, daß die Athener sich eine freie

Stadt und ein Land, das dem verlornen nicht nachsteht, verschafft haben." Diese Worte erregten bei Eurybiades Nachdenken und Besorgnis, daß die Athener endlich wohl fortgehen und sich von ihnen trennen möchten. Als hier auch ein Eretrier gegen Themistokles zu reden versuchte, fertigte ihn dieser mit der Antwort ab: „Ja, euch kommt es zu, von Kriegssachen zu reden, die ihr, wie die Tintenfische, zwar ein Schwert, aber kein Herz habt."

12. Einige erzählen, daß man, während Themistokles noch auf dem Verdecke des Schiffs über diese Angelegenheit sprach, eine Nachteule wahrgenommen habe, die zur rechten Seite der Schiffe herüberflog und sich auf das Tauwerk setzte; dieser Umstand habe denn die Griechen vollends bestimmt, seiner Meinung beizutreten und zu einem Seetreffen Anstalten zu machen. Aber wie nun die feindliche Flotte an der attischen Küste bei Phaleron erschien und alle umliegenden Gestade bedeckte, zugleich auch der König mit dem Heere ans Ufer herabzog und die ganze furchtbare Macht beisammen war, da vergaßen die Griechen über diesem Anblick auf einmal alle die Gründe und Vorstellungen des Themistokles, besonders sahen die Peloponnesier sich ängstlich nach der Landenge um und ließen jedem, der etwas anderes vorschlug, ihren Unwillen empfinden. Man beschloß daher, in der folgenden Nacht abzusegeln, und den Steuerleuten wurde wirklich schon Befehl zur Abfahrt gegeben.

Themistokles, der sehr aufgebracht war, daß die Griechen den ihnen von der Gegend und dem engen Raume dargebotenen Vorteil aufgeben und sich einzeln nach ihren Städten zerstreuen wollten, ersann, um dies zu verhindern, eine List und bediente sich dazu eines gewissen Sikinnos, eines ehemals im Kriege gefangenen Persers, der ihm sehr ergeben und Schulwärter seiner Kinder war. Diesen schickte er insgeheim an den persischen König und ließ ihm sagen: Themistokles, der Feldherr der Athener, habe die Partei des Königs ergriffen und gebe ihm fürs erste die Nachricht, daß die Griechen im Begriff wären, die Flucht zu ergreifen; er ermahne ihn also, sie nicht entwischen zu lassen, sondern sie eben jetzt, da sie wegen der Trennung von ihrem Landheere bestürzt wären, anzugreifen und ihre ganze Seemacht zugrunde zu richten. Xerxes war über diesen, dem Anschein nach aus Zuneigung erteilten Rat voller Freude und gab sogleich den Anführern der Flotte Befehl, die Schiffe unterderhand gehörig zu bemannen, zweihundert derselben aber alsbald in See zu schicken, mit ihnen den ganzen Kanal auf allen Seiten zu besetzen und die Inseln einzuschließen, damit keiner von den Feinden entwischen könnte.

Aristeides, Lysimachos' Sohn, bemerkte zuerst, was vorging; er eilte daher nach dem Zelte des Themistokles, ob er gleich kein Freund desselben, sondern, wie ich schon gesagt habe, durch ihn verbannt worden war, und meldete ihm, als er herauskam, daß sie von den Persern eingeschlossen würden. Da Themistokles von der Rechtschaffenheit des Mannes völlig überzeugt und über dessen Erscheinen sehr erfreut war, entdeckte er ihm den Handel mit dem Sikinnos und ersuchte ihn, den Griechen, bei denen er mehr Zutrauen fände, mit zuzureden und sie zu ermuntern, daß sie ein Seetreffen in der Meerenge lieferten. Aristeides billigte ganz das Verfahren des Themistokles und ging sogleich zu den übrigen Anführern und Befehlshabern der Schiffe, um ihnen zur Schlacht Mut zu machen. Aber diese bezweifelten die Nachricht noch immer, bis endlich ein tenisches Schiff unter dem Befehl des Panaitios, das zu ihnen überging, es bestätigte, daß sie eingeschlossen wären, worauf denn die Griechen aus Erbitterung sowohl als aus Not sich zum Treffen anschickten.

13. Mit Anbruch des Tages nahm Xerxes, um die Flotte und Schlachtordnung zu überschauen, seinen Sitz, wie Phanodemos sagt, über dem Heraklestempel, wo Attika von der Insel Salamis durch einen schmalen Kanal getrennt ist, nach Akestodoros aber auf der Grenze von Megaris über den sogenannten Hörnern. Hier setzte er sich auf einen goldenen Thron und hatte eine Menge Schreiber um sich, die alles, was in der Schlacht vorfallen würde, aufzeichnen sollten.

Themistokles war eben auf dem Admiralsschiffe mit dem Opfer beschäftigt, als drei Gefangene von sehr schöner Gestalt, mit Gold und prächtigen Kleidern geschmückt, zu ihm geführt wurden. Man gab sie für Söhne der Sandauke, einer Schwester des Königs, und eines gewissen Artayktos aus. Sowie der Wahrsager Euphrantides sie erblickte, leuchtete aus dem Opfer eine große helle Flamme hervor, und zugleich nieste jemand zur rechten Seite; er faßte daher den Themistokles bei der Hand und hieß ihn diese Jünglinge weihen und unter Gebeten dem Bakchos Omestes opfern, auf diese Weise würde den Griechen Rettung und Sieg zuteil werden. Themistokles war über diese sonderbare und außerordentliche Weissagung nicht wenig betreten; allein das Volk, das immer in großen Gefahren und in mißlicher Lage mehr von abenteuerlichen als vernünftigen Mitteln Hilfe erwartet, rief mit vereinigter Stimme jenen Gott an, führte die Gefangenen zum Altar und zwang den Themistokles, das Opfer nach der Vorschrift des Wahrsagers zu verrichten. Diesen Umstand erzählt der Lesbier Phanias, ein in der Geschichte sehr bewanderter Philosoph.

14. Hinsichtlich der Anzahl der persischen Schiffe sagt der Dichter Aischylos ganz bestimmt, als wäre er davon genau unterrichtet gewesen, in seiner Tragödie „Die Perser":

> Dagegen dienten dort dem Xerxes tausend Schiffe –
> Ich weiß es ganz gewiß – und noch
> zweihundertsieben
> von größrer Schnelligkeit. Dies ist die wahre Zahl.

Der athenischen Schiffe waren hundertundachtzig, und jedes führte achtzehn Mann, die vom Verdecke stritten; vier von diesen waren Bogenschützen, die übrigen aber Schwerbewaffnete.

Indes scheint Themistokles den Zeitpunkt des Treffens mit nicht weniger Klugheit und Einsicht als den Ort ausersehen zu haben. Er stellte nämlich seine Trieren den feindlichen nicht eher zum Angriff entgegen, bis die gewöhnliche Stunde herbeikam, wo ein frischer Wind von der offenen See her immer die Wellen nach der Meerenge hintreibt. Dieser Wind brachte den flachen und niedrigen Schiffen der Griechen weiter keinen Nachteil; die feindlichen hingegen, die ein hohes Hinterteil und Verdeck hatten und schwer zu regieren waren, wurden von den Stößen des Windes umgedreht und ihre Flanken dem schnellen Anlaufe der Griechen bloßgestellt, welche sich in allem nach Themistokles richteten, als wenn er am besten wüßte, was zu tun wäre. Gegen diesen stritt Ariamenes, Xerxes' Admiral, ein tapfrer Mann, der beste und rechtschaffenste unter den Brüdern des Königs, von seinem großen Schiffe, wie von einer Mauer, mit Pfeilen und Wurfspießen. Ameinias von Dekeleia und Sosikles von Pedieia, welche sich auf einem Schiffe befanden, rannten mit solcher Gewalt auf ihn los, daß beide Schiffe mit den eisernen Schnäbeln fest zusammenhingen, und als Ariamenes das ihrige enterte, wehrten sie sich lange mit den Speeren und stürzten ihn endlich ins Meer hinab. Artemisia erkannte seinen unter den übrigen Schiffstrümmern herumtreibenden Leichnam und brachte ihn zu Xerxes.

15. Während dieses Kampfes schimmerte, wie man sagt, ein helles Licht von Eleusis herüber, auch ließ sich in der thriasischen Ebene bis ans Meer ein lautes Geschrei und Jauchzen hören, wie wenn eine Menge Menschen den mystischen Jakchoszug hielte. Dabei schien von dieser schreienden Menge eine Staubwolke emporzusteigen, welche nach dem Meere hinzog und sich über die Schiffe verbreitete. Einige glaubten auch Erscheinungen und Gestalten von bewaffneten Männern zu sehen, die von der Insel Aigina die Hände vor die griechischen Schiffe hielten; und man vermutete, daß dies die Aiakiden wären, die man vor der Schlacht um Hilfe angefleht hatte.

Der erste, der ein feindliches Schiff eroberte, war der Athener Lykomedes, Hauptmann einer Triere; er hieb die Zieraten des Schiffes ab und weihte sie dem lorbeertragenden Apollon. Die andern schlugen sich mit den Barbaren, die in der Meerenge ihnen der Zahl nach gleich waren und wegen der eingerissenen Verwirrung nur einzeln zum Gefecht kamen, bis zum Abend herum, brachten sie dann völlig zum Weichen und erkämpften, wie Simonides sagt, jenen herrlichen, berühmten Sieg, die größte Tat, die je von Barbaren und Griechen zur See verrichtet worden, teils durch die Tapferkeit und Anstrengung aller Soldaten, teils durch die Klugheit und Geistesgröße des Themistokles.

16. Nach dem Seetreffen versuchte Xerxes, der über den erlittenen Unfall äußerst erbittert war, durch aufgeworfene Dämme seine Landmacht nach Salamis hinüberzubringen und den Griechen den Weg durch den Kanal zu versperren. Indes machte Themistokles, um den Aristeides auszuholen, zum Schein den Vorschlag, man sollte nach dem Hellespont segeln und dort die Brücke zerstören – „damit wir", sagte

er, „Asien in Europa gefangennehmen." Diese Meinung aber verwarf Aristeides ganz und erklärte: „Bisher haben wir mit einem der Üppigkeit ergebenen Barbaren gefochten; aber wenn wir nun einen Mann, dem noch eine solche Macht zu Gebote steht, in Griechenland einschließen und durch Furcht auf das Äußerste treiben, so wird er sich nicht mehr unter einen goldenen Sonnenschirm setzen, um dem Treffen gemächlich zuzusehen, er wird vielmehr alles wagen, der Gefahr wegen überall zugegen sein, er wird die begangenen Fehler wiedergutzumachen suchen und, da alles auf dem Spiele steht, bessere Maßregeln ergreifen. Anstatt also, mein Themistokles, die vorhandene Brücke abzubrechen, müssen wir, womöglich, noch eine dazu erbauen und den Mann je eher, je lieber aus Europa hinausschaffen." – „Nun gut", versetzte Themistokles, „wenn man dies für ratsamer hält, so müssen wir alle darauf sehen und es zu bewirken suchen, daß er so bald als möglich sich aus Griechenland entferne."

Als dies genehmigt wurde, schickte Themistokles einen von den Verschnittenen des Königs, der sich unter den Gefangenen befand, namens Arnakes, an Xerxes und ließ ihm sagen, die Griechen hätten nach der gewonnenen Seeschlacht beschlossen, nach dem Hellespont zu segeln und die Brücke daselbst abzubrechen; Themistokles rate ihm also aus Sorge für sein Wohl, sich eiligst nach seinem Meere zu begeben und nach Asien überzusetzen, er wolle derweile die Verbündeten durch allerhand Verzögerungen vom Nachsetzen abzuhalten suchen. Über diese Nachricht ward der König äußerst bestürzt und trat den Rückzug mit größter Eilfertigkeit an. Die Klugheit des Themistokles und Aristeides wurde nachher in der Schlacht gegen Mardonios völlig erprobt, indem die Griechen bei Plataiai nur mit dem kleinsten Teile von Xerxes' Heere kämpften und doch alles zu verlieren Gefahr liefen.

17. Unter den griechischen Städten tat sich bei dieser Gelegenheit, wie Herodot sagt, Aigina am meisten hervor, und dem Themistokles erkannten alle, wiewohl des Neides wegen ganz wider ihren Willen, den ersten Preis zu. Als nämlich die Flotte sich nach dem Isthmos zurückgezogen hatte und die Anführer dort am Altare über das Wohlverhalten im Treffen abstimmen mußten, erklärte jeder sich selbst für

den Ersten in bewiesener Tapferkeit und für den Zweiten nach ihm den Themistokles. Die Lakedaimonier führten ihn sogar nach Sparta und erteilten dem Eurybiades den Preis der Tapferkeit, ihm aber den der Klugheit, nämlich einen Kranz aus Ölzweigen, überdies schenkten sie ihm den schönsten Wagen, der in der Stadt zu finden war, und ließen ihn durch dreihundert Jünglinge bis an die Grenzen begleiten. Man erzählt, daß bei der nächsten Feier der olympischen Spiele, als Themistokles in der Rennbahn erschien, die Zuschauer sich weiter nicht um die Kämpfer bekümmert, sondern den ganzen Tag die Augen nur auf ihn gerichtet und ihn unter Jauchzen und Händeklatschen den Fremden gezeigt hätten; und bei dieser Gelegenheit soll er ganz entzückt seinen Freunden gestanden haben, er ernte jetzt die Früchte aller seiner Mühen für Griechenland.

18. Themistokles besaß nämlich von Natur einen ungemeinen Ehrgeiz, wenn man nach den von ihm erzählten Anekdoten urteilen darf. Als die Athener ihn zum Befehlshaber ihrer Flotte erwählt hatten, tat er kein Privat- oder öffentliches Geschäft einzeln ab, sondern verschob alles, was vorfiel, bis auf den zur Abfahrt bestimmten Tag, damit man ihn, wenn er auf einmal so viele Geschäfte besorgte und mit allerhand Leuten spräche, für einen Mann von Bedeutung und Ansehen halten sollte.

Nach dem Treffen betrachtete er die ans Ufer getriebenen Toten, und da er goldene Spangen und Ketten herumliegen sah, sagte er zu dem ihn begleitenden Freund: „Das hebe du für dich auf, denn du bist nicht Themistokles."

Zu einem gewissen Antiphates, der vormals sehr schön gewesen war und sich gegen ihn spröde bewiesen hatte, jetzt aber seines großen Ruhmes wegen ihm fleißig aufwartete, sagte er: „Guter Junge, wir sind beide zugleich, wiewohl spät, zu Verstande gekommen."

Über die Athener beklagte er sich, daß sie ihn nicht genug ehrten und bewunderten, sondern ihn wie einen Ahornbaum behandelten, unter welchem man vor Ungewittern Schutz sucht, dem man aber bei schönem Wetter seine Blätter und Zweige abrupft.

Einem Seriphier, der ihm vorwarf, er habe seinen Ruhm nicht sich selbst, sondern dem Vaterlande zu verdanken, antwortete er: „Du hast ganz recht, aber sowenig ich berühmt sein würde, wenn ich ein Seriphier wäre, so wenig würdest du es sein, wenn du ein Athener wärest." Als ein anderer Befehlshaber, der große Verdienste um den Staat zu haben glaubte, gegen Themistokles sehr keck tat und dessen Taten mit den seinigen verglich, sagte dieser zu ihm: „Mit dem Festtage fing einst der nachfolgende Tag einen Streit an und warf ihm vor, er wäre immer voller Mühe und Beschwerlichkeit, an ihm selbst aber könnte doch jedermann das Zubereitete in gemächlicher Ruhe genießen. Darauf antwortete der Festtag: aber wenn ich nicht gewesen wäre, so würdest du auch nicht sein. Und wenn ich", setzte Themistokles hinzu, „damals nicht gewesen wäre, wo würdet ihr denn jetzt sein?"

Von seinem Sohne, der über seine Mutter und durch diese auch über ihn selbst viele Gewalt hatte, sagte er scherzhafterweise, er sei der Mächtigste unter allen Griechen; denn die Athener hätten über die Griechen, er über die Athener, über ihn seine Frau und über diese sein Sohn zu gebieten.

Da er in allen Stücken etwas Eigenes haben wollte, so ließ er beim Verkauf eines Landguts durch den Ausrufer bekanntmachen, es hätte auch einen guten Nachbar. Unter den beiden Freiern um seine Tochter zog er den rechtschaffenen dem reichen vor und sagte, er suche mehr einen Mann, der des Geldes, als Geld, das eines Mannes bedürfe. Von der Art waren seine sinnreichen Reden und Antworten.

19. Nach diesen großen und rühmlichen Taten unternahm er sogleich, die Stadt wiederaufzubauen und zu befestigen, wobei er die Staatsaufseher (Ephoren) in Sparta, wie Theopompos erzählt, durch eine Summe Geldes gewann, nach den meisten aber auf folgende Weise hinterging. Er begab sich unter dem angenommenen Titel eines Gesandten nach Sparta, und als man hier sich beschwerte, auch ein gewisser Poliarchos, der zu diesem Zweck von Aigina abgeschickt war, öffentliche Klage führte, daß die Athener ihre Stadt befestigten, leugnete er die Sache gänzlich ab und verlangte, man sollte einige Männer nach Athen schicken, die alles in Augenschein nähmen. Seine Absicht dabei war, teils für die Vollendung der Mauern Zeit zu gewinnen, teils, daß die Athener die Abgeordneten als Geiseln für ihn behalten möchten. Dies geschah denn auch: denn als die Lakedaimo-

nier die wahre Beschaffenheit der Sache erfuhren, ließen
sie ihn ohne alle Beleidigung, wiewohl mit geheimem Groll
nach Hause kehren.

So brachte nun Themistokles den Bau des Hafens Peiraieus,
dessen treffliche und bequeme Lage er bemerkt hatte, vollends zustande und schuf den ganzen Staat zu einer Seemacht um, worin er gewissermaßen ganz andern politischen
Grundsätzen folgte als die alten Könige von Attika. Denn
diese hatten, wie man sagt, alles getan, um die Bürger vom
Seewesen abzuziehen und sie mehr zum Ackerbau als zur
Schiffahrt zu gewöhnen, und zu diesem Zwecke die Fabel
erfunden, daß Athene in dem Streite mit Poseidon über den
Besitz des Landes den Richtern einen Ölbaum gezeigt und
dadurch den Sieg gewonnen habe. Indes hat Themistokles
nicht, wie der Komödiendichter Aristophanes sagt, den Peiraieus in die Stadt eingeknetet, sondern vielmehr die Stadt
an den Hafen und das Land an das Meer geknüpft. Dies gab
dem Volke ein großes Übergewicht über den Adel und erfüllte es mit Trotz und Kühnheit, weil die ganze Gewalt in
die Hände der Matrosen, Rudermeister und Steuerleute
fiel. Deswegen haben in der Folge die dreißig Tyrannen
den Rednerstuhl auf der Pnyx, der so angebracht war, daß
man die Aussicht nach dem Meere hatte, nach der Landseite zugekehrt, in der Meinung, daß die Herrschaft zur See
die Stütze der Demokratie wäre, die ländliche Bevölkerung
aber sich weit eher eine oligarchische Verfassung gefallen
ließe.

20. Hinsichtlich der Seemacht hatte Themistokles auch
noch einen größern Plan. Als nämlich nach Xerxes' Abzug
die griechische Flotte nach Pagasai segelte und dort über-
winterte, sagte er den Athenern in einer öffentlichen Versammlung, er gehe mit einer Unternehmung um, die für sie
nützlich und heilsam wäre, die aber der ganzen Menge
nicht wohl entdeckt werden könnte. Die Athener befahlen
ihm, er sollte die Sache dem Aristeides allein mitteilen und,
wenn dieser sie gut hieße, sie ausführen. Themistokles entdeckte demnach dem Aristeides, er sei willens, die griechische Flotte zu verbrennen; und dieser erklärte nun vor dem
versammelten Volke, es sei nichts vorteilhafter, aber auch
nichts ungerechter als das Vorhaben des Themistokles. Deswegen befahlen die Athener dem Themistokles, die Sache

ganz zu unterlassen.

In dem Rate der Amphiktyonen hatten die Lakedaimonier in Vorschlag gebracht, alle die Staaten, die nicht mit gegen die Perser gefochten hätten, von der Teilnahme an diesem Kongresse auszuschließen. Themistokles, welcher befürchtete, daß, wenn die Thessalier, die Argeier und selbst die Thebaner aus dem Kongresse gestoßen würden, die Lakedaimonier die andern ganz überstimmen und alles nach ihrem Gefallen durchsetzen möchten, nahm sich jener Staaten an und brachte die Pylagoren auf eine andere Meinung, indem er ihnen vorstellte, der Staaten, die an dem Kriege teilgenommen hätten, wären nur einunddreißig und die meisten derselben klein und unbedeutend; sollte nun das übrige Griechenland von dem Bunde ausgeschlossen werden, so wäre sehr zu besorgen, daß der Kongreß künftig von den zwei oder drei mächtigsten Staaten abhinge. Dadurch zog er sich den ganzen Haß der Lakedaimonier zu, welche nun aus Rache den Kimon emporzuheben suchten und ihn zum Gegner des Themistokles in Staatsgeschäften aufstellten.

21. Überdies machte sich auch Themistokles bei den Bundesgenossen selbst verhaßt, weil er bei den Inseln herumsegelte und von ihnen Geld erpreßte. So erzählt Herodot, daß er den Andriern eine Summe Geldes abgefordert habe, mit der Erklärung, er komme zu ihnen und bringe zwei mächtige Gottheiten, die Überredung und Gewalt, mit. Aber darauf habe er von ihnen die Antwort bekommen: „Auch wir haben zwei große Götter, die Armut und den Mangel; diese halten uns ab, dir Geld zu geben." Der Dichter Timokreon von Rhodos wirft dem Themistokles in einem seiner Lieder mit vieler Bitterkeit vor, daß er andern Verbannten für Geld die Rückkehr ins Vaterland ausgewirkt, ihn aber, seinen Gastfreund und Bekannten, des Geldes wegen verraten hätte. Diese Stelle lautet so:

Ja lobe dir immer den Pausanias, den Xanthippos
    oder den Leutychidas;
Ich lobe mir den Aristeides, den besten Mann, der je
    herkam vom heiligen Athen.
Denn Themistokles ist der Leto Feind, der Lügner
    und Verräter, der seinen Freund Timokreon,

Von schlechtem Geld geblendet, nicht in sein
  Vaterland Ialysos zurückgeführet hat.
Er ließ sich drei Talente Silbers geben und schifft' in
  sein Verderben hin.
Mit Unrecht führt' er manche heim, raubt' andern
  Vaterland und Leben.
So hielt er dann, mit Geld beladen, am Isthmos
  offene Tafel und gab kaltes Fleisch.
Man lachte drüber, aß und wünscht' ihm noch in
  diesem Jahr den Tod.

Aber noch weit frecher und ausgelassener lästert Timokreon den Themistokles nach dessen Verbannung und Verurteilung, in demjenigen Gedichte, welches so anfängt:

Laß, o Muse, den Ruhm des Liedes unter den
  Griechen erschallen, wie sich's ziemet.

Timokreon war, wie man sagt, wegen seiner Neigung für
die Perser selbst mit Zustimmung des Themistokles verbannt worden. Als daher Themistokles ebenfalls des Einverständnisses mit den Persern beschuldigt wurde, schrieb Timokreon folgendes gegen ihn:

Timokreon ist nicht der einz'ge, der mit Mediern
Es hielt. Der Schelme gibt's noch mehr, fürwahr ich
  bin
Nicht ganz allein ein Fuchs, es gibt auch andre
  Füchse.

22. Mit dem Neide der Bürger war es nun schon so weit gekommen, daß sie den Verleumdungen gegen Themistokles
willig Gehör gaben. Dies nötigte ihn denn, dem Volke bei
allen Gelegenheiten auf eine lästige Weise seine Verdienste
in Erinnerung zu bringen, und da einige dies übelnahmen,
sagte er zu ihnen: „Wie? werdet ihr es überdrüssig, von
ebendemselben Manne öfters Wohltaten zu empfangen?"
Auch dadurch zog er sich den Unwillen des Volkes zu, daß
er der Artemis unter dem Beinamen Aristobule einen Tempel erbaute, als wollte er damit sagen, er habe Athen und
den Griechen den besten Rat gegeben. Dieser Tempel

stand nahe bei seinem Hause in Melite, wohin die Henker jetzt die Körper der Hingerichteten sowie die Kleider und Stricke derer, die sich erhängt oder sonst entleibt haben, zu werfen pflegen. Noch zu meiner Zeit war in dem Tempel der Aristobule ein kleines Bildnis des Themistokles vorhanden, woran man sieht, daß seine Miene ebenso heroisch gewesen ist als seine Seele.

Endlich machten die Athener, um sein Ansehen und seine zu große Gewalt zu vermindern, auch gegen ihn Gebrauch von dem Ostrakismos, so wie sie es gegen alle die Männer zu tun pflegten, deren Macht ihnen zu groß und außer Verhältnis mit der demokratischen Gleichheit zu sein schien. Denn der Ostrakismos war eigentlich keine Strafe, sondern mehr eine Befriedigung und Erleichterung des Neides, der an der Demütigung großer, sich auszeichnender Männer sein Vergnügen fand und seinen Widerwillen durch diese Art von Beschimpfung ausließ.

23. Während er sich nach seiner Verbannung aus Athen in Argos aufhielt, fielen die Händel mit Pausanias vor, die seinen Feinden auch gegen ihn eine schickliche Gelegenheit darboten. Derjenige, der ihn öffentlich wegen Verräterei anklagte, war Leobotes, Alkmaions Sohn, von Agraula, und zugleich führten auch die Spartaner über ihn große Beschwerden. Pausanias hatte nämlich anfangs seine Verräterei, womit er umging, vor Themistokles verborgen gehalten, ob er gleich sonst ein vertrauter Freund von ihm war; erst als er merkte, daß die Verbannung ihn sehr erbittert hatte, wagte er es, ihn zur Teilnahme an seinem Vorhaben einzuladen, zeigte ihm die Briefe des (persischen) Königs und reizte ihn zur Rache gegen ein so undankbares Volk, als die Griechen wären. Themistokles lehnte zwar den Antrag des Pausanias ab und entsagte gänzlich der Teilnahme, doch verschwieg er alles und entdeckte niemandem etwas von dieser Sache, weil er glaubte, daß Pausanias wohl von selbst sein Vorhaben aufgeben oder eine so seltsame, gefährliche und unbesonnene Unternehmung auf irgendeine andere Weise an den Tag kommen würde. Nachdem nun Pausanias deswegen war hingerichtet worden, fanden sich einige Briefe und Schriften, die den Themistokles sehr in Verdacht setzten. Die Lakedaimonier machten darüber vielen Lärm, und seine ihm mißgünstigen Mitbürger erhoben nun

eine förmliche Klage, gegen die er sich in seiner Abwesenheit nicht anders als schriftlich verteidigen konnte. Um die Beschuldigungen seiner Feinde zu widerlegen, schrieb er an die Athener, da er von jeher zu herrschen gesucht hätte und andern zu gehorchen seinem Charakter sowohl als seiner Neigung ganz zuwider wäre, so könnte er wohl nicht sich mit Griechenland an Feinde und Barbaren verkauft haben. Demungeachtet ließ sich das Volk von seinen Anklägern einnehmen und schickte einige Männer ab, mit dem Befehl, ihn in Verhaft zu nehmen und ihn nach Athen zurückzuführen, damit seine Sache öffentlich vor den Griechen untersucht würde.

24. Themistokles wurde noch beizeiten davon unterrichtet und begab sich hinüber nach Kerkyra, um welchen Staat er sich einigermaßen verdient gemacht hatte. Er war nämlich bei einem Streite zwischen den Kerkyraiern und Korinthern Schiedsrichter gewesen und hatte denselben durch den Ausspruch beigelegt, daß die Korinther zwanzig Talente zahlen und Leukas, als eine von beiden angelegte Kolonie, gemeinschaftlich besitzen sollten. Von da floh er weiter nach Epeiros, und weil er von den Athenern und Lakedaimoniern beständig verfolgt wurde, überließ er sich aus Not einer äußerst mißlichen Hoffnung, indem er zu Admetos, dem Könige der Molosser, seine Zuflucht nahm. Dieser hatte ehedem die Athener um eine gewisse Sache ersucht, war aber von Themistokles, der damals noch in großem Ansehen stand, auf eine schimpfliche Art abgewiesen worden; deswegen hatte er noch immer einen Groll auf ihn und ließ deutlich merken, daß er sich bei der ersten Gelegenheit an ihm rächen würde. Allein Themistokles fürchtete sich auf seiner jetzigen Flucht mehr vor dem frischen Neide seiner Landsleute als vor dem alten Groll eines Königs und setzte sich diesem ohne Bedenken aus, indem er bei Admetos auf eine ganz eigene und ungewöhnliche Art Schutz suchte. Er nahm dessen noch kleinen Sohn auf den Arm und setzte sich so auf den Herd, welche Art des Flehens von den Molossern für die einzige und heiligste gehalten wird, gegen die fast gar kein Widerspruch stattfindet. Einige erzählen, Phthia, die Gemahlin des Königs, habe diese Art, um Schutz zu flehen, dem Themistokles angeraten und ihren Sohn zu ihm auf den Herd gesetzt;

nach andern aber soll Admetos selbst dies veranstaltet und mit ihm verabredet haben, um sich bei dessen Verfolgern mit der Notwendigkeit zu entschuldigen, daß er ihnen den Mann seines Gewissens halber nicht ausliefern könnte.

Hier war es, wo Epikrates von Acharnai dem Themistokles seine Frau und Kinder, die er heimlich aus Athen weggebracht hatte, zuschickte; doch wurde er deswegen von Kimon in der Folge vor Gericht gezogen und zum Tode verurteilt, wie Stesimbrotos erzählt. Aber dieser Geschichtsschreiber scheint das selbst wieder zu vergessen oder den Themistokles es vergessen zu lassen, wenn er hinterdrein meldet, daß derselbe nach Sizilien gefahren sei und beim Tyrannen Hiero unter dem Versprechen, ihn zum Oberherrn von Griechenland zu machen, um seine Tochter angehalten und dann erst, als Hiero diesen Vorschlag verwarf, sich nach Asien gewandt habe.

25. Dies ist jedoch sehr unwahrscheinlich. Denn Theophrastos erzählt in dem Buche von der Königsherrschaft, Themistokles habe, als Hiero Rennpferde nach Olympia schickte und dort ein prächtig geschmücktes Zelt aufschlagen ließ, sich vor den Griechen verlauten lassen, man sollte das Zelt des Tyrannen zerreißen und dessen Pferde vom Wettkampfe ausschließen. Nach dem Bericht des Thukydides begab sich Themistokles zu Lande nach dem anderen Meere und ging in Pydna zu Schiff, ohne daß jemand von den Schiffsleuten wußte, wer er war, bis das Fahrzeug vom Winde nach dem eben damals von den Athenern belagerten Naxos hingetrieben wurde. Da gab er sich denn, aus Furcht vor der Gefahr, dem Steuermann und Schiffspatron zu erkennen und nötigte sie teils durch Bitten, teils durch die Drohung, daß er sie bei den Athenern fälschlich angeben werde, sie hätten ihn nicht aus Unwissenheit, sondern für eine gute Summe Geldes an Bord genommen, vor Naxos vorbeizufahren und gerade nach der Küste von Asien zu steuern. Ein großer Teil seines Vermögens wurde von seinen Freunden beiseite gebracht und ihm heimlich nach Asien zugeschickt. Die übrigen Güter, die man entdeckte und für den Staat einzog, beliefen sich nach Theopompos auf hundert, nach Theophrastos aber auf achtzig Talente, obgleich Themistokles, ehe er zu Staatsämtern gelangte,

kaum ein Vermögen von drei Talenten im Besitz gehabt hatte.

26. Bei seiner Ankunft in Kyme erfuhr er, daß an dieser Küste viele Leute ihm auflauerten und sich seiner zu bemächtigen suchten, vornehmlich aber Ergoteles und Pythodoros. Denn dieser Fang war für solche, die sich gern alles zunutze machen, sehr einträglich, da der König zweihundert Talente auf seinen Kopf gesetzt hatte. Er wandte sich daher nach Aigai, einem aiolischen Städtchen, wo ihn niemand kannte, außer sein Gastfreund Nikogenes, der reichste Mann unter den Aioliern, der mit den Großen des persischen Reichs in Bekanntschaft stand. Bei diesem hielt er sich einige Tage verborgen, und hier geschah es, daß eines Abends nach einem Opfermahl der Schulwärter von Nikogenes' Kindern, namens Olbios, in voller Begeisterung folgenden Vers hersagte:

> Überlaß der Nacht die Stimme, überlaß ihr Rat und
> Sieg.

Bald darauf legte sich Themistokles schlafen, und ihm träumte da, daß eine Schlange sich um seinen Bauch wände, dann nach dem Halse hinauf kröche und, wie sie das Gesicht berührte, sich in einen Adler verwandelte, der ihn mit den Fittichen umfaßte, ihn emporhob, eine weite Strecke forttrug und endlich auf einen zum Vorschein kommenden goldenen Heroldsstab so sicher hinstellte, daß er auf einmal von seiner großen Furcht und Angst befreit wurde.

Nikogenes schaffte ihn danach weiter fort und traf dazu folgende Anstalten. Die meisten Barbaren, und besonders die Perser, sind gegen die Weiber im äußersten Grade eifersüchtig. Sie pflegen sowohl ihre Frauen als auch die Sklavinnen und Beischläferinnen mit solcher Strenge zu bewachen, daß sie keinem Fremden vor die Augen kommen können, sondern zu Hause immer eingeschlossen bleiben und auf Reisen in Wagen, die mit wohlverwahrten Zelten versehen sind, gefahren werden. Ein solcher bedeckter Wagen wurde denn auch für den Themistokles hergerichtet. In diesem versteckt, begab er sich auf die Reise und befahl seinen Begleitern, denen, die sie danach fragen würden, zur Antwort zu geben, sie müßten ein griechisches Mädchen aus Ionien einem Großen am Hofe des Königs zuführen.

27. Thukydides und Charon von Lampsakos geben an, Themistokles habe erst nach Xerxes' Tode die Unterredung mit
dessen Sohne (Artaxerxes) gehabt; hingegen Ephoros, Dei-
mon, Kleitarchos und Herakleides lassen ihn noch zu Xerxes selbst kommen. Die Meinung des Thukydides scheint
freilich mehr mit der Zeitrechnung übereinzustimmen, wiewohl auch diese noch nicht genau zugeordnet ist.

Da Themistokles jetzt der Entscheidung seines Schicksals
entgegensah, wandte er sich zuerst an den Chiliarchen Artabanos und erklärte ihm, er sei ein Grieche und wünsche
mit dem König über äußerst wichtige Dinge, woran demselben sehr viel gelegen sein müsse, zu sprechen. Artabanos
gab ihm zur Antwort: „Die Sitten und Gebräuche der Völker, mein Fremdling, sind sehr verschieden; bei dem einen
ist dieses, bei dem andern jenes löblich, aber für alle ist es
gut und löblich, auf die Gebräuche ihres Landes sorgfältig
zu achten. Von euch Griechen nun sagt das Gerücht, daß
ihr Freiheit und Gleichheit mehr als alles andere schätzt,
bei uns hingegen ist unter einer Menge trefflicher Gesetze
dieses das schönste, daß man den König verehren und ihn
als das Bild der alles erhaltenden Gottheit anbeten soll.
Willst du dich also nach unsern Sitten richten und vor dem
Könige niederfallen, so ist es dir vergönnt, den König zu sehen und zu sprechen; wenn du aber hierin anders gesinnt
bist, so kannst du deine Sache bei ihm nicht anders als
durch Mittelspersonen anbringen. Denn nach der Sitte der
Perser darf der König keinem Menschen, der vor ihm nicht
niederfällt, Gehör geben."

Auf diese Erklärung erwiderte Themistokles: „Ich bin ja gekommen, mein Artabanos, um des Königs Ruhm und Macht
zu vergrößern; ich werde mich daher nicht nur selbst nach
euern Gebräuchen richten, weil es Gott, der die Perser erheben will, nun einmal so gefällt, sondern es sollen auch
durch mich in der Folge noch mehrere vor euerm Könige
anbeten. Und so soll denn dieser Umstand den Eröffnun-
gen, die ich dem König zu machen habe, weiter kein Hindernis in den Weg legen." – „Aber", versetzte Artabanos,
„wer bist du denn und wie heißt der Grieche, dessen Ankunft ich dem König melden soll? Denn diese Äußerungen
verraten keinen geringen Mann." Themistokles versetzte:

„Diesen Umstand, mein Artabanos, darf niemand eher erfahren als der König." So erzählt Phanias die Sache. Erato-
sthenes setzt in seinem Werke über den Reichtum hinzu,
Themistokles habe durch eine Frauensperson von Eretria,
die Artabanos bei sich hatte, dessen Gunst und den Zutritt
zu ihm erhalten.

28. Als er nun zum Könige geführt wurde und nach verrich-
teter Anbetung schweigend vor ihm stand, ließ ihn der König durch den Dolmetscher fragen, wer er wäre, und darauf
erteilte er folgende Antwort: „Ich bin, großer König, der
Athener Themistokles und komme zu dir als ein von den
Griechen verfolgter Flüchtling, dem die Perser zwar man-
ches Böse, aber noch weit mehr Gutes zu verdanken haben.
Denn ich war es, der das Nachsetzen der Griechen verhinderte, da die Rettung Griechenlands und unsere völlige Sicherheit mir erlaubte, auch euch einen Dienst zu erweisen.
Ich habe mich ganz in mein gegenwärtiges Schicksal ergeben und erscheine hier mit dem Vorsatze, von einem gnädigen und versöhnten Könige Wohltaten zu empfangen oder
dessen Groll durch demütige Bitten zu besänftigen. Nimm
also selbst meine Feinde zu Zeugen, wie sehr ich mich um
die Perser verdient gemacht habe, und benutze meine Lage
mehr, um deine Tugend sichtbar zu machen, als um deinen
Zorn zu befriedigen. Denn du wirst einen Unglücklichen,
der bei dir Schutz sucht, erhalten und dagegen einen abge-
sagten Feind der Griechen umbringen." Nach dieser An-
rede erzählte Themistokles, um desto mehr Eindruck zu
machen, das Gesicht, welches er in Nikogenes' Hause gesehen hatte, und das Orakel des dodonäischen Zeus, daß ihm
nämlich wäre befohlen worden, zu demjenigen zu gehen,
der mit dem Gotte gleichen Namen führte, und er dies so
ausgelegt habe, daß er sich zu dem Könige der Perser begeben sollte, weil beide große Könige wären und genannt
würden.

Der König antwortete für diesmal nichts darauf, wiewohl er
den Mut und die Geistesgröße des Mannes bewunderte;
aber seinen Vertrauten gestand er, daß er diesen Vorfall als
das größte Glück betrachtete und wünschte, Arimanios
möchte seinen Feinden immer solche Gesinnungen beibrin-
gen, daß sie ihre tapfersten und besten Männer von sich
wegjagten. Auch soll er deshalb den Göttern geopfert und

sogleich ein großes Gastmahl gehalten, ja des Nachts mitten im Schlafe dreimal vor Freuden gerufen haben: Ich habe den Athener Themistokles!

29. Mit Anbruch des Tages ließ der König seine Räte zusammenkommen und den Themistokles hereinführen, welcher sich aber nichts Gutes versah, da er wahrnahm, daß die Höflinge, sobald sie seinen Namen nennen hörten, ihren Unwillen bezeigten und auf ihn schimpften. Ja der Chiliarch Roxanes unterstand sich sogar, als Themistokles neben ihm hinging und um den königlichen Thron die tiefste Stille herrschte, mit einem leisen Seufzer zu sagen: „O du verschmitzte griechische Schlange, dich hat der Schutzgeist des Königs hierhergeführt." Jedoch wie er nun vor dem Könige selbst erschien und sich wieder vor ihm niederwarf, redete ihn dieser gnädig und huldreich an und sagte, er wäre ihm nunmehr zweihundert Talente schuldig; denn da er sich selbst überbracht hätte, so wäre es billig, daß er die dem Überbringer versprochene Belohnung empfinge. Er machte ihm auch noch mehrere und größere Versprechungen, flößte ihm Mut ein und hieß ihn freimütig von den Angelegenheiten Griechenlands reden. Themistokles antwortete hierauf: Die Rede des Menschen gleiche einem buntgewirkten Teppiche; ebenso wie dieser stelle sie, auseinandergelegt, die Bilder deutlich dar, verstecke und verberge sie aber, wenn sie zusammengewickelt werde, und deswegen müsse er dazu Zeit haben.

Dem König gefiel dieser Vergleich sehr, und er bewilligte ihm auf sein Bitten die Frist von einem Jahre. Nachdem Themistokles die persische Sprache hinlänglich erlernt hatte, unterhielt er sich ganz allein mit dem Könige und brachte denen, die nicht zum Hofe gehörten, die Meinung bei, daß er sich mit ihm nur über griechische Angelegenheiten bespräche. Weil aber eben damals viele Veränderungen am Hofe und mit den Räten des Königs vorgenommen wurden, faßten die Großen einen starken Verdacht gegen ihn, daß er sich wohl unterstanden habe, auch von solchen Dingen mit dem König zu reden. Denn er genoß weit größere Ehre als irgendein anderer Fremdling; ja er nahm an den Jagden und häuslichen Vergnügungen des Königs teil, daß er sogar die Mutter desselben zu sehen bekam und freien Zutritt zu ihr erhielt. Auch soll er auf Befehl des Königs in

den Geheimnissen der Magier unterrichtet worden sein.
Der Spartaner Demaratos sollte sich einst eine Gnade aus-
bitten und verlangte nun, daß er den königlichen Hut aufsetzen und so durch Sardeis einen Zug halten dürfte. Mi-
thropaustes, der ein Vetter des Königs war, faßte den
Demaratos bei der Hand und sagte zu ihm: „Ei! da hätte der
Hut kein Gehirn, das er bedecken könnte; du würdest doch
nicht Zeus sein, und wenn du auch den Donnerkeil trü-
gest." Der König selbst warf dieser Bitte wegen seine ganze
Ungnade auf Demaratos und schien ihm den Fehler nie ver-
zeihen zu wollen, aber Themistokles wußte ihn doch durch
seine Bitten und Vorstellungen wieder zu begütigen. Man
erzählt auch, daß die folgenden Könige, unter welchen die
Perser immer mehr mit den Griechen in Händel verwickelt
wurden, sooft sie die Dienste eines Griechen benötigten,
diesem in ihren Briefen die Versicherung gegeben haben,
er solle bei ihnen noch größer werden als Themistokles.
Aber Themistokles selbst soll einst, als er schon in großem
Ansehen stand und von vielen verehrt wurde, bei einer
prächtig besetzten Tafel zu seinen Kindern gesagt haben:
„Wahrlich, ihr Kinder, wir wären nun verloren, wenn wir
nicht schon verloren wären." Wie die meisten Schriftsteller
melden, wurden ihm die drei Städte Magnesia, Lampsakos
und Myus zum Brot, zum Wein und zur Zukost verliehen;
Neanthes von Kyzikos und Phanias setzen noch die zwei
Städte Perkote und Palaiskepsis hinzu, zu Bettzeug und zur
Kleidung.
30. Als Themistokles nunmehr der griechischen Angelegenheiten wegen sich nach den am Meere liegenden Ländern
herabbegeben mußte, trachtete ihm ein gewisser Perser, namens Epixyes, der Statthalter von Oberphrygien war, nach
dem Leben und hatte hierzu schon lange einige Pisidier be-
stellt, die ihn in seinem Nachtquartier zu Leontokephalon
umbringen sollten. Allein bei einem Mittagsschlafe, so erzählt man, erschien ihm im Traume die Mutter der Götter
und sagte zu ihm: „Themistokles! vermeide den Kopf der
Löwen, damit du nicht einem Löwen in die Klauen fällst.
Dafür verlange ich deine Tochter Mnesiptolema zur Diene-
rin." Erschrocken über dieses Gesicht, betete Themistokles
zu der Göttin, verließ alsbald die Landstraße, ging auf einem Umweg an jenem Orte vorbei und übernachtete im

freien Felde. Eins von den Lasttieren, die das Zeltgerät trugen, war ins Wasser gefallen, und Themistokles' Bediente spannten die naß gewordenen Teppiche aus, um sie zu trocknen. Unterdessen kamen die Pisidier mit Schwertern bewaffnet herbei, und weil sie beim Mondscheine die zum Trocknen aufgehängten Sachen nicht genau unterscheiden konnten, glaubten sie hier das Zelt des Themistokles und ihn selbst darin schlafen zu finden. Als sie sich aber näherten und eben das Zelt aufziehen wollten, fielen die, welche dabei Wache hielten, über sie her und machten sie zu Gefangenen. Themistokles, der auf diese Weise der Gefahr entronnen war, baute nun aus Dankbarkeit wegen der hilfreichen Erscheinung der Göttin in Magnesia einen Tempel der Dindymene und ernannte seine Tochter Mnesiptolema zur Priesterin desselben.

31. Nach seiner Ankunft in Sardeis besah er zum Zeitvertreibe die Tempel und die vielen darin befindlichen Weihgeschenke und fand unter andern in dem Tempel der Mutter der Götter die sogenannte Wasserträgerin, ein zwei Ellen hohes Bildnis einer Jungfrau aus Erz, welches er ehemals selbst, als er noch zu Athen Aufseher über das Wasser war, nach Entdeckung derer, die das Wasser entwendeten und ableiteten, von den eingetriebenen Strafgeldern machen lassen und in einem Tempel aufgestellt hatte. Er wandte sich daher, es sei nun, weil es ihn bedrückte, dies Weihgeschenk in der Gefangenschaft zu sehen, oder weil er den Athenern zeigen wollte, wie groß sein Ansehen und seine Macht bei dem Könige wäre, an den Statthalter von Lydien und bat um die Erlaubnis, die Bildsäule nach Athen zu schicken. Allein der Perser ward darüber sehr aufgebracht und drohte, die Sache dem König zu berichten, so daß Themistokles in der Angst seine Zuflucht zu dessen Serail nahm, die Beischläferinnen mit Geld gewann und auf diese Weise den Zorn des Mannes endlich besänftigte. Dieser Vorfall machte ihn für die Zukunft vorsichtiger, da er sah, wie sehr er sich vor dem Neide der Barbaren zu fürchten hatte.

Themistokles zog keineswegs, wie Theopompos vorgibt, in Asien herum, sondern hatte seine feste Wohnung in Magnesia, wo er große Geschenke empfing und mit den vornehmsten Persern gleiche Ehre genoß. Er lebte auch hier eine geraume Zeit in sicherer Ruhe, weil der König in den innern Provinzen immer so viel zu tun fand, daß er sich wenig um die griechischen Angelegenheiten bekümmern konnte. Als jedoch Ägypten durch Unterstützung der Athener abfiel, die Schiffe der Griechen bis nach Zypern und Kilikien segelten und die Herrschaft des Kimon zur See den König erinnerte, daß es Zeit sei, sich den Unternehmungen der Griechen zu widersetzen und ihrer zu seinem Schaden sich vergrößernden Macht Einhalt zu tun, so mußten sich denn endlich die Kriegsheere in Bewegung setzen, Feldherren wurden nach verschiedenen Gegenden abgeschickt, und es kamen auch Boten nach Magnesia, die dem Themistokles vom Könige Befehl brachten, sich nun gegen die Griechen tätig zu beweisen und seine Versprechungen zu erfüllen. Allein Themistokles fühlte jetzt keine Erbitterung mehr gegen seine Landsleute, auch vermochte alle die Macht und Ehre, die er genoß, ihn nicht zum Kriege zu reizen, im Gegenteil hielt er vielleicht die Sache für unausführbar, zumal da Griechenland jetzt große Feldherren hatte und Kimon in allen seinen Unternehmungen vom Glücke außerordentlich begünstigt wurde; hauptsächlich aber fand er es in Rücksicht auf seinen Ruhm, seine Taten und jene Trophäen am ratsamsten, sein Leben auf eine damit übereinstimmende Art zu beschließen. Er brachte also den Göttern ein Opfer, nahm von seinen dazu eingeladenen Freunden Abschied und trank, wie die meisten sagen, Ochsenblut, nach einigen aber nahm er ein schnellwirkendes Gift zu sich. Auf diese Art starb er zu Magnesia in einem Alter von fünfundsechzig Jahren, von denen er die meisten als Staatsmann und Feldherr verlebt hatte. Der König soll, als er die Ursache und die Art seines Todes erfuhr, den Mann nur desto mehr bewundert und sich gegen dessen Freunde und Verwandte immer gnädig und liebreich bewiesen haben.

32. Themistokles hinterließ von seiner ersten Gemahlin Archippe, einer Tochter des Lysander von Alopeke, drei Söhne, Archeptolis, Polyeuktos und Kleophantos. Des letztern gedenkt der Philosoph Platon als eines trefflichen Reiters, der aber auch weiter kein Verdienst hatte. Von den beiden ältesten war Neokles schon in seiner Kindheit an dem Biß eines Pferdes gestorben und Diokles von seinem

Großvater Lysander an Kindesstatt angenommen worden. Außerdem hatte er auch mehrere Töchter. Die Mnesiptolema, die von seiner zweiten Gemahlin war, heiratete ihr Stiefbruder Archeptolis. Die Italia wurde mit dem Chier Pantheides und die Sybaris mit dem Nikodemos von Athen vermählt. Die Nikomache bekam nach Themistokles' Tode dessen Neffe Phrasikles, der deshalb nach Magnesia geschifft war, von ihren Brüdern zur Gemahlin, und ebendieser zog auch die Asia, die jüngste von allen Kindern des Themistokles, auf.

Die Magnesier haben noch bis jetzt auf ihrem Markte ein prächtiges Grabmal dieses Mannes. Was seine Gebeine angeht, darf man dem Andokides keinen Glauben beimessen, wenn er in der Rede an seine Freunde behauptet, die Athener hätten sie heimlich weggebracht und zerstreut; denn er sucht nur durch diese Unwahrheit die oligarchische Partei gegen das Volk aufzuhetzen. Auch Phylarchos nimmt in der Geschichte fast ebenso wie in der Tragödie eine Maschine zu Hilfe, indem er den Neokles und Demopolis als Söhne des Themistokles redend einführt, um in seinen Lesern Rührung und Mitleid zu erregen; aber auch der Unwissendste sieht leicht ein, daß dieses erdichtet ist. Der Reiseschriftsteller Diodoros sagt in seinem Werke über die Denkmäler, doch mehr vermutungsweise als mit Gewißheit, in dem Hafen Peiraieus laufe von der Spitze des Alkimos eine Erdzunge herum, in dem Innern der Bucht, wo das Meer ruhig ist, befinde sich ein sehr großer Unterbau und darauf stehe das altarförmige Grabmal des Themistokles. Er glaubt auch, daß der Komödiendichter Platon dies in folgender Stelle bestätige:

Dein Grabmal pranget einst an einem schönen Platz.
Seefahrer werden es aus jedem Lande grüßen,
Es wird die Schiffe sehn, die aus- und einwärts segeln,
Und zuschaun, wenn einmal zur See gestritten wird.

Noch bis auf meine Zeiten waren den Nachkommen des Themistokles gewisse Ehrenbezeigungen in Magnesia erhalten geblieben, die auch der Athener Themistokles, mit dem ich beim Philosophen Ammonios in vertrauter Freundschaft lebte, genossen hat.

Camillus

1. Unter den vielen außerordentlichen Dingen, die man von Furius Camillus erzählt, möchte wohl dies das sonderbarste und seltsamste sein, daß er als Heerführer eine Menge großer Taten verrichtet, fünfmal die Diktatur verwaltet, viermal triumphiert, den Namen des zweiten Erbauers von Rom bekommen hat und doch nicht ein einziges Mal Konsul gewesen ist. Der Grund dafür lag in dem damaligen Zustande des römischen Staats, da das Volk wegen seines Zwistes mit dem Senate darauf bestand, keine Konsuln zu ernennen, sondern an deren Stelle Kriegstribunen wählte, deren Regierung der größern Zahl wegen weniger verhaßt war, ob sie gleich sonst mit den Konsuln gleiche Macht und Gewalt hatten. Denn daß sechs, nicht aber zwei Männer den Geschäften vorstanden, war noch eine Art von Trost für diejenigen, die sich über die Oligarchie ärgerten. Camillus, der gerade um diese Zeit wegen seiner Taten im größten Ruhme stand, mochte nicht wider den Willen des Volks Konsul werden, wiewohl in der Zwischenzeit mehrmals konsularische Wahlen gehalten wurden. In den vielen andern Ämtern, die er verwaltete, wußte er sich immer so zu betragen, daß die höchste Gewalt, wenn er allein zu befehlen hatte, mehrern gemeinsam war, der Ruhm hingegen ihm allein zufiel, auch dann, wenn er mit andern das Kommando führte. Jenes bewirkte seine Mäßigung, da er, ohne Neid zu erregen, regierte, dieses aber seine Klugheit, wodurch er sich unstreitig vor allen auszeichnete.

2. Das Haus der Furier stand damals noch in keinem großen Ansehen, und er gelangte zuerst durch sich selbst zu einigem Ruhme, als er unter dem Diktator Postumius Tubertus in dem großen Treffen gegen die Aequer und Volsker diente. Hier ritt er vor der Armee her, und ob er gleich am

Schenkel verwundet wurde, ließ er doch nicht nach, sondern zog den Wurfspieß aus der Wunde, schlug sich mit den Tapfersten unter den Feinden herum und brachte sie endlich zum Weichen. Außer andern Belohnungen, die er deswegen erhielt, wurde er auch zum Zensor ernannt, eine Würde, die in jenen Zeiten von großem Gewichte war.

Man führt von ihm als Zensor besonders zwei Handlungen an. Die eine war sehr löblich und bestand darin, daß er die unverheirateten Männer teils durch gütliche Vorstellungen, teils durch angedrohte Strafen bewog, die Witwen zu heiraten, deren es wegen der Kriege sehr viele gab. Die andere, welche die Umstände notwendig machten, war, daß er auch die Waisen den öffentlichen Abgaben unterwarf, während sie bisher davon frei gewesen waren. Dies verursachten die beständigen Feldzüge, die einen großen Aufwand erforderten; hauptsächlich aber machte die Belagerung von Veji (einige sagen dafür Vejentani) damals sehr viel zu schaffen.

Dies Veji, eine der ansehnlichsten und mächtigsten Städte in Tyrrhenien oder Etrurien, gab Rom selbst an Menge der Waffen und der streitbaren Mannschaft gar nichts nach, und stolz auf seine Reichtümer, seine Üppigkeit und schwelgerische Pracht, hatte es schon manchen rühmlichen Kampf begonnen und den Römern oft Ruhm und Herrschaft streitig gemacht. Allein gegenwärtig mußte es, durch große Niederlagen geschwächt, aller Ruhmsucht entsagen. Die Einwohner hatten sich hohe und starke Mauern erbaut, die Stadt mit Waffen, Lebensmitteln und allen Arten von Bedarf reichlich versehen und hielten so ohne Furcht eine Belagerung aus, die zwar langwierig, aber auch für die Belagerer nicht weniger lästig und ermüdend war. Denn sie pflegten sonst nur im Sommer eine kurze Zeit im Felde zu dienen, den Winter aber zu Hause zuzubringen, und jetzt wurden sie zum erstenmal von den Kriegstribunen gezwungen, Bollwerke anzulegen, das Lager zu befestigen und Sommer wie Winter im feindlichen Lande stehen zu bleiben.

Auf diese Weise hatte der Krieg beinahe schon sieben Jahre gedauert. Man war deswegen mit den Befehlshabern sehr unzufrieden, und da sie die Belagerung nicht nachdrücklich genug zu betreiben schienen, nahm man ihnen das Kommando und wählte andere Kriegstribunen, unter denen sich auch Camillus befand, der jetzt zum zweitenmal dieses Amt bekleidete. Doch hatte er für jetzt mit der Belagerung noch nichts zu tun, indem ihn das Los traf, gegen die Falerier und Capenater zu streiten, welche, da die Römer anderwärts beschäftigt waren, in ihrem Gebiete große Verwüstungen angerichtet und während des ganzen tyrrhenischen Krieges sie beunruhigt hatten. Jetzt wurden sie von Camillus mit großem Verluste aus dem Felde geschlagen und dahin gebracht, daß sie sich in ihren Städten einschließen mußten.

3. Hierauf ereignete sich, während der Krieg auf das hitzigste geführt wurde, der Vorfall mit dem albanischen See, welcher ebenso wie das unglaublichste Wunder jedermann in Furcht setzte, weil sich keine gewöhnliche Ursache, kein natürlicher Grund davon angeben ließ. Es war eben Herbstzeit, und der Sommer ging zu Ende, der sich weder durch zu viele Nässe noch durch heftige Südwinde ausgezeichnet hatte. Von den vielen Seen, Bächen und Quellen, die Italien hat, waren einige ganz ausgetrocknet, andere erhielten sich noch mit genauer Not, und die Flüsse waren, wie im Sommer gewöhnlich ist, seicht und niedrig. Nur der albanische See, der weder Zufluß noch Abfluß hat und von fruchtbaren Bergen ringsherum eingeschlossen ist, schwoll ohne irgendeine andere, wenn nicht eine übernatürliche Ursache merklich an, näherte sich dem Fuß der Berge und stieg endlich ohne tobende Bewegung bis zu den höchsten Gipfeln empor.

Anfänglich gerieten nur Hirten und Schäfer darüber in Verwunderung; als aber der Damm, welcher gleich einer Landenge den See von dem darunter liegenden Lande trennte, durch die Menge und Schwere des Wassers durchbrochen wurde und nun ein starker Strom über die bebauten Gefilde nach dem Meere zu floß, setzte die Sache nicht nur die Römer in Bestürzung, sondern alle Einwohner Italiens hielten dies für ein Vorzeichen einer großen und wichtigen Begebenheit. Am meisten wurde davon in dem Lager vor Veji gesprochen, so daß dieser Vorfall auch den Belagerten selbst zu Ohren kam.

4. Denn wie bei langwierigen Belagerungen zwischen den Feinden mancherlei Verkehr und Umgang stattfindet, so geschah es auch hier, daß ein Römer mit einem Manne aus

der Stadt, der der alten Orakel kundig war und von der Wahrsagerkunst mehr als andere zu verstehen schien, in vertrauter Bekanntschaft Gespräche führte. Der Römer bemerkte, daß dieser Mann bei der Erzählung vom Austreten des Sees freudig bewegt war und über die Belagerung spottete, und sagte daher zu ihm, dies wäre nicht das einzige Wunderzeichen, das sich jetzt ereignet hätte, es wären den Römern noch andere, weit seltsamere vorgekommen; er wollte sie ihm entdecken, wenn er vielleicht dadurch bei dieser allgemeinen Not seine eigene Rettung bewirken könnte. Der Vejer ließ sich das gern gefallen und fing mit ihm ein Gespräch an, in der Hoffnung, einige Geheimnisse zu erfahren. Während des Gesprächs führte ihn der Römer unvermerkt mit sich fort, und als sie eine ziemliche Strecke vom Stadttore entfernt waren, packte er, als der Stärkere, ihn an, hob ihn in die Höhe, überwältigte ihn mit Hilfe einiger aus dem Lager herzulaufenden Kameraden und überlieferte ihn dem Feldherrn. Da der Vejer in der Gewalt der Feinde war und nun wohl einsah, daß man dem Verhängnisse nicht ausweichen könne, entdeckte er einige geheime, sein Vaterland betreffende Orakel: daß es nicht eher zu erobern wäre, bis die Feinde den ausgetretenen und neue Wege suchenden albanischen See zurücktreiben, dessen Wasser umleiten und seine Vermischung mit dem Meere verhindern würden.

Der Senat in Rom, dem die Sache gemeldet wurde, geriet darüber in große Verlegenheit und befand endlich für gut, nach Delphi zu schicken und den Gott danach befragen zu lassen. Die Abgeordneten waren drei große und angesehene Männer, Licinius Cossus, Valerius Potitus und Fabius Ambustus. Diese brachten nach glücklich vollendeter Reise außer einigen andern Antworten des Gottes, welche die Vernachlässigung gewisser alter Gebräuche bei den sogenannten latinischen Festen betrafen, auch das Orakel mit, man sollte das Wasser des albanischen Sees, so viel möglich, vom Meere weg und in sein altes Behältnis zurückführen oder, wenn man dies nicht könnte, es durch Kanäle und Gräben auf das Feld leiten und es da versickern lassen. Diesen Antworten zufolge besorgten die Priester, was die Opfer betraf, das Volk aber ging sogleich an die Arbeit und suchte das Wasser wegzuleiten.

5. Im zehnten Jahre des Krieges hob der Senat alle Ämter auf und ernannte den Camillus zum Diktator. Nachdem dieser sich den Cornelius Scipio zum Befehlshaber der Reiterei (Magister equitum) gewählt hatte, tat er zuerst das Gelübde, daß er, wenn der Krieg unter seinem Kommando ein glückliches Ende nähme, die großen Spiele halten und der Göttin, die bei den Römern Mater Matuta heißt, einen Tempel weihen wollte. Diese kann man füglich, nach den an ihrem Feste gebräuchlichen Zeremonien zu urteilen, für die Leukothea halten. Denn die römischen Frauen führen eine Sklavin in das Innere eines Tempels, geben ihr Backenstreiche und jagen sie dann wieder heraus; dabei nehmen sie ihre Schwesterkinder statt ihrer eigenen auf die Arme und beobachten noch andere Gebräuche, die auf die Erziehung des Bakchos und die Leiden der Ino um der Beischläferin willen Bezug zu haben scheinen.

Nach getanem Gelübde rückte Camillus in das Gebiet der Falisker ein, schlug diese sowohl als die Capenater, die ihnen zu Hilfe gekommen waren, in einem großen Treffen und schritt dann zur Belagerung von Veji. Er sah bald ein, daß ein Sturm äußerst schwierig und gefährlich wäre, und legte daher unterirdische Gänge an, weil der Boden sich gut zum Graben schickte und bis in eine solche Tiefe zu arbeiten gestattete, daß der Feind es nicht inne werden konnte. Als dies Unternehmen nach Wunsch gelungen war, machte er selbst von außen einen Angriff, um die Feinde auf die Mauern zu locken; unterdessen aber drang ein Haufen Soldaten durch die Gänge und kam unbemerkt bis in das Schloß, gerade an dem Orte, wo der Junotempel stand, welcher der größte in der Stadt und am meisten verehrt war. Eben zu der Zeit, sagt man, war der Feldherr der Tyrrhener mit einem Opfer beschäftigt, und der Wahrsager rief nach Beschau der Eingeweide mit lauter Stimme, Gott verleihe demjenigen den Sieg, welcher diesem Opfer folgen würde. Die Römer, die diese Worte unter der Erde vernahmen, durchbrachen sogleich den Boden, kamen mit Geschrei und Waffengeklirr herauf, und da die Feinde in größter Bestürzung davonliefen, nahmen sie die Eingeweide weg und brachten sie dem Camillus. Aber diese Erzählung möchte vielleicht einem Märchen ähnlich scheinen.

So wurde nun die Stadt mit Sturm erobert, und die Römer

machten hier eine unermeßliche Beute. Camillus stand auf dem Schlosse und sah erst dem Gewühle weinend zu; wie aber die Umstehenden ihn deshalb glücklich priesen, hob er seine Hände zu den Göttern empor und sprach folgendes Gebet: „Höchster Jupiter und ihr Götter, die ihr über gute und böse Handlungen waltet, ihr seid Zeugen, daß wir Römer nicht ungerechterweise, sondern aus Notwehr an einer feindseligen und treulosen Stadt Rache genommen haben. Wenn uns aber", fuhr er fort, „für dieses große Glück zur Vergeltung irgendein Mißgeschick bestimmt ist, o so bitte ich, laßt es für die Stadt und das Heer der Römer mit so wenig Nachteil als möglich über mich selbst kommen." Nach diesen Worten drehte er sich, wie die Römer beim Beten zu tun pflegen, rechts herum und fiel im Umwenden nieder. Alle Anwesenden waren darüber erschrocken, aber er raffte sich geschwind wieder auf und sagte, es wäre ihm nun nach seinem Wunsche für das größte Glück ein kleiner Unfall zugestoßen.

6. Nach Verheerung der Stadt beschloß er, die Bildsäule der Juno, seinem Gelübde gemäß, nach Rom zu führen. Als die Fachleute sich hierzu eingefunden hatten, brachte er ein Opfer und betete zur Göttin, sie möchte sich den Eifer der Römer gefallen lassen und huldreich bei den andern Göttern wohnen, denen Rom zuteil geworden wäre. Die Bildsäule soll darauf leise geantwortet haben, sie willige ein und sei es zufrieden. Nach Livius' Erzählung hat Camillus die Göttin angerührt und das Gebet gesprochen, einer von den Anwesenden aber geantwortet, sie willige ein, sei es zufrieden und wolle gern folgen.

Denjenigen, die das Wunder behaupten und verteidigen, dient freilich zum stärksten Beweise das ungemeine Glück des römischen Staates, welcher ohne die mächtige Einwirkung und Gegenwart einer Gottheit, die sich seiner in allen Fällen annahm, unmöglich von einem so geringen und verächtlichen Anfange den höchsten Gipfel der Macht und des Ruhms hätte erreichen können. Indes bringen sie auch manche ähnliche Fälle bei, daß Götterbilder oft geschwitzt, daß sie Seufzer hören lassen, daß sie sich weggewendet und die Augen geschlossen haben, welche Ereignisse von vielen alten Geschichtsschreibern aufgezeichnet worden sind. Ich selbst könnte viele wunderbare Dinge anführen, die ich von meinen Zeitgenossen gehört habe und die sich nicht geradezu verwerfen lassen. Leichtgläubigkeit ist in solchen Fällen ebenso gefährlich als Unglaube, weil die menschliche Schwäche weder Grenzen hat noch ihrer selbst mächtig ist, sondern sich bald zum Aberglauben und zu einer ängstlichen Furcht, bald zur Verachtung und Geringschätzung aller Religion hinreißen läßt. Das sicherste ist immer, bei solchen Dingen Behutsamkeit zu gebrauchen und die Mittelstraße zu gehen.

7. Camillus, den entweder die große Tat, da durch ihn eine mit Rom wetteifernde Stadt im zehnten Jahre der Belagerung gedemütigt worden, oder die ihm erteilten Lobsprüche stolz gemacht und zu Gesinnungen verleitet hatten, die sich mit einem bürgerlichen, durch Gesetze beschränkten Amte durchaus nicht vertrugen, hielt nun einen äußerst hoffärtigen Triumph und fuhr dabei auf einem mit vier weißen Pferden bespannten Wagen durch Rom hin, was weder vor noch nach ihm ein Feldherr getan hat; denn die Römer halten einen solchen Wagen für heilig und betrachten ihn als einen besondern Vorzug des Königs und Vaters der Götter. Dadurch machte er sich bei den Bürgern, die nicht gewohnt waren, sich mit Übermut begegnen zu lassen, zuerst verhaßt; ein anderer Umstand, der ihm Feindschaft zuzog, war, daß er sich dem Vorschlage, den Staat zu teilen, widersetzte. Die Volkstribunen trugen nämlich darauf an, daß der Senat und das Volk in zwei Teile geteilt und der eine in Rom bleiben, der andere aber, den das Los träfe, in die eroberte Stadt ziehen sollte, weil die Römer dadurch viel wohlhabender werden und vermittels zweier so großer und schöner Städte desto leichter ihr Land und ihre Güter behaupten würden. Das Volk, das schon jetzt ungemein zahlreich, aber dabei arm und unbegütert war, nahm den Vorschlag mit Freuden an und forderte immer in allen Versammlungen mit großem Geschrei und Lärmen, daß darüber abgestimmt werden sollte. Allein der Senat und die angesehensten unter den übrigen Bürgern glaubten, daß es mit dem Vorschlage der Tribunen nicht auf eine Teilung, sondern auf eine Vernichtung Roms abgesehen sei, und nahmen, darüber aufgebracht, ihre Zuflucht zu Camillus. Dieser fürchtete sich vor dem Kampfe und gab dem Volke bald diese, bald jene Beschäftigung, wodurch er zwar den

Vorschlag immer hintertrieb, aber sich auch sehr verhaßt machte.

Der größte und sichtbarste Unwille gegen ihn entstand jedoch wegen des zehnten Teils der Beute, indem das Volk einen nicht ungegründeten, wenngleich nicht ganz gerechten Anlaß dazu bekam. Camillus hatte, als er gegen Veji auszog, das Gelübde getan, wenn er die Stadt eroberte, dem Apollo den zehnten Teil der Beute zu weihen. Bei der Einnahme und Plünderung der Stadt ließ er die Bürger ungestört sich in die Beute teilen, es sei nun, weil er sich scheute, denselben Verdruß zu machen, oder weil unter der Menge von Geschäften jenes Gelübde bei ihm in Vergessenheit gekommen war. Erst einige Zeit danach, als er schon sein Amt niedergelegt hatte, trug er diese Sache im Senat vor, und zugleich meldeten die Priester, daß aus den Opfern der Zorn der Götter zu ersehen wäre, welcher durch Geschenke und Dankopfer müßte ausgesöhnt werden.

8. Der Senat beschloß nun, es zwar bei der Teilung der Beute, die sich nicht ungeschehen machen ließ, bewenden zu lassen, daß aber alle, die etwas davon bekommen hätten, unter einem Eide den zehnten Teil herausgeben sollten. Dies war freilich sehr hart und empfindlich für die Soldaten, als arme Leute, die so viel Strapazen ausgestanden hatten und jetzt gezwungen wurden, von ihrem erworbenen und wohl schon verbrauchten Eigentum einen so ansehnlichen Teil wieder abzugeben. Camillus, den ihr tobendes Geschrei bange machte, nahm, weil er keine bessere Entschuldigung wußte, gerade zu der albernsten seine Zuflucht und gestand, daß er sein Gelübde vergessen habe. Aber dadurch wurden sie nur noch mehr aufgebracht, weil er den Zehnten von den Gütern der Feinde gelobt hätte und nun den Zehnten von den Gütern der Bürger nähme. Indes brachten doch alle den erforderlichen Teil, und man beschloß nun, von der Summe einen goldenen Krater machen zu lassen und nach Delphi zu schicken.

In Rom war damals noch Mangel an Golde, und als die obrigkeitlichen Personen überlegten, woher es wohl zu bekommen sein möchte, beschlossen die Frauen unter sich selbst, daß jede ihren goldenen Schmuck zu dem Weihgeschenk hergeben sollte; auf diese Weise kamen dem Gewichte nach acht Talente Goldes zusammen. Um diesen Frauen dafür die gebührende Ehre zu erweisen, erlaubte der Senat durch einen Beschluß, ihnen nach dem Tode ebenso wie den Männern schickliche Lobreden zu halten; denn vorher waren öffentliche Lobreden auf verstorbene Frauen nicht üblich. Man wählte nun drei der vornehmsten Männer zu Gesandten an das Orakel und schickte sie auf einem langen, mit ausgesuchter Mannschaft versehenen und prächtig geschmückten Schiffe dahin.

Die Meeresstille kann den Seefahrern so gefährlich werden als der wütendste Sturm. Dies war der Fall bei jenen Gesandten, welche dadurch dem Untergange nahe kamen und ihm nur auf eine unerwartete Weise entgingen. Einige Kriegsschiffe der Liparier hielten das Schiff für einen Seeräuber und verfolgten es, als es eben ganz windstill war, auf der Höhe der aiolischen Inseln. Auf das inständige Bitten und Flehen der Römer enthielten sie sich noch, es in Grund zu bohren, aber sie hängten es an und zogen es in den Hafen, wo sie es für einen Seeräuber erklärten und die Mannschaft sowohl als die Güter zum Verkaufe ausboten. Endlich ließen sie sich doch noch durch die Menschenliebe und das Ansehen des Timesitheos, ihres Oberhaupts, bewegen, das Schiff wieder freizugeben. Dieser zog sogar seine eigenen Fahrzeuge ins Meer, begleitete die Römer und war ihnen behilflich, das Geschenk zu weihen. Dafür erhielt er in Rom die verdienten Ehrenbezeigungen.

9. Als die Volkstribunen den Vorschlag auf Teilung der Stadt jetzt aufs neue betrieben, gab der zu rechter Zeit ausgebrochene Krieg mit den Faliskern den Patriziern freie Hand, die obrigkeitlichen Wahlen ganz nach ihrem Gefallen zu halten und den Camillus nebst fünf andern zu Kriegstribunen zu ernennen, weil die gegenwärtigen Umstände einen Feldherrn erforderten, der Ruhm und Ansehen mit Erfahrung verband. Das Volk bestätigte diese Wahl, und nun rückte Camillus mit einer Armee in das Land der Falisker ein und belagerte die Stadt Falerii, die ungemein fest und mit allen Kriegsbedürfnissen gut versehen war. Er sah zwar ein, daß die Eroberung derselben keine so leichte Arbeit wäre und viele Zeit kosten würde; aber er hatte dabei noch die Absicht, die Bürger zu beschäftigen und hinzuhalten, damit sie nicht, wenn sie zu Hause untätig säßen, sich

von ihren Tribunen zu Händeln und Unruhen verhetzen ließen. Denn dieses Mittels bediente man sich immer mit gutem Erfolg, um nach Art der Ärzte alle unruhigen Bewegungen nach außen zu leiten.

10. Die Falisker machten sich indes, im Vertrauen auf die starken Festungswerke, womit ihre Stadt umgeben war, so wenig aus der Belagerung, daß sie, die auf die Mauern gestellten Wachen ausgenommen, in ihren Friedenskleidern in der Stadt herumgingen, daß ihre Kinder die Schule besuchten und sogar vom Lehrer, um spazierenzugehen und ihre Übungen zu halten, um die Mauer herumgeführt wurden. Denn die Falisker hielten, so wie die Griechen, einen gemeinschaftlichen Lehrer, um ihre Kinder gleich von Anfang an zusammen erziehen und miteinander in Gesellschaft leben zu lassen. Dieser Lehrer nun suchte vermittels seiner Schüler die Stadt Falerii zu verraten. Zu diesem Zwecke führte er sie alle Tage, anfänglich ganz nahe, vor die Mauer, und nach gehaltenen Übungen brachte er sie wieder zurück. Hierauf führte er sie immer weiter und machte sie dadurch sicher, als wenn hier gar nichts zu besorgen stünde. Endlich aber ging er, als er sie alle beisammen hatte, zu den Vorposten der Römer, übergab die Kinder und verlangte, zu Camillus geführt zu werden.

Als er vor demselben erschien, sagte er, er sei der Erzieher und Lehrer von Falerii, ziehe aber das Vergnügen, ihm einen Dienst zu erweisen, seinen Pflichten vor und komme jetzt, um ihm in den Kindern die ganze Stadt zu überliefern. Camillus fand diesen Antrag abscheulich. Er wandte sich gleich zu den Anwesenden und sagte: „Der Krieg ist freilich eine schlimme Sache und dessen Führung immer mit Ungerechtigkeit und gewaltsamen Handlungen verbunden; aber es gibt doch auch für rechtschaffene Männer gewisse Kriegsgesetze. Dem Siege darf man nicht so sehr nachstreben, daß man die Vorteile von schlechten und gottlosen Handlungen nicht verabscheuen sollte. Ein großer Feldherr muß Krieg durch eigene Tapferkeit, nicht im Vertrauen auf fremde Bosheit führen.“ Hierauf befahl er seinen Liktoren, dem Manne die Kleider abzureißen, ihm die Hände auf den Rücken zu binden und den Kindern Ruten und Peitschen zu geben, damit sie den Verräter züchtigen und unter Schlägen in die Stadt zurücktreiben könnten.

Die Falisker waren unterdes die Verräterei ihres Schulmeisters inne geworden. In der ganzen Stadt herrschte, wie sich leicht denken läßt, dieses Unglücks wegen lautes Klagegeschrei, und die vornehmsten Männer und Frauen liefen wie unsinnig auf die Mauern und an die Tore, als die Kinder eben den Schulmeister nackend und gebunden unter den ärgsten Beschimpfungen dahertrieben, wobei sie den Camillus als ihren Gott, ihren Retter und Vater ausriefen. Nicht nur die Eltern der Kinder, sondern auch die übrigen Bürger, die das mit ansahen, wurden dieser gerechten Handlung wegen von Bewunderung und Liebe zu Camillus hingerissen. Sie hielten in der Eile eine Volksversammlung und schickten Gesandte ab, um sich ihm gänzlich zu übergeben. Camillus hieß sie nach Rom gehen, und als sie hier vor dem Senat erschienen, erklärten sie, die Römer hätten die Gerechtigkeit höher geachtet als den Sieg und sie dadurch belehrt, die Unterwerfung der Freiheit vorzuziehen, nicht sowohl weil sie glaubten, ihnen an Macht nachzustehen, als weil sie sich an Tugend und Rechtschaffenheit überwunden gäben. Der Senat stellte es dem Camillus anheim, diese Sache nach seinem Gutdünken abzumachen. Er ließ also die Stadt Falerii eine Summe Geldes zahlen, schloß mit allen Faliskern ein Bündnis und kehrte nach Rom zurück.

11. Die Soldaten, die auf die Plünderung der Stadt Rechnung gemacht hatten und nun mit leeren Händen zurückkehren mußten, klagten den Camillus bei ihren Mitbürgern als einen Volksfeind an, der armen Leuten die schöne Gelegenheit, sich zu bereichern, nicht gegönnt hätte. Indes erneuerten die Volkstribunen ihren Vorschlag wegen Teilung des Staates und wollten schon das Volk darüber abstimmen lassen. Camillus aber sprach, ohne sich vor Feindschaft und Haß zu fürchten, mit größter Freimütigkeit dagegen und widersetzte sich vor allen andern dem Wunsche des Volks mit solchem Nachdruck, daß die Bürger zwar, selbst wider ihren Willen, den Vorschlag verwarfen, aber auch auf Camillus äußerst erbittert wurden. Selbst sein häusliches Unglück, da er seinen zweiten Sohn an einer Krankheit verlor, vermochte ihren Zorn nicht zu mildern, wiewohl ihn, als einen sanften, biedern Mann, dieser Verlust so empfindlich schmerzte, daß er auch an dem Tage, wo er vor Gericht er-

scheinen sollte, der Trauer wegen zu Hause blieb und sich bei den Frauen eingeschlossen hielt.

12. Sein Ankläger war Lucius Apuleius, und die Klage betraf eine Unterschlagung tyrrhenischer Güter; man wollte unter andern einige eherne Türen von der Beute bei ihm gesehen haben. Das Volk war gegen ihn äußerst aufgebracht und ließ deutlich merken, daß es unter jedem Vorwande zu seinem Nachteile stimmen würde. Er ließ daher seine Freunde, seine Kriegsgefährten und Kollegen, deren eine ziemliche Menge war, zusammenkommen und ersuchte sie, es nicht geschehen zu lassen, daß er ungerechterweise um so schimpflicher Beschuldigungen willen verdammt und seinen Feinden zum Gelächter gemacht würde. Da aber diese Männer nach einiger Beratung und Unterredung ihm erklärten, sie glaubten nicht, daß sie ihm vor Gerichte etwas helfen könnten, sie wollten aber gern die Geldstrafe, die ihm möchte zuerkannt werden, bezahlen helfen, so hielt er dies für unerträglich und beschloß in der Hitze des Zorns, die Stadt freiwillig zu verlassen und ins Elend zu gehen. Er nahm also von seiner Gemahlin und seinem Sohne Abschied und ging aus seinem Hause stillschweigend bis ans Tor. Hier blieb er stehen, drehte sich um und betete zu den Göttern, indem er die Hände gegen das Capitolium ausstreckte, wenn er ungerechterweise, bloß durch den Neid und Übermut des Volks, mit Schimpf und Schande aus der Stadt getrieben würde, so möchten die Römer es bald bereuen und der ganzen Welt zu erkennen geben, daß sie den Camillus nicht entbehren könnten und sich nach seiner Hilfe sehnten.

13. Nachdem er, wie einst Achilleus, diesen Fluch über seine Mitbürger gesprochen hatte, verließ er Rom und wurde nun, weil er nicht vor Gericht erschienen war, zu einer Geldstrafe von 15 000 As verdammt, welche, nach Silber berechnet, 1 500 Drachmen beträgt; denn die Silbermünze galt zehn As, und zehn kupferne As hießen ein Denar. Es gibt keinen einzigen Römer, der nicht glaubte, daß die Verwünschungen des Camillus schnell in Erfüllung gegangen sind und daß er für das erlittene Unrecht eine Genugtuung erhalten hat, die ihm zwar statt der Freude vielen Kummer brachte, aber ihm doch einen ausgebreiteten Ruhm verschaffte. So groß war die Rache, die jetzt über

Rom hereinbrach, so groß die Furcht, die Gefahr und die Schande, welche die Zeitumstände herbeiführten, es sei nun, daß bloß das Schicksal es so fügte oder daß eine Gottheit dabei im Spiele war, die sich der mit Undank belohnten Tugend annehmen wollte.

14. Die erste Vorbedeutung eines herannahenden großen Unglücks war, wie man glaubt, der Todesfall des Zensors Gaius Julius; denn die Römer haben vor dem Amte eines Zensors eine besondere Ehrfurcht und halten es für heilig. Eine zweite Vorbedeutung hatte sich kurz vor der Flucht des Camillus ereignet. Ein gewisser Marcus Cedicius, der weder von vornehmer Familie war noch zum Senat gehörte, sonst aber für einen ehrlichen, braven Mann galt, eröffnete den Kriegstribunen eine Sache, die alle Aufmerksamkeit verdiente. Er erzählte, in der vergangenen Nacht wäre er, als er durch die sogenannte Neue Gasse ging, laut gerufen worden, er hätte sich umgewendet, aber niemanden erblickt und nur von einer Stimme, die für eine menschliche viel zu stark gewesen, die Worte vernommen: „Höre, Marcus Cedicius! Geh morgen früh zu der Obrigkeit und sage, sie sollte in kurzem die Gallier erwarten." Über diese Erzählung lachten und scherzten die Kriegstribunen, und bald darauf trug sich die Begebenheit mit Camillus zu.

15. Die Gallier, ein Volk vom keltischen Stamme, hatten, wie man sagt, der allzu großen Menge wegen ihr Land, das sie nicht alle ernähren konnte, verlassen und waren ausgezogen, um ein anderes aufzusuchen. Der Zug bestand aus vielen tausend streitbaren jungen Männern, die noch mehr Weiber und Kinder bei sich führten. Ein Teil derselben ging über die rhipäischen Gebirge nach dem nördlichen Meere und setzte sich in den äußersten Gegenden von Europa fest; der andere Teil ließ sich zwischen den Pyrenäen und Alpen nieder und wohnte eine geraume Zeit in der Nähe der Senonen und Keltorier. In der Folge aber, als sie den aus Italien zu ihnen gebrachten Wein gekostet hatten, fanden sie an dem Getränk so vielen Geschmack und wurden von dem ungewohnten Vergnügen so bezaubert, daß sie die Waffen ergriffen, mit allen ihren Angehörigen nach den Alpen zogen und das Land, das eine so herrliche Frucht hervorbrachte, aufsuchten, jedes andere aber für unkultiviert und unfruchtbar hielten.

Derjenige, der zuerst den Wein zu ihnen brachte und sie zu dem Zuge nach Italien am meisten anreizte, war, wie man sagt, ein Tyrrhener Aruns, ein vornehmer, angesehener Mann, der sonst eben keinen bösen Charakter hatte, aber durch folgendes Unglück dazu verleitet wurde. Er war der Vormund eines Waisen, namens Lukumo, der sich durch Reichtum sowohl als durch Schönheit unter seinen Mitbürgern auszeichnete. Dieser hatte von Kindheit an seinen Aufenthalt in Aruns' Hause gehabt und wollte auch jetzt, da er mündig geworden war, dasselbe nicht verlassen, unter dem Vorwande, daß ihm die Gesellschaft des Mannes viel Vergnügen mache. Allein er hatte mit dessen Frau schon lange insgeheim einen sträflichen Umgang gehabt, und da jetzt die Leidenschaft bei beiden einen so hohen Grad erreichte, daß sie ihre Begierden weder unterdrücken noch länger verbergen konnten, so unternahm es der Jüngling, die Frau öffentlich ihrem Manne zu entreißen. Aruns brachte die Sache vor Gericht, konnte aber gegen Lukumo, der einen großen Anhang hatte und viel Geld verwendete, nichts ausrichten; deswegen verließ er sein Vaterland, und da er viel von den Galliern gehört hatte, begab er sich zu ihnen und wies ihnen auf ihrem Zuge nach Italien den Weg.

16. Gleich beim ersten Einfalle bemächtigten sich die Gallier des ganzen Landes, von den Alpen an bis an die beiden Meere, welches vor alters die Tyrrhener inne hatten, wie schon aus dem Namen zu ersehen ist. Denn das auf der Nordseite gelegene Meer heißt das Adriatische, von der tyrrhenischen Stadt Adria, und das gegenüberliegende südliche Meer das Tyrrhenische. Dies ganze Land ist reich mit Bäumen bepflanzt, voll trefflicher Viehweiden und durch viele Flüsse bewässert. Es enthielt achtzehn große und schöne Städte, welche durch Handel und Gewerbe sehr wohlhabend waren und einen frohen Lebensgenuß gestatteten. Alle diese Städte nahmen die Gallier nach Vertreibung der Tyrrhener in Besitz. Aber dies war schon lange vor des Camillus Zeiten geschehen.

17. Für jetzt zogen die Gallier gegen die tyrrhenische Stadt Clusium und belagerten sie. Die Clusiner nahmen ihre Zuflucht zu den Römern und baten, ihretwegen Gesandte mit Briefen an die Barbaren zu schicken. Es wurden daher drei angesehene Männer aus dem Hause der Fabier, die schon

wichtige Ehrenstellen in Rom bekleidet hatten, dahin gesandt. Die Gallier empfingen sie auch, wegen des großen Rufs, worin Rom damals stand, sehr höflich, ließen von der Bestürmung der Mauern ab und hielten mit ihnen eine Unterredung. Aber auf die Frage, was ihnen denn von den Clusinern zuleide getan worden wäre, daß sie deren Stadt bekriegten, erteilte ihnen Brennus, der König der Gallier, lachend die Antwort: „Die Clusiner tun uns dadurch Unrecht, daß sie nur weniges Land bebauen können, aber doch eine große Flur besitzen wollen und uns, als armen und zahlreichen Fremdlingen, nichts davon abgeben. Ein ähnliches Unrecht haben euch, ihr Römer, in älteren Zeiten die Albanier, die Fidenater, die Ardeater zugefügt und jetzt noch die Vejer, die Capenater, ein großer Teil der Falisker und Volsker. Gegen diese Völker zieht ihr, wenn sie ihre Güter nicht mit euch teilen wollen, zu Felde, macht sie zu Sklaven, plündert sie aus und zerstört ihre Städte. Daran tut ihr auch nichts Böses oder Ungerechtes, sondern ihr folgt dem ältesten unter allen Gesetzen, welches die Güter der Schwächern dem Stärkern zuteilt und das von Gott an bis auf die Tiere herabreicht. Denn auch bei diesen liegt es in der Natur, daß die Stärkern immer die Schwächern zu unterdrücken suchen. Hört also ja auf, mit den belagerten Clusinern Mitleid zu haben, damit ihr die Gallier nicht belehrt, sich der von euch Römern unterdrückten Völker mitleidig anzunehmen."

Aus dieser Antwort ersahen die Römer deutlich, daß Brennus sich zu keinem Vergleiche verstehen würde. Sie gingen also nach Clusium hinein, sprachen den Einwohnern Mut zu und ermunterten sie, mit ihnen einen Ausfall gegen die Barbaren zu machen, entweder um deren Tapferkeit kennenzulernen oder um die ihrige zu zeigen. Bei dem Ausfalle der Clusiner und dem Gefechte unter den Mauern sprengte einer der Fabier, Quintus Ambustus, zu Pferde auf einen großen und wohlgestalten Gallier los, der vor den übrigen weit voraus ritt, und wurde anfänglich nicht erkannt, weil der Angriff plötzlich geschah und der Glanz der Waffen die Augen der Feinde blendete. Als er aber im Kampfe gesiegt hatte und nun seinem erlegten Gegner die Waffen auszog, da erkannte ihn Brennus und rief über ihn die Götter zu Zeugen an, daß er gegen die allgemeinen und von allen Völkern für heilig gehaltenen Rechte als Gesandter gekommen wäre, aber als Feind gehandelt hätte. Er hob nun die Belagerung sogleich auf und ging, ohne die Clusiner weiter zu beunruhigen, mit seiner Armee auf Rom selbst los. Damit es aber nicht so scheinen möchte, als wenn er diese Beleidigung gern sähe und nur einen Vorwand zum Kriege suchte, ließ er durch Gesandte den Mann zur Bestrafung ausfordern; inzwischen rückte er langsam vor.

18. In Rom wurde deshalb eine Senatssitzung gehalten, worin viele sich stark gegen die Fabier erklärten; besonders hielten die Priester, welche Fetialen hießen, dies für ein grobes Verbrechen gegen die Götter selbst und drangen in den Senat, daß er die Schuld von dem Volke abwenden und bloß auf den Urheber fallen lassen sollte. Diese Fetialen hatte Numa Pompilius, der friedlichste und gerechteste unter den römischen Königen, eingesetzt, daß sie über den Frieden wachen und die Ursachen, die einen rechtmäßigen Krieg veranlassen, prüfen und darüber entscheiden sollten. Da aber der Senat diese Sache an das Volk verwies und die Priester hier ähnliche Klagen gegen die Fabier führten, setzte sich der Pöbel auf eine so frevelhafte Weise über die heiligsten Religionsgebräuche hinweg, daß er sogar den Fabius nebst seinen Brüdern zu Kriegstribunen ernannte.

Die Kelten wurden bei der Nachricht davon äußerst aufgebracht und gingen nun ohne den geringsten Verzug mit schnellen Schritten auf Rom los. Alle die Völker, durch deren Gebiet sie zogen, gerieten über die Menge, die großen Anstalten, die Stärke und Wut derselben in Bestürzung und hielten schon Land und Städte für verloren. Aber wider alle Erwartung verübten sie nicht die geringste Feindseligkeit, nahmen auch nichts vom Felde, sondern zogen ruhig an den Städten vorbei und erklärten laut, sie zögen gegen Rom und führten nur mit den Römern Krieg, alle anderen Völkerschaften hingegen betrachteten sie als Freunde.

Da die Barbaren so eilfertig heranrückten, führten auch die Kriegstribunen ihnen das römische Heer entgegen, das zwar hinsichtlich der Menge jenen nichts nachgab, denn es bestand aus nicht weniger als 40 000 Mann Fußvolk, aber die meisten davon waren noch ganz ungeübt und führten die Waffen jetzt zum erstenmal. Überdies bekümmerte man sich dabei gar nicht um die Götter, indem weder zur Versöhnung derselben Opfer dargebracht noch die Wahrsager befragt wurden, wie sonst immer in Gefahren und bei bevorstehenden Schlachten üblich war. Auch richtete die Menge der Befehlshaber unter ihnen nicht wenig Verwirrung an; und doch hatten die Römer vorher oft bei mindern Gefahren einen einzigen Anführer, den sie Diktator nennen, erwählt, indem sie sehr gut einsahen, wie vorteilhaft es in gefährlichen Umständen sei, unter der Leitung eines unumschränkten Befehlshabers, der die höchste Gewalt in Händen hat, gleichsam von *einem* Geiste beseelt in guter Ordnung zu stehen. Den größten Schaden indes stiftete das harte und ungerechte Verfahren gegen Camillus, weil nun jeder Befehlshaber sich fürchten mußte, sein Amt ohne Gefälligkeiten und Schmeicheleien gegen den Pöbel zu verwalten.

So zogen die Römer neunzig Stadien weit von der Stadt und lagerten sich am Flusse Allia, nicht weit von dem Orte, wo er in die Tiber fällt. Hier wurden sie bald von den Barbaren angegriffen, fochten aber aus Mangel an Ordnung äußerst schlecht und ließen sich leicht in die Flucht schlagen. Der linke Flügel wurde beim ersten Angriff in den Fluß getrieben und ganz zugrunde gerichtet; der rechte aber, der sich vor dem Andringen der Feinde allmählich aus der Ebene auf die Anhöhen gezogen hatte, litt weniger, und von diesem retteten sich noch einige wenige nach Rom. Die übrigen, die entkamen, weil der Feind des Mordens müde war, flüchteten in der Nacht nach Veji, als wenn es um Rom und alle, die sich dort befänden, geschehen wäre.

19. Dies Treffen erfolgte an einem Vollmonde kurz nach der Sommerwende, an ebendem Tage, an dem sich früher das große Unglück der Fabier zugetragen hatte, da dreihundert Männer aus diesem Hause von den Tyrrhenern niedergehauen wurden. Es ward nun üblich, daß man diesen Tag der zweiten Niederlage wegen noch bis jetzt von dem Flusse den allischen Tag nannte. Was die unglücklichen Tage betrifft, so ist schon anderwärts untersucht worden, ob man dergleichen annehmen darf oder ob Herakleides mit Recht den Hesiod getadelt hat, weil er einige Tage zu guten, andere zu bösen machte und nicht wußte, daß alle Tage

an sich von einerlei Beschaffenheit sind. Indes möchte es nicht undienlich sein, hier bei dieser Gelegenheit einige wenige Beispiele davon anzuführen.

Am fünften Tage des Monats Hippodromios oder, wie die Athener ihn nennen, Hekatombaion haben die Boiotier zwei glänzende Siege, wodurch sie den Griechen wieder zur Freiheit verhalfen, davongetragen, den einen bei Leuktra und den andern bei Keressos, mehr als zweihundert Jahre vor jenem, da sie den Lattamyas und die Thessalier überwanden. Dagegen sind die Perser im Monat Boëdromion von den Griechen am sechsten Tage bei Marathon, am dritten bei Plataiai und zugleich bei Mykale, am fünften bei Arbela geschlagen worden; die Athener aber haben unter Anführung des Chabrias das Seetreffen bei Naxos um den Vollmond des Boëdromion und das bei Salamis am zwanzigsten Tage gewonnen, wie ich in der Abhandlung von den Tagen gezeigt habe. Auch der Thargelion hat den Barbaren offenbar viele Unglücksfälle gebracht; denn in diesem Monat besiegte Alexander die Feldherren des Dareios am Flusse Granikos, und in Sizilien wurden die Karthager von Timoleon am vierundzwanzigsten Tage desselben geschlagen, an welchem auch Ilion soll erobert worden sein, wie Ephoros, Kallisthenes, Damastes und Phylarchos behaupten.

Auf der andern Seite ist der Monat Metageitnion, den die Boiotier Panemos nennen, den Griechen gar nicht günstig gewesen. Am siebenten Tage desselben wurden sie von Antipater bei Kranon geschlagen, und vorher hatten sie von Philippos bei Chaironeia eine große Niederlage erlitten. An ebendiesem Tage des Metageitnion und in ebendem Jahre wurde die Mannschaft, die mit dem Archidamos nach Italien gegangen war, von den dortigen Barbaren niedergehauen. Die Karthager nehmen sich vor dem zweiundzwanzigsten Tag dieses Monats sorgfältig in acht, der ihnen immer die meisten und größten Unfälle gebracht hat. Mir ist auch nicht unbekannt, daß um die Zeit der Feier der Mysterien die Stadt Theben von Alexander zerstört worden ist und daß nachher die Athener am zwanzigsten Tage des Boëdromion, an dem sie den mystischen Auszug des Jakchos halten, eine makedonische Besatzung haben einnehmen müssen. So haben auch die Römer an demselben Tage erst eine Armee unter der Anführung des Caepio in der Schlacht gegen die Cimbrer verloren und nachher durch den Lucullus die Armenier und den Tigranes überwunden. Der König Attalos und Pompejus Magnus sind an ihrem Geburtstage gestorben. Überhaupt könnte ich noch viele nennen, denen ein und dieselbe Zeitperiode bald Glück, bald Unglück gebracht hat. Die Römer aber zählen diesen Tag unter die unglücklichen und um seinetwillen in jedem Monate noch zwei andere, da wegen dieses Vorfalls, wie es zu gehen pflegt, die Ängstlichkeit und der Aberglaube noch weiter ausgebreitet wurde. Jedoch davon ist in den Fragen über römische Gebräuche umständlicher gehandelt worden.

20. Wären die Gallier nach jenem Treffen den Flüchtigen gleich auf dem Fuße nachgefolgt, so hätte wohl nichts die gänzliche Zerstörung der Stadt und den Untergang aller, die sich darin befanden, abhalten können; so groß war die Furcht, die die Flüchtlinge ihren Mitbürgern einflößten, so groß die Verwirrung und Betäubung, womit sie die ganze Stadt anfüllten. Allein die Barbaren, denen die Größe ihres Sieges selber unglaublich vorkam, überließen sich vor Freuden dem Schmausen und Wohlleben, nahmen dann die Teilung der im Lager gefundenen Beute vor und gaben auf diese Weise nicht nur dem aus der Stadt eilenden Volke Zeit zur Flucht, sondern gestatteten auch den Zurückbleibenden, sich wieder zu fassen und die nötigen Vorkehrungen zu treffen. Denn diese gaben die ganze Stadt dem Feinde preis und befestigten nur das Capitolium, welches sie mit allen Arten von Waffen versahen.

Vor allen Dingen suchte man einen Teil der Heiligtümer ins Capitolium in Sicherheit zu bringen; aber das Feuer der Vesta und andere heilige Sachen nahmen die Jungfrauen zu sich und begaben sich damit auf die Flucht. Einige wollen, diese Jungfrauen hätten weiter nichts in Verwahrung gehabt als das ewige Feuer, welches nach der Verordnung des Numa als das Prinzip aller Dinge verehrt werden mußte. Denn das Feuer hat in der ganzen Natur die meiste Bewegung; jede Zeugung aber ist eine Bewegung oder wenigstens mit Bewegung verbunden. Alle anderen Teile der Materie liegen, wenn ihnen die Wärme abgeht, untätig und wie tot und erwarten die beseelende Kraft des Feuers; sobald aber diese auf irgendeine Weise hinzukommt, fangen sie wieder an zu wirken und zu leiden. Dies Feuer nun hätte Numa, als ein einsichtsvoller Mann, der im Rufe stand, daß er seiner Weisheit wegen des Umgangs der Musen gewürdigt werde, geheiligt und es immer brennend als Bild der ewigen, alles regierenden Kraft aufbewahrt. Andere hingegen behaupten, das Feuer brenne nur, wie bei den Griechen, vor heiligen Stätten der Reinigung wegen, im Innern aber würden noch andere Sachen aufbewahrt, welche niemand außer den sogenannten vestalischen Jungfrauen zu sehen bekommen dürfte. Die gewöhnlichste Sage ist, daß jenes trojanische Palladium, das von Aineias nach Italien geführt worden, dort aufgehoben liege. Es gibt auch einige, welche die Fabel erzählen, daß Dardanos, als er Troja erbaute, die samothrakischen Heiligtümer mit dahin genommen und deren Verehrung eingeführt, Aineias aber sie bei der Eroberung von Troja heimlich weggebracht und bis zu seiner Niederlassung in Italien sorgfältig aufbewahrt habe. Diejenigen, die davon besser unterrichtet zu sein glauben, geben an, daß in dem Tempel der Vesta zwei nicht allzu große Fässer aufgehoben würden, wovon das eine offen und leer, das andere voll und versiegelt wäre und die nur von den heiligen Jungfrauen gesehen werden dürften. Andere erklären dies für einen bloßen Irrtum, der daher entstanden wäre, weil die Jungfrauen damals die meisten heiligen Sachen in zwei Fässer gesteckt und diese bei dem Tempel des Quirinus in die Erde vergraben hätten; und deswegen führe der Ort noch jetzt seinen Namen von den Fässern.

21. Die Jungfrauen zogen auf ihrer Flucht mit den wichtigsten und bedeutendsten Heiligtümern am Flusse hinab. Hier führte eben unter andern Flüchtlingen ein einfacher Bürger, Lucius Albinus, seine Frau, seine noch kleinen Kinder und die notwendigsten Geräte auf einem Wagen fort. Als dieser Mann die Jungfrauen erblickte, wie sie die Heiligtümer der Götter im Busen trugen und ohne Bedienung mit vielem Ungemach fortwanderten, nahm er in der Eile seine Frau nebst den Kindern und Habseligkeiten vom Wagen und ließ jene sich darauf setzen, um nach einer der griechischen Städte zu flüchten. Diese ungemeine Frömmigkeit und Ehrfurcht gegen die Götter, die Albinus gerade

in den mißlichsten Zeitumständen an den Tag legte, durfte ich hier nicht ganz mit Stillschweigen übergehen.

Die Priester der anderen Götter und die Greise, die Konsuln gewesen waren oder triumphiert hatten, konnten sich nicht überwinden, die Stadt zu verlassen. Sie legten ihre feierlichen und schönsten Kleider an, richteten nach Anweisung des Oberpriesters Fabius Gebete an die Götter, wodurch sie sich gleichsam zum Wohl des Vaterlandes dem Tode widmeten, setzten sich dann in vollem Schmucke auf elfenbeinernen Stühlen auf den Markt und erwarteten so ihr bevorstehendes Schicksal.

22. Am dritten Tage nach der Schlacht erschien Brennus mit seinem Heere vor der Stadt. Da er die Tore offen und die Mauern ohne Wachen fand, befürchtete er anfänglich einen Hinterhalt oder eine Kriegslist, indem er nicht glauben konnte, daß die Römer so ganz den Mut sollten verloren haben. Aber er wurde bald von der wahren Beschaffenheit der Sache unterrichtet, worauf er denn durch das Collinische Tor einzog und die Stadt in Besitz nahm, die seit ihrer Erbauung etwas über dreihundertundsechzig Jahre gestanden hatte, wenn man sich anders hierin auf die Richtigkeit der Zeitrechnung verlassen darf, die doch selbst bei neuern Begebenheiten noch ziemlich verworren und manchem Zweifel ausgesetzt ist.

Von dem Unglücke und der Eroberung Roms scheint sogleich ein dunkles Gerücht nach Griechenland gekommen zu sein. Denn Herakleides, der Pontiker, der von jenen Zeiten nicht weit entfernt ist, sagt in seiner Schrift von der Seele, es habe sich von Abend her das Gerücht verbreitet, daß ein aus dem Lande der Hyperboreer gekommenes Kriegsheer eine griechische Stadt Rom, die dort herum am großen Meere liege, erobert habe. Mich befremdet es nun eben nicht, daß ein so fabelfreudiger und zu Erdichtungen geneigter Schriftsteller wie Herakleides die wahre Geschichte durch die Hyperboreer und das große Meer verziert hat. Der Philosoph Aristoteles hingegen hat, wie man deutlich sieht, genaue Nachricht von der Eroberung Roms durch die Kelten gehabt; nur nennt er den Retter der Stadt Lucius, Camillus aber hieß nicht Lucius, sondern Marcus. Doch dies ist bloß vermutungsweise gesagt.

Sobald Brennus im Besitze der Stadt war, schloß er mit einem Teile seines Heeres das Capitolium ein, begab sich dann auf den Markt und wunderte sich nicht wenig, als er hier die Männer in ihrem Schmucke und im tiefsten Stillschweigen sitzen sah, die vor den andringenden Feinden nicht aufstanden, auch ihre Farbe oder Miene nicht veränderten, sondern nachlässig und furchtlos auf ihre Stäbe gestützt einander ganz ruhig anblickten. Die Gallier befremdete dieser seltsame Vorfall so sehr, daß sie sich lange Zeit nicht getrauten, diese Leute, als höhere Wesen, anzurühren oder sich ihnen nur zu nähern, bis endlich einer mit dreistem Mute auf den Manius Papirius zuging, ihn beim Kinne faßte und seinen lang herabhängenden Bart streichelte. Papirius gab ihm mit dem Stocke einen derben Schlag über den Kopf, der Barbar aber zog sein Schwert und tötete ihn auf der Stelle. Hierauf fielen sie auch über die andern her und machten sowohl diese als alle, die ihnen sonst in die Hände fielen, nieder. Dabei plünderten sie viele Tage lang die Häuser rein aus, steckten sie dann in Brand und verheerten die Stadt, aus Erbitterung gegen die, welche das Capitolium besetzt hielten und ihren Aufforderungen nicht nur kein Gehör gaben, sondern auch jeden Angriff tapfer abschlugen und ihnen großen Verlust verursachten. Um dessentwillen zerstörten sie die ganze Stadt und brachten alle Gefangenen um, ohne Unterschied des Alters und Geschlechtes.

23. Da die Belagerung sich in die Länge zog, gebrach es endlich den Galliern sehr an Lebensmitteln. Sie teilten daher ihre Macht; der eine Haufe blieb bei dem Könige und hielt das Capitolium eingeschlossen, die andern gingen in die umliegende Gegend auf Raub aus und verwüsteten alle Dörfer, die sie antrafen, wobei sie sich in stolzem Vertrauen auf ihr bisheriges Glück und weil sie nichts zu fürchten hatten, in kleinere Haufen und Rotten zerstreuten. Der stärkste und am besten geordnete Haufe zog gegen die Stadt Ardea, wo Camillus nach seiner Verbannung als Privatmann zwar ohne alle öffentliche Geschäfte lebte, aber doch jetzt mit mancherlei Hoffnungen und Entwürfen umging, indem er sich nicht damit begnügte, den Feinden unbemerkt zu entrinnen, sondern darauf bedacht war, wie er bei sich bietender Gelegenheit etwas gegen sie ausführen möchte. Er sah bald ein, daß die Ardeater immer zahlreich

genug wären, daß es ihnen aber wegen der Unerfahrenheit und Nachlässigkeit ihrer Anführer an Mut fehlte; er wandte sich also zuerst an die junge Mannschaft und stellte ihr vor, die Niederlage der Römer dürfe man ja nicht der Tapferkeit der Gallier zuschreiben und ebensowenig die Unfälle, die jene wegen ihrer schlechten Maßregeln betroffen hätten, als Werke derer, die zum Siege nicht das geringste beitrugen, sondern nur als Beweise der Macht des Schicksals ansehen; es sei rühmlich, selbst mit Gefahr den Krieg eines fremden barbarischen Volks von sich abzuhalten, der, wie das Feuer, nur mit der Vertilgung des besiegten Teils beendet würde; aber wenn sie mutig und entschlossen wären, so wolle er ihnen zu gegebener Zeit einen Sieg auch ohne Gefahr verschaffen. Da die jungen Leute diese Vorstellungen gut aufnahmen, wandte sich Camillus nun auch an die Häupter und Magistratspersonen der Ardeater, die er ebenfalls zu gewinnen wußte. Hierauf bewaffnete er alle, die zum Kriege tauglich waren, behielt sie aber noch innerhalb der Mauern, damit der in der Nähe stehende Feind nichts von seinem Vorhaben merken sollte.

Die Gallier, die das Land umher durchstreift hatten und mit einer Menge geraubter Güter beladen waren, lagerten sich ganz nachlässig und ohne Vorsicht in der Ebene; bei einbrechender Nacht waren schon alle vom Wein berauscht, und in ihrem Lager herrschte die tiefste Stille. Camillus, durch Kundschafter davon unterrichtet, führte die Ardeater ohne alles Geräusch bis ans Lager, griff um Mitternacht den Wall mit großem Geschrei an und ließ durch Trompetenschall die noch immer trunkenen Feinde, die sich bei allem Lärmen kaum vom Schlafe erholen konnten, von allen Seiten her erschrecken. Einige wenige, die die Furcht nüchtern gemacht hatte, rafften sich zusammen und leisteten dem Camillus Gegenwehr, so daß sie noch fechtend fielen; aber die meisten wurden betrunken und schlafend gefunden und unbewaffnet niedergemacht. Die wenigen, die des Nachts aus dem Lager entwischt waren, wurden am folgenden Tage, als sie zerstreut im Lande herumirrten, von den ausgeschickten Reitern getötet.

24. Der Ruf von dieser Unternehmung verbreitete sich schnell in die umliegenden Städte und reizte eine Menge junger Leute, sich mit Camillus zu vereinigen, vornehmlich

aber jene Römer, welche nach der Flucht aus dem Treffen an der Allia sich in Veji aufhielten und jetzt untereinander ihr Mißgeschick beklagten. Welch einen Feldherrn, sagten sie, hat das Schicksal den Römern in Camillus entrissen und den Ardeatern zugewendet, um sie durch dessen große Taten berühmt zu machen! Die Stadt, die einen solchen Mann hervorgebracht und erzogen hat, liegt indes in Schutt und Asche, wir aber müssen aus Mangel eines Anführers hinter fremden Mauern Schutz suchen; wir sitzen hier untätig und geben Italien den Feinden preis. Wohlan! wir wollen die Ardeater um ihren Anführer ersuchen lassen oder selbst die Waffen ergreifen und zu ihm hingehen. Er ist sowenig mehr ein Verbannter, als wir Bürger sind, da unser Vaterland zerstört und in den Händen der Feinde ist.

Dieser Vorschlag fand Beifall, und man schickte sogleich Abgeordnete an Camillus, um ihn zu bitten, daß er das Kommando übernehmen möchte. Er gab ihnen zur Antwort, er könnte das nicht eher tun, bis die Bürger auf dem Capitolium dem Gesetze gemäß ihre Einwilligung gegeben hätten; diese erkannte er, solange sie sich hielten, für Staat und Vaterland, und wenn sie es befählen, wollte er bereitwillig gehorchen, ohne ihre Genehmigung aber werde er sich in gar nichts einlassen. Man bewunderte die Bedächtigkeit und rechtschaffene Denkungsart des Camillus; nur war man in großer Verlegenheit, wer die Nachricht von dieser Sache ins Capitolium bringen sollte, oder vielmehr, man hielt es für unmöglich, daß ein Bote mitten durch die Feinde, die die Stadt inne hatten, auf die Burg kommen könnte.

25. Unter den jungen Römern befand sich jedoch ein gewisser Pontius Cominius, der, ob er gleich nur von mittlerem Stande war, sich hervorzutun und Ruhm zu erwerben suchte. Dieser erbot sich freiwillig zu dem Wagestück, nahm aber keine Briefe mit an die Bürger auf dem Capitolium, damit die Feinde nicht, wenn er ihnen in die Hände fiele, die Absicht des Camillus daraus erfahren sollten; er legte bloß ein schlechtes Kleid an, verbarg darunter einige Stücken Kork und ging seinen Weg bei Tage in aller Sicherheit. Mit einbrechender Finsternis kam er in die Nähe der Stadt, und da er wegen der feindlichen Wachen nicht auf der Brücke über den Fluß gehen konnte, wickelte er sein

kurzes und leichtes Gewand um den Kopf und schwamm mit Hilfe der Korkstücken, die es ihm leichter machten, glücklich zur Stadt hinüber. Indem er nun immer den noch wachsamen Haufen, die sich ihm durch die Feuer und den Lärm verrieten, aus dem Wege ging, kam er an das Carmentalische Tor, wo die größte Ruhe herrschte und auf welcher Seite das Capitolium sich am steilsten erhebt und mit einem schroffen Felsen umgeben ist. Hier stieg er unbemerkt hinan und gelangte endlich an dem jähesten Orte mit Mühe und Gefahr an die in den Außenwerken stehenden Wachen. Nachdem er diese begrüßt und sich zu erkennen gegeben hatte, wurde er eingelassen und begab sich sogleich zu den Magistratspersonen der Römer.

Der Senat mußte sich in aller Eile versammeln. Pontius erschien vor demselben, meldete den Sieg des Camillus, von dem sie noch nichts wußten, und legte die Ansicht der Soldaten dar, mit der Bitte, dem Camillus die Feldherrnwürde zu bestätigen, weil die außerhalb der Stadt befindlichen Bürger keinem andern als ihm gehorchen würden. Nach einiger Beratschlagung über diesen Antrag ernannte der Senat den Camillus zum Diktator und schickte den Pontius auf dem nämlichen Wege wieder zurück, der auch jetzt ebenso glücklich war wie vorher und, ohne von den Feinden bemerkt zu werden, jenen Beschluß des Senats den auswärts befindlichen Römern überbrachte.

26. Diese waren damit sehr zufrieden, und Camillus fand bei seiner Ankunft schon 20 000 Mann unter den Waffen, er zog auch noch mehrere Hilfstruppen an sich und traf die nötigen Anstalten, um die Feinde anzugreifen. Auf solche Weise wurde Camillus zum zweiten Male zum Diktator ernannt und begab sich sogleich nach Veji zu dem dort stehenden Heere, welches er noch durch Bundesgenossen verstärkte, um nun auf die Feinde loszugehen.

Unterdessen gingen in Rom einige der Barbaren zufälligerweise bei dem Orte vorüber, wo Pontius in der Nacht auf das Capitolium gestiegen war. Sie bemerkten da seine Fußstapfen und die Spuren, daß er sich mit den Händen geholfen und festgehalten hatte, hin und wieder auch vom Felsen losgerissenes Gestrüpp und herabgerollte Stücken Erde und meldeten dies ihrem König, der sogleich hinging und alles selbst in Augenschein nahm. Für jetzt schwieg er dazu stille; aber auf den Abend ließ er die leichtesten unter den Galliern und die im Bergsteigen am besten geübt waren, zusammenkommen und redete sie also an: „Die Feinde zeigen uns einen Weg zu ihnen, den wir nicht kannten, sie lehren uns, daß dieser Felsen für Menschen nicht ungangbar oder unersteiglich ist. Es wäre doch eine große Schande, wenn wir nach einem so guten Anfange auf das Ende Verzicht tun und diesen Platz als unüberwindlich aufgeben wollten, da die Feinde selbst dessen schwache Seite zeigen. Denn wo es *einem* leicht ist, hinaufzuklettern, da kann es auch für mehrere einzeln nicht schwer sein; ja diese können dabei noch auf wechselseitige Hilfe und Unterstützung rechnen. Jeder soll die seiner Mannhaftigkeit angemessenen Geschenke und Belohnungen erhalten."

27. Auf diese Worte des Königs waren die Gallier gleich willig zu der Unternehmung bereit. Um Mitternacht begannen viele zugleich in aller Stille an dem Felsen hinaufzuklettern und fanden ihn, so steil und abschüssig er ihnen zuerst vorkam, beim Versuche gangbarer und leichter zu ersteigen, als sie erwartet hatten, so daß die Vordersten die Spitze glücklich erklommen, sich in Ordnung stellten und, es fehlte nicht viel, sich der Außenwerke bemächtigten und die dort stehende Wache im Schlafe überfielen; denn sie wurden weder von einem Menschen noch von einem Hunde bemerkt. Aber es befanden sich auf dem Capitolium heilige Gänse, die sonst im Tempel der Juno ihr reichliches Futter erhielten, jetzt aber, da die Lebensmittel nur spärlich für die Besatzung hinreichten, hintangesetzt wurden und Not litten. Dieses Tier hat schon von Natur ein leises Gehör und erschrickt vor jedem Geräusche; jene aber waren noch wegen des Hungers wachsam und unruhig, sie merkten also im Augenblick die Annäherung der Gallier, gingen mit Flattern und Geschrei auf sie zu und weckten alles auf, indem nun auch die Gallier, weil sie einmal entdeckt waren, einen großen Lärm erregten und mit Ungestüm hereindrangen.

Jeder ergriff nun die ersten Waffen, die ihm vor die Hand kamen, und stellte sich, so gut er konnte, den Feinden entgegen. Zuallererst stieß Manlius, ein Mann, der Konsul gewesen war und sich durch Leibesstärke sowohl als durch Mut und Herzhaftigkeit auszeichnete, auf zwei Barbaren

zugleich, hieb dem einen, der schon seine Streitaxt aufgehoben hatte, mit dem Schwert die rechte Hand ab und
schlug den andern mit dem Schilde vor das Gesicht, daß er
rücklings den Felsen hinabstürzte. Dann trat er mit denen,
die herbeigeeilt waren, auf die Mauer und trieb die wenigen Feinde, die oben standen, aber nichts, das ihrer Kühnheit würdig war, getan hatten, wieder zurück. Nachdem die
Römer auf diese Weise der Gefahr entgangen waren, stürzten sie am folgenden Morgen den über die Wachposten gesetzten Offizier den Felsen hinab zu den Feinden, dem
Manlius aber erkannten sie eine Belohnung des Sieges zu,
die ihm mehr Ehre als Nutzen brachte. Jeder nämlich legte
für ihn zusammen: ein halbes Pfund des bei ihnen gebräuchlichen Getreides, welches sie Far (Roggen) nennen,
und den vierten Teil einer griechischen Kotyle Wein.
28. Nunmehr sank den Galliern der Mut immer mehr. Sie
litten großen Mangel an Lebensmitteln, weil sie aus Furcht
vor Camillus nicht auf Beute und Nahrungsbeschaffung
ausgehen konnten, und da sie neben einer Menge übereinander hergeworfener Leichname zwischen den Schutthau-
fen der Stadt gelagert waren, so schlichen sich auch noch
Krankheiten unter ihnen ein. Denn die viele Asche verdarb
die Luft bei der heißen Jahreszeit durch Trockenheit und
Schärfe und wurde denen, die sie einatmen mußten, sehr
nachteilig. Am meisten aber wirkte auf sie die Veränderung
in ihrer Lebensart, da sie aus schattigen Gegenden, die ihnen im Sommer angenehme Zufluchtsstätten gewährten, in
ein niedriges, gegen den Herbst zu nicht sehr gesundes
Land gekommen waren. Dazu kam noch die langwierige Belagerung des Capitoliums, vor dem sie nun schon den siebenten Monat untätig saßen. Dies alles bewirkte denn in
ihrem Lager ein so häufiges Sterben, daß die Toten der
Menge wegen nicht mehr begraben werden konnten.
Deswegen aber waren die Umstände der Belagerten um
nichts besser. Auch bei ihnen nahm die Hungersnot immer
mehr zu, und der Mangel an Nachrichten von Camillus
machte sie sehr niedergeschlagen. Denn jetzt konnte niemand mehr zu ihnen kommen, weil die Feinde die Stadt
aufs genaueste bewacht hielten. Da also beide Teile sich in
einer solchen Lage befanden, fingen zuerst die aufeinander
stoßenden Vorposten an, vom Frieden zu sprechen, und

darauf kam, mit Einwilligung der Obern, der römische Kriegstribun Sulpicius mit Brennus zu einer Unterredung zusammen, worin der Vergleich geschlossen wurde, daß die Römer tausend Pfund Gold erlegen, die Gallier aber nach Empfang desselben Stadt und Land räumen sollten.

Dieser Vergleich wurde beschworen und das Gold herbeigebracht, bei dessen Abwägung die Gallier erst heimlich allerlei Betrügereien anstellten, dann aber öffentlich an der Waage zogen, um ihr einen falschen Ausschlag zu geben. Die Römer beschwerten sich darüber; allein nun gürtete Brennus, gleichsam zum Hohn und Trotz, sein Schwert ab, legte es samt dem Gehenke zum Gewichte und gab dem Sulpicius auf die Frage, was das bedeuten sollte, zur Antwort: „Was sonst als Unglück und Schmerz für die Überwundenen?", woraus man später ein Sprichwort gemacht hat. Einige von den Römern waren darüber sehr unwillig und hielten es für nötig, das Gold mit fortzunehmen und die Belagerung noch länger auszuhalten; andere hingegen waren der Meinung, man müßte sich diese kleine Ungerechtigkeit gefallen lassen und mehr zu geben für keine Schande halten, da man sich einmal, nicht mit Ehren, sondern aus Notwendigkeit, zum Geben verstanden hätte.

29. Während des Gezänkes, das hierüber zwischen den Galliern und Römern entstand, kam Camillus mit seinem Heere an die Tore der Stadt, und als er hörte, was vorging, hieß er die Soldaten in guter Ordnung und langsam nachfolgen, er selbst aber eilte mit seinen besten Truppen voran und begab sich sogleich zu den Römern, die vor ihm Platz machten und ihn als ihren unumschränkten Befehlshaber mit stiller Ehrfurcht empfingen. Camillus nahm das Gold von der Waage und übergab es seinen Liktoren; den Galliern aber befahl er, sie sollten Waage und Gewicht nehmen und sich wegbegeben, indem er sagte, die Römer wären von jeher gewohnt, ihr Vaterland mit Eisen, nicht aber mit Gold zu retten. Da Brennus darüber in Unwillen geriet und sich durch den Friedensbruch sehr beleidigt fand, erklärte ihm Camillus, jener Vergleich wäre nicht rechtmäßig geschlossen und könnte daher nicht gültig sein; denn die Römer hätten ihn schon vorher zu ihrem Diktator ernannt, und dem Gesetze nach hätte niemand außer ihm etwas zu be-

fehlen gehabt, folglich wäre der Friede mit Personen, die dazu nicht berechtigt waren, abgeschlossen worden. Jetzt sollten sie sagen, was sie zu suchen hätten; er käme mit völliger Gewalt bekleidet, alle, die um Verzeihung bäten, zu begnadigen, die Schuldigen aber, die keine Reue zeigten, zur Strafe zu ziehen.

Brennus war vor Wut außer sich und ließ zu den Waffen greifen. Beide Teile zogen schon das Schwert und trieben einander herum, jedoch, wie leicht zu denken ist, in großer Verwirrung, da sie sich zwischen Häusern, engen Gassen und solchen Plätzen befanden, die ihnen nicht gestatteten, sich in Schlachtordnung zu stellen. Aber Brennus besann sich bald eines besseren und führte seine Gallier mit geringem Verluste ins Lager. In der folgenden Nacht brach er mit dem ganzen Heere auf, verließ die Stadt und lagerte sich sechzig Stadien weit davon an der Straße nach Gabii. Mit Anbruch des Tages erschien auch Camillus mit dem römischen Heere, das aufs beste gerüstet und jetzt voller Mut und Zutrauen war. Es kam hier zu einem hartnäckigen Treffen, worin er die Gallier mit großem Blutvergießen schlug und selbst ihr Lager eroberte. Ein Teil der Flüchtlinge kam sogleich beim Nachsetzen ums Leben, die meisten aber zerstreuten sich im Lande und wurden von den Einwohnern der umliegenden Städte und Dörfer, die gegen sie auszogen, umgebracht.

30. So war nun Rom auf eine unerwartete Art eingenommen und auf eine noch unerwartetere wieder befreit worden, nachdem es in allem sieben Monate in der Gewalt der Barbaren gewesen war. Denn diese hatten es wenige Tage nach den Iden des Quintilis in Besitz genommen und um die Iden des Februar es wieder verlassen. Camillus hielt nun einen Triumph, wie von dem Retter des schon verlornen Vaterlandes, der die Stadt in die Stadt selbst zurückführte, sich erwarten läßt. Denn alle Bürger, die mit ihren Weibern und Kindern auswärts waren, kehrten bei seinem Einzuge mit ihm zurück, und diejenigen, welche während der Belagerung im Capitolium beinahe Hungers gestorben waren, gingen ihnen entgegen, sie umarmten einander und weinten wegen des unverhofften Glücks Freudentränen. Auch brachten die Priester und Diener der Götter alle die Heiligtümer, welche sie bei ihrer Flucht entweder versteckt

oder mit sich fortgenommen hatten, wohlbehalten zurück und gewährten den Bürgern den frohesten Anblick, die sie mit eben den Freudenbezeugungen empfingen, als wenn die Götter selbst mit ihnen wieder nach Rom kämen. Hierauf brachte Camillus den Göttern Opfer und reinigte die Stadt nach Anweisung derer, die sich auf dergleichen Dinge verstanden. Er stellte nicht nur die alten Tempel wieder her, sondern erbaute auch dem Rufe und Gerüchte einen neuen, nachdem er den Platz ausfindig gemacht hatte, wo die göttliche Stimme, die die Ankunft der Gallier verkündigte, von Marcus Cedicius war gehört worden. Indes kostete es Camillus sowohl als den Priestern nicht wenig Mühe und Anstrengung, alle die Stellen der verbrannten Tempel wiederzuentdecken.

31. Aber da nun auch die ganz zerstörte Stadt wiederaufgebaut werden sollte, zeigte das Volk eine große Mutlosigkeit und ging höchst ungern an das Werk, weil es ihm an allem fehlte und die Bürger nach so vielen Drangsalen eher der Ruhe und Erholung bedurften, als sich bei dem Mangel an Geld und Kräften aufs neue mit beschwerlichen Arbeiten zu plagen. Sie richteten also ganz deutlich ihr Augenmerk wieder auf Veji, eine Stadt, die schon stand und mit allem reichlich versehen war; wodurch sie denen, die gern nach der Gunst des Volkes strebten, Anlaß gaben, von neuem Zwist und Uneinigkeit zu erregen. Man hörte auch schon den aufrührerischen Reden gegen Camillus mit Vergnügen zu, daß er nur aus Ehrsucht und seines eigenen Ruhmes wegen den Bürgern eine ganz fertige Stadt mißgönnte und sie zwänge, hier unter den Trümmern zu hausen und eine so ungeheure Brandstätte wiederaufzubauen, damit er nicht nur der Fürst und Feldherr Roms, sondern auch, mit Ausschließung des Romulus, dessen Erbauer genannt werden könnte.

Der Senat, dem vor diesen Stürmen bange war, ließ nicht zu, daß Camillus sein Amt, wie er wollte, unter einem Jahre niederlegte, obgleich sonst kein Diktator dasselbe über sechs Monate behalten durfte. Zugleich suchte er das Volk durch gute Worte und freundliche Behandlung zu besänftigen. Er zeigte den Bürgern die Gräber und Denkmäler ihrer Vorfahren und erinnerte sie an die Tempel und heiligen Stätten, die Romulus, Numa und andere Könige ihnen auf ihr Gewissen anvertraut hätten. Unter allen Heiligtümern aber berief man sich besonders auf den noch frischen Kopf, der bei der Gründung des Capitoliums gefunden worden, daß dieser Ort vom Schicksal bestimmt wäre, das Haupt von Italien zu werden; desgleichen auf das Feuer der Vesta, welches erst nach dem Kriege von den Jungfrauen angezündet worden und das sie jetzt wieder auslöschen und vertilgen müßten, wenn sie die Stadt verließen, zu ihrer eigenen Schande, sie möchten sie nun von fremden Ankömmlingen bewohnt oder als einen wüsten, zur Viehweide bestimmten Platz erblicken.

Dergleichen bewegende Vorstellungen machte der Senat nicht nur jedem einzelnen Bürger, sondern auch oft dem gesamten Volke; auf der andern Seite aber machte es auch einen starken Eindruck auf denselben, wenn die Bürger sich über ihre Bedrängnis beklagten und flehentlich baten, man möchte sie doch als nackte und hilflose Leute, die erst aus dem Schiffbruche gerettet wären, nicht mit Gewalt zwingen, die Trümmer der verheerten Stadt wieder zusammenzuflicken, da für sie eine andere in Bereitschaft stände.

32. Camillus fand sich denn endlich bewogen, diese Sache dem Senate zur Entscheidung vorzulegen. Er hielt selbst erst eine lange Rede, worin er für das Vaterland sprach, und nach ihm jeder, dem es beliebte. Zuletzt rief er den Lucius Lucretius auf, der zuerst zu stimmen pflegte, und befahl, daß er und nach ihm die andern der Reihe nach ihre Meinung sagen sollten. Alles war stille, und eben wollte Lucretius anfangen zu reden, als zufälligerweise ein Hauptmann mit einem Haufen Soldaten von der Tagwache vorbeizog und dem, der die erste Fahne trug, mit lauter Stimme den Befehl erteilte, hier haltzumachen und seine Fahne aufzustellen, denn dies wäre der bequemste und beste Ort, um da stehen zu bleiben. Da diese Stimme gerade zu einer solchen Zeit, wo man sich ängstlich über die ungewisse Zukunft beratschlagte, gehört wurde, sagte Lucretius nach einem Gebete, er trete der Meinung des Gottes völlig bei, und alle die andern folgten ihm darin nach. Auch bei dem Volke änderte sich nun die Gesinnung auf eine so wunderbare Art, daß die Bürger einander selbst zur Arbeit ermunterten und jeder ohne Plan und Ordnung, bloß nach seiner

Bequemlichkeit und wo es ihm beliebte, sich einen Platz zum Bauen aussuchte. Daher kam es, daß die in der Eile und Geschwindigkeit aufgeführte Stadt lauter unregelmäßige Gassen erhielt und die Häuser verworren durcheinander her angelegt wurden; denn binnen einem Jahre sollen nicht nur die Stadtmauern, sondern auch die Privathäuser wieder neu gebaut worden sein.

Die Männer, denen von Camillus aufgetragen war, in dieser allgemeinen Verwirrung die heiligen Plätze aufzunehmen und zu bestimmen, kamen, als sie den Palatinischen Berg umgingen, auch an die Kapelle des Mars und fanden diese, wie alles übrige, von den Barbaren zerstört und verbrannt. Indem sie nun den Platz aufräumten und reinigten, stießen sie auf den Wahrsagerstab des Romulus, der in einem Haufen Asche vergraben lag. Dies ist ein an dem einen Ende krumm gebogenes Holz und heißt Lituus. Die Wahrsager bedienten sich seiner, um den Himmel in gewisse Regionen abzuteilen, wenn sie sich zur Beobachtung des Vogelflugs niedersetzen. Romulus hatte diesen Stab, als ein großer Freund der Wahrsagekunst, gebraucht, und als er von der Erde verschwunden war, nahmen die Priester denselben in Verwahrung und hoben ihn so wie auch die anderen Heiligtümer sorgfältig auf. Als jetzt dieser Stab nach dem Verluste so vieler anderer Dinge noch unversehrt gefunden wurde, faßten alle die frohesten Hoffnungen für Rom, weil man glaubte, daß dies Zeichen der Stadt eine ewige Dauer zusichere.

33. Die Römer hatten ihren Bau noch nicht ganz vollendet, als schon wieder ein neuer Krieg gegen sie ausbrach, indem die Aequer, die Latiner und Volsker in ihr Gebiet einfielen und zu gleicher Zeit die Tyrrhener die mit Rom verbündete Stadt Sutrium belagerten. Die Kriegstribunen, die sich mit ihrem Heere an einem Berge, namens Marcius, gelagert hatten, wurden dort von den Latinern so eng eingeschlossen, daß sie in Gefahr waren, das ganze Lager zu verlieren, und schickten deshalb nach Rom. Man ernannte also Camillus zum drittenmal zum Diktator.

Über diesen Krieg hat man eine doppelte Erzählung; ich will die sagenhafte zuerst anführen. Die Latiner ließen, so sagt man, entweder um einen Vorwand zum Kriege zu haben oder weil sie im Ernste zwischen beiden Völkern eine neue Verschwägerung stiften wollten, die Römer um eine Anzahl edler Jungfrauen bitten, um sich mit ihnen zu verheiraten. Die Römer gerieten in große Verlegenheit, wie sie sich dabei benehmen sollten; auf der einen Seite fürchteten sie sich vor einem Kriege, weil sie noch nicht wieder zu Kräften gekommen und eingerichtet waren, und auf der andern Seite hegten sie den Verdacht, daß es mit dieser Bitte darauf abgesehen sei, Geiseln von ihnen in die Hände zu bekommen, und der schöne Name der Verschwägerung bloß zum Schein gebraucht werde. Hier gab nun eine Sklavin, die Tutula oder nach andern Philotis hieß, der Obrigkeit den Rat, man sollte sie mit andern noch jungen und wohlgestalten Sklavinnen wie Jungfrauen von edler Geburt ankleiden und den Latinern zuschicken; für das übrige möchte man sie sorgen lassen. Die Obrigkeit befolgte diesen Rat. Man suchte eine Anzahl Sklavinnen aus, die jene zu diesem Behufe tauglich fand, schmückte sie mit Kleidern und goldenen Zieraten und überlieferte sie den Latinern, die nicht weit von der Stadt ihr Lager hatten. In der Nacht nahmen diese Sklavinnen den Feinden die Schwerter weg, Tutula aber oder Philotis stieg auf einen hohen wilden Feigenbaum, spannte hinter sich eine Decke aus und hielt eine brennende Fackel gegen Rom hin, welches das mit der Obrigkeit verabredete Zeichen war, ohne daß irgendein Bürger etwas davon wußte. Daher geschah es denn, daß die Soldaten bei dem Drängen und Treiben der Befehlshaber in großer Verwirrung und unter wechselseitigen Zurufen hinauszogen und nur mit vieler Mühe aufgestellt werden konnten. Sie griffen nun die Verschanzungen der Feinde an, die dergleichen nicht erwarteten und noch ruhig schliefen, eroberten das Lager und hieben die meisten von ihnen nieder.

Diese Begebenheit soll sich an den Nonen oder dem siebenten Tag des Monats Julius, der damals Quintilis hieß, zugetragen haben und das noch jetzt gefeierte Fest eine Erinnerung daran sein. An diesem Tage nämlich zieht man erstlich dichtgedrängt zum Tore hinaus und ruft dabei ganz laut viele der gewöhnlichen und gemeinen Namen, Gaius, Marcus, Lucius und dergleichen, um das damalige wechselseitige Zurufen aus Eilfertigkeit vorzustellen. Sodann gehen die Sklavinnen prächtig geschmückt herum und ziehen scherzhafterweise jeden auf, der ihnen begegnet. Dabei fangen sie untereinander selbst Streit an, zum Andenken, daß sie auch damals an dem Streite mit den Latinern teilgenommen haben. Endlich setzen sie sich nieder zum Essen unter schattigen Lauben von Feigenzweigen. Dieser Tag heißt Nonae Capratinae, wie man glaubt, von dem wilden Feigenbaum, auf welchem die Magd das Zeichen mit der Fackel gegeben hat; denn die Römer nennen den wilden Feigenbaum Caprificus.

Andere behaupten, daß die meisten Gebräuche dieses Festes auf das, was dem Romulus begegnet ist, Beziehung haben. An diesem Tage nämlich soll Romulus vor dem Tore während eines mit Finsternis hereinbrechenden Ungewitters oder, wie einige glauben, während einer Sonnenfinsternis verschwunden sein. Davon sei der Tag Nonae Capratinae genannt worden; denn die Römer nennen eine Ziege Capra, und Romulus verschwand an dem sogenannten Ziegensumpfe, als er eben eine Volksversammlung hielt, wie in dessen Leben erzählt worden ist.

34. Die andere Erzählung, der die meisten Geschichtsschreiber beipflichten, lautet folgendermaßen: Camillus wurde zum drittenmal zum Diktator ernannt, und als er Nachricht erhielt, daß das Heer unter den Kriegstribunen von den Latinern und Volskern eingeschlossen worden, sah er sich gezwungen, auch die ältern Bürger, die vom Kriegsdienste frei waren, zu bewaffnen. Er nahm nun einen weiten Umweg um den Marcischen Berg, lagerte sich, ohne von den Feinden bemerkt worden zu sein, ihnen im Rücken und gab durch viele angezündete Feuer den Belagerten seine Ankunft zu erkennen. Diese bekamen dadurch neuen Mut und beschlossen, dem Feinde ein Treffen zu liefern. Aber die Latiner und Volsker blieben hinter ihren Verschanzungen, und weil sie auf zwei Seiten vom Feinde bedrängt waren, befestigten sie ihr Lager ringsherum mit Palisaden und verwahrten es aufs beste, mit dem Vorsatz, eine andere Armee von zu Hause zu erwarten, wobei sie noch auf die Unterstützung der Tyrrhener rechneten.

Camillus merkte ihre Absicht, und da er befürchten mußte, endlich selbst in die Lage zu geraten, in welche er die Feinde durch die Einschließung versetzt hatte, so eilte er, ihnen zuvorzukommen. Die feindlichen Verschanzungen bestanden bloß aus Holz, und gewöhnlich stieß mit anbrechendem Tage ein heftiger Wind von den Bergen herab. Er ließ also viele Feuer vorbereiten, rückte mit der ersten Dämmerung aus dem Lager und befahl dem einen Teile des Heeres, die Feinde von einer andern Seite unter lautem Geschrei mit ihren Geschossen anzugreifen. Er selbst blieb bei denen, die das Feuer werfen sollten, und erwartete den Zeitpunkt an der Seite, wo der Wind auf das feindliche Lager zu stoßen pflegte. Mit Aufgang der Sonne begann das Treffen, und sobald der heftige Wind sich erhob, gab Camillus das Zeichen zum Anrücken und ließ eine große Menge Feuergeschosse auf die Verschanzungen herabwerfen. Die Flamme fand in dem übereinanderliegenden Holze und den Palisaden bald Nahrung und breitete sich nach allen Seiten mit solcher Heftigkeit aus, daß die Latiner, weil sie kein Mittel zum Löschen bei der Hand hatten und das ganze Lager voll Feuer war, sich erst auf einen kleinen Raum zusammenzogen und dann, aus Not gedrungen, aus dem Lager herausstürzten, wo sie aber die Feinde in Schlachtordnung fanden und von ihnen bis auf einige wenige niedergehauen wurden. Diejenigen, die im Lager zurückgeblieben waren, verzehrte das Feuer sämtlich, bis die Römer selbst es löschten, um sich der Beute bemächtigen zu können.

35. Nach diesem Siege ließ Camillus seinen Sohn Lucius zur Bewachung der Gefangenen und der Beute im Lager zurück und fiel nun selbst in das Gebiet der Feinde ein. Er eroberte die Stadt der Aequer, zwang die Volsker zur Übergabe und führte endlich seine Armee nach Sutrium, um dieser von den Tyrrhenern belagerten Stadt, deren Schicksal ihm noch unbekannt war, zu Hilfe zu kommen und sie aus der Gefahr zu retten. Aber die Einwohner hatten sich schon den Feinden ergeben und, aller Habseligkeiten beraubt, bloß mit ihren Kleidern ausziehen müssen. So begegneten sie unterwegs dem Camillus mit Weibern und Kindern und brachen über ihr Unglück in laute Klagen aus. Camillus ward von diesem Anblick äußerst gerührt, und da er sah, daß auch seine Soldaten, an die sich die Sutriner hingen, weinten und über das Geschehene aufgebracht waren, beschloß er, die Rache nicht lange zu verschieben, sondern noch an demselben Tage gerade auf Sutrium loszugehen, in

der Voraussetzung, daß Leute, die eine blühende und reiche Stadt soeben eingenommen und keinen Feind darin zurückgelassen hatten, auch von außen her keinen erwarteten, ganz ausgelassen und nichts weniger als auf ihrer Hut sein würden. Seine Vermutung traf auch richtig ein. Er zog nicht nur, ohne bemerkt zu werden, durch das Land, sondern kam auch so bis an die Tore und besetzte die Mauern, weil niemand auf der Wache stand und alle bei Wein und Schmausereien in den Häusern zerstreut waren. Als sie es endlich inne wurden, daß die Feinde sich der Stadt bemächtigt hätten, waren sie wegen Trunkenheit und Überladung in so schlechter Verfassung, daß viele nicht einmal zu entfliehen versuchten und sich lieber in den Häusern auf die schimpflichste Art töten ließen oder sich den Feinden überlieferten. Solchergestalt wurde die Stadt Sutrium an einem Tage zweimal erobert, indem die, welche im Besitz derselben waren, sie verloren, und die, denen sie war entrissen worden, durch Camillus wieder zu deren Besitz gelangten.

36. Der Triumph, den Camillus dieser Siege wegen hielt, brachte ihm nicht weniger Ruhm und Ehre als die beiden ersten. Selbst diejenigen Bürger, die ihn am meisten beneideten und alle die großen Unternehmungen mehr einem Glücksfalle als seiner Tapferkeit zuschreiben wollten, mußten jetzt selbst gestehen, daß der Ruhm dieser Taten der Klugheit und dem unternehmenden Geiste des Mannes gebühre.

Der angesehenste unter seinen Gegnern und Neidern war Marcus Manlius, ebender, welcher die Kelten, als sie des Nachts das Capitolium angriffen, zurückgeschlagen und davon den Zunamen Capitolinus bekommen hatte. Dieser Mann wollte gern der Erste unter den Bürgern Roms sein, und da er den Camillus nicht auf die beste Art an Ruhm übertreffen konnte, so strebte er nach der Oberherrschaft und bediente sich dazu des gemeinen und gewöhnlichen Mittels, daß er das Volk zu gewinnen suchte. Besonders nahm er sich derer, die in Schulden steckten, an, vertrat einige vor Gericht gegen ihre Gläubiger, setzte andere mit Gewalt in Freiheit und verhinderte, daß sie nach dem Gesetze verhaftet werden konnten. Auf solche Weise zog er bald eine Menge mittelloser Leute an sich, die durch ihr trotziges Betragen und die auf dem Markte erregten Unruhen die Vornehmen in große Furcht setzten.

Dieses Unfugs wegen wurde nun Quintus Capitolinus zum Diktator ernannt, der den Manlius sogleich ins Gefängnis führen ließ. Aber das Volk legte deshalb Trauer an, was sonst nur bei großen und öffentlichen Unglücksfällen zu geschehen pflegte, und so befahl der Senat, dem vor einem völligen Aufstande bange war, den Manlius in Freiheit zu setzen. Dieser wurde jedoch durch seine Entlassung um nichts gebessert, im Gegenteil wiegelte er nun das Volk mit noch größerer Frechheit auf und setzte die ganze Stadt in Aufruhr und Zwietracht. Hierauf wählte man den Camillus wieder zum Kriegstribun. Der Prozeß des Manlius wurde jetzt aufs neue vorgenommen, wobei der Anblick des Capitoliums den Anklägern zu großem Nachteil gereichte. Denn der Platz, auf welchem Manlius in jener Nacht gestanden und gegen die Kelten gefochten hatte, lag gleich über dem Markte und fiel deutlich in die Augen. Er selbst wußte auch die Anwesenden zum Mitleid zu bewegen, indem er die Hände nach dieser Gegend hin ausstreckte und sie mit Tränen an jene Kämpfe erinnerte. Die Richter waren daher nicht wenig verlegen und mußten ihr Urteil mehr als einmal verschieben, weil sie bei so deutlichen Beweisen das Verbrechen nicht ungestraft wollten hingehen lassen und doch, solange ihnen des Orts wegen jene rühmliche Tat vor Augen war, nicht nach den Gesetzen verfahren konnten. Camillus sah dies endlich ein und verlegte das Gericht vor die Stadt in den petelinischen Hain, von wo aus das Capitolium nicht sichtbar war. Hier trug der Ankläger seine Klage aufs neue vor, und die Richter hielt das Andenken voriger Begebenheiten nicht mehr ab, die gegenwärtigen Verbrechen mit der verdienten Strafe zu belegen. Manlius wurde für schuldig befunden, auf das Capitolium geführt und vom Felsen herabgestürzt, so daß ihm der nämliche Ort zum Denkmal sowohl der rühmlichsten Taten als des größten Unglücks diente. Die Römer rissen sein Haus nieder und erbauten auf dessen Stelle der Göttin, die sie Moneta heißen, einen Tempel; auch verordneten sie, daß in der Folge kein Patrizier auf der Burg wohnen sollte.

37. Bald darauf wollte man den Camillus zum sechsten Mal zum Kriegstribun erwählen, aber er verbat es sich, weil er

schon ziemlich bei Jahren war, vielleicht auch, weil er nach einem so glänzenden Ruhme und nach so herrlichen Taten sich vor dem Neide und Glückswechsel fürchtete. Den sichtbarsten Vorwand gab ihm seine schwächliche Gesundheit, da er eben um diese Zeit krank lag. Allein das Volk wollte ihn keineswegs des Amtes überheben. Alle schrien, man verlange nicht von ihm, daß er wie ein gemeiner Soldat zu Fuß oder zu Pferde dienen, sondern nur Rat und Befehle geben sollte; so zwangen sie ihn, das Kommando zu übernehmen und mit einem seiner Kollegen, dem Lucius Furius, das Heer sogleich gegen die Feinde zu führen. Diese waren für diesmal die Pränestiner und Volsker, welche mit einer großen Macht das Gebiet der römischen Bundesgenossen verheerten.

Camillus zog also zu Felde und schlug nicht weit von ihnen sein Lager auf. Er für seine Person war willens, den Krieg in die Länge zu ziehen und, wenn ja ein Treffen nötig sein sollte, es nicht eher zu liefern, bis er völlig wieder zu Kräften gekommen wäre. Aber sein Kollege Lucius bestand, durch Ehrsucht verleitet, hartnäckig auf einer Schlacht und verhetzte auch die Hauptleute und andern Offiziere dazu. Da nun jener befürchtete, man möchte es ihm als Neid auslegen, daß er jungen Männern die Gelegenheit, durch große Taten Ruhm zu erwerben, abschnitte, so gestattete er ihm, wiewohl ungern, das Heer in Schlachtordnung zu stellen, und blieb selbst aus Schwächlichkeit mit weniger Mannschaft im Lager zurück. Lucius ließ sich bald mit unbesonnener Hitze ins Treffen ein und wurde geschlagen. Sobald nun Camillus hörte, daß die Römer die Flucht ergriffen, konnte er sich nicht länger halten, sondern sprang vom Bette auf, eilte mit seiner Mannschaft an das Tor des Lagers und drängte sich durch die Flüchtigen dem nachsetzenden Feinde entgegen, worauf denn die Römer umkehrten und ihm nachfolgten, die andern aber, die ihm noch entgegenkamen, vor ihm haltmachten und sich zusammenschlossen, mit der wechselseitigen Ermahnung, ihren Feldherrn auf keine Weise im Stich zu lassen. So wurde für jetzt dem Nachsetzen der Feinde noch Einhalt getan. Am folgenden Tage rückte Camillus selbst mit seinem ganzen Heere aus, bot den Feinden ein Treffen an und schlug sie gänzlich, so daß er mit den Flüchtigen in ihr Lager eindrang und nach

Eroberung desselben den größten Teil von ihnen nieder-
hieb.

Bald darauf erhielt er Nachricht, daß Satria von den Tyrrhenern eingenommen und dessen Einwohner, die lauter Römer waren, umgebracht worden. Er schickte also einen guten Teil seines Heeres, besonders der Schwerbewaffneten,
nach Rom zurück und griff bloß mit den Rüstigsten und
Herzhaftesten unter seinen Truppen die in der Stadt befindlichen Tyrrhener an, die er auch bald überwältigte und
teils aus der Stadt jagte, teils niedermachte.

38. So kehrte er nun mit vieler Beute beladen nach Rom zurück und bewies, daß diejenigen die Klügsten waren, die
sich nicht vor der Schwachheit oder dem Alter eines erfah-
renen, tapfern Feldherrn gefürchtet, sondern ihn, ob er
gleich wegen Kränklichkeit sich weigerte, lieber gewählt
hatten als die jungen Männer, die sich mit größtem Eifer
um das Amt bewarben. Daher befahl man ihm auch, als
Nachricht von dem Abfalle der Tuskulaner einlief, gegen
diese zu Felde zu ziehen und sich einen von seinen fünf
Kollegen zum Gehilfen auszuwählen. Alle diese boten sich
dazu an und wünschten, ihn zu begleiten; aber er wählte
mit Übergehung der andern den Lucius Furius, was man am
wenigsten erwartet hatte. Denn dieser war es eben, der erst
jüngst gegen die Absicht des Camillus auf einem Treffen
bestanden hatte und dabei unglücklich gewesen war. Vermutlich zog er ihn deswegen allen den andern vor, um jenen Unfall zu verdecken und den Mann von der Schande
zu befreien.

Die Tuskulaner suchten, als Camillus gegen sie anrückte,
ihren Fehler auf eine listige Weise wiedergutzumachen.
Ihre ganze Flur war, wie im tiefsten Frieden, mit Hirten und
Ackerleuten angefüllt, sie hielten die Tore offen und ließen
die Kinder wie sonst in die Schule gehen. Man sah die
Handwerker in ihren Werkstätten mit ihrer Arbeit beschäftigt, die Vornehmeren waren in ihren Friedenskleidern auf
dem Markte, und die obrigkeitlichen Personen gingen ge-
schäftig herum, um Quartiere für die Römer anzusagen, als
wenn sie nichts Übles erwarteten noch sich dergleichen bewußt wären. Dies alles konnte nun bei Camillus den Verdacht auf eine Verräterei nicht tilgen, doch ließ er sich
durch ihre bewiesene Reue zum Mitleid bewegen und be-

fahl ihnen, sich an den Senat zu wenden und um Verzeihung zu bitten. Er selbst unterstützte sie in ihrem Gesuch
mit solchem Nachdruck, daß sie nicht nur von aller Schuld
losgesprochen wurden, sondern auch das römische Bürger-
recht erhielten. Dies waren die merkwürdigsten Taten des
Camillus, als er das Amt eines Kriegstribuns zum sechsten
Male bekleidete.

39. Nicht lange danach erregte das Volk in Rom auf Verhetzung des Licinius Stolo einen heftigen Aufstand, indem
es von dem Senat mit aller Gewalt verlangte, daß von den
zwei Konsuln der eine ein Plebejer, nicht aber beide Patrizier sein sollten. Es wurden nun zwar Volkstribunen gewählt, allein bei der Widersetzlichkeit des großen Haufens
konnte die Wahl der Konsuln nicht zustande kommen. Es
ließ sich daher schon, weil der Staat ohne Oberhäupter war,
zu noch größern Unruhen an, als Camillus vom Senate ganz
wider den Willen des Volks zum vierten Mal zum Diktator
ernannt wurde. Er selbst hatte keine Lust dazu und mochte
sich nicht gern mit Leuten überwerfen, die nach so vielen
großen Schlachten gegen ihn eine freimütige Sprache führen durften, da er im Kriege mit ihnen weit mehr als mit
den Patriziern in Staatsgeschäften zu tun gehabt hatte.
Überdies sah er wohl ein, daß er von letztern bloß aus Neid
und Eifersucht gewählt worden war, damit er, wenn er die
Oberhand behielte, das Volk unterdrücken und im Fall, er
unterläge, selbst gestürzt werden sollte. Demungeachtet
suchte er den gegenwärtigen Übeln bestens abzuhelfen,
und da er den Tag wußte, an welchem die Volkstribunen
ihre Vorschläge durchzusetzen gedachten, ließ er eine Werbung zum Kriege ansagen, rief das Volk vom Markte auf
das Marsfeld und drohte jedem, der nicht gehorchen würde,
mit den härtesten Strafen. Aber die Volkstribunen setzten
ihm andere Drohungen entgegen und beteuerten mit einem
Eide, sie würden ihn um 50 000 Drachmen strafen, wenn
er nicht aufhörte, die Abstimmung des Volks über jene
Vorschläge zu hintertreiben. Camillus, es sei nun, daß ihm
vor einer zweiten Flucht und Verurteilung bange war, die
sich für einen Greis von so großen Verdiensten nicht mehr
schickte, oder daß er gegen die unwiderstehliche Gewalt
des Volks nichts auszurichten vermochte, zog sich für diesmal in sein Haus zurück, und einige Tage danach legte er

unter Vorschützung einer Krankheit sein Amt nieder. Der Senat ernannte daher einen andern Diktator, und dieser ernannte ebenden Stolo, der der Anstifter aller Unruhen war, zum Befehlshaber der Reiterei und ließ auch ein Gesetz, das den Patriziern am meisten wehe tat, durchgehen. Stolo verordnete nämlich, daß kein Bürger an Ländereien mehr als fünfhundert Morgen besitzen sollte, und auf diesen Sieg war er für jetzt nicht wenig stolz, da er die Mehrheit der Stimmen für sich hatte. Aber nicht lange danach wurde er überführt, daß er selbst besaß, was er andern zu haben nicht erlaubte, und wurde nach seinem eigenen Gesetze bestraft.

40. Nun blieb noch der schwierigste Punkt bei diesem Aufstande, der als die Grundlage aller Unruhen dem Senate am meisten zu schaffen machte, nämlich der Streit wegen der Konsulwahl, übrig, als man sichere Nachricht erhielt, daß die Kelten vom Adriatischen Meere her mit einem ungeheuren Heere wieder gegen Rom anrückten. Mit dieser Nachricht zeigten sich auch schon die Wirkungen des Krieges selbst, da das ganze Land verwüstet wurde und die Einwohner, die nicht nach Rom entfliehen konnten, sich in den Gebirgen zerstreuten. Die Furcht machte nun den Unruhen sogleich ein Ende. Die Patrizier vereinigten sich mit dem Pöbel und der Senat mit dem Volke, und alle wählten einstimmig den Camillus zum fünften Mal zum Diktator. Dieser stand jetzt in einem hohen Alter und war nicht weit vom achtzigsten Jahre entfernt; aber in Hinsicht auf die dringende Gefahr übernahm er das Kommando auf der Stelle, ohne, wie das vorige Mal, Ausflüchte zu suchen oder einen Vorwand zu brauchen, und warb eine Armee zusammen. Er wußte, daß die größte Stärke der Barbaren in ihren Schwertern bestand, die sie ohne alle Kunst mit solcher Kraft führten, daß sie gemeiniglich Kopf und Schultern spalteten. Daher ließ er für den größten Teil seiner Soldaten ganz eiserne Helme verfertigen, die außen herum glatt waren, damit die Schwerter daran abgleiten oder zerspringen sollten; auch ließ er den Rand der Schilde mit Kupferblech einfassen, weil das Holz für sich allein die Hiebe nicht aushielt. Er selbst übte die Soldaten, lange Spieße in der Hand zu führen und damit die Hiebe der Feinde aufzufangen.

41. Als die Kelten, mit schwerer Beute beladen, näher herankamen und am Flusse Anio ihr Lager aufschlugen, rückte Camillus gegen sie aus und ließ sich auf einer sanft abfallenden Höhe nieder, die mehrere Vertiefungen enthielt, so daß der größte Teil der Armee versteckt war und derjenige, welcher gesehen wurde, sich aus Furcht nach der Anhöhe zu drängen schien. Um die Feinde in diesem Wahne noch mehr zu bestärken, wehrte er ihnen die Plünderung des umliegenden Landes nicht, sondern hielt sich hinter seinen Verschanzungen ganz ruhig, bis er wahrnahm, daß ein Teil derselben, um Beute zu machen, sich zerstreut hatte und die andern im Lager sich zu allen Zeiten mit Speisen überluden und fast niemals nüchtern wurden. Alsdann schickte er noch in der Nacht seine leichten Truppen voraus, daß sie die Feinde sich in Schlachtordnung zu stellen hindern und gleich beim Ausrücken in Verwirrung bringen sollten. Mit Anbruch des Tages führte er selbst die Schwerbewaffneten von der Höhe herab und stellte sie in der Ebene auf, ein Heer, das zahlreich und entschlossen, nicht aber, wie die Feinde dachten, schwach und mutlos war.

Und dadurch zuerst wurde der Mut der Barbaren gar sehr niedergeschlagen, weil sie sich's zum Schimpfe anrechneten, daß die Römer der angreifende Teil waren. Sodann drangen die leichten Truppen mit Ungestüm auf sie ein, brachten sie, ehe sie sich noch aufstellen und ihre Plätze finden konnten, in Verwirrung und zwangen sie, ohne alle Ordnung untereinander gemischt zu streiten. Endlich, als auch Camillus mit den Schwerbewaffneten anrückte, hoben die Gallier ihre Schwerter empor und eilten, zum Handgemenge zu kommen; die Römer aber gingen ihnen mit den Spießen entgegen und hielten den mit Eisen beschlagenen Teil vor den Hieb, so daß die weichen und dünn gearbeiteten Schwerter der Gallier bald schartig wurden und sich umlegten und auch die Schilde, an denen die Römer vermittels der hineingestochenen Spieße zogen, ihnen sehr zur Last gereichten. Aus diesem Grunde warfen die Barbaren ihre eigenen Waffen weg und suchten sich mit den feindlichen zu wehren, indem sie nach den Spießen griffen und sie jenen aus den Händen rissen. Als die Römer die Blöße derselben bemerkten, bedienten sie sich nunmehr ihrer Schwerter und richteten unter denen, die in den vordersten Reihen standen, ein großes Blutbad an; die übrigen aber zerstreuten sich in der Ebene nach allen Seiten hin. Denn Camillus hatte alle Hügel und Anhöhen vorher besetzen lassen, und da sie aus stolzem Vertrauen ihr Lager nicht verschanzt hatten, so wußten sie, daß es mit leichter Mühe würde eingenommen werden.

Diese Schlacht wurde, wie man versichert, im dreiundzwanzigsten Jahre nach Eroberung der Stadt Rom geliefert. Sie flößte den Römern Mut und Unerschrockenheit gegen die Kelten ein, vor denen sie sich bisher ungemein fürchteten, weil sie glaubten, daß der erste Sieg, den sie über die Barbaren gewonnen hatten, nicht sowohl ihrer Stärke und Tapferkeit als den Krankheiten und andern unerwarteten Zufällen zuzuschreiben wäre. Ja diese Furcht war so groß, daß man ein Gesetz gegeben hatte, die Priester sollten von allen Kriegsdiensten frei sein, außer wenn ein Krieg mit den Galliern entstünde.

42. Dies war nun die letzte kriegerische Unternehmung, die Camillus ausgeführt hat; denn die Einnahme der Stadt Velitrae ist nur als ein Nebenwerk dieses Feldzuges anzusehen, da sie sich ihm ohne Widerstand ergab. Aber noch stand ihm der schwerste und härteste unter den politischen Kämpfen bevor, ich meine den mit dem Volke, welches nach seiner Rückkehr auf jenen Sieg trotzte und mit Gewalt darauf bestand, daß gegen den eingeführten Gebrauch der eine Konsul aus den gemeinen Bürgern genommen werden sollte. Dieser Forderung widersetzte sich der Senat und gestattete dem Camillus nicht, sein Amt niederzulegen, weil die große und unbeschränkte Gewalt desselben in dem Streite für die Rechte der Patrizier die besten Dienste leisten konnte.

Camillus saß eben auf öffentlichem Markte und hielt Gericht, als ein von den Volkstribunen abgeschickter Diener ihm befahl, zu folgen, und schon Hand anlegte, um ihn fortzuführen. Darüber entstand auf dem Markte ein Geschrei und Getümmel, dergleichen noch nie gewesen war, indem die Freunde des Camillus den Diener vom Richterstuhl wegstießen, der Pöbel aber ihm immer zurief, er sollte nur den Mann herunterreißen. Sosehr nun auch Camillus darüber in Verlegenheit war, legte er doch sein Amt nicht nieder, sondern begab sich mit den Senatoren auf das Rathaus. Ehe er hineintrat, wandte er sich gegen das Capitolium und betete zu den Göttern, daß sie die gegenwärtigen Umstände zu einem glücklichen Ausgange leiten möchten; auch tat er das Gelübde, nach gestillten Unruhen der Eintracht einen Tempel zu erbauen.

In dem Senate erregten die entgegengesetzten Meinungen einen hitzigen Streit, endlich aber behielt doch die gelindere, die dem Volke nachgab und einwilligte, daß der eine Konsul aus den Plebejern gewählt werden sollte, die Oberhand. Kaum hatte der Diktator den Beschluß des Senats dem Volke bekannt gemacht, als dieses, wie leicht zu erachten, eine große Freude bezeigte, sich mit dem Senate wieder aussöhnte und den Camillus unter lautem Jubel und Händeklatschen nach Hause begleitete. Am folgenden Tage kam das Volk zusammen und beschloß nicht nur, dieses Ereignisses wegen den von Camillus gelobten Tempel der Eintracht an einem Orte, wo er vom Markte und Versammlungsplatze gesehen werden könnte, zu erbauen, sondern auch, zu dem latinischen Feste noch einen Tag hinzuzusetzen und künftig vier Tage zu feiern; überdies mußten alle Römer sogleich opfern und Kränze aufsetzen. In der unter Camillus' Vorsitze gehaltenen Wahl wurden nun zu Konsuln ernannt Marcus Aemilius von seiten der Patrizier und Lucius Sextius als der erste von seiten der Plebejer. Dies war das Ende von Camillus' Taten.

43. Im nächstfolgenden Jahre wütete in Rom eine pestartige Krankheit, die außer einer unzähligen Menge gemeiner Bürger sehr viele Magistratspersonen hinwegraffte. Auch Camillus starb daran, zwar hinsichtlich seines Alters und ruhmvollen Lebens so reif als sonst irgendeiner, aber doch bedauerten die Römer ihn mehr als alle die zusammen, welche damals durch die Pest ihr Leben verloren.

Perikles

1. Als einst Caesar in Rom einige reiche Fremdlinge erblickte, die junge Affen und Hunde im Busen mit sich her-
umtrugen und auf das zärtlichste behandelten, fragte er sie,
ob denn bei ihnen die Weiber keine Kinder zur Welt bräch-
ten, und gab mit dieser, einem Fürsten sehr geziemenden
Rede denjenigen einen Verweis, welche die uns angebo-
rene Liebe und Zärtlichkeit, worauf nur Menschen Anspruch haben, an die Tiere verschwenden. So kann man ja
wohl auch, da unsere Seele von Natur einen gewissen Trieb
zu lernen und zu sehen besitzt, mit allem Rechte diejenigen tadeln, welche diesen Trieb auf Dinge, die zu sehen
oder zu hören der Mühe nicht wert ist, wenden und darüber das Gute und Nützliche hintansetzen. Unsere Sinne
müssen freilich, da sie sich bei dem Eindrucke der äußern
Gegenstände nur passiv verhalten, alles, was ihnen vorkommt, es mag nützlich oder unnütz sein, betrachten; aber
jeder, der seinen Verstand gebrauchen will, wird auch leicht
imstande sein, seine Aufmerksamkeit, wie es ihm gut
dünkt, auf gewisse Gegenstände zu richten oder davon abzuziehen. Daher muß man immer nur nach dem Besten
streben, nicht bloß, um es zu betrachten, sondern auch, um
durch die Betrachtung dem Verstande Nahrung zu geben.
Denn wie dem Auge diejenige Farbe zuträglich ist, deren
Lebhaftigkeit Vergnügen erweckt und zugleich die Sehkraft
stärkt, so muß man immer seine Seele auf solche Gegenstände richten, die sie vermittels des Vergnügens zu dem,
was ihr wahrhaft gut und heilsam ist, hinziehen.
Dies findet nun vornehmlich bei den Werken der Tugend
statt, welche in allen, die sie näher betrachten, einen gewissen Eifer, einen mutigen Entschluß zur Nachahmung hervorbringen. Denn bei andern Dingen folgt auf die Bewun-

derung nicht sogleich das Verlangen, das, was man bewundert, nachzutun; im Gegenteil geschieht es oft, daß
wir an einem Werke Vergnügen finden und dennoch den
Meister verachten. So schätzen wir wohlriechende Salben
und Purpurkleider sehr hoch, aber die Färber und Salbenbereiter betrachten wir als geringe und schmutzige Handwerker. Daher sagte Antisthenes, als er hörte, daß Ismenias ein trefflicher Flötenspieler wäre, sehr fein: „Er ist
gewiß ein schlechter Mensch, denn sonst wäre er nicht
ein so trefflicher Flötenspieler." Und Philippos sagte zu
seinem Sohne Alexander, der bei einem Gastmahle sehr
anmutig und kunstvoll die Zither spielte: „Ei, schämst du
dich nicht, so schön zu spielen?" Es ist schon genug, wenn
ein König sich die Zeit nimmt, Zitherspielern zuzuhören,
und er erweist den Musen viel Ehre, wenn er bei dem
Wettstreit anderer in dergleichen Dingen einen Zuschauer
abgibt.

2. Wer sich gern mit niedrigen, geringfügigen Künsten abgibt, verrät durch die auf unnütze Dinge verwendete Mühe,
daß er sich um das Gute und Schöne wenig bekümmert.
Kein Jüngling von großen Talenten hat noch, wenn er den
Zeus in Pisa oder die Hera in Argos sah, darum gleich ein
Pheidias oder Polykleitos zu werden begehrt; und ebensowenig ein Anakreon, ein Philemon oder ein Archilochos,
wenn er an den Werken dieser Dichter Geschmack fand.
Denn es ist keine notwendige Folge, daß, wenn ein Werk
durch seine Schönheit ergötzt, der Verfertiger desselben sogleich Achtung verdiene. Deswegen bringt es auch gar keinen Nutzen, solche Dinge zu betrachten, durch die in der
Seele weder ein Eifer, sie nachzuahmen, noch jener feurige
Trieb, jenes unverdrossene Bestreben, dem Muster ähnlich
zu werden, hervorgebracht wird. Die Tugend hingegen
setzt uns durch Handlungen sogleich in eine solche Stimmung, daß wir nicht nur die Werke bewundern, sondern
auch denen, die sie verrichtet haben, nacheifern. Bei den
Gütern des Glücks schätzen wir bloß den Besitz und Genuß, aber bei den Gütern der Tugend die Handlungen, jene
wollen wir von andern erhalten, diese aber lieber andern
durch uns zuteil werden lassen. Denn das Gute zieht uns
auf eine wirksame Art an sich und erweckt sogleich einen
tätigen Entschluß; es bildet den Charakter dessen, der es

betrachtet, nicht durch die Nachahmung, sondern bewirkt in ihm den festesten Vorsatz schon durch bloße Betrachtung des Werkes.

Dies hat mich denn auch zur Fortsetzung der Lebensbeschreibungen berühmter Männer bewogen, und ich liefere hier das zehnte Buch dieses Werks, welches das Leben des Perikles und des Fabius Maximus, der gegen Hannibal gestritten hat, enthält, zweier Männer, die fast in allen Tugenden, besonders aber in der Sanftmut, Gerechtigkeit und jener Gabe, die Unbilligkeit ihrer Bürger und Amtsgenossen zu ertragen, einander gleich und dadurch ihrem Vaterlande sehr nützlich gewesen sind. Ob ich nun meinen Zweck dabei gehörig getroffen habe, wird sich aus der Schrift selbst ersehen lassen.

3. Perikles war aus dem akamantischen Stamme, aus dem Gau Cholargia, und hinsichtlich beider Eltern aus einem der ersten Häuser und Geschlechter. Denn Xanthippos, der bei Mykale die Feldherren des Königs von Persien schlug, vermählte sich mit Agariste, einer Nichte jenes Kleisthenes, der die Söhne des Peisistratos vertrieben, mit entschloßnem Mute die Tyrannei abgeschafft, gute Gesetze gegeben und eine für die Eintracht und Wohlfahrt des Staates zuträgliche Verfassung eingeführt hatte. Dieser Agariste kam es im Traume so vor, als habe sie einen Löwen geboren, und wenige Tage darauf brachte sie den Perikles zur Welt, an dessen ganzer Bildung man nichts auszusetzen fand, außer daß sein Kopf unverhältnismäßig lang war. Daher sind fast alle seine Bildsäulen mit einem Helme bedeckt, vermutlich weil die Künstler ihm diesen Fehler nicht vorrücken wollten. Aber die attischen Dichter nannten ihn davon Schinokephalos, Meerzwiebelkopf; denn sie gebrauchen zuweilen das Wort Schinos für Skilla, Meerzwiebel. Unter den Komödiendichtern sagt Kratinos von ihm in seinem Schauspiele „Cheirones":

Der alte Kronos zeugt' einst in der Zwietracht Armen
Den mächtigsten Tyrann. Die Götter nennen ihn
Kephalegeretas.

Desgleichen in dem Schauspiel „Nemesis":

> Komm, sel'ger Großkopf, Zeus, der Gastfreundschaft
>   Beschützer!

Telekleides sagt, daß „er bald, über die Händel verlegen, in
der Stadt mit schwerem Haupte sitze, bald aus seinem für
elf Speisesofas geräumigen Kopfe ein lautes Getümmel her-
vorbrechen lasse". Eupolis erkundigt sich in dem Schauspiel „Demoi" nach jedem der aus der Unterwelt heraufge-
stiegenen Politiker, und als zuletzt auch Perikles genannt
wird, fragt er:

> Was führtest du das *Haupt* der Unterwelt herauf?

4. Die meisten sagen, sein Lehrmeister in der Musik sei Damon gewesen, in dessen Namen die erste Silbe kurz ausge-
sprochen werden müsse. Nach Aristoteles aber ist er von
Pythokleides in der Musik unterrichtet worden. Dieser Damon war, wie es scheint, ein vollkommener Sophist und bediente sich der Musik bloß zum Deckmantel, um seine Geschicklichkeit und Stärke vor dem Volke geheimzuhalten.
Er lebte mit Perikles in vertrautem Umgange und ward für
ihn in der Staatskunst, was der Salber und Fechtmeister für
den Kämpfer ist. Doch blieb es nicht lange verborgen, daß
Damon die Leier nur zum Vorwand brauchte; er wurde als
ein Mann, der mit großen Unternehmungen schwanger ging
und die Alleinherrschaft begünstigte, auf zehn Jahre verbannt und gab den Komödiendichtern zu manchen Spöttereien Anlaß. So läßt Platon die Frage an ihn stellen:

> Fürs erste sage mir, ich bitte dich, hast du,
> O Cheiron, wie es heißt, den Perikles erzogen?

Auch hörte Perikles den Zenon von Elea, der sich, wie Par-
menides, auf die Naturkunde legte, dabei aber eine ungemeine Fertigkeit, andere zu widerlegen und durch starke
Einwürfe zum Stillschweigen zu bringen, sich erworben
hatte, wie Timon von Phlius in folgender Stelle sagt:

> Und die gewaltige Stärke des Zenon, der, ohne zu
>   trügen,
> Jeden mit zwiefacher Zunge bestreitet. –

Derjenige indes, der den meisten Umgang mit Perikles hatte, der ihm jene Kraft, jenen festen und standhaften Mut, das Volk zu leiten, beibrachte und überhaupt seinen Charakter zu einer besondern Würde und Vollkommenheit erhob, war Anaxagoras von Klazomenai, dem seine Zeitgenossen den Beinamen Nus, Verstand, gaben, entweder aus Bewunderung seiner großen und ungemeinen Einsichten in die Naturkunde, oder weil er zuerst als Prinzip der Einrichtung des Weltalls nicht den Zufall noch die Notwendigkeit, sondern einen reinen, lautern Verstand annahm, der aus allen den andern zusammengemischten Dingen die gleichartigen Teile absonderte.

5. Perikles, der diesen Mann außerordentlich schätzte und von ihm in der Kenntnis überirdischer und himmlischer Dinge unterrichtet wurde, gelangte dadurch, wie leicht zu erachten, zu einer hohen Denkungsart und zu einem erhabenen Vortrage, der von allem erkünstelten, auf Volksgunst abzielenden Gewäsch ganz rein war. Überdies verdankte er ihm die ernste, nicht leicht zum Lachen geneigte Miene, den gelassenen Gang, den anständigen Umwurf des Mantels, der auch im Reden durch keinen Affekt in Unordnung gebracht wurde, die ruhige Modulation der Stimme und mehrere solche Eigenschaften, die jedermann in das größte Staunen versetzten. Einst wurde er auf öffentlichem Markte von einem unverschämten, nichtswürdigen Menschen den ganzen Tag geschmäht und gelästert; er ertrug dies stillschweigend und wickelte selbst dabei einige dringende Geschäfte ab. Gegen Abend ging er ruhig nach Hause, unter beständiger Begleitung dieses Menschen, der immerfort die ärgsten Grobheiten gegen ihn ausstieß. Als er jetzt in das Haus treten wollte und es schon dunkel war, befahl er einem Bedienten, eine Laterne zu nehmen und den Menschen nach Hause zu bringen.

Der Dichter Ion versichert indes, Perikles habe im Umgange Eitelkeit und heimlichen Stolz blicken lassen und seine Großsprechereien seien immer mit vielem Hochmute und Verachtung anderer verbunden gewesen; dagegen lobt er den Kimon wegen seines höflichen, nachgiebigen und feinen Betragens im Umgange. Allein lassen wir den Ion, nach dessen Begriffen die Tugend, wie die Aufführung der Tragödien, durchaus mit etwas Satirischem begleitet sein

muß. Zenon selbst ermahnte diejenigen, welche die Ernsthaftigkeit des Perikles Hochmut und Ehrsucht nannten, sie
sollten nur ebenso ehrsüchtig sein, weil das Affektieren im
Guten unvermerkt eine Liebe und Angewöhnung desselben hervorbringen könne.

6. Doch dies war nicht der einzige Vorteil, den Perikles von
dem Umgange mit Anaxagoras hatte; wahrscheinlich lernte
er auch von ihm, sich über jenen Aberglauben hinwegzuset-
zen, der bei Lufterscheinungen diejenigen gleich in Furcht
und Angst setzt, die die Ursachen derselben nicht kennen
und vor den göttlichen Dingen aus Unwissenheit beben
und erschrecken. Von dieser befreit uns nur die Naturlehre
und bringt zugleich statt des bänglichen, furchtsamen Aber-
glaubens eine auf gute Hoffnungen gegründete Gottes-
furcht hervor.

Eines Tages wurde, wie man erzählt, dem Perikles ein Wid-
derkopf mit einem einzigen Horne von seinem Landgute
überbracht, und der Wahrsager Lampon gab, als er das
Horn erblickte, die Erklärung, alle Gewalt, die jetzt unter
die beiden im Staate herrschenden Parteien, die des Thukydides und die des Perikles, geteilt wäre, werde auf den allein fallen, bei dem sich dieses Wunderzeichen ereignet
hätte. Anaxagoras zerlegte den Kopf und zeigte, daß das
Gehirn nicht seine ganze Höhle ausfüllte, sondern, spitzig
wie ein Ei, von allen Seiten der Hirnschale sich nach der
Stelle hindrängte, wo die Wurzel des Horns ihren Anfang
nahm. Damals wurde Anaxagoras von allen Anwesenden
bewundert, aber bald darauf auch Lampon ebensosehr,
nachdem Thukydides gestürzt worden und die gesamte
Staatsverwaltung in die Hände des Perikles gekommen
war.

Meines Erachtens konnten jedoch beide, der Naturforscher
sowohl als der Wahrsager, recht haben, da der eine die Ursache, der andere den Endzweck des Wunderzeichens richtig
angegeben hatte. Jenem oblag es, zu untersuchen, woher es
gekommen und wie es entstanden wäre, diesem, vorherzu-
sagen, zu welchem Zwecke es geschähe und was es bedeute. Wer behauptet, daß die Entdeckung der Ursache
eine Aufhebung des Anzeichens sei, bedenkt nicht, daß er
mit den göttlichen Zeichen zugleich auch die künstlichen
verwirft, zum Beispiel den Klang der Scheiben, das Leuch-

ten der Fackeln, den Schatten der Sonnenuhren, lauter Dinge, die aus einer gewissen Ursache und absichtlich verfertigt sind, daß sie Zeichen von etwas anderm sein sollen. Doch dies möchte vielleicht hier am unrechten Orte stehen.

7. In seinen jüngern Jahren war Perikles gegen das Volk sehr scheu und furchtsam. Denn er schien dem Tyrannen Peisistratos im Äußeren ganz ähnlich zu sein, und alte Leute bemerkten mit Entsetzen, wie sehr er demselben auch hinsichtlich der einnehmenden Stimme und der schnellen, geläufigen Zunge im Sprechen glich. Da er überdies große Reichtümer besaß, aus einer vornehmen Familie stammte und Freunde von mächtigem Einfluß hatte, so fürchtete er sich vor dem Ostrakismos und befaßte sich gar nicht mit Staatssachen, dagegen zeigte er sich im Kriege als einen tapfern, beherzten Soldaten. Nachdem nun aber Aristeides gestorben, Themistokles landflüchtig geworden und Kimon fast immer mit Kriegsunternehmungen außerhalb Griechenlands beschäftigt war, so widmete er sich endlich dem Staate und wählte statt der Partei der Reichen und Edlen die des Volks und der Armen, wiewohl wider seine natürliche Neigung, die für Volksherrschaft am wenigsten gestimmt war. Aber wie es scheint, fürchtete er sich vor dem Verdacht, daß er nach der Oberherrschaft strebe, er bemerkte, daß Kimon, als ein eifriger Aristokrat, bei den Vornehmen sehr beliebt war, und deswegen schlug er sich auf die Seite des Volks, um sich teils für seine Person in Sicherheit zu setzen, teils sich gegen jenen einen mächtigen Anhang zu verschaffen.

Nun richtete er seine Lebensart sogleich ganz anders ein. Man sah ihn in der Stadt keinen andern Weg gehen als den auf den Markt und in das Rathaus. Er schlug jede Einladung zu Gastmahlen ab und entsagte allen dergleichen fröhlichen Zusammenkünften und Gesellschaften, so daß er während der ganzen Zeit seiner Staatsverwaltung, die doch lang genug war, bei keinem seiner Freunde zu Gaste ging, außer auf die Hochzeit seines Vetters Euryptolemos; ja auch hier blieb er nur bis zum Trankopfer und begab sich dann sogleich weg. Denn lustige Gesellschaften können leicht jeden Stolz vernichten, und es ist schwer, im vertrauten Umgange Würde und Ansehen zu behaupten. Gleichwohl zeigt sich bei der wahren Tugend das, was am meisten sichtbar ist, immer als das Schönste, und an rechtschaffenen Männern finden Fremde oft nichts so bewundernswürdig wie das, was ihren Vertrauten als deren täglicher Lebenswandel vorkommt. Doch Perikles vermied auch einen steten, ununterbrochenen Verkehr mit dem Volke, und damit es seiner nicht so bald überdrüssig werden sollte, pflegte er sich ihm nur von Zeit zu Zeit zu nähern. Daher redete er nicht bei jedem Vorfalle, trat auch nicht immer vor dem Volke auf, sondern sparte sich wie das salaminische Schiff – so drückt sich Kritolaos aus – nur für die wichtigsten Geschäfte auf, die andern aber ließ er durch seine Freunde und die ihm ergebenen Redner besorgen. Einer von diesen soll Ephialtes gewesen sein, der die Gewalt des areopagitischen Rats verminderte und den Bürgern, wie Platon sagt, die Freiheit, wie einen lautern Wein, zu reichlich einschenkte. Dadurch ward das Volk, um mit den Komödiendichtern zu reden, so unbändig, daß es, wie ein wildes Pferd, keinem Zügel mehr folgen wollte, sondern Euboia biß und auf die Inseln hinsprang.

8. Perikles, der nach dieser Lebensweise und hohen Denkungsart seinen Vortrag, wie ein musikalisches Instrument, zu stimmen suchte, machte vielfältig von Anaxagoras' Lehren Gebrauch und gab der Redekunst durch die Physiologie nach und nach mehr Stärke und Nachdruck. Da er nun, wie der göttliche Platon sagt, bei seinen herrlichen Anlagen vermittels der Naturkunde noch zu jenem hohen Sinne, zu jener alles vollendenden Kraft gelangte und das Anwendbare auf die Kunst zu reden übertrug, so konnte er es leicht allen andern weit zuvortun. Davon soll er denn auch den Zunamen Olympios bekommen haben, wiewohl einige glauben, daß dieser ihm wegen der schönen Gebäude, womit er die Stadt ausschmückte, andere, wegen der großen Gewalt, die er im Kriege sowohl als im Frieden über Athen ausübte, beigelegt worden sei; auch wäre es eben nichts Ungereimtes, daß die vielen großen Eigenschaften des Mannes zu dem ehrenvollen Namen beigetragen haben. Indes erhellt aus den damals aufgeführten Komödien, worin oft sowohl im Ernst als im Scherz gegen ihn losgezogen wird, daß ihm der Beiname Olympios vornehmlich seiner Beredsamkeit wegen gegeben worden sei; denn bald heißt es von ihm, er

donnere und blitze, wenn er zum Volk rede, bald, er trage einen furchtbaren Donnerkeil auf der Zunge. Man erwähnt auch eine scherzhafte Rede des Thukydides, des Sohns des Milesios, über die Beredsamkeit des Perikles. Dieser Thukydides gehörte nämlich zu der Partei der Vornehmen und war, was die Staatsverwaltung betrifft, ein erklärter Gegner des Perikles. Als einst Archidamos, der König der Lakedaimonier, ihn fragte, ob er oder Perikles im Ringen geübter sei, antwortete er: „Wenn ich ihn auch zu Boden werfe, leugnet er doch, daß er gefallen sei, er behält recht und überredet selbst die, die es gesehen haben."

Bei dem allem war Perikles in seinem Vortrage sehr behutsam, so daß er nie die Rednerbühne bestieg, ohne vorher die Götter anzurufen, daß ihm ja nicht unwillkürlich ein Wort entfallen möchte, welches der vorliegenden Sache nicht angemessen wäre. An Schriften hat er nichts hinterlassen, außer den (von ihm verfaßten) Volksdekreten; auch werden nur wenige denkwürdige Worte von ihm angeführt. Dahin gehört zum Beispiel, man müßte Aigina vom Peiraieus wie die Butter von den Augen wegwischen. Desgleichen, er sähe schon den Krieg vom Peloponnes gegen Athen heranziehen. Und als einst Sophokles, der bei einer Unternehmung zur See mit ihm das Kommando teilte, einen schönen Knaben pries, sagte er: „Ei, mein Sophokles, ein Feldherr muß nicht nur die Hände, sondern auch die Augen rein halten." Stesimbrotos meldet, er habe in der Lobrede, die er öffentlich auf die in Samos gefallenen Athener hielt, gesagt, sie wären, wie die Götter, unsterblich geworden, und dann hinzugesetzt: „Denn wir sehen diese nicht selbst, schließen aber aus den Ehrenbezeigungen, die sie genießen, und den Wohltaten, die sie uns erweisen, daß sie unsterblich sind; und ebendies findet auch bei denen statt, die für das Vaterland gefallen sind."

9. Da Thukydides die Staatsverwaltung des Perikles als eine Art von Aristokratie beschreibt, die zwar eine Demokratie geheißen habe, im Grunde aber eine von dem angesehensten Bürger abhängige Regierung gewesen sei, da überdies viele andere behaupten, daß das Volk durch ihn zuerst mit der Verteilung der Ländereien, den Schauspielgeldern und dem Dienstlohn bekannt gemacht, durch die damaligen Staatsmaximen ganz verwöhnt und aus einem mäßigen, ar-

beitsamen Volke zu einem üppigen und ausgelassenen umgebildet worden sei – so wird es nötig sein, den Ursachen dieser Veränderung in den Begebenheiten selbst nachzuforschen.

Perikles, der, wie schon bemerkt worden, im Anfange dem großen Ansehen Kimons entgegenarbeiten mußte, suchte sich bei dem Volke in Gunst zu setzen. Aber er besaß bei weitem nicht so viele Güter und Reichtümer wie jener, der damit den Armen aufhalf, für alle, die kamen, täglich offene Tafel hielt, die Alten kleidete und sogar auf seinen Landgütern die Zäune wegreißen ließ, damit dort jedermann nach Belieben Früchte holen könnte. Weil also Perikles hierin gegen ihn immer zu kurz kam, nahm er, wie Aristoteles sagt, auf Anraten des Demonides von Oia seine Zuflucht zur Verteilung der öffentlichen Gelder. So bestach er gar bald den Pöbel durch die Schauspielgelder, Gerichtssporteln und andere Belohnungen und Schenkungen und brauchte ihn gegen den areopagitischen Rat, zu dem er selbst nicht mit gehörte, weil ihn das Los nie zum Archon, zum Thesmothetes, zum Basileus oder zum Polemarchos gemacht hatte. Denn alle diese Ämter wurden von alters her durch das Los vergeben, und diejenigen, die darin bewährt gefunden worden, rückten in den Areopag ein. Daher unterdrückte Perikles durch die stärkere Partei, die er unter dem Volke hatte, diesen Rat, so daß ihm die Entscheidung der meisten Sachen durch den Ephialtes abgenommen und Kimon, als ein Anhänger der Lakedaimonier und Feind des Volkes, vermittels Ostrakismos verbannt wurde, ein Mann, der an Geburt und Reichtum keinem Bürger nachstand, der die herrlichsten Siege über die Barbaren erfochten und die Stadt mit Beute und Reichtümern angefüllt hatte, wie in dessen Leben erzählt worden ist. So groß war die Gewalt, die Perikles über das Volk hatte.

10. Der Ostrakismos in Athen war eine durchs Gesetz auf zehn Jahre bestimmte Verbannung. Als während dieser Zeit die Lakedaimonier mit einem starken Heere in das Gebiet von Tanagra einfielen und die Athener ihnen unverzüglich entgegenzogen, kam Kimon aus dem Verbannungsorte zurück, stellte sich bewaffnet unter seine Stammesgenossen und wollte die Gefahr mit den übrigen Bürgern teilen, um sich durch die Tat von dem Vorwurf, daß er es mit den La-

kedaimoniern halte, zu befreien. Allein die Freunde des Perikles traten zusammen und jagten ihn als einen Verbannten fort. Um dessentwillen scheint auch Perikles in diesem Treffen mit der äußersten Tapferkeit gefochten zu haben, so daß er sein Leben auf keine Weise schonte und sich vor allen auszeichnete. Aber auch die Anhänger des Kimon, die Perikles gleichfalls eines Einverständnisses mit den Lakedaimoniern beschuldigte, blieben sämtlich in diesem Gefechte.

Die Athener bereuten nun sehr ihr Verfahren gegen Kimon und äußerten eine große Sehnsucht nach ihm, da sie an den Grenzen von Attika waren geschlagen worden und für den nächsten Sommer eines schweren Krieges gewärtig sein mußten. Perikles, der dies bemerkte, säumte nicht, sich dem Volke gefällig zu beweisen. Er fertigte sogleich ein Dekret aus und rief den Mann zurück, der auch nach seiner Ankunft den Frieden zwischen beiden Staaten wiederherstellte; denn die Lakedaimonier waren Kimon ebenso gewogen, als sie Perikles und den übrigen Politikern feind waren.

Einige sagen, Perikles habe den Volksbeschluß zur Rückberufung Kimons nicht eher abgefaßt, bis durch Vermittlung der Elpinike, Kimons Schwester, zwischen beiden ein geheimer Vergleich geschlossen worden, nach welchem Kimon mit einer Flotte von zweihundert Schiffen auswärts den Krieg führen und die persischen Provinzen verwüsten, Perikles aber zu Hause die Herrschaft haben sollte. Elpinike hatte, wie man glaubt, auch vorher schon den Perikles zu gütigeren Gesinnungen gegen Kimon gebracht, als dieser peinlich belangt wurde; denn Perikles war einer der vom Volke ernannten Ankläger. Als Elpinike zu ihm kam und für ihren Bruder bat, sagte er lächelnd: „Du bist viel zu alt, Elpinike, um so wichtige Sachen zu betreiben." Doch trat er im Gerichte nur ein einziges Mal auf, um zu reden, machte aus der Klage keinen rechten Ernst und hatte so, als er wegging, dem Kimon unter den übrigen Anklägern am wenigsten geschadet. Wie kann man nun wohl dem Idomeneus Glauben beimessen, der den Perikles beschuldigt, daß er den Staatsmann Ephialtes, seinen Freund, der mit ihm dieselben politischen Grundsätze befolgte, aus Neid und Eifersucht über seinen Ruhm hinterlistigerweise aus dem

Weg geräumt habe? Ich weiß nicht, woher er diese gallebittern Vorwürfe gegen den Mann hat, der vielleicht nicht ganz tadellos war, aber gewiß eine edle Gesinnung und ein ehrliebendes Gemüt besaß, welches unmöglich einer so grausamen und tierischen Leidenschaft fähig ist. Dem Ephialtes, der den Aristokraten furchtbar war und alle, die sich an den Staatseinkünften oder dem Volke vergriffen, mit unerbittlicher Strenge verfolgte, stellten seine Feinde nach dem Leben und ließen ihn auch durch den Aristodikos von Tanagra umbringen. So erzählt Aristoteles die Sache.

11. Nach dem Tode des Kimon, der auf Zypern als Befehlshaber der athenischen Flotte starb, sahen die Freunde der Aristokratie wohl ein, daß Perikles wieder, wie vorher, der größte und mächtigste unter den Bürgern war; gleichwohl wünschten sie, daß ihm wieder jemand das Gleichgewicht im Staate hielte und seine Macht verminderte, damit nicht zuletzt eine völlige Monarchie daraus würde. Sie stellten also den Thukydides von Alopeke gegen ihn auf, einen sehr verständigen Mann und nahen Verwandten des Kimon, der zwar nicht ein so großer Feldherr wie dieser, aber ein geübterer Staats- und Geschäftsmann war, sich immer in der Stadt aufhielt, mit Perikles auf der Rednerbühne kämpfte und dadurch das Gleichgewicht in der Staatsverwaltung bald wiederherstellte. Er litt nicht, daß die sogenannten höhern Stände sich, wie bisher geschehen war, unter das Volk mengten und zerstreuten, wo ihre Würde durch die Menge leicht verdunkelt wurde; er sonderte sie vielmehr ganz ab, vereinigte die Macht aller in ein Ganzes, die dadurch ein großes Gewicht erhielt, und gab so, wie auf einer Waage, den Ausschlag. Denn die bisherige Trennung war, wie ein Riß im Eisen, ganz versteckt und ließ kaum einen Unterschied zwischen der demokratischen und aristokratischen Partei bemerken; aber der Wettkampf und Ehrgeiz jener beiden Männer bewirkte eine tiefere Spaltung und verursachte, daß man den einen Teil „das Volk", den andern „die Wenigen" (oder „Edlen") nannte.

Dies bewog denn auch den Perikles, dem Volke jetzt am meisten die Zügel schießen zu lassen und bei allem, was er im Staate vornahm, auf dessen Gunst zu sehen. Er wußte immer bald ein feierliches Schauspiel, bald einen öffentlichen Schmaus oder Festzug in der Stadt zu veranstalten und die Bürger mit artigen Belustigungen zu unterhalten. Alle Jahre ließ er sechzig Schiffe in See gehen, auf welchen viele Bürger dienten und auf acht Monate Sold bekamen, um sich zu üben und das Seewesen zu erlernen. Überdies schickte er tausend Bürger als Kolonisten nach dem Chersones, fünfhundert nach Naxos, halb so viele nach Andros, tausend nach Thrakien, die sich unter den Bisaltern niederlassen sollten, und noch andere nach Italien, als Sybaris wiederaufgebaut wurde, welches nun den Namen Thurioi bekam. Seine Absicht dabei war, die Stadt von einem arbeitslosen und eben deswegen unruhigen Gesindel zu befreien, der Not des Volkes abzuhelfen, zugleich auch eine Art von Besatzung unter die Bundesgenossen zu legen und sie durch Furcht von Neuerungen abzuhalten.

12. Aber gerade das, was der Stadt Athen am meisten zur Zierde und Verschönerung gereichte, was bei andern Völkern die größte Bewunderung erregte und für Griechenland das einzige Zeugnis ist, daß dessen so gepriesene Macht und Glückseligkeit in ältern Zeiten keine leere Erdichtung sei, ich meine die Errichtung der prachtvollen Gebäude, rief unter allen Staatshandlungen des Perikles bei seinen Gegnern die größte Mißgunst hervor, und darüber wurden in allen Volksversammlungen die lautesten Klagen geführt. Das Volk, schrie man, gerät dadurch in Schande und üble Nachrede, da es die gemeinschaftlichen Gelder der Griechen aus Delos zu sich herübergeholt hat. Die schicklichste Entschuldigung, die es gegen die Beschwerden der Bundesgenossen vorbringen konnte, daß es das Gemeingut aus Furcht vor den Barbaren dort weggenommen habe und an einem sichern Orte aufbewahre, hat Perikles ihm jetzt genommen. Nun gewinnt es den Anschein, daß Griechenland aufs ärgste beschimpft und mit offenbarer Tyrannei behandelt werde, da es sehen muß, daß wir von seinen notwendigen Beiträgen zum Kriege unsere Stadt vergolden und ausschmücken, die sich, wie ein eitles Weib, mit köstlichen Steinen, Bildern und Tempeln von tausend Talenten behängt.

Dagegen stellte Perikles dem Volke vor, die Athener wären den Bundesgenossen über jene Gelder keine Rechenschaft schuldig, da sie für dieselben Krieg führten und sie gegen die Barbaren beschützten. Die Bundesgenossen hätten ja weder Pferde noch Mannschaft, noch Schiffe gegeben, sondern bloßes Geld, welches nicht denen, die es gäben, zugehöre, sondern denen, die es bekämen, wenn sie nur das leisteten, wofür es ihnen gegeben worden. Nun, da die Stadt mit allem Kriegsbedarf hinlänglich versehen wäre, müßte man den Überfluß auf solche Dinge wenden, von denen man sich für die Zukunft einen unsterblichen Ruhm, für jetzt aber eine allgemeine Wohlhabenheit versprechen könnte, weil dabei mancherlei Arbeiten und Geschäfte aufkämen, die jede Kunst erwecken, allen Händen zu tun geben und so fast die ganze Stadt, die, während sie sich selbst verschönerte, zugleich auch sich ernährte, in Verdienst setzen würden.

Denjenigen nämlich, die die erforderlichen Jahre und Kräfte hatten, verschaffte wohl der Kriegsdienst ihren reichlichen Unterhalt aus der Schatzkammer; allein Perikles wollte, daß die andern, nicht zum Kriege gebrauchten Bürger und Handwerker weder von diesem Verdienste ausgeschlossen sein noch ihn ohne Arbeit im Müßiggange erhalten sollten, und gab nun durch Errichtung großer und ansehnlicher Gebäude, die nicht nur vielerlei Künste, sondern auch eine lange Zeit erforderten, dem Volke alle Hände voll zu tun, damit die zu Hause bleibenden Bürger so gut wie die, welche auf der See, als Besatzungen oder im Felde dienten, Gelegenheit hätten, von der Schatzkammer Nutzen zu ziehen und daran teilzuhaben. Die erforderlichen Materialien waren Steine, Erz, Elfenbein, Gold, Eben- und Zypressenholz. Zu deren Bearbeitung gehörten ausführende Gewerke, wie Zimmerleute, Bildhauer, Kupferschmiede, Steinmetze, Färber, Goldarbeiter, Elfenbeindreher, Maler, Sticker und Bildschnitzer; sie zu holen und herbeizuschaffen, brauchte man zur See Kaufleute, Matrosen und Steuermänner, zu Lande Wagner, Anspänner, Fuhrleute, Seiler, Leinweber, Riemer, Wegebereiter und Bergleute. Jede Kunst hatte noch, wie ein Feldherr, ein eignes Heer von gemeinen Leuten aus der untern Volksklasse unter sich, die bei der Arbeit als Handlanger dienten. Auf diese Weise konnten die mancherlei Verrichtungen sozusagen über jedes Alter, über jeden Stand reichlichen Gewinn verbreiten und ausstreuen.

13. Aber bei der Errichtung der Gebäude selbst, die der Größe nach so stolz und hinsichtlich ihrer Gestaltung und Schönheit ganz unnachahmlich waren, weil die Künstler wetteiferten, den Entwurf durch die treffliche Ausführung zu übertreffen, verdient nichts so sehr Bewunderung als die Geschwindigkeit. Von jedem dieser Gebäude glaubte man, daß es kaum in vielen Menschenaltern und nach mehrern Wechseln in der Regierung würde zustande gebracht werden, und dennoch erhielten sie alle während der betriebsamen Verwaltung eines einzigen Mannes ihre Vollendung; wiewohl einst Zeuxis, als er hörte, Agatharchos bilde sich viel ein auf seine Geschwindigkeit und Fertigkeit im Malen, gesagt haben soll: „Ich aber brauche viele Zeit dazu." Denn Geschwindigkeit und Leichtigkeit kann einem Werke weder dauernde Stärke noch vollendete Schönheit geben, und die der Arbeit zur Entstehung eines Werks geliehene Zeit wird immer durch die lange und sichere Dauer desselben zurückerstattet. Deswegen verdienen auch die Gebäude des Perikles um so mehr Bewunderung, weil sie in kurzer Zeit für eine lange Zeit errichtet worden sind. Denn der Schönheit nach konnte jedes gleich damals für alt gelten, und hinsichtlich der Vollkommenheit ist jedes noch jetzt als neu und frisch anzusehen; so sehr prangt an ihnen immerfort eine Art von Neuheit, die ihr Aussehen gegen den nagenden Zahn der Zeit schützt, gleich als wenn mit ihnen ein immer jugendlicher Geist, eine nie alternde Seele verbunden wäre.

Die Anleitung und Aufsicht bei allen diesen Werken hatte Pheidias, ungeachtet große Baumeister und Künstler dazu gebraucht wurden. So erbauten Kallikrates und Iktinos den hundert Fuß ins Geviert haltenden Parthenon. Den Einweihungstempel in Eleusis fing Koroibos zu bauen an, er setzte auch die unten auf dem Boden befindlichen Säulen und verband sie mit den Architraven; nach seinem Tode aber fügte Metagenes aus Xypeta den Fries und die obern Säulen hinzu, und Xenokles von Cholargia brachte die Öffnung oben auf dem Heiligtum an. Den Bau der langen Mauer, wovon Sokrates sagt, er habe selbst den Perikles den Vorschlag dazu machen hören, übernahm Kallikrates; aber Kratinos macht sich über den langsamen Gang dieses Werkes lustig, wenn er sagt:

Sie führet Perikles schon längst mit Worten auf,
Doch fördert er sie nicht mit Werken –

Das Odeion, welches seiner innern Einrichtung nach eine
Menge Sitze und viele Reihen von Säulen hattc und dessen
Dach von der Spitze her aus einem Punkte abschüssig her-
ablief, soll als ein Bild oder als eine Nachahmung des Zelts
von König (Xerxes) gebaut worden sein, ebenfalls nach Perikles' Angabe. Daher spottete Kratinos wieder über ihn in
dem Schauspiel „Die Thrakierinnen":

Ei seht, da nahet sich der Meerzwiebelkopf Zeus
Perikles, er trägt auf seinem Scheitel
Das Odeion, froh, daß er der Acht entgangen ist.

Damals zuerst setzte Perikles mit großem Eifer den Vorschlag durch, daß an dem panathenäischen Feste ein musi-
kalischer Wettstreit gehalten werden sollte, und er selbst,
als erwählter Preisverteiler, ordnete an, wie die Wettspieler
auf der Flöte und Zither spielen und singen müßten. Von
dieser Zeit an wurden nun in Athen beständig musikalische
Wettspiele gehalten.
Die Propyläen der Burg wurden durch den Baumeister
Mnesikles innerhalb von fünf Jahren vollendet. Bei diesem
Bau ereignete sich ein sonderbarer Zufall, welcher zu erkennen gab, daß die Göttin dem Werke nicht fernstehen,
sondern selbst mit angreifen und dessen Vollendung befördern wollte. Der eifrigste und betriebsamste unter den
Künstlern glitt aus und fiel von der großen Höhe herunter,
so daß er übel zugerichtet und von den Ärzten aufgegeben
wurde. Als Perikles darüber sehr bekümmert war, erschien
ihm die Göttin im Traume und verordnete ein Heilmittel,
durch dessen Gebrauch er den Mann leicht und geschwind
wiederherstellte. Aus Dankbarkeit errichtete er der Athene
Hygieia (Gesundheitsgeberin) auf der Burg eine eherne
Bildsäule neben dem Altare, der, wie man sagt, schon vorher da gestanden hatte.
Pheidias selbst verfertigte die goldene Statue der Athene; er
wird auch in einer Inschrift am Fußgestell derselben als
Verfertiger genannt. Dabei hing fast alles von ihm ab, und
er führte, wie wir schon gesagt haben, wegen seiner

Freundschaft mit Perikles die Aufsicht über alle Künstler. Dies zog dem einen Neid, dem andern die Verleumdung zu, daß Pheidias vornehme Frauen unter dem Vorwande, daß sie seine Arbeit besehen wollten, für den Perikles bei sich aufnähme. Diese Sage griffen die Komödiendichter auf und verschrien den Perikles als den ärgsten Wollüstling. Sie beschuldigten ihn eines sträflichen Umgangs mit der Frau des Menippos, seines Freundes und Unterfeldherrn, und warfen ihm vor, daß sein Vertrauter Pyrilampes nur deswegen so viele Vögel aufzöge, um den Frauen, mit welchen Perikles zu tun hätte, Pfauen zum Geschenke zu machen. Aber wen mag es noch befremden, daß Leute, die von Profession Lustigmacher sind, die Schmähungen gegen große verdiente Männer bei jeder Gelegenheit dem Neide des Pöbels, wie einem bösen Dämon, zum Opfer bringen, da sogar Stesimbrotos von Thasos sich nicht scheut, dem Perikles das abscheulichste Verbrechen mit seiner Schwiegertochter, das eher einem Märchen ähnlich sieht, öffentlich aufzubürden? So schwer, so mühsam scheint die Suche nach der Wahrheit in der Geschichte zu sein, da den Nachkommen bei der Prüfung der Begebenheiten die Länge der Zeit im Wege steht, hingegen die gleichzeitige Erzählung der Handlungen und des Lebenswandels eines Mannes teils durch Neid und Feindschaft, teils durch Gunst und Schmeichelei ganz entstellt und verdreht wird.

14. Da die Redner von Thukydides' Partei gegen Perikles ein großes Geschrei erhoben, daß er das Geld verschleudere und die Einkünfte des Staates zugrunde richte, fragte er das Volk in einer Versammlung, ob sie wohl den Aufwand für zu groß hielten. Auf die Antwort, er sei freilich sehr groß, sagte er: „Nun, so soll der Aufwand nicht auf euch, sondern auf mich fallen, und ich werde meinen eigenen Namen auf alle die Werke setzen lassen." Kaum hatte Perikles diese Erklärung abgegeben, als alle, es sei nun aus Bewunderung über seine hohe Gesinnung oder weil sie mit ihm um den Ruhm dieser Gebäude wetteiferten, ihm mit lautem Geschrei befahlen, er sollte immerhin die Kosten, ohne zu sparen, aus dem Schatze nehmen. Die Spannung zwischen ihm und Thukydides ging endlich so weit, daß entweder ihn selbst oder diesen der Ostrakismos treffen mußte. Perikles war so glücklich, seinen Gegner zu verdrän-

gen und dessen ganze Partei zu unterdrücken.

15. Nachdem auf solche Weise dieser Streit gänzlich behoben und der Staat wieder zur Ruhe und Eintracht gekommen war, machte Perikles sich Athen und alles, was von den Athenern abhing, völlig zu eigen, die Einkünfte, die Heere, die Kriegsschiffe, die Inseln, das Meer, die große nicht nur über Griechen, sondern auch über Barbaren verbreitete Herrschaft, die durch unterworfene Völker, durch Bündnisse mit Königen und Fürsten aufs beste befestigt war. Aber nun war er nicht mehr derselbe Mann, zeigte sich nicht mehr so gefällig gegen das Volk, nicht mehr so geneigt, dem Verlangen des großen Haufens, wie ein Schiff dem Winde, zu folgen und nachzugeben; im Gegenteil stimmte er jene schlaffe und in manchen Stücken gar zu nachgiebige, um Volksgunst buhlende Regierung, wie eine zu zärtliche und weichliche Harmonie, auf einmal in eine aristokratische und königliche Herrschaft um. Da er sich in Hinsicht auf das gemeine Beste immer redlich und untadelhaft betrug, so leitete er in den meisten Fällen das Volk gutwillig durch Überredung und Vorstellungen; nur zuweilen brauchte er Ernst und Zwangsmittel, um es zu dem, was ihm dienlich war, zu nötigen, und ahmte hierin den Arzt nach, der bei einer verwickelten und langwierigen Krankheit bald unschuldige Freuden, bald, wenn die Umstände es erfordern, scharfe und widrige Arzneien anwendet, um die Gesundheit wiederherzustellen.

Bei einem Volke, das eine so große und ausgedehnte Herrschaft besitzt, müssen natürlicherweise immer verschiedene und mannigfaltige Leidenschaften ausbrechen. Perikles allein verstand die Kunst, diese auf eine geschickte Art zu behandeln, indem er sich vornehmlich der Furcht und der Hoffnung wie zweier Steuerruder bediente, um entweder dem trotzigen Übermute des Volkes beizeiten Einhalt zu tun oder dasselbe in seiner Niedergeschlagenheit aufzurichten und zu trösten. Dadurch bewies er, daß die Redekunst, wie Platon sagt, eine Lenkung der Seele sei und ihr vornehmstes Geschäft darin bestehe, mit den Neigungen und Leidenschaften, wie mit Tönen oder Saiten der Seele, die auf eine schickliche Art gegriffen oder geschlagen werden müssen, gehörig umzugehen. Dies bewirkte aber nicht bloß die Stärke der Beredsamkeit, sondern auch, wie Thukydides bemerkt, der unbescholtene Lebenswandel des Mannes und das allgemeine Vertrauen zu ihm, da jedermann wußte, wie sehr er Bestechung und Habsucht verabscheute. Denn ob er gleich eine große und reiche Stadt zu der größten und reichsten machte und selbst viele Könige und Fürsten, von denen einige sogar die Herrschaft auf ihre Söhne brachten, an Macht und Ansehen weit übertraf, so hat er dennoch das von seinem Vater ihm hinterlassene Vermögen nicht um eine einzige Drachme vergrößert.

16. Thukydides gibt eine sehr treue Schilderung von der Macht und Gewalt des Perikles; demungeachtet stellten die Komödiendichter sie boshafterweise in einem ganz andern Lichte dar, indem sie seine Freunde und Anhänger die neuen Peisistratiden nennen und von ihm fordern, er solle der Tyrannei abschwören, weil er ein zu großes Übergewicht habe, das sich mit der Volksherrschaft nicht vertrage. Telekleides sagt, die Athener hätten ihm übergeben:

> Die Steuern der Städte und die Städte selbst, sie zu
>   binden oder zu lösen,
> Steinerne Mauern, teils sie zu bauen, teils wieder
>   niederzureißen.
> Bündnisse, Macht, Stärke, Frieden, Reichtum und
>   Glückseligkeit.

Und dies war nicht etwa nur eine einzelne Gelegenheit, daß er unter vorteilhaften Umständen und durch Volksgunst für eine Weile als Staatsmann glänzte; nein, ganze vierzig Jahre lang war er mitten unter solchen Männern wie Ephialtes, Leokrates, Myronides, Kimon, Tolmides und Thukydides immer der erste, blieb es auch nach des letztern Sturz und Verbannung noch an die fünfzehn Jahre und behielt bei den sonst jährlich abwechselnden Ämtern die höchste Macht und Gewalt jahraus, jahrein, ohne sich je von der Liebe zum Gelde hinreißen zu lassen.

Bei alledem war er hinsichtlich des Erwerbs nicht ganz untätig, sondern traf mit dem von seinem Vater ererbten rechtmäßigen Reichtum, um weder durch Vernachlässigung gar darum zu kommen noch durch ihn von seinen wichtigen Geschäften abgehalten und belästigt zu werden, eine ökonomische Einrichtung, die ihm die bequemste und passendste zu sein schien. Er verkaufte nämlich seine jährlich erzielten Früchte zusammen im Ganzen und ließ dann alles, was er in seinem Haushalte brauchte, auf dem Markte einzeln einkaufen. Daher waren seine Söhne, als sie heranwuchsen, mit ihm nicht ganz zufrieden; auch seine Frauen fanden ihren Unterhalt nicht reichlich genug und beklagten sich sehr über den immer nur für einen Tag äußerst genau eingerichteten Aufwand, weil dabei nicht, wie in andern großen und reichen Häusern, Überfluß herrschte, sondern alle Ausgaben und Einnahmen kärglich abgezählt und abgemessen waren. Derjenige, der diese so genau eingerichtete Haushaltung im Gange erhielt, war ein einziger Bedienter, namens Euangelos, der dazu vor allen andern Geschick hatte oder von Perikles selbst zur Führung der Wirtschaft war ausgebildet worden.

Dies reimt sich freilich nicht mit den Grundsätzen des Anaxagoras, der selbst aus einer Art von Begeisterung und Seelengröße sich seines Hauses begeben und seine Ländereien öde und unbebaut hatte liegen lassen. Aber meines Erachtens ist zwischen dem Leben eines betrachtenden Philosophen und dem eines Staatsmannes ein großer Unterschied. Jener richtet seinen Geist, der keiner Instrumente bedarf und alle fremde Materie entbehren kann, nur auf das Schöne und Gute; dieser hingegen muß seine Kräfte den Bedürfnissen der Menschen widmen, und für ihn gehört der Reichtum in vielen Fällen nicht nur unter die notwendigen, sondern sogar unter die schönen und guten Dinge. Und so verhielt sich's auch mit Perikles, der vielen Armen Hilfe leistete. Ja von Anaxagoras selbst erzählt man, daß er in seinem Alter von Perikles über den vielen Geschäften ganz vergessen worden sei und sich mit verhülltem Haupte in einen Winkel gesetzt habe, um sich durch Hunger zu töten. Kaum hatte Perikles dies vernommen, als er voller Bestürzung zu dem Manne lief, ihn flehentlich bat, sich zu erhalten, und nicht sowohl ihn als sich selbst beklagte, daß er einen solchen Ratgeber bei der Verwaltung des Staates verlieren sollte. Anaxagoras nahm nun die Hülle herab und sagte: „Ei, Perikles, wer eine Lampe braucht, der schüttet Öl hinein."

17. Als jetzt die Lakedaimonier anfingen, die zunehmende Macht der Athener scheel anzusehen, suchte Perikles das

Volk zu noch höherm Mute zu erheben und zu großen Unternehmungen zu ermuntern. In dieser Absicht faßte er einen Volksbeschluß ab, daß alle Griechen, in welchem Teile von Europa oder Asien sie auch wohnten, große und kleine Staaten, eingeladen werden sollten, Abgeordnete nach Athen zu einem Kongreß zu schicken, auf welchem man sich über die griechischen Tempel, die von den Barbaren verbrannt worden, über die Opfer, die man noch von dem persischen Kriege her als Gelübde für Griechenland den Göttern schuldig wäre, wie auch über die allgemeine Sicherheit der Schiffahrt und einen dauerhaften Frieden beratschlagen wollte. Hierzu wurden zwanzig Männer, die über fünfzig Jahre alt waren, ausgesandt. Fünf von diesen sollten die Ionier und Dorier in Asien und die Inselbewohner bis nach Lesbos und Rhodos hin einladen; fünf andere gingen in die Gegenden des Hellesponts und Thrakiens bis nach Byzanz und noch fünf nach Boiotien, Phokis und dem Peloponnes, von wo sie sich durch Lokris in die angrenzenden Länder bis nach Akarnanien und Ambrakien begeben mußten. Die übrigen reisten durch Euboia zu den Oitaiern, an den Malischen Meerbusen, zu den Phtiotern, Achaiern und Thessaliern. Alle diese Völker suchten sie zu bereden, daß sie nach Athen kämen und an den Beratschlagungen über den Frieden und die gemeinschaftlichen Angelegenheiten Griechenlands teilnähmen. Aber die Sache kam nicht zustande, und es fanden sich keine Abgeordneten von den Völkerschaften ein, weil, wie man sagt, die Lakedaimonier insgeheim dagegenarbeiteten und jener Antrag im Peloponnes zuerst abgewiesen wurde. Ich habe dies hier mit angeführt, um von dem hohen Geiste und den weitausschauenden Plänen des Mannes einen Beweis zu geben.

18. Bei Feldzügen erwarb er sich vornehmlich durch seine Behutsamkeit Ruhm und Beifall. Er ließ sich, wenn es auf ihn ankam, niemals in ein Treffen ein, dessen Ausgang sehr ungewiß oder das mit großer Gefahr verknüpft war, auch nahm er diejenigen Feldherren nicht zum Muster, die in gewagten Unternehmungen ein glänzendes Glück gehabt hatten und deshalb als große Männer bewundert wurden, und sagte immer zu seinen Bürgern, sie sollten, soviel an ihm läge, auf alle Zeit unsterblich bleiben. Als er sah, daß Tolmides, Tolmaios' Sohn, im Vertrauen auf sein bisheriges

Glück und den großen Ruhm, den er sich durch seine Taten erworben hatte, gerade zur unschicklichsten Zeit zu einem Einfall nach Boiotien rüstete und schon tausend der bravsten und ruhmbegierigsten jungen Bürger beredet hatte, außer der übrigen Mannschaft als Freiwillige mit ihm zu gehen, suchte er ihn in öffentlicher Versammlung durch Vorstellungen davon abzuhalten und bediente sich dabei jener denkwürdigen Worte, wenn er auch dem Perikles nicht glauben wollte, würde er wenigstens sehr wohl tun, wenn er die Zeit, als den weisesten Ratgeber, abwartete. Für jetzt fand er damit eben nicht viel Beifall; aber wenige Tage danach, als die Nachricht einlief, daß Tolmides in dem Treffen bei Koroneia geschlagen und geblieben wäre, auch viele brave Bürger ihr Leben verloren hätten, brachte jene Rede dem Perikles, als einem verständigen Manne, der es mit den Bürgern gut meinte, nicht nur großen Ruhm, sondern auch die Zuneigung des Volks.

19. Keiner von seinen Feldzügen machte ihm mehr Ehre als der nach der thrakischen Halbinsel, welcher die Wohlfahrt der dort wohnenden Griechen beförderte. Denn er verstärkte nicht nur die Städte durch tausend Athener, die er als Kolonisten dahin führte, sondern schützte auch die Landenge durch eine Mauer und Verschanzung von einem Meere zum andern, sicherte dadurch die Halbinsel gegen die Streifzüge der dort herum wohnenden Thrakier und machte dem immerwährenden, beschwerlichen Kriege ein Ende, womit dieses Land, das lauter Barbaren zu Nachbarn hatte und mit Räuberbanden von In- und Ausländern angefüllt war, seit langer Zeit geplagt wurde.

Auch auswärts gelangte er zu einem ausgebreiteten Ruhme, als er mit einer Flotte von hundert Trieren von Pegai im megarischen Gebiete auslief und um den Peloponnes herumfuhr. Denn er verwüstete nicht nur, wie vorher Tolmides, die Städte an der Küste, sondern drang auch tiefer ins Land hinein und zwang mit den Schwerbewaffneten von seinen Schiffen die Feinde, hinter den Mauern Schutz zu suchen, wo ihnen noch immer vor einem Angriff bange war. Unter andern schlug er bei Nemea die Sikyonier, die ihm ein Treffen zu liefern wagten, in die Flucht und errichtete ein Siegeszeichen. In Achaia, das mit Athen im Bunde stand, nahm er noch mehr Soldaten auf seine Schiffe und ging mit der Flotte nach der gegenüberliegenden Küste, wo er an dem Flusse Acheloos vorbeifuhr und Akarnanien verheerte; auch trieb er die Oiniaden in ihre Stadt und segelte, nachdem er in diesen Gegenden große Verwüstungen angerichtet hatte, nach Hause zurück. Auf solche Weise zeigte er sich den Feinden als einen furchtbaren Gegner, seinen Bürgern aber als einen behutsamen und dabei doch unternehmenden Feldherrn; denn auf diesem ganzen Zuge hatten seine Soldaten nicht den geringsten Schaden, selbst nicht einmal durch Zufall, erlitten.

20. Außerdem unternahm er noch mit einer großen und trefflich ausgerüsteten Flotte einen Seezug nach dem Pontos, wo er den griechischen Städten alles, was sie begehrten, bewerkstelligte und sich gegen sie sehr liebreich betrug. Zugleich gab er auch den dort herum wohnenden barbarischen Völkern, deren Königen und Fürsten einen Beweis von der großen Macht der Athener, ihrer Furchtlosigkeit und Kühnheit, da sie nach ihrem Gefallen überall hinschifften und völlig die Herrschaft zur See hatten. Den Sinopiern ließ er dreizehn Schiffe unter Lamachos' Befehl nebst Soldaten zur Unterstützung gegen den Tyrannen Timesilaos zurück. Nachdem dieser mit seinen Anhängern vertrieben worden, bewirkte er einen Volksbeschluß, daß sechshundert freiwillige Athener nach Sinope fahren, sich unter den Sinopiern niederlassen und die Häuser und Ländereien, welche sonst die Anhänger des Tyrannen besessen hatten, unter sich verteilen sollten.

Allein in andern Fällen bequemte er sich nicht so nach den Wünschen des Volks und ließ sich keineswegs mit fortreißen, als es, stolz auf seine Macht und auf sein außerordentliches Glück, auf den Einfall geriet, sich Ägyptens wieder zu bemächtigen und die am Meere gelegenen Länder des persischen Reichs zu bekriegen. Auch hatte sich schon bei vielen jene unselige und verderbliche Begierde nach dem Besitze von Sizilien eingeschlichen, welche in der Folge die dem Alkibiades ergebenen Redner noch mehr anzufeuern wußten. Manche ließen sich sogar von Etrurien und Karthago träumen, eine Hoffnung, die nicht so ganz ungegründet war, da die Athener jetzt eine weitläufige Herrschaft besaßen und in allen ihren Unternehmungen vom Glücke begünstigt wurden.

21. Allein Perikles wußte diese Eroberungssucht zurückzuhalten und setzte jenen vorwitzigen Plänen Schranken. Er
verwendete den größten Teil der Macht auf die Erhaltung
und Befestigung dessen, was man jetzt besaß, und hielt es
schon für ein großes Werk, der Macht der Lakedaimonier
zu steuern, denen er immer entgegenarbeitete, wie er bei
vielen Gelegenheiten, besonders bei dem heiligen Kriege,
zeigte. Die Lakedaimonier waren nämlich mit einem Heere
nach Delphi gegangen und hatten den Tempel, der bisher
den Phokiern gehörte, den Delphiern übergeben; aber
gleich nach ihrem Abzuge begab sich Perikles mit Truppen
dahin und setzte die Phokier wieder in den Besitz des Tempels. Da die Lakedaimonier das von den Delphiern erhaltene Vorrecht in Befragung des Orakels an der Stirne des
ehernen Wolfes eingegraben hatten, so ließ er sich ein gleiches Vorrecht für die Athener geben und es an der rechten
Seite ebendieses Wolfes eingraben.

22. Daß Perikles sehr wohl daran tat, die Macht der Athener
in Griechenland beisammenzuhalten, bezeugten die folgenden Begebenheiten. Zuerst fielen die Euboier ab, gegen
welche er mit einer Armee hinüberging. Gleich darauf lief
die Nachricht ein, daß die Megarier sich feindselig bewiesen und schon ein feindliches Heer unter der Anführung
des lakedaimonischen Königs Pleistonax an den Grenzen
von Attika stände. Perikles kehrte daher wegen des Krieges
in Attika selbst in aller Eile aus Euboia zurück, wagte es
aber nicht, sich mit dem zahlreichen und tapfern Feinde,
der ihn herausforderte, in ein Treffen einzulassen, sondern
da er bemerkte, daß der noch sehr junge Pleistonax in den
meisten Stücken dem Rate des Kleandrides folgte, den die
Ephoren ihm seines Alters wegen als einen Aufseher und
Ratgeber an die Seite gesetzt hatten, suchte er diesen insgeheim zu bestechen und brachte ihn auch bald durch eine
Summe Geldes dahin, daß er die Peloponnesier aus Attika
abführte. Die Lakedaimonier waren äußerst aufgebracht
darüber, daß die Armee zurück- und auseinandergegangen
war, und verurteilten den König zu einer so großen Geldstrafe, daß er, weil er sie nicht bezahlen konnte, sich aus Lakedaimon entfernte; den Kleandrides aber, der sich durch
die Flucht gerettet hatte, verdammten sie zum Tode. Er war
der Vater des Gylippos, der die Athener in Sizilien über-

wand. Diesem mußte wohl die Geldgier als ein Familien-
fehler angeboren sein, da er ebenfalls der schändlichsten
Handlungen überführt und aus Sparta verwiesen wurde,
wie wir in Lysanders Leben umständlich erzählt haben.

23. In der Rechnung über die Kosten dieses Feldzuges
hatte Perikles eine Summe von zehn Talenten mit angesetzt
unter dem Titel: notwendige Ausgaben. Das Volk war
damit zufrieden, ohne weiter danach zu forschen oder das
Geheimnis wissen zu wollen. Einige, und unter diesen der
Philosoph Theophrastos, erzählen, es wären alle Jahre zehn
Talente von Perikles nach Sparta geschickt worden, womit
er alle obrigkeitlichen Personen gewonnen und den Krieg
abgewandt hätte, nicht um Frieden, sondern um Zeit zu
kaufen, damit er sich ungestört rüsten und dann den Krieg
desto nachdrücklicher führen könnte.

Nunmehr wandte er sich sogleich gegen die Abtrünnigen,
ging mit 50 Schiffen und 5 000 Schwerbewaffneten nach
Euboia hinüber und brachte die dortigen Städte wieder
zum Gehorsam. In Chalkis begnügte er sich mit Vertreibung der sogenannten Hippobaten, die sich durch Reichtum und Ansehen auszeichneten; dagegen trieb er die He-
stiaier sämtlich aus dem Lande und gab ihre Stadt Athenern
zu bewohnen. Die Ursache, warum er diese allein mit unerbittlicher Strenge behandelte, war, weil sie ein attisches
Schiff weggenommen und die Mannschaft umgebracht hatten.

24. Nachdem hierauf zwischen den Athenern und Lakedaimoniern ein Friede auf dreißig Jahre zustande gekommen
war, ließ Perikles den Seezug gegen Samos beschließen, unter dem Vorwande, daß die Samier den Befehl, ihrem
Kriege mit den Milesiern ein Ende zu machen, nicht befolgt hätten. Man glaubt aber, daß er den Krieg gegen Samos bloß der Aspasia zu Gefallen unternommen habe; daher ist hier vielleicht der schicklichste Ort, näher zu
untersuchen, welche außerordentliche Kunst, welche besondere Gewalt diese Frau besessen hat, daß sie sich die
größten Staatsmänner zu eigen machte und selbst den Philosophen vielen Stoff gab, von ihr auf das rühmlichste zu
sprechen.

Aspasia war, wie alle übereinstimmen, von Milet gebürtig
und eine Tochter des Axiochos. Man sagt ihr nach, daß sie

eine gewisse Thargelia, eine der ältern Ionierinnen, zum Muster genommen und sich nur an die mächtigsten und angesehensten Männer gemacht habe. Denn diese Thargelia, eine Frau von ungemeiner Schönheit, die bei ihren Reizen eine besondere Gewandtheit des Geistes besaß, hatte mit vielen Griechen in vertrautem Umgange gelebt, alle ihre Liebhaber für den König (von Persien) gewonnen und durch sie, als die größten und mächtigsten Männer, den Samen der medischen Partei in den griechischen Städten (in Asien) ausgestreut. Einigen zufolge wurde Aspasia von Perikles bloß wegen ihrer Weisheit und Staatsklugheit geschätzt. Denn auch Sokrates besuchte sie zuweilen mit seinen Schülern, und ihre Bekannten nahmen oft ihre Frauen mit zu ihr hin, um sie zu hören, ob sie gleich eben kein ehrbares oder anständiges Gewerbe trieb, sondern eine Menge Hetären unterhielt. Aischines sagt, der Viehhändler Lysikles sei dadurch, daß er nach Perikles' Tode mit der Aspasia Umgang hatte, aus einem schlechten und verachteten Menschen einer der angesehnsten Männer in Athen geworden. Und in dem „Menexenos" des Platon liegt, so scherzhaft auch der Anfang dieses Gesprächs ist, wenigstens so viel historische Wahrheit, diese Frau habe in dem Rufe gestanden, daß sie der Beredsamkeit wegen von vielen Athenern besucht würde.

Bei alledem ist nicht zu leugnen, daß der Neigung des Perikles zu Aspasia mehr eine wirkliche Liebe zugrunde lag. Denn er hatte eine Verwandte zur Gemahlin, die vorher mit dem Hipponikos vermählt gewesen war und von diesem den reichen Kallias geboren und dann auch mit Perikles zwei Söhne, Xanthippos und Paralos, gezeugt hatte. Da aber diese Verbindung in der Folge beiden nicht gefiel, gab er jene mit ihrer Einwilligung einem andern zur Frau und nahm nun selbst die Aspasia, die er auf das zärtlichste liebte, so daß er sie, wie man sagt, alle Tage, sowohl wenn er auf den Markt ging, als wenn er wieder nach Hause kam, umarmte und küßte. In den Komödien wird sie die neue Omphale, Deianeira, zuweilen auch Hera genannt. Kratinos heißt sie geradezu eine Buhlerin in folgender Stelle:

Und ihm gebar sie dann Hera Aspasia,
Die geile Buhlerin mit unverschämten Augen.

Auch scheint er mit ihr einen unehelichen Sohn gezeugt zu haben, nach welchem Eupolis in dem Schauspiel „Demoi" ihn also fragen läßt:

Wie? lebt noch mein Bastard?,

worauf Pyronides also antwortet:

– – Er wäre längst ein Mann,
Wenn er nicht fürchtete die Schande von der Hure.

Aspasia soll jedoch in einem so großen und ausgebreiteten Rufe gestanden haben, daß sogar Kyros, der dem König von Persien den Thron streitig machte, der geliebtesten unter seinen Beischläferinnen, die eigentlich Milto hieß, den Namen Aspasia beilegte. Diese war aus Phokaia gebürtig, eine Tochter des Hermotimos, und wurde, nachdem Kyros in einem Treffen geblieben war, dem König zugeführt, bei dem sie zu großem Ansehen gelangte. Dies fiel mir noch unterm Schreiben ein, und es wäre vielleicht gefühllos gewesen, wenn ich das als geringfügig mit Stillschweigen hätte übergehen wollen.

25. Man gibt nun dem Perikles schuld, daß er den Krieg gegen Samos hauptsächlich der Milesier wegen auf Bitten der Aspasia unternommen habe. Denn Samos und Milet waren um Priene willen miteinander in Krieg verwickelt. Die Samier hatten darin die Oberhand und kehrten sich nicht an die Athener, die ihnen befahlen, die Waffen niederzulegen und ihnen die Entscheidung des Streites anheimzustellen. Perikles ging also mit einer Flotte nach Samos und hob dort die Oligarchie auf; auch ließ er sich fünfzig der angesehensten Bürger und ebenso viele Kinder zu Geiseln geben, die er nach Lemnos schickte. Man sagt, jeder der Geiseln habe für sich ihm ein Talent und diejenigen, die keine Volksherrschaft eingeführt wissen wollten, noch andere beträchtliche Summen angeboten; auch soll der Perser Pissuthnes, der den Samiern gewogen war, ihm zehntausend Goldstücke geschickt und sich für die Stadt verwendet haben. Allein Perikles nahm von dem allem nichts an, sondern verfuhr mit den Samiern, wie er beschlossen hatte, führte die Demokratie ein und segelte dann nach Athen zurück.

Gleich darauf fielen die Samier, nachdem Pissuthnes ihre Geiseln heimlich weggebracht hatte, wieder ab und rüsteten sich zum Kriege. Perikles lief also zum zweiten Male gegen sie aus, ohne daß sie sich dadurch zum Frieden bewegen noch in Furcht setzen ließen; im Gegenteil waren sie fest entschlossen, ihm die Herrschaft über das Meer streitig zu machen. Es kam also bei einer Insel, Tragiai genannt, zu einem hartnäckigen Seetreffen, worin Perikles einen herrlichen Sieg davontrug und mit vierundvierzig Schiffen siebzig feindliche Schiffe, von denen zwanzig mit Landsoldaten bemannt waren, in die Flucht schlug.

26. In Verfolgung seines Sieges bemächtigte er sich nun des Hafens und belagerte die Samier, die demungeachtet noch Mut genug hatten, Ausfälle zu machen und vor den Mauern sich zur Wehr zu setzen. Als aber jetzt eine andere, größere Flotte von Athen ankam und Samos völlig eingeschlossen war, segelte Perikles mit sechzig Schiffen weiter in die See, wie die meisten sagen, um den phoinikischen Schiffen, die den Samiern zu Hilfe kamen, entgegenzugehen und sich so ferne als möglich mit ihnen zu schlagen, nach Stesimbrotos aber, um Zypern anzugreifen, was jedoch nicht wahrscheinlich ist. Seine Absicht mag indes gewesen sein, welche es will, so scheint er hier einen Fehler begangen zu haben. Denn kaum war er abgesegelt, als Melissos, Ithagenes' Sohn, ein Philosoph, der damals Feldherr der Samier war, es sei nun, daß er die geringe Zahl der Schiffe oder die Unerfahrenheit der Befehlshaber verachtete, seine Bürger zu einem Angriffe der Athener beredete. Die Samier trugen einen vollkommenen Sieg davon, machten viele zu Gefangenen, zerstörten eine Menge Schiffe und bekamen nun wieder freie Hand zur See, so daß sie sich mit allem Kriegsbedarf, der ihnen vorher abging, versehen konnten. Nach Aristoteles ist auch Perikles selbst vorher schon in einem Seetreffen von Melissos überwunden worden.

Die Samier erwiderten nun die ihnen vormals angetane Beschimpfung an den gefangenen Athenern und ließen ihnen eine Eule auf die Stirne brennen, weil die Athener ihnen eine Samaina eingebrannt hatten. Die Samaina ist ein Schiff, dessen Vorderteil wegen des vorn umgebogenen Schnabels die Form eines Saurüssels hat und das dabei mehr ausgehöhlt und bauchig ist, so daß es die Wellen leicht durchschneidet und sehr schnell segelt. Seinen Namen hatte es davon, weil es zuerst auf Samos nach der Erfindung des Tyrannen Polykrates gebaut worden ist. – Auf diese Brandmarken soll auch jener Vers des Aristophanes anspielen:

Wie reich an Zeichen ist das Volk der Samier!

27. Auf die Nachricht von dem Unfalle, der das Lager betroffen hatte, eilte Perikles zur Hilfe herbei, besiegte den Melissos in einem Treffen, und nachdem er die Feinde in die Flucht geschlagen hatte, schloß er die Stadt ringsherum mit einer Mauer ein, in der Absicht, sie lieber durch Aufwand an Geld und Zeit als durch Wunden und Gefahren seiner Bürger zu erobern. Allein die Athener waren mit diesem Verzuge sehr unzufrieden, und da ihr Mut, gegen den Feind zu streiten, schwer zurückgehalten werden konnte, teilte er das ganze Heer in acht Haufen, ließ sie losen und verstattete demjenigen, der die weiße Bohne bekäme, zu feiern und sich zu vergnügen, während die andern den Dienst versähen. Und von dieser weißen Bohne soll der Tag selbst, an dem man sich etwas zugute tut und lustig macht, ein „weißer Tag" genannt werden.
Ephoros erzählt, Perikles habe bei dieser Belagerung von gewissen Maschinen, deren Erfindung er bewunderte, Gebrauch gemacht und den Mechaniker Artemon bei sich gehabt, der, weil er lahm war und sich in einer Sänfte bei den Werken, die seine Gegenwart erforderten, herumtragen ließ, Periphoretos genannt worden sei. Aber Herakleides der Pontiker widerlegt dies durch ein Gedicht Anakreons, worin Artemon Periphoretos viele Zeitalter vor dem samischen Kriege und diesen Begebenheiten schon vorkommt. Ihm zufolge führte Artemon eine weichliche Lebensart und war dabei so schüchtern und furchtsam, daß er größtenteils zu Hause saß und von zwei Sklaven einen ehernen Schild über seinen Kopf halten ließ, damit nichts von oben herab auf ihn fallen möchte; und wenn er einmal gezwungen war auszugehen, wurde er in einem Hängebett ganz nahe an der Erde getragen, wovon er denn den Beinamen Periphoretos bekommen hat.
28. Im neunten Monat mußten die Samier sich endlich erge-

ben, worauf denn Perikles ihre Mauer niederriß, ihnen alle Schiffe nahm und sie noch um eine große Summe Geldes strafte, wovon sie einen Teil sogleich erlegten, das übrige aber zu einer bestimmten Zeit zu bezahlen versprachen und deshalb Geiseln stellten. Duris, der Samier, gibt von diesen Begebenheiten eine tragische Erzählung und beschuldigt die Athener und den Perikles einer großen Grausamkeit, wovon aber weder Thukydides noch Ephoros noch Aristoteles etwas weiß. Unter anderm hat es nicht den geringsten Schein von Wahrheit, wenn er erzählt, Perikles habe die Schiffskapitäne und Seesoldaten der Samier auf den Markt in Milet geführt, sie zehn Tage lang auf Bretter gebunden und endlich Befehl gegeben, den Unglücklichen die Köpfe mit Knütteln einzuschlagen und ihre Leichname unbeerdigt hinzuwerfen. Aber Duris, der selbst da, wo er gar kein besonderes Interesse hat, in seiner Erzählung sich nicht immer an die Wahrheit zu halten pflegt, scheint hier desto mehr das Unglück seines Vaterlandes zur Verleumdung der Athener vergrößert zu haben.

Als Perikles nach Bezwingung der Samier nach Athen zurückgekehrt war, veranstaltete er den in diesem Kriege Gefallenen ein ehrenvolles Leichenbegängnis und hielt ihnen auf dem Grabe die übliche Gedächtnisrede, womit er sich allgemeinen Beifall erwarb. Beim Herabsteigen von der Bühne empfingen ihn die Frauen und schmückten ihn wie einen siegenden Wettkämpfer mit Kränzen und Bändern; nur Elpinike ging auf ihn zu und sagte: „Nun gewiß, Perikles, diese Taten verdienen Bewunderung und Kränze, da du uns um so viele brave Bürger gebracht hast, nicht, wie mein Bruder Kimon, im Kriege mit Phoinikiern und Mediern, sondern durch Unterjochung einer mit uns verbündeten und verwandten Stadt!" Perikles, sagt man, lächelte darüber und antwortete ihr ganz gelassen mit dem Verse des Archilochos:

Du, ein so altes Weib, bedienst dich noch der
     Salben!

Auf die Bezwingung der Ionier bildete er sich, wie Ion sagt, ungemein viel ein, weil Agamemnon eine barbarische Stadt nur erst nach zehn Jahren, er aber die Ersten und Mächtigsten unter den Ioniern binnen neun Monaten überwältigt hatte. Indes war seine hohe Meinung nicht so ganz unrecht; im Gegenteil war der samische Krieg sehr mißlich und mit Gefahr verbunden, wenn anders, wie Thukydides versichert, die Samier nahe daran waren, den Athenern die Herrschaft zur See zu entreißen.

29. Nicht lange danach, als man schon den Peloponnesischen Krieg gewärtigen konnte, beredete er das Volk, den von den Korinthern bekriegten Kerkyraiern Hilfe zu schikken und eine zur See so mächtige Insel an sich zu ziehen, weil die Peloponnesier ehestens mit den Feindseligkeiten den Anfang machen würden. Die Athener bewilligten diese Hilfe, und Perikles schickte nun den Lakedaimonios, Kimons Sohn, gleichsam zum Hohne bloß mit zehn Schiffen dahin. Denn das Haus des Kimon äußerte immer eine große Zuneigung und Freundschaft zu den Lakedaimoniern; damit also Lakedaimonios, wenn er auf diesem Zuge keine große und glänzende Tat verrichtete, desto mehr wegen eines Einverständnisses mit Lakedaimon in Verdacht kommen sollte, gab er ihm nur so wenige Schiffe und schickte ihn wider seinen Willen ab. Überhaupt hielt er Kimons Söhne beständig unter dem Drucke, daß sie auch nicht einmal dem Namen nach echte Bürger, sondern Fremdlinge und Ausländer waren; denn der eine hieß Lakedaimonios, der andere Thessalos, der dritte Eleios, und sie hatten alle, der Sage nach, eine Arkadierin zur Mutter. Da Perikles dieser zehn Schiffe wegen sehr getadelt wurde, daß er damit denen, die Beistand verlangten, wenig geholfen und doch den Feinden zu großen Beschwerden Anlaß gegeben hätte, so schickte er gleich noch mehrere Schiffe ab, die aber erst nach dem Seetreffen ankamen.

Die Korinther waren darüber nicht wenig aufgebracht und führten in Lakedaimon Klage gegen die Athener; zugleich mit ihnen beschwerten sich auch die Megarier, daß sie den gemeinsamen Rechten und den von den Griechen errichteten Verträgen zuwider von allen Marktplätzen und Häfen, die unter der Herrschaft der Athener stünden, ausgeschlossen und abgewiesen würden. Die Aigineter, die ebenfalls Unrecht und Gewalt erlitten zu haben glaubten, beklagten sich darüber in Lakedaimon nur insgeheim, weil sie es nicht wagten, öffentlich über die Athener Beschwerde zu führen.

Indes wurde der Ausbruch des Krieges durch die Belagerung der Stadt Potidaia, einer korinthischen Kolonie, die den Athenern unterworfen, aber jetzt von ihnen abgefallen war, noch mehr beschleunigt. Da jedoch Gesandte nach Athen geschickt wurden und selbst Archidamos, der König der Lakedaimonier, den meisten Beschwerden in Güte abzuhelfen und die Bundesgenossen zu besänftigen suchte, so hatte es den Anschein, daß es wenigstens der andern Ursachen wegen nicht zum Kriege mit den Athenern kommen würde, wenn diese sich nur bewegen ließen, den Volksbeschluß gegen die Megarier aufzuheben und sich mit ihnen zu versöhnen. Daher wurde denn Perikles, der sich am meisten dagegensetzte und das Volk verleitete, bei der Feindschaft gegen Megara zu beharren, für den einzigen Urheber dieses Krieges gehalten.

30. Man erzählt, es sei dieser Sache wegen eine lakedaimonische Gesandtschaft nach Athen gekommen, und als Perikles sich mit einem Gesetz entschuldigte, welches verbot, eine Tafel, worauf ein Volksbeschluß geschrieben wäre, abzunehmen, habe Polyarkes, einer der lakedaimonischen Gesandten, zu ihm gesagt: „Du sollst ja die Tafel nicht abnehmen, kehre sie doch nur um, das verbietet kein Gesetz." Man hielt diese Worte für sehr witzig; demungeachtet ließ sich Perikles nicht zum Nachgeben bewegen. Er hatte also aller Wahrscheinlichkeit nach irgendeine persönliche Feindschaft gegen die Megarier; aber um diese zu einer allgemeinen und öffentlichen zu machen, gab er ihnen schuld, sie hätten sich einen Teil des geheiligten Feldes zugeeignet, und brachte nun einen Volksbeschluß ein, daß derselbe Herold sowohl zu ihnen als zu den Lakedaimoniern geschickt werden sollte, um über die Megarier Klage zu führen.

Perikles' Dekret verrät nun freilich eine sehr billige und mit Milde verbundene Ausführung der Rechte, aber nachdem der abgeschickte Herold Anthemokritos, wie man glaubte, auf Anstiften der Megarier umgebracht worden war, faßte Charinos den Volksbeschluß gegen sie ab, daß von nun an zwischen beiden Städten eine tödliche und unversöhnliche Feindschaft herrschen, jeder Megarier, der das attische Gebiet beträte, mit dem Tode bestraft werden und die Feldherren bei Ablegung ihres feierlichen Eides schwören sollten, jährlich zweimal in das megarische Gebiet einzufallen;

113

daß endlich Anthemokritos bei dem thriasischen Tore, welches jetzt Dipylos heißt, begraben werden sollte. Allein die Megarier leugneten die Ermordung des Anthemokritos und schoben alle Schuld auf Perikles und Aspasia, indem sie die so bekannte und berufene Stelle aus den „Acharnern" anführten:

> Da kamen Jünglinge nach Megara, von Wein
> Berauscht, entführten sie die Buhlerin Simaitha.
> Die Megarier nun entbrannten drob vor Zorn
> Und stahlen wiederum Aspasia zwei Dirnen.

31. Welches nun die wahre und eigentliche Veranlassung des Krieges gewesen sei, läßt sich schwerlich ausmachen, aber daß der Volksbeschluß gegen die Megarier nicht aufgehoben worden, geben alle einstimmig dem Perikles schuld. Doch behaupten einige, er habe sich aus einem Gefühl von Würde, aus kluger Vorsicht und in der besten Meinung dagegengesetzt, weil er jene Zumutung als einen Versuch, ob man nachgeben würde, und das Nachgeben als ein Geständnis eigener Schwächen betrachtete; andere aber glauben, er habe bloß aus trotzigem Eigensinn, aus einer unzeitigen Ehrsucht, die Macht der Athener zu zeigen, alle Vorschläge der Lakedaimonier verworfen.
Die schlimmste unter allen den Ursachen dieses Krieges, die auch die meisten Zeugen für sich hat, wird auf folgende Art erzählt. Der Bildhauer Pheidias hatte, wie schon oben erinnert worden, die Verfertigung der Statue der Athene übernommen. Da er ein Freund des Perikles war und bei ihm sehr viel vermochte, hatte er schon um dessentwillen eine Menge Feinde und Neider; außerdem aber wollten einige gern an ihm einen Versuch machen, wie das Volk bei einer Anklage des Perikles sich benehmen würde, und stellten den Menon, einen von Pheidias' Gehilfen, an, daß er sich als ein Flehender auf den Markt setzen und wegen einer gegen Pheidias anzustellenden Klage um Schutz und Sicherheit bitten sollte. Das Volk gewährte ihm diesen Schutz, und nun wurde die Sache in einer Volksversammlung förmlich untersucht, ohne daß Pheidias jedoch des geringsten Unterschleifs überführt wurde. Denn er hatte gleich anfangs auf Perikles' Rat das Gold so geschickt der

Bildsäule angelegt, daß es mit leichter Mühe ganz abgenommen und gewogen werden konnte, was denn Perikles auch damals die Kläger tun hieß. Aber das, was dem Pheidias Neid und Verfolgung zuzog, war der Ruhm seiner Werke, hauptsächlich weil er in dem auf dem Schilde dargestellten Streite mit den Amazonen sich selbst in der Gestalt eines kahlköpfigen Greises, der mit beiden Händen einen Stein in die Höhe hob, abgebildet und auch das schön getroffene Bild des Perikles, der gegen die Amazonen stritt, mit angebracht hatte. Die Lage der Hand, die einen Speer vor Perikles' Gesicht hält, ist mit vieler Kunst gemacht und scheint die von beiden Seiten in die Augen fallende Ähnlichkeit verdecken zu wollen. Pheidias wurde nun ins Gefängnis geführt, worin er an einer Krankheit starb oder, nach einigen, am Gifte, das ihm seine Feinde, um Perikles in üblen Ruf zu bringen, beigebracht hatten. Dem Denunzianten Menon verlieh das Volk, auf Glykons Vorschlag, Befreiung von allen Abgaben und befahl dabei den Feldherren, für die Sicherheit des Mannes zu sorgen.

32. Um ebendiese Zeit wurde auch Aspasia wegen Gottlosigkeit gerichtlich belangt, wobei der Komödiendichter Hermippos die Klage führte und sie noch dazu beschuldigte, daß sie die freigeborenen Frauen, die mit Perikles verbotenen Umgang hätten, bei sich aufnähme. Diopeithes verfaßte nun ein Dekret, daß alle, die die eingeführte Religion verachteten und in überirdischen Dingen Unterricht erteilten, angegeben werden sollten, wodurch er den Perikles des Anaxagoras wegen in Verdacht zu bringen suchte. Da das Volk allen dergleichen Verleumdungen willig Gehör gab, wurde auch ein von Drakontides vorgeschlagenes Dekret bestätigt, daß Perikles Rechenschaft über das verwendete Geld vor den Prytanen ablegen, die Richter aber ihre Stimmzeichen vom Altar nehmen und in der Stadt das Urteil über ihn sprechen sollten. Agnon nahm jedoch diesen Punkt aus dem Dekret weg und setzte dafür hinein, die Untersuchung sollte vor fünfzehnhundert Richtern geschehen, wenn jemand wegen Unterschleifs, wegen Bestechungen oder anderer Ungerechtigkeiten eine Klage anbringen wollte.

Die Aspasia rettete nun Perikles noch dadurch, daß er, wie Aischines sagt, bei dem Verhör reichliche Tränen vergoß

und sich mit Bitten an die Richter wandte; aber den Anaxagoras schaffte er aus Besorgnis fort und begleitete ihn zur
Stadt hinaus. Da er jedoch durch Pheidias den Unwillen des
Volkes einmal erregt hatte, ward ihm jetzt vor dem Gericht
bange, und deswegen ließ er den erwarteten, schon unter
der Asche glimmenden Krieg in volle Flammen ausbrechen,
in der Hoffnung, alle Beschuldigungen dadurch zu zerstreuen und den Neid zu unterdrücken, weil die Stadt in so
dringenden Angelegenheiten und Gefahren sich ihm allein
wegen seiner Macht und seines Ansehens in die Arme werfen müßte. So mancherlei Ursachen gibt man denn an, weswegen Perikles die Athener abgehalten habe, das Verlangen
der Lakedaimonier zu erfüllen; aber die Wahrheit ist unbekannt und verborgen.

33. Die Lakedaimonier, die wohl einsahen, daß die Athener,
wenn erst Perikles gestürzt wäre, sich in allem weit nachgiebiger beweisen würden, forderten sie auf, wie Thukydides
erzählt, sich des Fluches, womit Perikles' Familie von mütterlicher Seite her behaftet war, zu entledigen. Allein dieser
Versuch hatte gerade den entgegengesetzten Erfolg; denn
anstatt dadurch in Verdacht und Schande zu geraten, er-
langte Perikles bei seinen Bürgern desto mehr Zutrauen
und Achtung, weil man sah, daß er am meisten von den
Feinden gehaßt und gefürchtet wurde. Um dessentwillen
gab er auch, ehe noch Archidamos mit den Peloponnesiern
in Attika einfiel, den Athenern die Erklärung ab, wenn etwa
Archidamos bei Verwüstung des Landes seine Güter ver-
schonte, entweder wegen der zwischen ihnen bestehenden
Gastfreundschaft oder um seinen Feinden Anlaß zu üblen
Nachreden zu geben, daß er alsdann seine Ländereien und
Güter dem Staate schenken wollte.

Nun fielen denn die Lakedaimonier und ihre Bundesgenossen mit einem starken Heere unter Anführung des Königs
Archidamos in Attika ein, verwüsteten das Land und rückten bis nach Acharnai vor, wo sie ein Lager aufschlugen, in
der Meinung, daß die Athener dabei nicht gleichgültig bleiben, sondern sich durch Zorn und Ehrliebe zu einem Treffen verleiten lassen sollten. Allein Perikles hielt es für zu
gefährlich, gegen sechzigtausend wohlgerüstete Peloponnesier und Boiotier – denn so stark war das Heer, welches den
ersten Einfall machte – zu streiten und die Stadt selbst aufs

Spiel zu setzen. Diejenigen, die ein Treffen liefern wollten und über das, was vor ihren Augen geschah, ungeduldig wurden, suchte er durch die Vorstellung zu besänftigen, daß abgehauene Bäume bald wieder nachwachsen, der Verlust an Mannschaft aber nicht leicht zu ersetzen ist. Er berief auch das Volk zu keiner öffentlichen Versammlung, weil er befürchtete, daß er darin wider seinen Willen zu einer Schlacht möchte gezwungen werden; sondern wie der Steuermann eines Schiffes bei hereinbrechendem Sturme die nötigen Anstalten trifft, alle erforderlichen Geräte in Bereitschaft hält und sich seiner Kunst bedient, ohne auf die Tränen und Bitten der seekranken oder beängstigten Reisenden zu achten, so handelte auch Perikles, nachdem er die Stadt verschlossen und der Sicherheit wegen allenthalben Wachen ausgestellt hatte, bloß nach seiner Einsicht und bekümmerte sich wenig um das Geschrei und Murren der Bürger, obgleich viele seiner Freunde ihm mit Bitten anlagen, viele Feinde ihm drohten und heftig auf ihn loszogen, viele auch sogar Spottlieder sangen, worin sie ihn als einen feigen Anführer, der den Feinden alles preisgäbe, lächerlich machten. Auch Kleon, der jetzt den allgemeinen Unwillen gegen Perikles benutzte, um sich beim Volke in Gunst und Ansehen zu setzen, griff ihn mit Vorwürfen an, wie aus folgender Stelle des Dichters Hermippos erhellt:

> Warum willst du die Lanze, König der Satyrn,
> Nicht in die Hand nehmen und weißt doch immer
> So schön und trefflich über den Krieg zu sprechen?
> Ja, du versprichst wohl Teles' Heldenmut,
> Aber des blanken Schwertes geschärfte Spitze
> Macht dir schon Bangigkeit und Zähneklappern,
> Sosehr auch der bissige Kleon dich reizet.

34. Doch dies alles machte auf Perikles nicht den geringsten Eindruck. Er ertrug die Schmähungen und bittern Vorwürfe in stiller Gelassenheit und schickte bloß eine Flotte von hundert Schiffen nach dem Peloponnes, fuhr aber nicht selbst mit, sondern blieb zu Hause und hielt die Stadt immer im Zaum, bis die Peloponnesier wieder abgezogen waren. Um indes den Pöbel, der gleichwohl des Krieges wegen sehr schwierig war, bei guter Laune zu erhalten, unter-

stützte er ihn durch Geldverteilungen und brachte neue
Ansiedelungen in Vorschlag. So vertrieb er sämtliche Aigi-
neter und verteilte die Insel durchs Los unter athenische
Bürger. Zu einer Art von Trost diente ihnen auch der
Schade, den die Feinde erlitten hatten. Denn die nach dem
Peloponnes geschickte Flotte verwüstete eine große Strecke
Landes, viele Flecken und kleine Städte, und Perikles selbst
machte zu Lande einen Einfall in das megarische Gebiet,
welches er ganz zugrunde richtete.

Daraus ergibt sich denn, daß die Peloponnesier, welche
zwar den Athenern großen Schaden zufügten, aber von diesen auch zur See nicht weniger zu leiden hatten, den Krieg
wohl nicht so lange würden fortgesetzt haben, sondern desselben, wie Perikles vorhersagte, bald würden müde geworden sein, wenn nicht ein göttliches Verhängnis sich den
menschlichen Plänen entgegengestellt hätte. Fürs erste
brach in Athen eine pestartige Krankheit aus und raffte die
junge rüstige Mannschaft, die Stärke des Staats, hinweg.
Die Bürger, die durch sie nicht nur am Körper, sondern
auch an der Seele litten, wurden gegen Perikles äußerst erbittert, so daß sie sich nur an ihm, wie Fieberkranke an ihrem Arzte oder Vater, zu vergreifen suchten. Denn sie ließen sich von seinen Feinden überreden, daß an dieser
Seuche weiter nichts Ursache wäre als die Zusammendrän-
gung des Landvolks in die Stadt, da so viele an eine freie
und reine Luft gewöhnte Menschen mitten im Sommer in
kleinen Häusern oder stickendheißen Hütten gedrängt zusammen wohnen und eine eingezogene, beschäftigungslose
Lebensart führen mußten. Daran wäre aber derjenige
schuld, der durch den Krieg alles Volk vom Lande in die
Stadt getrieben hätte und nun so viele Menschen zu gar
nichts brauchte, sondern sie wie das Vieh eingeschlossen
hielte und sich untereinander anstecken ließe, ohne ihnen
nur die geringste Veränderung und Erfrischung zu verschaffen.

35. Um dem allem abzuhelfen und zugleich dem Feinde
einigen Abbruch zu tun, rüstete er hundertundfünfzig
Schiffe aus und bemannte sie mit einer Menge der besten
Truppen an Fußvolk und Reiterei, wodurch er den Bürgern
wieder frohe Hoffnung, den Feinden aber eine nicht geringe Furcht vor einer so ansehnlichen Macht beibrachte.

Schon war die Flotte segelfertig, schon hatte Perikles seine Triere bestiegen, als eine Sonnenfinsternis eintrat und es auf einmal so dunkel wurde, daß alle über diesen Umstand, den sie für eine wichtige Vorbedeutung hielten, in Bestürzung gerieten. Als Perikles sah, daß sein Steuermann deshalb in Furcht und Bangigkeit war, hielt er ihm seinen Mantel vor das Gesicht und fragte ihn, ob er wohl dies als ein Unglück oder als Vorbedeutung eines Unglücks ansähe. Der Steuermann antwortete, nein. „Nun", versetzte Perikles, „worin ist denn jener Fall von diesem sonst unterschieden, außer daß ein Körper, der größer ist als der Mantel, die Verfinsterung verursacht." Dies pflegt in den Schulen der Philosophen erzählt zu werden.

Perikles ging nun unter Segel, scheint aber auf diesem Zuge eben nichts, das jener Ausrüstung entsprach, verrichtet zu haben. Unter anderm belagerte er das heilige Epidauros und hatte alle Hoffnung, es zu erobern, die aber durch die Krankheit vereitelt wurde. Denn diese befiel jetzt nicht nur die Athener und rieb sie auf, sondern auch alle, die auf irgendeine Art mit dem Heere zu tun hatten. Er suchte nun zwar die Athener, die deswegen über ihn sehr unwillig waren, zu trösten und ihnen wieder Mut zu machen, aber er konnte ihren Zorn nicht eher stillen noch sie begütigen, bis sie zum Abstimmen gelassen wurden und dadurch freie Gewalt bekamen, ihm das Kommando zu nehmen und eine Geldbuße aufzuerlegen, die nach der geringsten Angabe fünfzehn, nach der höchsten aber fünfzig Talente betragen haben soll. Den Kläger bei diesem Prozesse machte, Idomeneus zufolge, Kleon, nach Theophrastos Simmias, und Herakleides der Pontiker gibt den Lakratidas an.

36. Dieser öffentliche Verdruß würde indes nicht von langer Dauer gewesen sein, da das Volk den Zorn gegen ihn, wie die Biene den Stachel, mit einem einzigen Stiche verlor; allein auch seine häuslichen Umstände waren jetzt sehr traurig und unangenehm. Denn er hatte durch die Pest eine Menge seiner vertrautesten Freunde eingebüßt, und seine Familie war schon seit langer Zeit durch Uneinigkeit zerrüttet. Xanthippos, der älteste von seinen echten Söhnen, der nicht nur selbst verschwenderisch war, sondern auch eine junge prachtliebende Frau, die Tochter des Isander und Enkelin des Epilykos, geheiratet hatte, war mit der gar zu gro-

ßen Genauigkeit seines Vaters, der ihm das Geld in kleinen Summen kärglich zuzählte, sehr unzufrieden. Er ließ sich daher von einem seiner Freunde eine Summe Geldes auf den Namen seines Vaters borgen. Als jener sie zurückforderte, verklagte ihn Perikles sogar vor Gericht. Dies verdroß denn den jungen Xanthippos so sehr, daß er auf seinen Vater überall loszog und zuerst nur seinen häuslichen Zeitvertreib und die Unterredungen, die er mit den Sophisten hielt, lächerlich machte. Unter anderm sollte er einst, als ein gewisser Epitimios von Pharsalos im Fünfkampfe ein Pferd aus Versehen mit dem Wurfspieße getroffen und getötet hatte, mit dem Protagoras einen ganzen Tag auf die Untersuchung verwendet haben, wem man wohl mit dem größten Rechte die Schuld daran zuschreiben könnte, dem Wurfspieß, dem, der ihn geworfen, oder denen, die das Wettspiel angeordnet hätten? Außerdem aber sprengte auch Xanthippos, wie Stesimbrotos meldet, die schändliche Verleumdung hinsichtlich seiner eigenen Gemahlin unter dem Volke aus, und überhaupt soll der Jüngling bis an seinen Tod mit dem Vater in unversöhnlicher Feindschaft gelebt haben. Dieser Xanthippos starb an der Pest. Um ebendie Zeit verlor Perikles auch seine Schwester und die meisten seiner Verwandten und Freunde, die ihm in der Staatsverwaltung die größten Dienste geleistet hatten.

Bei alledem ließ er den Mut nicht sinken noch seine hohe Denkungsart und Seelengröße unter den Unglücksfällen erliegen. Man sah ihn nie weinen, nie einem Leichenbegängnisse beiwohnen oder auf dem Grabe eines Angehörigen trauern, bis er auch den letzten von seinen echten Söhnen, den Paralos, einbüßte. Dieser Verlust beugte ihn tief, und sosehr er auch seinem Charakter treu zu bleiben und die ihm eigene Geistesgröße zu behaupten suchte, ward er doch, als er dem Toten den Kranz aufsetzte, bei diesem Anblick von Schmerz so ganz überwältigt, daß er in lautes Weinen ausbrach und einen Strom von Tränen vergoß, was er in seinem ganzen Leben noch nie getan hatte.

37. Da die Athener jetzt im Kriege die Erfahrung machten, daß keiner der übrigen Redner und Feldherrn jene Würde, jenes Ansehen besaß, welches die Regierung des Staates in so kritischen Umständen erforderte, so vermißten sie den Perikles bald und riefen ihn wieder zur Rednerbühne und

zum Feldherrnzelt. Er war aber ganz mutlos und erlag in seinem Hause unter der Traurigkeit, bis endlich Alkibiades und andere Freunde ihn durch Vorstellungen bewogen, sich wieder öffentlich zu zeigen. Das Volk entschuldigte sich wegen der an ihm verübten Ungerechtigkeit, und so unterzog er sich von neuem den Geschäften.

Das erste, was er nach seiner Erwählung zum Feldherrn tat, war, daß er darauf antrug, jenes Gesetz wegen der unechten Bürger, das er vormals selbst in Vorschlag gebracht hatte, wieder aufzuheben, damit sein Name und Geschlecht aus Mangel an Erben nicht ganz verlöschen möchte. Mit diesem Gesetze hatte es folgende Bewandtnis. Perikles hatte vor geraumer Zeit, als er noch im Staate die größte Gewalt besaß und es ihm, wie schon erwähnt worden, nicht an rechtmäßigen Söhnen fehlte, ein Gesetz bestätigen lassen, daß nur diejenigen für Athener angesehen werden sollten, deren beiderseitige Eltern Athener wären. Als nun der König von Ägypten dem Volke ein Geschenk von vierzigtausend Medimnen Weizen überschickte und diese unter die Bürger verteilt werden sollten, so entstanden aus jenem Gesetze auf einmal gegen die unechten Bürger eine Menge Prozesse, die bisher ganz vergessen und liegen geblieben waren, und dabei wurden viele fälschlicherweise unter die unechten Athener gezählt. Beinahe fünftausend wurden als solche erkannt und verkauft; diejenigen aber, die im Besitz des Bürgerrechts blieben und für Athener erklärt wurden, beliefen sich auf vierzehntausendundvierzig. So hart es nun auch war, daß ein Gesetz, welches schon an so vielen Personen vollzogen worden, durch ebenden Mann, der es gegeben hatte, wieder aufgehoben werden sollte, so rührte doch das jetzige häusliche Unglück des Perikles, wodurch er für seinen Stolz und Hochmut schon genug bestraft zu sein schien, das Volk zum Mitleid. Man glaubte, nachdem er so hart gebüßt hätte, bedürfe er der menschlichen Nachsicht und bewilligte ihm, seinen unehelichen Sohn in seine Kurie einzuzeichnen und ihm seinen eigenen Namen beizulegen. Dieser wurde in der Folge, nachdem er bei den Arginusen die Peloponnesier in einem Seetreffen geschlagen hatte, von dem Volke mit seinen Kollegen im Kommando zum Tode verdammt.

38. Um diese Zeit scheint die Pest auch den Perikles befal-

len zu haben, zwar nicht so schnell und heftig wie die andern, sondern sein Körper wurde durch eine schleichende, langwierige und oft wechselnde Krankheit allmählich abgezehrt und sein hoher Geist niedergeschlagen. So erzählt Theophrastos in seinem Werke über die Sittenlehre, wo er untersucht, ob der Charakter sich nach den Zufällen des Glücks verändere und durch körperliche Leiden von der Tugend abgebracht werde, Perikles habe einem Freunde, der ihn besuchte, ein von den Weibern ihm um den Hals gehängtes Amulett gezeigt, um ihm zu verstehen zu geben, er müsse sich wohl sehr schlecht befinden, da er sich solche Possen gefallen ließe.

Als er seinem Ende nahe war, saßen die angesehensten Bürger und die ihm übriggebliebenen Freunde um sein Bett herum, sprachen von der Größe seiner Tugend und Macht und zählten alle seine Taten und die Menge der Siegeszeichen her, deren er als Feldherr und Sieger nicht weniger als neun dem Staate zu Ehren errichtet hatte. Sie glaubten, daß er von dieser Unterredung nichts mehr verstände, und schon den Gebrauch der Sinne verloren hätte. Allein er hörte mit großer Aufmerksamkeit zu und fiel ihnen auf einmal in die Rede und sagte, er wundere sich, daß sie nur solche Dinge von ihm erwähnten und priesen, woran das Glück so viel Anteil hätte und deren sich auch andere Feldherren rühmen könnten, hingegen das Wichtigste und Rühmlichste ganz übergingen. „Denn", setzte er hinzu, „um meinetwillen hat kein athenischer Bürger ein Trauerkleid anzulegen gebraucht."

39. So verdient denn dieser Mann allerdings Bewunderung, nicht nur wegen seiner Milde und Sanftmut, von der er bei so vielen wichtigen Geschäften und Anfeindungen niemals abwich, sondern auch wegen jener edlen Gesinnung, da er unter so vielen rühmlichen Dingen dies für das größte und schönste hielt, daß er sich bei seiner großen Macht nie vom Neide oder vom Zorne hinreißen lassen noch gegen irgend jemanden sich als einen unversöhnlichen Feind bewiesen hatte. Ja, meines Erachtens ist sein liebreicher Charakter, sein reiner, unbescholtener Lebenswandel bei einer so großen Macht schon allein hinreichend, jenen kindischen und eitlen Beinamen des Olympiers untadelhaft und selbst ihm angemessen zu machen. Ebenso halten wir ja auch die Göt-

ter, insofern sie des Guten Ursache, an dem Bösen hingegen unschuldig sind, für würdig, die ganze Welt zu beherrschen und zu regieren; freilich nicht wie die Dichter, die uns durch die abgeschmacktesten Meinungen verwirren und sich dann durch ihre eigenen Erzählungen Lügen strafen. Denn sie beschreiben uns den Ort, wohin sie die Wohnung der Götter versetzen, als einen sichern und unerschütterlichen Sitz, der von Winden und Wolken frei ist, immerfort eines heiteren, lachenden Himmels genießt und von einem reinen Lichte ohne Wechsel erhellt wird, weil nur ein solcher Aufenthalt für das selige und unsterbliche Wesen sich schicke; hingegen die Götter selbst stellen sie als solche dar, die voller Unruhe, feindseliger Gesinnung, Zorn und anderer Leidenschaften sind, die nicht einmal verständigen Menschen geziemen. Doch dies möchte vielleicht hier nicht am rechten Orte zu stehen scheinen.

Die folgenden Begebenheiten machten, daß die Athener gar bald den Verlust des Perikles fühlten und die Sehnsucht nach ihm deutlich merken ließen. Diejenigen, welchen bei seinen Lebzeiten seine große Macht ein Dorn im Auge gewesen war, weil sie dagegen nicht emporkommen konnten, gestanden jetzt, als er ihnen aus dem Wege war und sie die andern Redner und Politiker näher kennenlernten, gern ein, daß nie ein Charakter bei allem Stolze maßvoller und bei aller Sanftmut erhabener gewesen wäre. Jene so sehr beneidete Macht, die man vorher eine Monarchie, eine Tyrannei genannt hatte, wurde jetzt als ein heilsames und schützendes Bollwerk der Staatsverfassung angesehen. Ein solches Verderben, eine so mannigfaltige Bosheit riß jetzt im Staate ein, die jener immer entkräftet und niedergedrückt und dadurch verhindert hatte, daß sie nicht vermittels der Gewalt zu einem unheilbaren Übel werden konnte.

Fabius Maximus

1. Nachdem wir im vorhergehenden die merkwürdigsten Umstände von Perikles erzählt haben, so wollen wir nun zu der Lebensbeschreibung des Fabius übergehen.

Eine Nymphe oder, wie andere wollen, ein Mädchen des Landes soll, von Herkules geschwängert, an der Tiber den Fabius, den Stammvater eines zahlreichen und in Rom sehr angesehenen Geschlechts, geboren haben. Einige melden, die ersten Ahnen dieses Hauses hätten den Namen Fodier geführt, weil sie wilde Tiere in Gruben zu fangen pflegten, denn noch jetzt heißen bei den Römern die Gruben fossae und fodere graben; mit der Zeit aber wären sie mit Veränderung zweier Buchstaben Fabier genannt worden.

Unter den vielen großen Männern, die dieses Haus hervorgebracht hat, war Rullus der größte; dieser erhielt deswegen von den Römern den Beinamen Maximus, und von ihm stammte Fabius Maximus, von dem wir jetzt reden, im vierten Gliede ab. Letzterer bekam noch von einem körperlichen Umstande den Zunamen Verrucosus, weil er auf der Oberlippe eine Warze hatte, und in seiner Kindheit wurde er wegen seines sanftmütigen und schwerfälligen Wesens gewöhnlich Ovicula, das Schäfchen, genannt. Denn seine Stille, sein beständiges Schweigen, seine Schüchternheit bei kindlichen Vergnügungen, sein langsames, viele Anstrengung erforderndes Lernen sowie seine Willfährigkeit und Folgsamkeit gegen Freunde galten bei denen, die ihn nicht näher kannten, für Anzeichen von Blödheit und Einfalt, und es waren nur wenige, die die tief verborgene Festigkeit, die Seelengröße und den Löwenmut in seinem Charakter entdeckten.

In der Folge, als seine Kräfte durch Verwaltung öffentlicher Ämter sich entwickelt hatten, machte er es selbst dem ge-

meinen Manne bemerklich, daß das, was man sonst für
Trägheit gehalten hatte, gelassene Ruhe, jenes schüchterne
Wesen vorsichtige Bedachtsamkeit und seine Art, in keinem Falle rasch oder mit Hitze zu Werke zu gehen, die
größte Festigkeit und Beharrlichkeit war. Da er den großen
Umfang der Staatsverwaltung und die Menge der Kriege
sah, übte er nicht nur seinen Körper, als die von der Natur
ihm verliehene Wehr, für die Strapazen des Krieges, sondern bildete auch seinen Vortrag, das zur Leitung des Volks
erforderliche Werkzeug, daß er ganz mit seinem Lebenswandel übereinstimmte. Denn er war ohne allen Schmuck,
ohne jene leeren Künsteleien, wodurch man sonst dem
Volke zu gefallen sucht; dagegen hatte er einen tiefen Sinn
und wegen der eingestreuten Sentenzen eine besondere
Stärke und Nachdruck, worin er auch dem des Thukydides
gleichkommen soll. Man hat von ihm noch eine Gedächtnisrede, die er auf seinen bald nach Verwaltung des Konsulats
gestorbenen Sohn gehalten hat.

2. Fabius Maximus ist fünfmal Konsul gewesen. In seinem
ersten Konsulate triumphierte er über die Ligurier, die er in
einem Treffen mit großem Verlust geschlagen und in die
Alpen zurückgetrieben hatte, so daß das umgrenzende Italien von ihren Plünderungen und Streifzügen befreit
wurde.

Als in der Folge Hannibal in Italien einfiel und nach seinem
ersten Siege am Flusse Trebia durch Etrurien weiter vordrang, das ganze Land verheerte und Rom selbst in Furcht
und Bestürzung setzte, begegneten den Römern außer den
gewöhnlichen Vorzeichen durch Blitze auch noch viele andere höchst sonderbare und unerhörte. So wurden, der Sage
nach, einige Schilde aus freien Stücken von Blut durchnäßt
und bei Antium manche mit Blut angefüllte Ähren geerntet,
glühende und feurige Steine fielen aus der Luft, über Falerii schien sich der Himmel aufzutun, und eine Menge
Schreibtäfelchen fielen heraus und wurden herumgestreut,
auf deren einem die Worte deutlich geschrieben waren:
„Mars schwingt seine Waffen." Aber alles dies machte nicht
den geringsten Eindruck auf den Konsul Gaius Flaminius,
einen Mann, welcher bei der ihm eigenen Hitze und Ehrbegierde noch auf sein großes Glück, das er nicht lange vorher
wider alle Erwartung gehabt hatte, stolz war, da er, unge-

achtet der Senat ihn zurückrief und sein Kollege sich ihm widersetzte, den Galliern mit Gewalt ein Treffen geliefert und sie gänzlich überwunden hatte.

Auch Fabius ließ diese Vorzeichen, deren Unvernunft er einsah, sich nicht anfechten, sosehr auch das Volk dadurch beunruhigt wurde. Jedoch da er hörte, daß die feindliche Armee nur schwach und ohne Geld wäre, gab er den Römern den Rat, sie sollten nur an sich halten und sich ja nicht mit einem Manne in ein Treffen einlassen, der sein Heer durch eine Menge von Schlachten bloß dazu geübt hätte; statt dessen sollten sie den Bundesgenossen Hilfe schicken, deren Städte in Gehorsam erhalten und so Hannibals Stärke wie eine hellodernde Flamme, die wenig und leichte Nahrung hätte, sich in sich selbst verzehren lassen.

3. Allein Flaminius ließ sich nicht bereden. Er erklärte, er werde nie zugeben, daß der Krieg bis an Rom herankomme, und wolle nicht, wie einst Camillus, die Stadt in der Stadt selbst verteidigen. Zugleich gab er den Obersten der Legionen Befehl, mit der Armee auszuziehen, und schwang sich selbst aufs Pferd, welches aber unvermutet, ohne eine sichtbare Ursache, scheu und furchtsam wurde, so daß er herabfiel und auf den Kopf stürzte. Demungeachtet änderte er seinen Vorsatz nicht, sondern wie er gleich anfangs entschlossen war, dem Hannibal entgegenzutreten, so stellte er nun am See Trasimenus in Etrurien sein Heer gegen ihn in Schlachtordnung.

Gerade zu der Zeit, als die Soldaten zum Handgemenge kamen, ereignete sich ein Erdbeben, wodurch Städte umgeworfen, Flüsse aus ihrem Laufe gebracht und Felsengebirge zerrissen wurden; aber so schrecklich auch die Wirkungen desselben waren, so merkte doch keiner von den Streitenden das geringste davon. In diesem Kampfe fiel Flaminius selbst, nachdem er viele Beweise von Mut und Tapferkeit gegeben hatte, und um ihn herum der Kern seines Heeres. Unter den übrigen, die die Flucht ergriffen, wurde ein großes Blutbad angerichtet; fünfzehntausend wurden niedergehauen und ebenso viele gefangengenommen. Hannibal beeiferte sich, den Leichnam des Flaminius seiner Tapferkeit wegen auf eine ehrenvolle Art zu beerdigen, konnte ihn aber unter den Toten nicht finden, und niemand wußte, wo er hingekommen war.

Von der Niederlage am Flusse Trebia hatte weder der Bericht erstattende Feldherr noch der deshalb abgeschickte Bote eine aufrichtige Beschreibung gemacht, sondern sie damit bemäntelt, daß das Treffen unentschieden und zweifelhaft gewesen wäre. Aber sowie der Prätor Pomponius davon Nachricht erhielt, ließ er gleich das Volk zusammenkommen und sagte ihm geradezu, ohne Verhehlung und Umschweife: „Römer, wir sind in einer großen Schlacht besiegt worden, die ganze Armee ist aufgerieben und der Konsul Flaminius im Felde geblieben! Seid also auf eure Sicherheit und Rettung bedacht." Durch diese Worte setzte er das Volk, wie ein Sturmwind das Meer, in die größte Unruhe und erschütterte die ganze Stadt. In einer solchen Bestürzung konnte man sich nicht gleich fassen noch zu einem festen Entschluß kommen; endlich aber waren alle einstimmig der Meinung, die gegenwärtigen Umstände machten die unbeschränkte Regierung eines einzigen, die man Diktatur nennt, notwendig und diese erforderte einen Mann, der sie mit Kraft und Unerschrockenheit zu führen wüßte; ein solcher aber wäre allein Fabius Maximus, dessen hoher Geist sowie Würde des Charakters jenem Amte ganz entsprächen und der jetzt in dem Alter stünde, in welchem die Stärke des Körpers den Entschließungen der Seele ganz angemessen und die Kühnheit durch Klugheit gemäßigt sei.

4. Nachdem dies war genehmigt worden, ernannte man den Fabius zum Diktator, und er selbst machte den Lucius Minucius zum Befehlshaber der Reiterei. Als erstes bat er sich vom Senate die Erlaubnis aus, sich im Felde eines Pferdes bedienen zu dürfen. Dies war nämlich nach einem alten Brauch dem Diktator untersagt, entweder weil man das Hauptgewicht im Kampfe dem Fußvolk beimaß und daher glaubte, daß der Feldherr im Treffen bei demselben bleiben und es nicht verlassen müsse, oder weil man wollte, daß der Diktator, bei seiner großen und in allem übrigen unbeschränkten Gewalt, wenigstens in diesem einzigen Punkte vom Volke abhängig scheinen sollte. Indes war dem Fabius doch auch daran gelegen, gleich anfangs die ganze Größe und Majestät seines Amtes sehen zu lassen, um sich des Gehorsams und der Folgsamkeit der Bürger desto mehr zu ver-

sichern; daher erschien er öffentlich nie anders als unter
Vorantritt von vierundzwanzig Liktoren, und als der andere
Konsul ihm entgegenkam, schickte er einen Diener an ihn
mit dem Befehl, seine Liktoren zu entlassen, die Zeichen
seiner Würde abzulegen und als bloßer Privatmann vor ihm
zu erscheinen.

Danach machte er mit den Göttern selbst den schönsten
Anfang, belehrte das Volk, daß es seine Niederlage nur der
vom vorigen Feldherrn gegen die Gottheit bewiesenen Geringschätzung und Verachtung, nicht aber dem schlechten
Verhalten der Streiter zuschreiben müsse, und ermahnte es,
sich nicht vor den Feinden zu fürchten, sondern die Götter
zu versöhnen und sich ihrer Gnade zu versichern. Auf solche Weise stärkte er, ohne den Aberglauben zu befördern,
die Tapferkeit durch Frömmigkeit und wußte durch die
Hoffnung auf göttlichen Beistand alle Furcht vor den Feinden zu zerstreuen.

Bei dieser Gelegenheit wurden denn auch viele der geheimen und den Römern so nützlichen Bücher, welche die si-
byllinischen heißen, zu Rate gezogen, und man sagt, daß
unter den darin enthaltenen Orakeln manche sich auf die
jetzigen Umstände und Ereignisse bezogen hätten. Was
daraus ersehen wurde, durfte freilich niemand erfahren,
doch trat nun der Diktator vor dem Volke auf und tat das
Gelübde, in diesem Jahre allen den Zuwachs an Ziegen,
Schweinen, Schafen und Rindern, welchen die Berge, Ebenen, Flüsse und Auen Italiens hervorbringen würden, den
Göttern zu opfern, dabei auch musikalische und theatrali-
sche Spiele zu halten mit einem Aufwande von 333 000 Se-
sterzen, 333 Denaren und einem Drittel, welche Summe
83 583 Drachmen und 2 Obolen beträgt. Ein Grund für
diese so genaue Berechnung und Einteilung der Summe
läßt sich schwerlich angeben, wenn man nicht die Kraft der
Drei geltend machen will, daß sie ihrer Natur nach vollkommen, die erste der ungeraden Zahlen und der Anfang der
Menge ist, dabei auch die ersten Verschiedenheiten und die
Elemente einer jeden Zahl genau vereinigt und zusammen-
faßt.

5. Auf solche Weise zog Fabius die Gedanken des Volks auf
die Gottheit hin und eröffnete ihm frohere Aussichten für
die Zukunft. Er für seine Person aber setzte alle Hoffnung

zum Siege auf sich selbst, überzeugt, daß auch Gott durch Tapferkeit und kluges Benehmen Glück verleihe, und rückte nun gegen Hannibal aus, mit dem festen Vorsatz, ihm kein Treffen zu liefern, sondern dessen Feuer durch die Länge der Zeit, den Mangel durch Überfluß und das schwache Heer durch zahlreiche Legionen zu bekämpfen und aufzureiben. In dieser Absicht lagerte er sich immer, um vor der feindlichen Reiterei sicher zu sein, in bergigen Gegenden und auf steilen Höhen; wenn der Feind stille lag, ruhte er ebenfalls, brach jener auf, so zog er sich auf den Anhöhen herum und blieb ihm beständig an der Seite in einer solchen Entfernung, daß er nicht wider seinen Willen zum Fechten gezwungen werden konnte, zugleich aber machte er selbst durch sein Zaudern, daß der Feind immer einen Angriff befürchten mußte.

Allein da er die Zeit so verbrachte, wurde er durchgängig verachtet und kam nicht nur in seinem Lager deshalb in üble Nachrede, sondern galt auch selbst bei den Feinden, Hannibal einzig ausgenommen, für einen feigen und unbedeutenden Feldherrn. Dieser allein durchschaute den sehr gescheiten Plan des Fabius und die Art, wie er den Krieg zu führen gedachte. Er sah wohl ein, daß er diesen Mann durch alle List und Gewalt zu einem Treffen bringen müßte oder daß es um die Karthager ganz geschehen wäre, da sie das, was ihnen Überlegenheit gab, nämlich die Waffen, nicht gebrauchen konnten, hingegen an dem, worin sie den Römern nachstanden, an Mannschaft und Geld, immerzu Einbuße erlitten und beides vergeblich aufwendeten. Daher ließ er denn keine Art von Kriegslisten und Kunstgriffen unversucht, um, wie ein geschickter Kämpfer, seinem Gegner irgendeine Blöße abzugewinnen; bald drang er auf ihn ein und beunruhigte ihn in seinem Lager, bald zog er ihn durch Märsche von einem Ort zum andern und suchte ihn auf alle Art von dem zu seiner Sicherheit gewählten Plane abzuziehen.

Fabius war von dessen Nützlichkeit zu sehr überzeugt, als daß er nicht fest und unveränderlich dabei hätte beharren sollen. Indes machte ihm Minucius, der Befehlshaber der Reiterei, vielen Verdruß, indem er durch seine unzeitige Kühnheit und Begierde zum Streit die Armee aufwiegelte und sie mit rasender Hitze und leeren Hoffnungen erfüllte.

Die Soldaten höhnten und verachteten nun den Fabius und nannten ihn einen Schulwärter Hannibals, den Minucius hingegen erklärten sie für einen großen Mann, für einen würdigen Feldherrn Roms. Dadurch wurde seine stolze Einbildung und Kühnheit gar sehr vergrößert, so daß er nun selbst über das beständige Lagern auf Bergen spottete und sagte, der Diktator verschaffe ihnen doch immer einen schönen Schauplatz, um es mit anzusehen, wie Italien verwüstet wird und in Flammen steht. Ja er stellte an Fabius' Freunde die Frage, ob der Feldherr vielleicht, weil er auf der Erde alles für verloren hielte, die Armee in den Himmel erheben wollte oder ob er sich nur hinter Nebeln und Wolken versteckte, um den Feinden zu entwischen. Als die Freunde des Fabius ihm dieses hinterbrachten und ihm zugleich rieten, solchen schimpflichen Vorwürfen durch eine Schlacht ein Ende zu machen, antwortete er: „Ja, dann würde ich in der Tat noch furchtsamer sein, als ich jetzt scheine, wenn ich aus Furcht vor Spöttereien und Lästerungen von meinen Grundsätzen abginge. Furcht für das Vaterland bringt keine Schande, aber Bänglichkeit vor der Meinung der Menschen, vor Tadel und übler Nachrede verrät einen Mann, der, anstatt eines solchen Kommandos würdig zu sein, ein Sklave von Leuten ist, die er in Zucht halten und, wenn sie schlecht denken, als strenger Gebieter behandeln sollte."

6. Bald darauf beging Hannibal einen großen Fehler. Er wollte sich gern etwas weiter von Fabius entfernen und seine Armee in Ebenen führen, die reichlich Nahrung boten; daher befahl er seinen Wegekundigen, ihn gleich nach dem Abendessen in die Gegend von Casinum zu führen. Aber wegen seiner falschen und undeutlichen Aussprache verstanden ihn diese nicht recht und brachten seine Armee an die Grenzen von Kampanien nach der Stadt Casilinum, durch welche der Fluß Lothronus oder, wie ihn die Römer nennen, Vulturnus fließt. Diese Gegend ist ringsherum mit Bergen umgeben, nur nach dem Meere hin öffnet sich ein enges Tal, wo die Sümpfe des übertretenden Flusses ihren Ausweg nehmen; dabei enthält es hohe Sandhügel und endet in einer unsicheren, der Brandung wegen gefährlichen Küste.

Als Hannibal in diese Gegend eingerückt war, zog sich Fabius, der die Wege gut kannte, herum, besetzte den Ausgang mit 4000 Mann, postierte die übrige Armee sehr vorteilhaft auf den umliegenden Bergen und ließ dann durch die leichtesten Truppen die Nachhut des Feindes angreifen, wodurch er dessen ganze Armee in Unordnung brachte und ihm an die 800 Mann tötete. Hierauf wollte sich Hannibal wieder zurückziehen, da er aber jetzt den Irrtum hinsichtlich des Ortes und seine gefährliche Lage inne ward, ließ er die Wegeführer kreuzigen und gab alle Hoffnung auf, die Feinde auf den von ihnen besetzten Bergen angreifen und sich durchschlagen zu können. Schon waren alle seine Soldaten darüber äußerst beängstigt und niedergeschlagen und glaubten, so völlig eingeschlossen zu sein, daß sie dem Untergange auf keine Weise entrinnen könnten; aber endlich ersann er noch folgende List, um den Feind zu hintergehen. Er befahl, man sollte von dem erbeuteten Vieh etwa zweitausend Rinder zusammenbringen, ihnen an jedem Horn eine Fackel oder ein dürres Reisigbündel befestigen, diese des Nachts auf ein gegebenes Zeichen hin anzünden und dann die Rinder nach den Anhöhen und den vom Feinde besetzten Pässen hintreiben. Während diejenigen, denen dies aufgetragen war, die nötigen Anstalten machten, ließ er mit Anfang der Nacht die Armee aufbrechen und zog langsam vorwärts. Solange das Feuer noch klein war und nur das Reisig brannte, gingen die Rinder ganz ruhig nach den Anhöhen, wohin sie getrieben wurden, und die Hirten und Schäfer auf den Bergen wunderten sich nicht wenig, als sie die an den Spitzen der Hörner leuchtenden Flammen von ferne sahen, weil ein ganzes Heer mit Fackeln in schönster Ordnung heranzuziehen schien. Aber wie nun das bis auf die Wurzel abgebrannte Horn dem Fleische die Empfindung mitteilte und die Rinder vor Schmerz die Köpfe heftig hin und her warfen, daß das Feuer um sie herumsprühte, da blieben sie nicht mehr in dem ordentlichen, ruhigen Gange, sondern rannten scheu und vor Schmerz wütend in vollem Laufe über die Berge hin und steckten, da sie sowohl am Schwanze als an der Stirne brannten, vieles Gehölz, durch welches sie liefen, in Brand. Dies war nun für die Römer, die auf den Höhen Wache hielten, ein fürchterlicher Anblick; denn es hatte völlig den Anschein, als wenn Menschen mit Fackeln in der

Hand herangelaufen kämen. Es entstand unter ihnen auf einmal Schrecken und Verwirrung, weil sie sich einbildeten, daß die Feinde von allen Seiten auf sie eindrängen und sie schon völlig eingeschlossen wären. Daher getrauten sie sich nicht, auf ihren Posten zu bleiben; sie verließen eiligst den Paß und zogen sich nach dem größern Lager zurück. Indes kamen die leichten Truppen Hannibals heran und besetzten die Anhöhen; das übrige Heer zog dann ohne alle Gefahr hindurch und schleppte eine ungeheure Beute mit sich fort.

7. Fabius ward diese Kriegslist zwar noch in der Nacht inne, weil ihm einige von den umherlaufenden Rindern in die Hände fielen; aber er fürchtete sich in der Finsternis vor einem Hinterhalt und ließ seine Armee ruhig unter den Waffen stehen. Sobald es Tag wurde, setzte er dem Feinde nach und holte dessen Nachhut ein, wobei es dann in der Enge zu mannigfaltigen Gefechten kam und eine große Verwirrung entstand, bis endlich ein Haufe leichter, im Laufen und Bergsteigen geübter Spanier, die Hannibal von dem Vorderzuge abgeschickt hatte, über das schwere Fußvolk der Römer herfiel, eine große Menge niedermachte und den Fabius zum Rückzuge nötigte.

Dadurch kam nun dieser vollends in üblen Ruf und Verachtung. Denn er hatte freiwillig der kriegerischen Kühnheit entsagt und den Hannibal nur durch Klugheit und Vorsicht bekämpfen wollen, und nun sah man, daß er auch darin war besiegt und überlistet worden. Um aber die Römer gegen ihn noch mehr zum Unwillen zu reizen, befahl Hannibal, als er zu dessen Landgütern gekommen war, die ganze Gegend mit Feuer und Schwert zu verheeren und nur jene Güter zu verschonen; ja er stellte sogar eine Wache dazu, damit niemand dort Schaden anrichten oder etwas entwenden sollte. Als die Nachricht davon nach Rom kam, geriet Fabius noch obendrein wegen seiner Treue in Verdacht, und die Volkstribunen erhoben gegen ihn in den öffentlichen Versammlungen ein großes Geschrei, vornehmlich auf Anstiftung und Verhetzung des Metilius, der zwar kein erklärter Feind des Fabius war, aber doch, als naher Verwandter von Minucius, dem Befehlshaber der Reiterei, die Meinung hegte, daß die Verunglimpfung des ersten dem letztern Ruhm und Vorteil bringen müßte.

Außerdem hatte sich Fabius noch den Unwillen des Senats zugezogen, welcher besonders über den mit Hannibal geschlossenen Vergleich wegen der Gefangenen sehr ungehalten war. Beide Feldherren waren nämlich miteinander übereingekommen, die Gefangenen Mann für Mann auszuwechseln, und wenn der eine Teil deren mehr hätte, sollte der andere für jeden Kopf 250 Drachmen erlegen. Nach geschehener Auswechslung fand sich's nun, daß dem Hannibal zweihundertundvierzig Römer übrigblieben, und der Senat weigerte sich, für diese das Lösegeld zu überschicken. Dabei machte er dem Fabius noch Vorwürfe, daß er ganz gegen die Würde und den Vorteil des Staats Leute, die durch ihre Feigheit eine Beute des Feindes geworden wären, auslösen wollte. Fabius, der bald davon unterrichtet wurde, ertrug den Unwillen seiner Mitbürger mit Gelassenheit; da er aber jetzt kein Geld hatte und sich doch schämte, dem Hannibal nicht Wort zu halten und die Bürger im Stich zu lassen, schickte er seinen Sohn nach Rom mit dem Auftrage, seine Landgüter zu verkaufen und ihm das Geld sogleich ins Lager zu bringen. Der junge Mann kam nach Verkauf der Güter in kurzer Zeit zurück, und Fabius schickte nun das Lösegeld dem Hannibal zu, wofür ihm die Gefangenen ausgeliefert wurden. Viele von diesen wollten ihm später das Geld wiedererstatten, aber er nahm es nicht an, sondern erließ es allen.

8. Bald darauf mußte Fabius, da er von den Priestern eines Opfers wegen nach Rom gerufen wurde, dem Minucius die Armee übergeben, wobei er ihm nicht nur als Diktator befahl, sondern auch ihn inständig bat und ermahnte, daß er sich auf keine Weise mit dem Feinde in ein Gefecht einlassen sollte. Allein Minucius achtete darauf am wenigsten und fing sogleich an, den Feind zu beunruhigen; ja einmal nahm er die Gelegenheit wahr, da Hannibal den größten Teil seines Heeres auf Nahrungsbeschaffung ausgeschickt hatte, und griff den zurückgebliebenen mit so gutem Erfolge an, daß er ihn mit großem Verluste hinter seine Verschanzungen zurücktrieb und alle wegen eines Angriffs auf das Lager selbst in die größte Furcht setzte, auch sich, nachdem Hannibal seine ganze Macht wieder vereinigt hatte, in völliger Sicherheit zurückzog. Dieser Vorfall machte nicht nur ihn selbst äußerst aufgeblasen, sondern erfüllte auch

die Soldaten mit Mut und Dreistigkeit.

Die Nachricht davon verbreitete sich bald, um vieles aufge-
bauscht, bis nach Rom. Fabius sagte, als er sie erfuhr, er sei
nun wegen des Glücks des Minucius noch weit mehr besorgt. Aber das Volk war darüber ganz ausgelassen und lief
voller Freude auf dem Markte zusammen. Der Tribun Metilius bestieg die Rednerbühne und hielt an dasselbe eine
Rede, worin er den Minucius bis an den Himmel erhob,
den Fabius hingegen nicht wegen Untätigkeit oder Feigheit, sondern gar wegen Landesverrats anklagte. Zugleich
beschuldigte er einige der ersten und angesehensten Männer, daß sie von Anfang an den Krieg, um das Volk zu unterdrücken, nach Italien gezogen und den Staat sogleich der
unbeschränkten Herrschaft eines einzigen unterworfen hätten, der nun die Sache in die Länge zöge und dem Hannibal
Zeit verschaffte, sich recht festzusetzen und zur Unterjochung Italiens eine neue Armee aus Afrika kommen zu lassen.

9. Fabius trat nun ebenfalls auf, hielt es aber nicht der
Mühe wert, sich gegen den Volkstribun zu verteidigen, sondern sagte bloß, man sollte sogleich das Opfer und die heiligen Zeremonien vornehmen, damit er desto eher wieder zu
der Armee käme, wo er den Minucius zur Strafe ziehen
müßte, weil er gegen seinen ausdrücklichen Befehl sich mit
dem Feinde geschlagen hätte. Darüber erhob sich auf einmal ein großer Lärm unter dem Volke, welches den Minucius in Lebensgefahr zu sehen glaubte; denn der Diktator
kann ohne weiteres Verhör ins Gefängnis werfen und sogar
hinrichten lassen, und man bildete sich ein, daß der nach so
vieler Geduld ausgebrochene Zorn des Fabius heftig und
unerbittlich sein werde. Daher gerieten alle in Furcht und
schwiegen still; nur Metilius, dem das Amt eines Tribuns
alle Sicherheit gewährte – denn dies ist das einzige Amt,
welches auch nach der Wahl eines Diktators seine Gewalt
behält und fortdauert, während alle übrigen Ämter aufgehoben werden –, nur dieser bat das Volk auf das dringendste,
den Minucius ja nicht preiszugeben noch ihn jener Behandlung auszusetzen, die sich einst Manlius Torquatus gegen
seinen Sohn erlaubt hatte, dem er ungeachtet seiner Tapferkeit und seines Siegeskranzes den Kopf mit einem Beil ab-
schlagen lassen. Er drang nun darauf, man sollte dem Fa-

bius jene tyrannische Macht abnehmen und dem Minucius, der retten könnte und wollte, das Kommando übertragen.

Sosehr nun auch das Volk durch dergleichen Reden aufgerührt wurde, so unterstand es sich doch nicht, den Fabius zur Niederlegung der Diktatur zu zwingen, ob er gleich in üblem Rufe stand; es beschloß aber, daß Minucius das Kommando mit ihm teilen und bei der Führung des Krieges mit dem Diktator gleiche Gewalt haben sollte, eine Sache, die bisher in Rom noch nicht geschehen war, aber kurz darauf nach der Niederlage bei Cannae wieder vorkam. Damals nämlich befand sich der Diktator Marcus Junius bei der Armee, und da in der Stadt der Senat, der in jener Schlacht viele Mitglieder verloren hatte, ergänzt werden mußte, wählte man noch einen andern Diktator, den Fabius Buteo. Sobald aber dieser öffentlich erschienen war und durch die Auswahl der neuen Mitglieder den Senat wieder vollzählig gemacht hatte, entließ er die Liktoren noch an dem nämlichen Tage, verschwand in der Volksmenge und ging, wie ein Privatmann, in seinen eigenen Geschäften und Angelegenheiten auf dem Markte herum.

10. Die Römer dachten nun, der Diktator müßte dadurch, daß sie ihm den Minucius gleichgemacht hatten, äußerst gekränkt und gedemütigt sein, aber sie beurteilten den Mann ganz irrig. Er sah in der Albernheit derselben für sich selbst weiter kein Unglück, sondern wie der weise Diogenes jemandem, der zu ihm sagte: „Sieh, diese lachen dich aus", zur Antwort gab: „Ei, ich werde nicht ausgelacht" – überzeugt, daß nur diejenigen ausgelacht werden, die empfindlich sind und über so etwas aus der Fassung kommen –, so trug auch Fabius das Geschehene, soweit es ihn betraf, sehr gelassen und gleichmütig und diente zu einem Beweis für die Behauptung gewisser Philosophen, daß der Tugendhafte, der Weise weder gelästert noch beschimpft werden könne. Nur hinsichtlich des Gemeinwohls tat ihm jene Unbesonnenheit des Volkes sehr weh, da es der ausschweifenden Ehrsucht des Mannes im Kriege freien Spielraum ließ. Weil er also besorgte, Minucius möchte etwa, von Stolz und eitlem Ruhme ganz verblendet, in der Eile irgendein Unglück anrichten, so verließ er die Stadt, ohne es jemanden wissen zu lassen.

Bei seiner Ankunft im Lager fand er bald, daß Minucius

nicht mehr zurückzuhalten, sondern voller Trotz und Eigendünkel war und nun verlangte, wechselweise mit ihm das Kommando über die Armee zu führen. Aber darein willigte Fabius nicht und teilte lieber die Armee mit ihm, weil er es für ratsamer hielt, daß derselbe über einen Teil allein als über das Ganze wechselweise zu befehlen hätte. Er behielt also die erste und vierte Legion für sich und überließ jenem die zweite und dritte, wobei auch die Bundesgenossen gleich geteilt wurden. Da Minucius sich damit brüstete und große Freude äußerte, daß um seinetwillen die Majestät der höchsten, uneingeschränkten Gewalt geschmälert und herabgewürdigt worden wäre, gemahnte ihn Fabius, er hätte nicht gegen den Fabius, sondern, wenn er vernünftig dächte, gegen den Hannibal zu kämpfen; wollte er es aber ja mit seinem Kollegen im Kommando aufnehmen, so möchte er darauf sehen, daß die Bürger nicht Ursache fänden, zu glauben, derjenige, welcher von ihnen so sehr erhoben und vorgezogen worden, sei auf ihre Sicherheit und Wohlfahrt weit weniger bedacht als der, welchen sie zurückgesetzt und beschimpft hätten.

11. Minucius hielt dies für Hohnneckerei eines alten Mannes und lagerte sich mit dem ihm zugeteilten Heere allein, von dem andern abgesondert, was dem Hannibal, der auf alles lauerte, nicht verborgen blieb. In der Mitte lag ein Hügel, der leicht besetzt werden konnte und, wenn er besetzt war, dem Lager zur Bedeckung diente und die größten Vorteile gewährte. Die umliegende Gegend schien von ferne flach und, weil sie ohne Gehölz war, ganz offen zu sein, aber sie enthielt einige nicht gar große Gräben und andere Vertiefungen. Eben deswegen wollte Hannibal den Hügel nicht besetzen, welches er in der Stille ohne alles Hindernis hätte tun können, sondern suchte durch ihn ein Treffen zu veranlassen.

Als er sah, daß Minucius sich von Fabius getrennt hatte, versteckte er bei Nachtzeit hin und wieder Soldaten in die Gräben und Vertiefungen, am Tage aber schickte er vor den Augen des Feindes einen kleinen Haufen zur Besetzung des Hügels ab, um den Minucius des Platzes wegen zu einem Gefechte zu verleiten; und dies geschah denn auch. Minucius schickte zuerst die leichten Truppen, dann auch die Reiterei dahin, und zuletzt, da er sah, daß Hannibal denen, die auf dem Hügel standen, zu Hilfe kam, rückte er mit der ganzen Macht in Schlachtordnung aus und fing mit dem von der Höhe herab angreifenden Feinde ein hitziges Gefecht an. Er stritt eine Zeitlang mit gleichem Vorteile, bis endlich Hannibal glaubte, daß er nun ganz in die ihm gelegte Schlinge gefallen und sein Rücken dem Hinterhalte bloßgestellt wäre, und daher das verabredete Zeichen gab. Sogleich brachen die Versteckten von allen Seiten hervor, fielen den Römern mit großem Geschrei in den Rücken und machten alles vor sich nieder, wodurch denn die Römer in eine unbeschreibliche Furcht und Bestürzung gerieten. Selbst dem Minucius war sein kühner Mut gänzlich entfallen, und er sah sich ängstlich bald nach diesem, bald nach jenem seiner Offiziere um; aber keiner hatte das Herz, hier standzuhalten, alle suchten die Flucht zu ergreifen, die ihnen keine Rettung gab, weil die Numidier schon als Sieger in der Ebene überall herumsprengten und die zerstreuten Flüchtlinge niederhieben.

12. Doch diese Not, diese gefährliche Lage, worin die Römer sich befanden, blieb dem Fabius nicht verborgen. Ohne Zweifel hatte er die Folgen vorausgesehen und hielt deswegen seine Truppen im Lager immer streitfertig; auch war er darauf bedacht, von dem, was vorging, zeitig Nachricht zu erhalten, aber nicht durch Boten, sondern indem er vor seinem Lager selbst rekognoszierte. Wie er also Minucius' Heer ganz umringt und in Unordnung gebracht sah und aus dem vernommenen Geschrei schließen konnte, daß die Römer voller Furcht und Verwirrung die Flucht ergriffen, schlug er an seine Hüfte und sagte mit einem tiefen Seufzer zu den Umstehenden: „Gott! so ist denn Minucius früher noch, als ich befürchtete, aber später, als er selbst strebte, ins Verderben gerannt." In aller Eile ließ er nun die Fahnen aus dem Lager tragen und das Heer nachfolgen, indem er mit lauter Stimme rief: „Soldaten! erinnert euch des Marcus Minucius und eilet. Er ist ein trefflicher Mann und meint es gut mit seinem Vaterlande. Hat er aus allzugroßer Hitze, den Feind zu vertreiben, einen Fehltritt getan, so wollen wir ihn darüber ein anderes Mal zur Rede stellen."
Gleich bei dem ersten Eintritte in die Ebene verjagte und zerstreute er die da herumstreifenden Numidier. Dann wandte er sich gegen die Feinde, die den Römern in den

Rücken gefallen waren, und machte alles nieder, was ihm in den Weg kam; die übrigen begaben sich eiligst auf die Flucht, ehe sie abgeschnitten wurden und selbst in die Lage kamen, in welche sie die Römer versetzt hatten. Als Hannibal diese Veränderung bemerkte und sah, daß Fabius mit einer Lebhaftigkeit, die über seine Jahre ging, mitten durch die streitenden Haufen den Hügel hinauf zu Minucius vordrang, hielt er mit dem Treffen inne, ließ zum Rückzuge blasen und führte seine Karthager wieder ins Lager; auch die Römer waren froh, daß sie sich wieder zurückziehen konnten. Beim Abzuge soll Hannibal scherzhafterweise über Fabius zu seinen Freunden gesagt haben: „Habe ich es euch nicht oft vorausgesagt, daß diese auf den Bergen liegende Wolke einmal mit Sturm und Ungewitter über uns losbrechen werde?"

13. Nach dem Treffen ließ Fabius den erschlagenen Feinden die Rüstung ausziehen und ging zurück, ohne sich ein einziges stolzes oder gehässiges Wort über seinen Kollegen entfallen zu lassen. Minucius aber rief seine Soldaten zusammen. „Kameraden", redete er sie an, „bei wichtigen Dingen keinen Fehler zu begehen übersteigt die menschlichen Kräfte; aber die begangenen Fehler für die Zukunft zu seiner Belehrung zu benutzen ist die Pflicht eines braven und verständigen Mannes. Ich gestehe gern, daß, wenn ich auch im Kleinen mit meinem Glücke unzufrieden bin, ich es doch in Anbetracht des Größern loben muß. Denn was ich die ganze Zeit her nicht gewußt habe, das lernte ich heute in wenigen Stunden, da ich einsah, daß ich andere nicht anführen kann, sondern selbst einen Anführer nötig habe und daß ich mit solchen Männern nicht um den Vorzug streiten darf, von denen übertroffen zu werden mir zu größerer Ehre gereicht. Künftig ist der Diktator in allen Stücken euer Anführer, aber hinsichtlich des ihm schuldigen Dankes will ich es selbst noch sein und mich zuerst gegen seine Befehle gehorsam und unterwürfig beweisen."

Mit diesen Worten ließ er die Adler aufnehmen und zog mit dem ganzen Heere nach dem Lager des Fabius. Er ging in dasselbe hinein und begab sich geradewegs nach dem Zelte des Feldherrn, so daß alle sich verwunderten und nicht wußten, was dies zu bedeuten hätte. Als Fabius herauskam, stellte er die Fahnen vor ihn hin und nannte ihn laut seinen Vater; seine Soldaten aber nannten die des Fabius Patrone, eine Benennung, welche Freigelassene gegen diejenigen gebrauchen, die ihnen die Freiheit geschenkt haben. Nach eingetretener Stille sagte Minucius: „An dem heutigen Tage, Diktator, hast du zwei Siege gewonnen, den einen durch Tapferkeit über die Feinde, den andern durch Klugheit und Milde über deinen Kollegen; durch jenen hast du uns gerettet, durch diesen aber belehrt, und so schimpflich die vom Feinde erlittene Niederlage für uns war, so nützlich und heilsam ist die, welche du uns beigebracht hast. Ich nenne dich meinen redlichen Vater, weil ich keine ehrenvollere Benennung kenne, wiewohl ich dir eine weit größere Wohltat zu verdanken habe als meinem Vater. Denn von diesem bin ich bloß gezeugt worden, von dir aber werde ich mit so vielen Bürgern vom Untergange errettet." Nach diesen Worten umarmte er den Fabius und küßte ihn. Ein Gleiches sah man auch die Soldaten tun, welche aneinander hingen und sich wechselseitig küßten. So herrschte in dem ganzen Lager Fröhlichkeit, und alle vergossen reichliche Freudentränen.

14. Bald darauf legte Fabius sein Amt nieder, und es wurden nun wieder Konsuln erwählt. Die ersten blieben immer bei den Maßregeln, welche Fabius bei Führung des Krieges befolgt hatte; sie vermieden jene offene Feldschlacht mit Hannibal und begnügten sich damit, die Bundesgenossen zu schützen und den Abfall der Städte zu verhindern. Aber als nun Terentius Varro, ein Mann von niedriger Herkunft, der wegen seiner unbesonnenen Dreistigkeit und seines Strebens nach Volksgunst berüchtigt war, zum Konsulat erhoben wurde, sah jedermann gleich ein, daß er durch seine Unerfahrenheit und Kühnheit den Staat in die äußerste Gefahr stürzen würde. Er erklärte laut in allen Volksversammlungen, der Krieg müßte so lange fortdauern, als der Staat Fabier zu Feldherrn nähme, er aber wollte den Feind an dem nämlichen Tage schlagen, da er ihn zu Gesichte bekäme. Durch dergleichen Reden warb er bald eine so große Macht zusammen, dergleichen die Römer noch nie gegen einen Feind gebraucht hatten; denn das aufgestellte Heer belief sich auf 88 000 Mann.

Ebendieser Umstand aber setzte den Fabius sowohl als alle einsichtsvollen Römer in desto größere Besorgnis, weil man sich vorstellte, daß der Staat, wenn er um eine solche Menge rüstiger Streiter käme, nie wieder sich würde aufhelfen oder zu Kräften kommen können. Daher suchte Fabius den Kollegen des Terentius, Aemilius Paulus, der im Kriege große Erfahrung hatte, aber beim Volke nicht gut angeschrieben und, weil er von diesem schon einmal zu einer Geldstrafe verdammt worden, äußerst furchtsam war, zu ermuntern und aufzurichten, daß er ja der Raserei jenes Mannes Einhalt tun sollte. Er stellte ihm vor, er dürfte nicht so sehr gegen Hannibal als gegen Terentius für das Vaterland kämpfen; denn dieser würde zum Treffen eilen, weil er seine Kräfte nicht kennte, jener aber, weil er sich seiner Schwäche bewußt wäre. „Mein lieber Paulus", setzte er hinzu, „wegen Hannibals Lage denke ich immer mehr Glauben zu verdienen als Terentius, wenn ich versichere, daß er, sofern sich niemand in diesem Jahre mit ihm in ein Treffen einlassen wird, entweder, wenn er dableibt, zugrunde gehen oder sich fliehend zurückziehen muß. Denn ungeachtet er dem Anschein nach jetzt siegt und die Oberhand hat, so ist doch noch keiner von unsern Feinden zu ihm übergetreten, und von der Macht, die er von zu Hause mitgebracht hat, ist kaum der dritte Teil noch übrig." Paulus soll ihm darauf geantwortet haben: „Wenn ich meine Lage bedenke, Fabius, so ist es immer besser, in die Speere der Feinde zu fallen, als mich noch einmal dem Urteil des Volkes zu unterwerfen. Indes, wenn die Umstände Roms derart beschaffen sind, werde ich mich bemühen, daß ich mehr von dir als von allen andern, die mich zum Gegenteil zwingen wollen, für einen geschickten Feldherrn erkannt werde." Mit solchen Vorsätzen rückte Paulus gegen den Feind aus.

15. Allein Terentius setzte es durch, daß sie das Kommando wechselweise einen Tag um den andern führten, lagerte sich dem Hannibal gegenüber an dem Flusse Aufidius bei einem Orte namens Cannae und hängte mit Anbruch des Tages das Zeichen zur Schlacht aus. Dies war ein scharlachroter Mantel, der über dem Zelte des Feldherrn ausgebreitet wurde. Anfänglich waren die Karthager sehr bestürzt in Anbetracht der Kühnheit dieses Feldherrn und der Stärke des Heeres, welches das ihrige um mehr als die Hälfte überstieg. Hannibal befahl jedoch seinen Truppen, die Waffen anzulegen, und ritt unterdessen mit einem kleinen Gefolge

nach einem sanften Hügel, um die Feinde, die sich schon in Schlachtordnung stellten, zu beobachten. Einer von seinen Begleitern, namens Giskon, der ihm im Range gleich war, sagte bei der Gelegenheit, die Menge der Feinde komme ihm doch wunderbar vor. Hannibal versetzte mit gerunzelter Stirne: „Aber, mein Giskon, du läßt einen andern Umstand, der noch wunderbarer ist, unbemerkt." Da Giskon fragte, welcher das wäre, antwortete er: „Ei der, daß unter allen diesen, so viel ihrer auch sind, kein einziger Giskon heißt." Über diesen unerwarteten Scherz brachen alle in lautes Lachen aus; so gingen sie vom Hügel herab und erzählten den Einfall jedem, der ihnen begegnete, daß das Gelächter sich allgemein verbreitete und Hannibals Begleiter sich kaum wieder erholen konnten. Die Karthager, die dies bemerkten, faßten nun wieder Mut, indem sie bedachten, ihr Feldherr müßte wohl eine sehr große Verachtung gegen die Römer haben, daß es ihm einfallen könnte, selbst bei bevorstehender Gefahr noch zu lachen und zu scherzen.

16. In diesem Treffen bediente sich Hannibal einer doppelten Kriegslist. Die eine bestand darin, daß er die Armee eine geschickte Wendung machen ließ, um den Wind in den Rücken zu bekommen, welcher gleich einem heißen Windwirbel in den sandigen, ganz offenen Ebenen einen beschwerlichen Staub emportrieb und ihn über das karthagische Heer hinweg den Römern ins Gesicht blies, so daß diese den Kopf wegwenden mußten und darüber in Unordnung gerieten. Die andere Kriegslist betraf die Schlachtordnung. Er stellte nämlich seine besten und tapfersten Soldaten zu beiden Seiten des Mittelpunktes, den Mittelpunkt selbst aber füllte er mit den unbrauchbarsten Truppen aus, und diesen ließ er in Form eines Keils weit über die andere Schlachtordnung hervorragen. Die beiden Flügel hatten Befehl, daß sie, wenn die Römer diesen durchbrochen hätten und bei Verfolgung der Weichenden in den offenen Zwischenraum wie in einen Busen eindrängen, plötzlich sich von beiden Seiten herumschwenken und die Römer nicht nur auf den Flanken angreifen, sondern auch von hinten einschließen sollten. Diesem Umstande ist wahrscheinlich auch das erfolgte große Blutbad am meisten zuzuschreiben. Denn sobald das Zentrum der karthagischen Schlachtord-

nung wich und die nachsetzenden Römer hinter sich drein zog, veränderte Hannibals Heer auf einmal seine Stellung und erhielt die Gestalt eines halben Mondes, indem die Befehlshaber an den Spitzen der Flügel plötzlich teils rechts, teils links schwenken ließen, den Römern in die unbedeckten Flanken fielen und alle, die sich vor der völligen Einschließung nicht zurückziehen konnten, in der Mitte niedermachten.

Auch der römischen Reiterei soll dabei ein sonderbarer Zufall begegnet sein. Den Konsul Paulus hatte sein Pferd, vermutlich weil es verwundet war, abgeworfen, und einer und der andere von denen, die als die Nächsten um ihn waren, stiegen ab, um zu Fuße neben ihm zu fechten. Als die übrigen dies sahen, saßen sie in der Meinung, daß es ein allgemeiner Befehl wäre, sämtlich von den Pferden ab und stritten zu Fuß gegen den Feind. Bei diesem Anblick rief Hannibal aus: „Wahrlich! das ist mir lieber, als wenn sie mir gebunden übergeben würden." Diesen Umstand führen diejenigen an, welche die römische Geschichte ausführlich beschrieben haben.

Was die Konsuln betrifft, so entkam Varro zu Pferde mit einigen wenigen nach Venusia; Paulus hingegen, der in seinem Körper noch eine Menge Geschosse stecken hatte und dessen Geist von dem tiefsten Kummer niedergedrückt war, setzte sich im Drang und Gewühl der Flucht auf einen Stein und erwartete da den Tod von den Händen der Feinde. Wegen des vielen Blutes, womit sein Kopf und Gesicht bespritzt war, wurde er fast von niemandem gekannt, selbst Freunde und Bediente eilten vorüber, ohne sich um ihn zu bekümmern. Nur Cornelius Lentulus, ein patrizischer Jüngling, ward ihn gewahr, sprang, um ihn zu retten, vom Pferde und führte es ihm vor mit der Bitte, sich vermittels desselben seinen Mitbürgern zu erhalten, die jetzt mehr als jemals ein gutes Oberhaupt nötig hätten. Aber Paulus lehnte diese Bitte ab und nötigte den weinenden Jüngling, wieder auf sein Pferd zu steigen. Dann reichte er ihm die Hand, richtete sich mit seiner Hilfe auf und sagte: „Melde du, Lentulus, dem Fabius Maximus und bezeuge es selbst, daß Paulus Aemilius dessen Ratschläge bis ans Ende befolgt und alle seine Versprechungen treulich erfüllt hat, daß er aber zuerst von Varro und dann von Hannibal besiegt worden ist." Mit diesem Auftrage entließ er den Lentulus, stürzte sich dann mitten in das Gemetzel und fand hier bald seinen Tod. In diesem Treffen sollen fünfzigtausend Römer geblieben und viertausend gefangen worden sein; nach dem Treffen aber gerieten noch in beiden Lagern an die zehntausend Mann in Gefangenschaft.

17. Nach einem so entscheidenden Siege lagen dem Hannibal seine Freunde sehr an, daß er doch sein Glück weiter verfolgen und mit den flüchtigen Feinden zugleich in Rom eindringen sollte; denn am fünften Tage von dem Siege an könnte er auf dem Capitolium zu Abend speisen. Es läßt sich nicht leicht angeben, welche Betrachtung ihn davon mag zurückgehalten haben; doch scheint sein Zögern, seine furchtsame Bedenklichkeit, die er dabei zeigte, mehr das Werk eines Genius oder eines Gottes zu sein, der sich ihm entgegenstellte. Daher soll auch der Karthager Barkas im Zorn zu ihm gesagt haben: „Du weißt wohl zu siegen, aber nicht, den Sieg zu benutzen."

Bei alledem brachte dieser Sieg in Hannibals Umständen eine außerordentliche Veränderung hervor. Denn während er vor der Schlacht keine Stadt, keinen Handelsplatz, keinen Hafen in Italien in seiner Gewalt hatte, die Bedürfnisse für seine Armee immer nur mit der größten Schwierigkeit durch Plünderung herbeischaffte und bei seinen Unternehmungen auf nichts Sicheres rechnen konnte, sondern mit seinem Lager wie mit einer großen Räuberbande von einer Gegend zur andern herumzog, so machte er sich nun auf einmal beinahe ganz Italien unterwürfig. Die meisten und beträchtlichsten Völker traten jetzt freiwillig zu ihm über, und selbst Capua, die zweite Stadt nach Rom an Macht und Größe, öffnete ihm ohne Widerstand ihre Tore.

Nicht bloß die Prüfung der Freunde setzt, wie Euripides sagt, kein kleines Unglück voraus; ebendies gilt auch von der Prüfung kluger und geschickter Feldherren. Denn was man vor der Schlacht an Fabius für Furchtsamkeit und Schläfrigkeit gehalten hatte, das wurde nun sogleich nicht etwa nur als Resultat menschlicher Vernunft, sondern als göttliche und überirdische Weisheit betrachtet, die so lange jenen unglücklichen Ausgang vorausgesehen hätte, welcher selbst denen, die er traf, noch immer unglaublich vorkam. Daher setzte auch Rom alle seine noch übrigen Hoffnungen auf diesen Mann und nahm seine Zuflucht zu dessen Einsicht wie zu einem Altar oder Heiligtum; ja es hatte den klugen Anstalten desselben es vornehmlich zu verdanken, daß die Einwohner dablieben und sich nicht wie vormals nach der von den Galliern erlittenen Niederlage zerstreuten. Denn während er zuvor, als noch gar keine Gefahr vorhanden zu sein schien, Schüchternheit und geringe Hoffnung hatte blicken lassen, so ging er jetzt allein mit ruhigem Schritte, mit heiterer Miene und gesprächiger Freundlichkeit in der Stadt herum, tat dem Klagegeschrei der Weiber Einhalt und litt nicht, daß die Bürger, um gemeinschaftlich ihr Unglück zu beweinen, sich an öffentlichen Plätzen versammelten. Er brachte es dahin, daß der Senat zusammenkam, und ermunterte die Magistratspersonen, die nur auf ihn als ihre einzige Stütze und Hoffnung hinblickten.

18. Dabei stellte er an alle Tore Wachen, die das Volk, welches sich schon einfallen ließ, zu flüchten und die Stadt zu verlassen, zurückhalten sollten. Er bestimmte auch Ort und Zeit für die Trauer, indem er verordnete, daß jeder nur zu Hause und nicht länger als dreißig Tage den Verlust der Seinigen beweinen könnte, nach dieser Zeit aber die Trauer ganz aufhören und die Stadt davon gereinigt werden sollte. Da das Fest der Ceres gerade in diese Tage fiel, so hielt man es für ratsam, die Opfer und den feierlichen Festzug für diesmal lieber ganz auszusetzen, als die Größe des Unglücks durch die geringe Anzahl und die Niedergeschlagenheit der zusammenkommenden Bürger erst recht sichtbar zu machen; denn der Gottheit könne nur die Verehrung von glücklichen Menschen lieb und angenehm sein. Doch wurde alles, was die Wahrsager zur Versöhnung der Götter oder zur Abwendung böser Vorzeichen anrieten, genau beobachtet. Pictor, ein Verwandter des Fabius, wurde nach Delphi geschickt, um das Orakel zu befragen, und da man unter den vestalischen Jungfrauen zwei der Unzucht schuldig fand, wurde die eine, wie es Brauch ist, lebendig begraben, die andere brachte sich selbst ums Leben.

Aber nichts verdient hierbei mehr Bewunderung als die Großmut und nachsichtsvolle Güte der Römer gegen den Konsul Varro. Denn als dieser nach der so schimpflichen und unglücklichen Niederlage von seiner Flucht ganz beschämt und demütig zurückkam, ging ihm der Senat und das ganze Volk bis ans Tor entgegen, um ihn zu bewillkommnen. Die Magistratspersonen und die Ersten im Senate, worunter auch Fabius war, lobten ihn nach eingetretener Stille, daß er bei einem solchen Unglücksfalle an dem Vaterlande noch nicht verzweifelte, sondern sich wieder einstellte, um die öffentlichen Geschäfte zu besorgen und sich der Gesetze und Bürger, als solcher, die noch zu retten wären, anzunehmen.

19. Da jetzt die Nachricht einlief, daß Hannibal sich von Rom weg gegen das übrige Italien gewendet habe, lebte der Mut in ihnen wieder auf, und sie ließen bald andere Heere und Feldherren ausrücken. Unter diesen waren Fabius Maximus und Claudius Marcellus die Vornehmsten, zwei Männer, die wegen ihrer fast gerade entgegengesetzten Eigenschaften in gleichem Grade bewundert wurden. Marcellus besaß, wie in dessen Leben vermeldet worden, einen ungemein unternehmenden und stolzen Geist, und als ein Mann von tapfrer Faust, von gleichem Charakter wie die, welche Homer kampflustige und hochherzige nennt, zeigte er gleich in den ersten Treffen, die er lieferte, die größte Dreistigkeit und Unerschrockenheit und ging dem kühnen Hannibal mit ebendem kühnen Mute zu Leibe. Fabius hingegen blieb fest bei seinem ersten Plane und hoffte, daß Hannibal, wenn niemand sich mit ihm in ein Gefecht einließe oder ihn neckte, am Ende sich selbst schaden und seine Macht durch den Krieg verzehren sollte, so wie die Körper der Fechter durch allzugroße Anstrengung und Überspannung der Kräfte zuletzt alle ihre Stärke verlieren.

Poseidonios erzählt, daß Fabius deswegen von den Römern nur ihr Schild und Marcellus ihr Schwert genannt worden sei und daß die Festigkeit und Sicherheit des einen im Verein mit der kühnen Tätigkeit des andern den Römern zur Rettung gedient habe. Dieser glich einem reißenden Strome, der den Hannibal, sooft er ihm in den Weg kam, gewaltsam erschütterte und von seiner Macht ein Stück nach dem andern abriß; jener aber untergrub ihn allmählich wie ein still fließender Bach, der seine Ufer immerfort auswäscht, und rieb ihm unvermerkt seine besten Soldaten auf. Am Ende kam denn Hannibal dadurch in eine so mißliche Lage, daß er den Mut verlor, sich mit Marcellus zu schlagen, und vor Fabius, der sich nicht mit ihm schlug, in steter

Furcht schwebte. Denn die meiste Zeit über hatte er, sozusagen, den Krieg nur gegen diese beiden Männer zu führen, indem sie bald zu Prätoren, bald zu Prokonsuln, bald zu Konsuln ernannt wurden; und jeder von ihnen verwaltete das Konsulat fünfmal. Er lockte zwar zuletzt den Marcellus, als er zum fünften Mal Konsul war, in einen Hinterhalt und tötete ihn; aber gegen Fabius konnte er mit allen Ränken und Versuchen nichts ausrichten, ein einziges Mal ausgenommen, da er ihn beinahe überlistet und in die Falle gelockt hätte.

Hannibal schickte nämlich dem Fabius einen erdichteten Brief, der im Namen der ersten und angesehensten Bürger von Metapontum geschrieben war, des Inhalts, daß die Stadt, wenn er käme, ihm übergeben werden sollte und daß die, welche diese Sache betrieben, seine Ankunft und sein Erscheinen vor der Stadt erwarteten. Fabius ließ sich durch diesen Brief bewegen und war schon willens, mit einem Teil seines Heeres in der folgenden Nacht dahin zu gehen; aber weil die Auspizien nichts Gutes versprachen, gab er die Sache ganz auf, und gleich danach erfuhr er, daß der ihm überbrachte Brief von Hannibal erdichtet worden und daß dieser selbst bei der Stadt in einem Hinterhalte auf ihn lauerte. Doch vielleicht muß man dies dem gnädigen Schutze der Götter zuschreiben.

20. Hinsichtlich des Abfalls der Städte und der Erschütterungen unter den Bundesgenossen war Fabius immer der Meinung, daß man ihnen lieber durch freundliche und nachsichtige Behandlung zuvorkommen und dergleichen Dinge in Güte beilegen müsse, ohne jeden Verdacht genau zu ergründen oder mit den Verdächtigen gleich mit Strenge zu verfahren. Als er einst erfuhr, daß ein Marser, der unter den Bundesgenossen bezüglich der Tapferkeit und guten Herkunft einer der Vornehmsten war, mit einigen Soldaten im Lager vom Übergehen zum Feinde gesprochen hätte, wollte er, wie man sagt, diesen Mann nicht noch mehr erbittern, sondern gestand ihm ein, daß er wider sein Verdienst zurückgesetzt worden sei. „Jetzt schiebe ich", sagte er, „die Schuld auf die Offiziere, die die Ehrenstellen mehr nach Gunst als nach Verdienst vergeben; ein anderes Mal aber muß ich sie dir selbst beimessen, wenn du es mir nicht sagst oder dich an mich wendest, sofern du dich über etwas zu

beklagen hast." Mit diesen Worten schenkte er dem Manne ein Streitroß und schmückte ihn mit den übrigen Ehrenzeichen, so daß er von nun an sicher auf dessen Treue und Ergebenheit rechnen konnte. Fabius hielt es nämlich für eine Schande, daß Leute, die mit Pferden und Hunden zu tun haben, diesen Tieren mehr durch Sorgfalt, Gewöhnung und Pflege als durch Peitschen und Halseisen Wildheit, Zorn und Widerspenstigkeit benehmen, daß hingegen die Befehlshaber über Menschen deren Besserung nicht vornehmlich durch Liebe und Sanftmut zu bewirken suchen, sondern härter und gewaltsamer mit ihnen verfahren als Gärtner mit wilden Feigen-, Birn- und Ölbäumen, die sich durch sorgfältige Wartung in zahme und fruchtbare Bäume umwandeln.

Ein andermal berichteten ihm seine Hauptleute, daß ein gewisser Lukaner sich oft vom Lager entfernte und seinen Posten verließe. Er fragte sie, wie sie das Betragen des Menschen in andern Stücken gefunden hätten. Da nun alle ihm das Zeugnis gaben, daß nicht leicht ein anderer Soldat sich so gut aufführe, zugleich auch von seinem Wohlverhalten einige bemerkenswerte Beispiele erzählten, forschte er der Ursache dieser Unordnung nach und erfuhr endlich, daß der Mann mit einem Mädchen einen Liebeshandel hätte und jedesmal mit Gefahr einen weiten Weg vom Lager zu ihr hinginge. Fabius ließ also ohne sein Wissen das Mädchen durch einige abgeschickte Soldaten herbeischaffen, versteckte sie in seinem Zelte und nahm dann den Lukaner besonders vor. „Ich weiß", sagte er zu ihm, „daß du den römischen Kriegsgesetzen zuwider die Nacht oft außerhalb des Lagers zubringst; aber ich weiß auch, daß du dich sonst immer gut aufführst. Deine Vergehungen sollen dir also mit Rücksicht auf dein löbliches Betragen verziehen sein, aber für die Zukunft muß ich dich doch von einem andern bewachen lassen." Da der Soldat darüber betroffen war, führte Fabius das Mädchen hervor und übergab sie ihm mit den Worten: „Diese bürgt mir dafür, daß du bei uns im Lager bleiben wirst; allein du mußt nun durch die Tat beweisen, daß du das Lager nicht aus einer andern bösen Absicht verlassen und die Liebe sowohl als dies Mädchen zu einem bloßen Vorwand gebraucht hast." Das ist es, was man über diesen Punkt erzählt.

21. Die Stadt Tarentum, die von den Feinden durch Verrat war erobert worden, bekam er auf folgende Art wieder in seine Gewalt. In seinem Heere diente ein Jüngling von Tarentum, der in dieser Stadt noch eine Schwester hatte, die ihm mit aller Treue und Zärtlichkeit zugetan war. In diese hatte sich ein Bruttier, ein Befehlshaber der von Hannibal in die Stadt gelegten Besatzung, verliebt, und dies gab dem Tarentiner Hoffnung, eine Unternehmung auszuführen. Er wurde daher mit Vorwissen des Fabius in die Stadt entlassen, und man sprengte von ihm aus, daß er zu seiner Schwester entwichen wäre. In den ersten Tagen stellte der Bruttier seine Besuche bei der Schwester ein, weil sie glaubte, daß ihr Bruder nicht um die Sache wüßte. Darauf aber sagte der Jüngling zu ihr: „Dort im Lager ging das lebhafte Gerücht, du lebtest mit einem großen und mächtigen Manne in vertrautem Umgange. Sage mir doch, wer er ist. Denn ist er nur sonst ein rechtschaffener Mann und von gutem Rufe, so bekümmert sich der Krieg, der alles untereinandermischt, am wenigsten um die Herkunft. Keine Sache, die mit Zwang geschieht, bringt Schande; man muß es vielmehr als ein großes Glück ansehen, wenn zu einer Zeit, da das Recht so wenig gilt, der Zwang, den man leidet, so sanft und gelind als möglich ist." Nunmehr ließ das Mädchen den Bruttier zu sich kommen und stellte ihm ihren Bruder vor. Dieser tat der Liebe des Barbaren allen Vorschub, und da er seine Schwester gegen ihn weit zärtlicher und gefälliger als vorher zu machen schien, gewann er in kurzem dessen Vertrauen so sehr, daß er mit leichter Mühe den verliebten Söldling durch Hoffnung auf große Belohnungen, die er ihm in Fabius' Namen versprach, auf andere Gedanken brachte.

So wird diese Sache von den meisten Geschichtsschreibern erzählt. Einige sagen indes, das Mädchen, welches den Bruttier verführte, sei von Geburt keine Tarentinerin, sondern eine Bruttierin und des Fabius Beischläferin gewesen, und als sie erfahren hätte, daß der damalige Befehlshaber der Bruttier ihr Landsmann und Bekannter wäre, habe sie das dem Fabius entdeckt und den Mann, in einer unter der Mauer mit ihm gehaltenen Unterredung, zum Verrat verleitet.

22. Während dieses vorging, suchte Fabius den Hannibal

durch eine List aus diesen Gegenden zu entfernen und schickte zu dem Zwecke der Besatzung in Rhegium Befehl zu, das Land der Bruttier zu verheeren und Caulonia mit stürmender Hand zu erobern. Diese Besatzung war 8 000 Mann stark und bestand größtenteils aus Überläufern und jenem schlechten, nichtsnutzigen Gesindel, welches Marcellus aus Sizilien herübergebracht hatte, so daß ihr Verlust dem Staat nicht den geringsten Schaden oder Nachteil bringen konnte. Fabius hoffte, durch Aufopferung dieser Leute, die er zur Lockspeise benutzte, den Hannibal von Tarentum wegzuziehen, was auch wirklich so erfolgte. Denn Hannibal brach sogleich mit seiner ganzen Macht auf, um ihnen nachzuziehen.

Fabius hielt schon seit sechs Tagen Tarentum eingeschlossen, als der Jüngling, nach gehöriger Verabredung mit dem Bruttier, mit seiner Schwester des Nachts zu ihm kam, nachdem er den Ort besehen und in Augenschein genommen hatte, wo der Bruttier postiert war und die Römer beim Angriff wollte eindringen lassen. Aber Fabius ließ diese Unternehmung nicht bloß auf dem Verrat beruhen, sondern begab sich selbst nach jener Seite hin und hielt sich dort ruhig, indes das übrige Heer unter großem Geschrei und Lärmen die Mauern sowohl vom Lande als von der See her bestürmen mußte. Als endlich die meisten Tarentiner sich dorthin gewendet hatten und mit den Stürmenden im Handgemenge waren, gab der Bruttier dem Fabius das Zeichen, daß es Zeit wäre, worauf denn dieser die Mauer mit Leitern erstieg und sich der Stadt bemächtigte. Bei dieser Gelegenheit ließ er sich, wie es scheint, von der Ruhmbegierde zu sehr hinreißen, indem er Befehl gab, die Bruttier zuerst niederzumachen, damit es nicht bekannt würde, daß er die Stadt durch Verrat erobert hätte. Aber diese Hoffnung schlug ihm fehl, und er zog sich noch obendrein den Vorwurf der Treulosigkeit und Grausamkeit zu.

Von den Tarentinern kam eine große Menge ums Leben, dreißigtausend wurden als Sklaven verkauft und die Stadt der Armee zur Plünderung preisgegeben. Die Summe, die in den öffentlichen Schatz geliefert wurde, belief sich auf 3 000 Talente. Bei der Fortschaffung aller Kostbarkeiten soll der Schreiber den Fabius gefragt haben, was er hinsichtlich der Götter befehle, worunter jener die Bildsäulen und Ge-

mälde verstand. Fabius antwortete ihm: „Die erzürnten
Götter wollen wir den Tarentinern zurücklassen." Dennoch
ließ er die kolossale Statue des Herkules von Tarentum
wegbringen und im Capitolium aufstellen und neben ihr
seine eigene Bildsäule zu Pferde aus Erz. In diesem Punkte
zeigte er denn freilich weit weniger Geschmack als Marcellus, oder er machte vielmehr, daß dessen Güte und Menschenliebe erst recht bewundert wurden, wie wir in dem
Leben dieses Mannes vermeldet haben.

23. Hannibal, der eiligst heranrückte, soll nicht weiter als
vierzig Stadien entfernt gewesen sein und öffentlich gesagt
haben: „So besitzen denn auch die Römer einen Hannibal!
Wir haben Tarentum verloren, wie wir es gewonnen hatten." Aber gegen seine vertrautern Freunde soll er sich jetzt
zum erstenmal geäußert haben, er habe es schon längst für
schwer gehalten, Italien zu erobern, nun aber finde er es gar
unmöglich.

Fabius hielt hierauf seinen zweiten Triumph, der weit glänzender war als der erste, da er wie ein rüstiger Kämpfer mit
Hannibal gerungen und mit leichter Mühe jeden Versuch
desselben gleich der Umschlingung oder dem Anpacken eines kraftlosen Gegners vereitelt hatte. Denn der eine Teil
von Hannibals Heer war durch Reichtum und Schwelgerei
entnervt, der andere aber durch die unaufhörlichen Gefechte abgestumpft und ermattet.

Marcus Livius, der die römische Besatzung in Tarentum
kommandierte, als Hannibal sich der Stadt bemächtigte,
hatte demungeachtet die Burg behauptet und sie immer,
ohne sich vertreiben zu lassen, mutig verteidigt, bis der Ort
wieder in die Gewalt der Römer kam. Diesen Mann
schmerzte es sehr, daß dem Fabius so viele Ehre erwiesen
wurde, und durch Neid und Ehrsucht verleitet, sagte er
einst im Senate, nicht dem Fabius, sondern ihm habe man
die Eroberung von Tarentum zu verdanken. Fabius versetzte ihm lächelnd: „Du hast freilich recht; denn wenn du
die Stadt nicht verloren hättest, so hätte ich sie nicht erobern können."

24. Unter die vielen glänzenden Ehrenbezeigungen, die
die Römer dem Fabius erwiesen, gehörte auch diese, daß
sie seinen Sohn Fabius zum Konsul erwählten. Als dieser
das Kommando übernommen hatte und eben einige Anord-

nungen für den Feldzug traf, kam sein Vater, es sei nun aus Schwachheit des Alters oder um seinen Sohn auf die Probe zu stellen, zu Pferde herbei und wollte durch die Leute, die mit ihm sprachen und um ihn herum standen, zu ihm hinreiten. Aber der junge Mann, der ihn von ferne sah, litt das nicht, sondern ließ durch einen Liktor dem Vater befehlen, vom Pferde zu steigen und zu Fuße zu kommen, wenn er mit dem Konsul zu sprechen hätte. Alle ärgerten sich über diesen Befehl und blickten stillschweigend auf den Fabius, dessen Ehre und Ansehen dadurch sehr gekränkt schien; allein der Vater sprang unverzüglich vom Pferde, eilte mit schnellen Schritten auf seinen Sohn zu, umarmte und küßte ihn. „Du denkst und handelst brav, mein Sohn", sagte er, „da du fühlst, über welches Volk du regierst und welche hohe Würde du erhalten hast. Auf solche Art haben auch wir und unsere Vorfahren Rom zu größerm Ansehen gebracht, da wir Eltern und Kinder jedesmal dem Ruhme des Vaterlandes nachsetzten."

Wirklich erzählt man auch, daß der Urgroßvater des Fabius, der bei den Römern im größten Ruhm und Ansehen stand, der fünfmal das Konsulat verwaltet und wegen der wichtigsten Siege die glänzendsten Triumphe gehalten hatte, seinen Sohn, der eben Konsul war, als bloßer Legat in den Krieg begleitet habe und bei dem Triumphe, wo der Sohn auf dem vierspännigen Wagen einherfuhr, mit den übrigen zu Pferde nachgefolgt sei, indem er sich's zur Ehre rechnete, als Herr seines Sohnes, als der größte unter den Römern sowohl in der Tat als dem Namen nach, dem Gesetze und dem ersten Magistrat freiwillig nachzustehen. Indes war dies nicht das einzige, weshalb er bewundert wurde.

Es fügte sich, daß Fabius bald darauf seinen Sohn durch den Tod verlor, und dieses widrige Geschick ertrug er als ein vernünftiger Mann und rechtschaffener Vater mit größter Gelassenheit. Die Gedächtnisrede, welche bei der Beerdigung vornehmer Männer von den nächsten Verwandten pflegt gehalten zu werden, hielt er selbst auf dem Markte und machte sie in Abschriften öffentlich bekannt.

25. Nunmehr kam auch Cornelius Scipio, der bisher in Spanien kommandiert und nicht nur die Karthager in vielen Schlachten besiegt und aus dem Lande vertrieben, sondern auch den Römern viele Völkerschaften, große Städte und

unsägliche Reichtümer erworben hatte, nach Rom zurück und setzte sich bald bei dem Volke mehr als irgendein anderer in Gunst und Ansehen. Er wurde zum Konsul erwählt, und da er merkte, daß das Volk irgendeine große Unternehmung von ihm forderte und erwartete, entwarf er den Plan, nicht mit Hannibal in Italien sich herumzuschlagen – denn dies schien ihm schon zu alt und abgedroschen –, sondern Karthago und Afrika selbst unverzüglich mit Waffen und Heeren anzufüllen und durch Verwüstung dieses Landes den Krieg aus Italien dorthin zu ziehen; auch gab er sich alle mögliche Mühe, das Volk zu dieser Unternehmung zu bewegen.

Allein nun setzte Fabius die Stadt auf alle Weise in Furcht und Besorgnis, daß sie von einem jungen, unbesonnenen Mann in die äußerste, größte Gefahr gestürzt würde, und sparte weder Worte noch Kunstgriffe, um die Bürger von diesem Vorhaben abzuwenden. Er brachte auch wirklich den Senat auf seine Seite, das Volk hingegen war der Meinung, daß er nur aus Neid den Scipio in seiner glücklichen Laufbahn zu hemmen suche und befürchte, wenn dieser etwas Großes und Glänzendes ausführen und entweder den Krieg ganz beenden oder ihn wenigstens aus Italien wegziehen sollte, so möchte er selbst als ein untätiger, verzagter Mann erscheinen, da er in so langer Zeit den Krieg nicht beendet hätte.

Anfänglich mochte diese Widersetzung des Fabius wohl nur von seiner zu großen Vorsicht und Gewohnheit, in allem recht sicher zu gehen, herrühren, indem ihm vor der wirklich großen Gefahr bange war; aber später ging er aus Ehrgeiz und Eifersucht darin zu weit und wandte alle Kräfte an, dem Emporkommen Scipios Einhalt zu tun. Denn er überredete sogar den Crassus, den Kollegen des Scipio im Konsulat, diesem das Kommando nicht zu überlassen und ihm auf keine Weise nachzugeben, sondern, wenn es noch dazu käme, selbst die Armee nach Afrika zu führen; auch litt er durchaus nicht, daß ihm zu diesem Zuge Geld gegeben würde. Scipio war also genötigt, sich selbst Geld zu verschaffen, und brachte eine Summe in den Städten Etruriens zusammen, die ihm sehr geneigt waren und hierin gern dienten. Crassus aber wurde teils durch seinen mehr friedliebenden als streitsüchtigen Charakter, teils

durch ein religiöses Gesetz, da er die Würde eines Oberpriesters hatte, zu Hause zurückgehalten.

26. Fabius schlug daher einen andern Weg ein, um sich
dem Scipio zu widersetzen; er brachte es nämlich dahin,
daß die jungen Leute, die sich freiwillig erboten hatten, unter Scipio zu dienen, nicht abgehen durften, indem er in allen Rats- und Volksversammlungen laut erklärte, Scipio
wolle nicht allein für seine Person dem Hannibal aus dem
Wege gehen, sondern auch die noch übrige Macht aus Italien über das Meer wegführen, da er die jungen Leute
durch große Versprechungen an sich zöge und sie verleitete, ihre Eltern, ihre Weiber und ihre Vaterstadt zu verlassen, vor deren Toren noch ein mächtiger und unüberwindli-
cher Feind gelagert wäre. Durch dergleichen Reden setzte
er auch wirklich die Römer in Furcht, und diese beschlossen nun, daß Scipio nur die in Sizilien stehenden Armeen
und von den Truppen, die in Spanien unter ihm gedient
hatten, dreihundert Mann, auf die er sich verlassen könnte,
mit sich nehmen sollte.

Bis hierher glaubte man noch immer die Ursache von diesem öffentlichen Benehmen des Fabius in seinem Charakter
suchen zu müssen. Allein da nun gleich nach Scipios Übergang nach Afrika von dessen außerordentlichen Fortschrit-
ten und äußerst glänzenden Taten Nachricht einlief und
diese durch die überschickte große Beute völlig bestätigt
wurde; da der König der Numidier gefangen, zwei feindliche Lager zu gleicher Zeit verbrannt und in diesen eine
große Menge Menschen, Pferde und Waffen durch das
Feuer mit zugrunde gerichtet worden; da schon die Karthager durch Abgeordnete den Hannibal dringend baten, seine
nichtigen Hoffnungen fahrenzulassen und dem Vaterlande
zu Hilfe zu eilen, und da in Rom jedermann nur von den
rühmlichen Taten des Scipio sprach – auch da noch bestand
Fabius darauf, man sollte dem Scipio einen Nachfolger
schicken, ohne daß er einen andern Grund anführte als jene
bekannte Maxime, es sei gefährlich, solche wichtigen Dinge
dem Glücke eines einzigen Mannes anzuvertrauen, weil
sehr selten *ein* Mensch ununterbrochen glücklich wäre. Dadurch verdarb er es endlich gar sehr beim Volke, und man
hielt ihn jetzt für einen grämlichen, mißgünstigen Mann
oder doch für einen solchen, dem sein Alter Mut und Hoff-

nung benommen hätte und der sich nur vor Hannibal mehr, als nötig wäre, fürchtete. Denn auch da noch, als Hannibal schon mit seiner ganzen Macht von Italien abgesegelt war, ließ er die Freude und Zuversicht des Volkes nicht ungestört, sondern äußerte sich immer, jetzt erst wäre der Staat, da ihm die größte Gefahr bevorstünde, in einer sehr mißlichen Lage; denn Hannibal würde in Afrika unter den Mauern von Karthago mit noch größerer Wut über die Römer herfallen und dem Scipio eine Armee entgegenstellen, die noch von dem Blute so vieler Diktatoren und Konsuln rauchte. Durch solche Reden geriet denn das Volk aufs neue in Unruhe und bildete sich ein, daß Rom nun noch mehr Ursache hätte, sich zu fürchten, nachdem sich der Krieg nach Afrika hinüber gezogen hatte.

27. Doch nicht lange danach besiegte Scipio den Hannibal selbst in einem entscheidenden Treffen, schlug das stolze Karthago ganz zu Boden, gewährte dadurch seinen Mitbürgern eine Freude, die alle Hoffnung überstieg, und befestigte aufs neue ihre Herrschaft, die durch einen heftigen Sturm war erschüttert worden. Aber Fabius Maximus erlebte nicht das Ende des Krieges, die Niederlage Hannibals kam ihm nicht zu Ohren, und er war kein Zeuge von dem großen, fest gegründeten Glücke seines Vaterlandes; denn er starb um die Zeit, als Hannibal von Italien wegschiffte, an einer Krankheit.

Den Epameinondas, der in äußerster Armut gestorben war, begruben die Thebaner auf öffentliche Kosten, da man nach seinem Tode weiter nichts als einen kleinen eisernen Bratspieß bei ihm soll gefunden haben. Fabius wurde nun zwar nicht auf Kosten des Staates begraben, aber jeder Bürger trug zu seiner Beerdigung die kleinste Münze bei, nicht sowohl um seiner Dürftigkeit abzuhelfen, sondern um ihn wie einen Vater des Volks zu begraben. So genoß Fabius auch im Tode eine Ehre, die seinem rühmlichen Leben angemessen war.

Vergleichung des Perikles mit dem Fabius Maximus

1. Dies ist denn die Erzählung von dem Leben dieser beiden Männer. Da sie von ihrer politischen sowohl als kriegerischen Tugend viele herrliche Beispiele hinterlassen haben, so wollen wir hinsichtlich ihrer Kriegstaten zuerst dieses bemerken, daß Perikles, insofern er es mit einem Volke zu tun hatte, das sich in der glücklichsten Lage befand, für sich selbst groß war und eine ansehnliche furchtbare Macht besaß, jenen sichern und ungestörten Fortgang in allen seinen Unternehmungen hauptsächlich wohl dem Glücke und der Stärke des Staats zu verdanken scheint; daß hingegen die Taten des Fabius, der gerade in der traurigsten und unglücklichsten Periode die Verwaltung des Staats übernahm, diesen nicht im sichern Besitz seines Glücks erhalten, sondern aus einem schlimmen Zustand in einen bessern versetzt haben. Dem Perikles gaben Kimons glückliche Unternehmungen, die Siegeszeichen des Myronides und Leokrates, die großen Taten des Tolmides mehr Gelegenheit, als Feldherr den Staat durch Feste und feierliche Spiele zu belustigen, als ihn durch Krieg zu vergrößern oder zu beschützen. Fabius, der nichts als Flucht und Niederlage, eine Menge getöteter Konsuln und Feldherrn, Seen, Ebenen und Gehölze mit erschlagenen Heeren bedeckt und Ströme bis ans Meer mit Blut gefärbt vor sich erblickte, half durch seine weisen Maßregeln, durch seinen standhaften Mut dem Vaterlande wieder auf, ward dessen Stütze und verhinderte, daß es durch die Fehler seiner Vorgänger gänzlich zugrunde gerichtet wurde.

Es ist freilich nicht so schwer, einen Staat, der durch Unglücksfälle gedemütigt worden und nun aus Not den Ratschlägen eines vernünftigen Mannes gehorcht, zu regieren, als den Trotz und die Frechheit eines durch Glück übermütigen, ausgelassenen Volkes im Zügel zu halten, auf welche Weise Perikles eben am meisten über die Athener scheint Herr geworden zu sein. Indes zeigt uns die Größe und Menge der Unglücksfälle, von welchen damals Rom betroffen wurde, in demjenigen, der sich dadurch nicht irremachen ließ noch von seinen Grundsätzen abwich, allerdings auch einen großen und standhaften Mann.

2. Der Eroberung von Samos durch Perikles kann man die Einnahme von Tarentum sowie der Insel Euboia die Städte in Kampanien entgegensetzen; denn Capua selbst haben die Konsuln Fulvius und Appius wiedererobert. Eine ordentliche Schlacht hat Fabius, wie man sieht, nicht gewonnen, jene ausgenommen, wegen welcher er seinen ersten Triumph hielt; dagegen hat Perikles die Feinde neunmal sowohl zu Wasser als zu Lande überwunden und auch so viele Siegeszeichen errichtet. Doch wird von Perikles keine solche Tat angeführt, als sie Fabius verrichtet hat, da er den Minucius aus Hannibals Händen befreite und ein ganzes römisches Lager rettete, eine rühmliche Handlung, die zugleich von Tapferkeit, Klugheit und Rechtschaffenheit zeugt. Auf der andern Seite aber findet sich bei Perikles auch kein solcher Fehler, als ihn Fabius begangen hat, da er sich von Hannibal durch die List mit den Rindern hintergehen und seinen Gegner, den er durch ein zufälliges Glück in dem engen Passe eingeschlossen hatte, des Nachts entwischen ließ, so daß dieser am folgenden Tage durch einen schnellen Marsch dem Zögernden zuvorkam und selbst den, der ihn eingeschlossen hielt, besiegte.

Wenn ein geschickter Feldherr nicht nur die gegenwärtigen Umstände benutzen, sondern auch über die zukünftigen Ereignisse richtig urteilen muß, so ist der Krieg für die Athener gerade so ausgefallen, wie Perikles es vorhergesehen und geweissagt hatte; denn sie verloren ihre ganze Macht, weil sie sich in zu viele Händel einließen. Die Römer hingegen schickten, sosehr es auch Fabius widerriet, den Scipio gegen die Karthager ab und behielten völlig die Oberhand, nicht etwa durch einen Glücksfall, sondern durch die Weisheit und Tapferkeit ihres Feldherrn, der die Feinde besiegte. Auf solche Weise dienten dem einen die Mißgeschicke des Vaterlandes zum Zeugnis, daß er richtig geurteilt, der andere wurde durch den glücklichen Ausgang überführt, daß er sich gänzlich geirrt hatte. Es ist aber von seiten des Feldherrn derselbe Fehler, wider seine Erwartung eine Schlappe zu bekommen oder aus Mißtrauen die Gelegenheit zu einer glücklichen Unternehmung aus den Händen zu lassen. Denn meines Erachtens ist es allein die Unerfahrenheit, wodurch Verwegenheit erzeugt und Zuversicht benommen wird. Soviel von den Kriegsverrichtungen dieser beiden Männer.

3. Was die Staatsverwaltung betrifft, so gereicht dem Perikles der Krieg zu einem großen Vorwurf; denn er soll denselben herbeigeführt haben, weil er den Lakedaimoniern durchaus nicht nachgeben wollte. Aber wie ich glaube, würde auch Fabius Maximus den Karthagern nicht nachgeben, sondern, um Roms Herrschaft zu behaupten, mit edlem Mute jeder Gefahr Trotz geboten haben. Doch verdunkelt die Güte und Nachsicht, die Fabius gegen Minucius bewies, gar sehr den Parteihaß des Perikles, da er zwei edle Männer, den Kimon und Thukydides, welche die aristokratische Regierung begünstigten, verfolgte und aus der Stadt verweisen ließ.

Aber Perikles besaß auch eine weit größere Macht und Gewalt. Daher gestattete er keinem andern Feldherrn, den Staat durch schädliche Anschläge ins Verderben zu stürzen. Tolmides war der einzige, der ihm auszuweichen wußte und seinen Vorschlag mit Gewalt durchsetzte, aber er war zuletzt gegen die Boiotier unglücklich; alle die übrigen hingen ganz von ihm ab und bequemten sich wegen der großen Gewalt, die er besaß, gern seinem Willen. Fabius hingegen ging zwar für sich immer den sichersten Weg und war von Fehlern frei; aber darin stand er jenem offenbar nach, daß er nicht auch andere von Fehlern abhalten konnte. Denn die Römer würden gewiß nicht so viele Unglücksfälle erlitten haben, wenn Fabius bei ihnen so viele Macht gehabt hätte als Perikles zu Athen.

Hinsichtlich des Geldes zeigte der eine sich großmütig, da er die Geschenke, die ihm geboten wurden, nicht annahm, der andere, da er den Bedürftigen, die er auf seine Kosten aus der Gefangenschaft befreit hatte, gar vieles erließ. Indes belief sich die Summe eben nicht hoch, sondern etwa auf sechs Talente. Aber Perikles erhielt sich, so viele Gelegenheit ihm auch seine Macht an die Hand gab, von Bundesgenossen und Königen unsägliche Vorteile zu ziehen, durchaus von Geschenken rein und unbestechbar.

Was noch die Pracht und Größe der Tempel und anderer Gebäude betrifft, womit Perikles Athen verschönerte, so kommt alles Schöne zusammen, was Rom vor den Zeiten der Kaiser enthielt, dagegen gar nicht in Betracht, sondern jene behaupten immer in Hinsicht auf die Kunst und den edlen Stil einen hohen Vorzug, der keine Vergleichung zuläßt.

Alkibiades

1. Das Geschlecht des Alkibiades hatte, wie man glaubt, den Eurysakes, Ajax' Sohn, zum Stammvater; von mütterlicher Seite aber gehörte er zu dem Hause des Alkmaion, da seine Mutter, Deinomache, Megakles' Tochter war. Sein Vater Kleinias hatte sich in dem Seetreffen bei Artemision mit seiner auf eigene Kosten ausgerüsteten Triere rühmlich hervorgetan und fiel nachher in dem Gefechte mit den Boiotiern bei Koroneia. Alkibiades bekam nun des Xanthippos Söhne, Perikles und Ariphron, die mit ihm verwandt waren, zu Vormündern. Man behauptet nicht ohne Grund, daß Sokrates' Zuneigung und Freundschaft gegen ihn nicht wenig zu seinem Ruhme beigetragen habe. Denn so berühmt auch Nikias, Demosthenes, Lamachos, Phormion, Thrasybulos und Theramenes zu seiner Zeit waren, so ist doch von keinem dieser Männer der Name seiner Mutter auf die Nachwelt gekommen; dagegen wissen wir, daß Alkibiades' Amme, eine geborne Lakedaimonierin, Amykla und sein Schulwärter Zopyros geheißen hat. Jenen Namen hat uns Antisthenes, diesen Platon vermeldet.

Von Alkibiades' Schönheit brauche ich vielleicht weiter nichts zu sagen, als daß sie mit jeder Periode seines Lebens blühte und ihn als Kind, als Jüngling, als Mann immer gleich reizend und liebenswürdig machte. Denn nicht bei allen schönen Personen ist, wie Euripides behauptete, auch selbst der Herbst noch schön; diesen Vorzug hatte Alkibiades bei der herrlichen Anlage und Bildung seines Körpers nur mit sehr wenigen gemein. Auch soll ihm im Sprechen das Lispeln recht gut gestanden und seiner Geschwätzigkeit eine einnehmende und gefällige Anmut gegeben haben. Dieses sein Lispeln erwähnt Aristophanes in der Stelle, wo er den Theoros hohnneckt:

A.: Und lispelnd sagt dann mir Alkibiades:
   Ei sieh! Theolos hat ja einen Labenkopf!
B.: Nun, Alkibiades hat lispelnd wahr geredet.

So sagt auch Archippos, um den Sohn des Alkibiades lächerlich zu machen:

Er geht mit Pracht einher und schleppt den Mantel
   nach,
Um seinem Vater recht in allem gleich zu scheinen,
Trägt er den Nacken krumm und lispelt, wenn er
   spricht.

2. Sein Charakter zeigte in der Folge gar viele Ungleichhei-
ten und Veränderungen, wie es bei den großen Begebenheiten und dem mannigfaltigen Glückswechsel leicht zu erachten ist. Unter den vielen heftigen Leidenschaften, die er
von Natur besaß, war keine so stark als der Ehrgeiz und die
Begierde, in allem der Erste zu sein; dies beweisen schon
einige Anekdoten aus seiner Kindheit. Als er einst im Ringen von seinem Gegner fest umschlungen wurde und nie-
dergeworfen zu werden befürchtete, zog er dessen Arme
nach seinem Munde und suchte sich mit Beißen zu helfen.
Der andere ließ ihn sogleich los und sagte: „Pfui, Alkibiades, du beißest wie die Weiber." – „Nicht doch", versetzte
er, „sondern wie die Löwen." Als ein kleiner Knabe spielte
er in einer engen Gasse mit andern Würfel. Eben war das
Werfen an ihn gekommen, als ein beladener Wagen heran-
fuhr. Er bat also zuerst den Fuhrmann, ein wenig zu warten; denn der Wurf war gerade in den Weg gefallen, den
das Fuhrwerk nehmen mußte. Allein dieser gab ihm aus
Grobheit kein Gehör und fuhr immer zu. Die andern Knaben liefen daher auseinander, Alkibiades aber legte sich der
Länge nach vor dem Wagen aufs Gesicht und rief jenem zu,
er möchte nun zufahren, wenn er Lust hätte. So schob denn
endlich der Mann seinen Wagen zurück, und alle, die es sahen, liefen mit Geschrei und Bestürzung zusammen.
Als er an die Erlernung der Wissenschaften kam, bewies er
sich gegen alle seine Lehrer sehr folgsam; nur weigerte er
sich, die Flöte zu spielen, weil er dies für etwas Niedriges
und Unedles hielt. „Der Gebrauch des Plektrons und der

Leier", sagte er, „verdirbt nichts an Gebärde oder Aussehen, die einem freien Manne anstehen; hingegen die Flöte entstellt den, der sie bläst, so sehr, daß das Gesicht kaum seinen besten Freunden kenntlich ist. Überdies gestattet die Leier dem, der sie spielt, dabei zu sprechen und zu singen, während die Flöte jedem den Mund verstopft und sowohl die Stimme als das Vermögen zu reden benimmt. So mögen denn die Kinder der Thebaner auf der Flöte blasen, denn sie wissen nicht miteinander zu sprechen. Wir Athener haben, wie unsere Väter sagen, die Athene und den väterlichen Apollon zu Schutzgöttern, von welchen erstere die Flöte weggeworfen und letzterer einen Flötenspieler geschunden hat." Durch solche teils im Scherz, teils im Ernst angegebenen Gründe brachte Alkibiades sowohl sich selbst als auch andern einen Widerwillen gegen jenes Instrument bei. Denn unter den Knaben verbreitete sich bald die Rede, Alkibiades tue wohl daran, daß er die Kunst, die Flöte zu spielen, verabscheue und diejenigen, die sie lernten, lächerlich mache. Aus dieser Ursache wurde denn die Flöte von den Vergnügungen der Edlen ganz ausgeschlossen und kam zuletzt in völlige Verachtung.

3. In Antiphons Schmährede wird von Alkibiades erzählt, er sei von Hause weg zu Demokrates, einem seiner Liebhaber, gelaufen; Ariphron habe ihn öffentlich ausrufen lassen wollen, Perikles aber es nicht zugegeben und gesagt: „Ist er tot, so werden wir es durch den Ausruf nur um einen Tag früher erfahren; lebt er aber noch, so wird er für sein ganzes übriges Leben verloren sein." Auch soll er in Sibyrtios' Ringschule einen seiner Begleiter mit einem Stocke totgeschlagen haben. Aber diese Nachrichten verdienen vielleicht keinen Glauben, da sie von einem Manne kommen, der selbst gesteht, daß er ihn aus Feindschaft schmähe.

4. Alle die vielen angesehenen und vornehmen Männer, die sich jetzt zu Alkibiades drängten und ihm aufwarteten, verrieten sehr deutlich, daß sie nur dem Glanze seiner Schönheit huldigten und davon hingerissen waren; Sokrates allein gab durch seine Liebe ein großes Zeugnis für die Tugend und die trefflichen Anlagen des Knaben. Er sah diese in seiner äußern Erscheinung glänzend hervorschimmern, und da ihm der Reichtum, der vornehme Stand, der Schwarm von Bürgern, Fremdlingen und Bundesgenossen, die den

Knaben durch Schmeicheleien und Liebkosungen an sich zu ziehen suchten, Besorgnis machte, nahm er sich vor, ihn zu schützen und nicht aus seiner Acht zu lassen, wie eine Pflanze, die schon in der Blüte ihre Frucht leicht verlieren oder verderben könnte. Denn das Glück pflegt niemanden durch die sogenannten Güter von außen her so fest einzuschließen und zu verwahren, daß er von der Philosophie unverwundet bleiben oder freimütige und nachdrückliche Vorstellungen keinen Zugang zu ihm finden sollten. Alkibiades, der durch jene Güter gleich anfangs verzärtelt und von Leuten, die um seine Gunst buhlten, abgehalten wurde, den Warnungen eines weisen Lehrers Gehör zu geben, lernte gleichwohl vermöge seiner guten Anlage den Sokrates bald kennen und verstattete ihm den Zutritt, während er seine reichen und vornehmen Liebhaber von sich fernhielt. In kurzer Zeit machte er ihn zum Vertrauten und hörte gern die Vorstellungen eines Liebhabers, der, statt unmännlichen Vergnügen nachzujagen oder um Küsse und Umarmungen zu betteln, ihm die Gebrechen seiner Seele aufdeckte und seinen eitlen, törichten Stolz niederdrückte.

Nun ließ er wie ein Hahn die Flügel schüchtern hängen.

Er betrachtete auch das Verhalten des Sokrates in der Tat als eine Hilfe der Götter zur Rettung und Fürsorge für junge Leute; und da er so von sich selbst gering dachte, jenen hingegen bewunderte, dessen Freundschaftsbezeigung schätzte und die Tugend verehrte, kam es unvermerkt so weit, daß in ihm Gegenliebe oder, wie Platon sich ausdrückt, das Bild der Liebe entstand.

Daher verwunderte sich denn auch die ganze Welt, als man ihn mit Sokrates täglich speisen, mit ihm sich im Ringen üben, ja bei Feldzügen mit ihm das Zelt teilen sah, während er gegen seine übrigen Liebhaber trotzig und unbiegsam war und manchem sogar auf das schnödeste begegnete, wie zum Beispiel dem Anytos, Anthemions Sohne. Dieser, auch ein Liebhaber des Alkibiades, bewirtete einst einige Gastfreunde und lud ihn mit dazu ein. Alkibiades schlug die Einladung ab, betrank sich aber zu Hause mit einigen Freunden und ging dann mit lärmendem Aufzug zu Anytos. Hier blieb er an der Türe des Saals stehen, und da er die Tische mit goldenen und silbernen Trinkgeschirren besetzt sah, befahl er seinen Sklaven, die Hälfte davon wegzunehmen und nach Hause zu tragen. Nach dieser Handlung ging er wieder fort, ohne auch nur einmal in den Saal zu treten. Die Gäste äußerten darüber ihren Unwillen und sagten, Alkibiades habe sich sehr ungezogen und übermütig gegen Anytos betragen. „Mitnichten", versetzte Anytos, „vielmehr sehr gütig und menschenfreundlich. Denn es stand ihm ja frei, alles wegzunehmen, und doch hat er uns die Hälfte davon gelassen."

5. Auf ebendiese Art spielte er auch seinen übrigen Liebhabern mit, einen einzigen Schutzverwandten ausgenommen, der, wie man sagt, nicht viel Vermögen hatte, aber doch alles zu Geld machte und die erlöste Summe, an die hundert Stater, dem Alkibiades brachte mit der Bitte, sie als ein Geschenk anzunehmen. Dieser lachte, freute sich darüber und behielt den Mann zu Tische. Nachdem er ihn auf das freundlichste bewirtet hatte, gab er ihm sein Geld wieder und befahl ihm, am folgenden Tage diejenigen, die die öffentlichen Zölle in Pacht nehmen würden, in der Steigerung zu überbieten. Der Mann machte dagegen Einwendungen, weil die Pacht sich auf mehrere Talente belief; aber Alkibiades, der einen heimlichen Groll auf die Zollpächter hatte, drohte, er würde ihn ausprügeln lassen, wenn er es nicht täte. Des Morgens früh ging also der Schutzverwandte auf den Markt und überbot die Pächter um ein Talent. Diese hielten Rat und forderten mit Unwillen, er sollte einen Bürgen nennen, in der Meinung, daß er keinen finden würde. Schon trat der Mann ganz bestürzt zurück, als Alkibiades, der von ferne dastand, den obrigkeitlichen Personen zurief: „Schreibt nur mich auf, er ist mein Freund, ich bürge für ihn." Bei diesen Worten gerieten die Zollpächter in die größte Verlegenheit, denn da sie immer bei der neuen Verpachtung den Rückstand von der vorhergehenden zu bezahlen pflegten, so wußten sie nicht, wie sie sich aus dem Handel wickeln sollten. Sie wendeten sich also an den Mann und boten ihm eine Summe Geldes. Alkibiades untersagte ihm, weniger zu nehmen als ein Talent, und da sie sich endlich dazu verstanden, ließ er ihn für diese Summe abtreten. Auf solche Weise half er dem Manne wieder auf.

6. Sokrates, der in seiner Liebe viele und mächtige Nebenbuhler hatte, trug zwar manchen Sieg über Alkibiades davon, da seine weisen Lehren auf den gutgearteten Knaben tiefen Eindruck machten, sein Herz rührten und ihn oft zum Weinen brachten. Aber zuweilen geschah es doch, daß dieser sich den Schmeichlern, die ihn mit allerlei Vergnügungen lockten, ergab, dem Sokrates entschlüpfte und sich nun von ihm gerade wie ein entlaufener Sklave jagen ließ, indem er sich vor ihm allein schämte und fürchtete, die andern aber verachtete. Kleanthes sagte einst, sein Liebling werde von ihm bloß vermittels der Ohren regiert, hingegen seine Nebenbuhler fänden an demselben gar manche Stellen, bei denen sie ihn fassen könnten, die er aber nicht zu berühren pflege, womit er den Bauch, die Zeugungsteile und die Gurgel meinte. Alkibiades hatte freilich einen großen Hang zur Wollust, wie sich schon aus der von Thukydides erwähnten körperlichen Ausschweifung hinsichtlich seiner Lebensart schließen läßt; indes hielten sich die, welche ihn verderbten, mehr an seine Ehrsucht und Ruhmbegierde und setzten ihm zur unrechten Zeit große Dinge in den Kopf, indem sie ihm weismachten, er würde bald, wenn er erst anfinge, öffentliche Geschäfte zu betreiben, nicht nur die übrigen Feldherren und Politiker verdunkeln, sondern auch selbst Perikles' Macht und Ansehen in Griechenland übertreffen. So wie nun das im Feuer erweichte Eisen durch kaltes Wasser wieder verdichtet wird und sich in seinen Teilen zusammenzieht, so brachte auch Sokrates, sooft er den Alkibiades mit Üppigkeit und eitlem Stolz angefüllt sah, ihn durch Vorstellungen wieder davon zurück und machte ihn ganz demütig und mutlos, da er nun begriff, was ihm alles noch fehlte und wie mangelhaft noch seine Tugend wäre.

7. Nachdem er die Kinderjahre zurückgelegt hatte, kam er einmal zu einem Schulmeister und forderte von ihm ein Buch Homers. Auf die Antwort desselben, er habe nichts von Homer, gab er ihm eine Ohrfeige und ging wieder seiner Wege. Zu einem andern, der ihm versicherte, er besäße einen Homer, den er selbst verbessert hätte, sagte er: „Wie? du lehrst noch das Abc, da du imstande bist, den Homer zu verbessern? Warum unterrichtest du nicht Jünglinge?"

Einst wollte er den Perikles sprechen und kam vor dessen Türe. Als er hörte, dieser hätte jetzt nicht Zeit, sondern dächte bei sich darauf, wie er den Athenern Rechnung ablegen möchte, ging er wieder fort mit den Worten: „Ei! wäre es nicht besser, wenn er darauf dächte, wie er den Athenern gar keine Rechnung abzulegen brauchte?"

Schon in den ersten Jünglingsjahren wohnte er dem Feldzuge gegen Potidaia bei und hatte da den Sokrates nicht nur zum Zeltgenossen, sondern auch in Gefechten zum Nebenmann. In dem Treffen, welches hier vorfiel und sehr hitzig war, taten beide sich außerordentlich hervor. Alkibiades bekam eine Wunde, und Sokrates trat vor ihn hin, um ihn zu beschützen, und rettete ihm vor aller Augen mit seinen Waffen das Leben. Mit größtem Recht gebührte also dem Sokrates der Ehrenpreis. Jedoch da die Feldherren sich geneigt zeigten, ihn dem Alkibiades wegen seiner vornehmen Geburt zuzuwenden, legte Sokrates, um den Ehrgeiz des Jünglings nach löblichen Taten zu reizen, zuerst ein günstiges Zeugnis für ihn ab und verlangte, daß dem Alkibiades der Siegeskranz nebst der Rüstung gegeben werden sollte. In dem Treffen bei Delion, wo die Athener geschlagen wurden, befand sich Alkibiades zu Pferde, während Sokrates zu Fuße mit einigen wenigen sich zu retten suchte. Als er diesen erblickte, sprengte er nicht vorbei, sondern blieb ihm immer zur Seite und beschützte ihn, obgleich die Feinde auf dem Fuße nachfolgten und viele niedermachten. Dies ereignete sich einige Jahre später.

8. Dem Hipponikos, dem Vater des Kallias, einem Manne, der sowohl wegen seines Reichtums als wegen seiner Geburt im größten Ansehen stand, gab er einst eine Ohrfeige, nicht etwa im Zorne oder in der Hitze des Streites, sondern bloß zum Scherz, weil er mit seinen Freunden eine Wette eingegangen war. Da von diesem Frevel in der ganzen Stadt gesprochen wurde und jedermann, wie leicht zu denken ist, seinen Unwillen darüber äußerte, ging Alkibiades gleich den andern Morgen zum Hause des Hipponikos, klopfte an die Türe, legte, als er vor ihn kam, seinen Mantel ab und gab sich in seine Gewalt, um sich von ihm züchtigen und auspeitschen zu lassen. Aber Hipponikos unterdrückte seinen Zorn und verzieh ihm; ja einige Zeit nachher machte er ihn gar zum Bräutigam seiner Tochter Hipparete. Doch sa-

gen einige, nicht Hipponikos, sondern dessen Sohn Kallias habe dem Alkibiades die Hipparete mit einer Ausstattung von zehn Talenten gegeben; aber bei der ersten Niederkunft derselben habe ihm Alkibiades noch zehn Talente abgedrungen, unter dem Vorwande, dies wäre für den Fall, daß sie Kinder bekämen, ausgemacht worden. Kallias, welcher befürchtete, daß es auf sein Vermögen abgesehen wäre, erschien vor dem Volke und schenkte ihm sein Haus und seine Güter, wenn er, ohne Nachkommen zu hinterlassen, sterben sollte.

Hipparete war eine sehr tugendhafte Frau und liebte ihren Mann auf das zärtlichste; aber der Umgang, den dieser mit einer Menge Buhlerinnen, sowohl einheimischer als fremder, unterhielt, kränkte sie so sehr, daß sie sein Haus verließ und bei ihrem Bruder Zuflucht suchte. Da Alkibiades sich nicht daran kehrte, sondern seine Ausschweifungen fortsetzte, mußte sie den Scheidungsbrief in eigner Person, nicht durch einen Anwalt, beim Archonten niederlegen. Sie erschien also dem Gesetze gemäß, um dies zu bewirken, und sogleich brach auch Alkibiades hervor, packte sie und trug sie über den Markt hin, ohne daß jemand sich unterstand, ihn aufzuhalten oder sie ihm zu entreißen. Sie blieb nun bei ihm bis an ihren Tod, der nicht lange danach erfolgte, als Alkibiades nach Ephesos abgesegelt war. Diese Gewalttätigkeit wurde indes weder für gesetzwidrig noch für grausam gehalten. Denn eben deswegen zwingt das Gesetz, wie es scheint, die Frau, welche sich von ihrem Manne scheiden will, in eigner Person vor Gericht zu erscheinen, damit der Mann Gelegenheit bekommen soll, sich mit ihr zu vergleichen und sie wieder aufzunehmen.

9. Alkibiades besaß einen Hund von besonderer Größe und Gestalt, den er für siebzig Minen gekauft hatte. Diesem Hund schnitt er den sehr schönen Schwanz ab. Da seine Freunde ihn deshalb schalten und sagten, die ganze Welt schimpfe auf ihn und bedaure nur den Hund, versetzte er lachend: „Nun, so ist meine Absicht völlig erreicht. Ich will, daß die Athener davon sprechen sollen, damit sie nicht etwas Schlimmeres von mir sagen."

10. Sein erstes Erscheinen vor dem Volke war, wie man sagt, mit einem freiwilligen Beitrag an Gelde verbunden, wiewohl ohne alle bestimmte Absicht. Er ging eben vor-

über, als die versammelten Athener einen großen Lärm machten, und erkundigte sich nach der Ursache dieses Lärmes. Wie er nun hörte, daß einige dem Staate freiwillige Beiträge gäben, trat er hinzu und verwilligte ebenfalls eine Summe. Das Volk erhob darüber ein lautes Geschrei und klatschte ihm Beifall zu, so daß er vor Freuden eine Wachtel vergaß, die in seinem Mantel steckte und in der Angst davonflog. Nun schrien die Athener noch ärger, viele standen auf, um sie ihm fangen zu helfen, und endlich haschte sie der Steuermann Antiochos und gab sie ihm wieder, wodurch er sich bei Alkibiades in die größte Gunst setzte.

Ungeachtet nun dem Alkibiades seine edle Geburt, sein Reichtum, seine im Kriege bewiesene Tapferkeit und die Menge seiner Freunde und Verwandten einen bequemen Weg zur Staatsverwaltung bahnten, so wollte er doch die Gewalt, die er über das Volk hatte, mehr seiner einnehmenden und hinreißenden Beredsamkeit als irgendeinem andern Vorzuge zu verdanken haben. Daß er im Reden geübt war, bezeugen nicht nur die Komödiendichter, sondern auch der größte unter allen Rednern in der Klage gegen Meidias, wo er unter anderm sagt, Alkibiades sei für den beredtsten Mann gehalten worden. Wenn wir indes dem Theophrastos glauben, einem Manne, der so viele Belesenheit und Kenntnis der Geschichte hatte als irgend ein Philosoph, so war Alkibiades wohl geschickt, das Gehörige zu erfinden und zu überdenken; aber da er nicht nur suchte, was er sagen, sondern auch, welche Worte und Ausdrücke er brauchen mußte, und diese ihm nicht immer beifielen, so blieb er oft im Reden stecken und schwieg eine lange Weile still, um sich wieder auf den entfallenen Ausdruck zu besinnen.

11. Einen ausgebreiteten Ruhm brachten ihm die vielen Pferde, die er hielt, nebst der Menge der Wagen. Denn er allein schickte deren sieben zu den olympischen Spielen, was weder ein Privatmann noch ein König je getan hatte. Und daß er siegte und auch noch den zweiten und vierten, wie Thukydides sagt, oder, nach Euripides, den dritten Preis davontrug, dies übertrifft an Glanz und Ruhm jeden Wetteifer dieser Art. Euripides sagt davon in seinem Liede: „Dich will ich besingen, Sohn des Kleinias! Schön ist der Sieg, aber das schönste, dessen sonst kein Grieche sich rüh-

men kann, ist, den ersten, den zweiten und den dritten Preis im Wagenrennen ohne Mühe erhalten und mit zweifachem Ölzweig bekränzt vom Herold sich ausrufen hören."

12. Dieser Glanz wurde jedoch durch den Eifer einiger Städte gar sehr verherrlicht. Denn die Ephesier stellten für ihn ein prächtig geschmücktes Zelt auf, die Stadt der Chier gab das Futter für seine Pferde und eine Menge Opfertiere her, und die Lesbier versahen ihn mit Wein und allem, was seine kostbaren und zahlreichen Gastmahle erforderten. Indes gab auch ein gewisser Vorfall, es sei nun, daß es bloße Verleumdung war oder daß er sich wirklich durch jenen Wetteifer zu einer Schelmerei verleiten ließ, zu mancherlei Gerede Anlaß.

Ein Athener nämlich, namens Diomedes, ein Mann von nicht schlechtem Charakter und ein Freund des Alkibiades, wünschte, wie man sagt, in den olympischen Spielen einen Sieg davonzutragen. Da er nun hörte, daß die Argeier einen öffentlichen Wagen hätten, und zugleich wußte, daß Alkibiades in Argos viel ausrichten konnte und eine Menge Freunde hatte, beredete er diesen, den Wagen für ihn zu kaufen. Alkibiades kaufte ihn auch, ließ ihn aber sich selbst anschreiben und bekümmerte sich weiter nicht um den Diomedes, der darüber äußerst aufgebracht war und Götter und Menschen zu Zeugen anrief. Die Sache scheint auch zum Prozeß gekommen zu sein, und Isokrates hat wegen des Wagens für den Sohn des Alkibiades eine Rede geschrieben, in welcher aber ein gewisser Tisias, nicht Diomedes der Gegner ist.

13. So jung auch Alkibiades noch war, als er sich der Staatsverwaltung widmete, so drückte er doch bald die übrigen Politiker nieder. Diejenigen, mit welchen er vornehmlich zu kämpfen hatte, waren Phaiax, Erasistratos' Sohn, und Nikias, Nikeratos' Sohn. Letzterer war weit älter als er und galt für den besten Feldherrn; Phaiax aber fing, so wie er, erst an, sich emporzuschwingen, war auch von vornehmer Familie, aber hinsichtlich der Beredsamkeit und anderer Vorzüge stand er ihm weit nach. Denn so unterhaltend und einnehmend er auch in Gesellschaften war, so wenig vermochte er im Kampfe vor dem Volke es mit ihm aufzunehmen. Eupolis sagt daher von ihm:

Im Schwatzen wohl geübt, doch nicht zu reden
fähig.

Es geht noch eine dem Phaiax zugeschriebene Rede gegen
Alkibiades um, worin unter anderm gesagt wird, Alkibiades
habe die vielen goldenen und silbernen Prachtgefäße, die
der Stadt gehörten, als eigen in täglichem Gebrauche gehabt.

In Athen lebte damals ein gewisser Hyperbolos aus Peri-
thoidai, dessen auch Thukydides als eines nichtswürdigen
Menschen gedenkt und der fast allen Komödiendichtern
reichlichen Stoff zu Hohnneckereien auf dem Theater gab.
Da er sich aus übler Nachrede nichts machte und gegen
Ehre und Schande ganz gleichgültig war – ein Betragen, das
bei manchen Entschlossenheit und Herzhaftigkeit heißt, im
Grunde aber Unverschämtheit und Tollkühnheit ist –, so
war er bei niemandem gut angeschrieben; doch bediente
sich das Volk seiner oft, wenn es Männer von großem Ansehen beschimpfen oder ihnen Verdruß machen wollte. Auf
Verhetzung dieses Mannes war damals das Volk im Begriff,
von dem Ostrakismos wieder Gebrauch zu machen, wodurch man immer den, der den Bürgern zu mächtig und angesehen war, herabsetzte und verbannte, mehr um den
Neid zu befriedigen, als sich von der Furcht zu befreien.
Da es kein Geheimnis mehr war, daß einer von den drei
Männern (Nikias, Phaiax oder Alkibiades) mit dem Banne
bedroht würde, vereinigte Alkibiades durch Verabredung
mit Nikias die Parteien und kehrte nun den Ostrakismos
gegen den Hyperbolos selbst. Wie aber einige sagen, hat
er es nicht mit Nikias, sondern mit Phaiax verabredet und
durch Vereinigung mit dessen Partei den Hyperbolos aus
der Stadt getrieben, der sich dessen freilich am allerwenig-
sten versah. Denn noch nie war ein schlechter, unbedeutender Mann in diese Art von Strafe verfallen, wie auch der
Komödiendichter Platon sagt, wenn er des Hyperbolos gedenkt:

Das Schicksal, das ihn traf, hat er zwar wohl verdient;
Doch war's zu groß für ihn und seinen schlechten
Ruf.
Für solche Leute war die Scherbe nicht erfunden.

Diese Begebenheit ist anderwärts ausführlicher erzählt worden.

14. Indes verursachte die Achtung, welche Nikias bei den Feinden genoß, dem Alkibiades nicht weniger Verdruß als die Ehre, die ihm in Athen selbst erwiesen wurde. Alkibiades war nämlich Gastfreund der Lakedaimonier von Staats wegen und hatte sich ihrer bei Pylos gemachten Gefangenen aufs beste angenommen. Als sie aber dem Nikias, der ihnen den Frieden und die Rückgabe der Gefangenen bewirkt hatte, die größte Achtung erwiesen, als auch unter den Griechen die Rede ging, Nikias habe ihnen den von Perikles angestifteten Krieg glücklich beendigt, und die meisten deshalb jenen Frieden nur den nikinischen nannten, so fand sich Alkibiades dadurch äußerst gekränkt und beschloß nun aus Neid, den Friedensvertrag wieder zu brechen.

Der erste Schritt, den er in dieser Sache tat, war, daß er den Argeiern, von welchen er gehört hatte, daß sie aus Furcht und Haß gegen die Spartaner sich von ihnen loszureißen suchten, insgeheim auf einen Bund mit Athen Hoffnung machte und die Häupter der Volkspartei teils durch Vertraute, teils in eigner Person ermunterte, sich nicht vor den Lakedaimoniern zu fürchten noch ihnen nachzugeben, sondern sich zu den Athenern zu wenden, die, wenn sie sich nur ein wenig geduldeten, das Geschehene bereuen und den Frieden brechen würden. Als nun die Lakedaimonier mit den Boiotiern ein Bündnis schlossen und Panakton nicht, wie sich's gehörte, in völligem Stande, sondern geschleift den Athenern zurückgaben, merkte er wohl, daß diese darüber sehr aufgebracht waren, und suchte sie noch mehr zu erbittern. Zugleich griff er den Nikias selbst an und machte ihm den scheinbaren Vorwurf, als Feldherr hätte er sich geweigert, die in Sphakteria eingeschlossene feindliche Mannschaft zu bezwingen, und als sie von andern bezwungen worden, hätte er sie freigelassen und zurückgegeben, um sich den Lakedaimoniern gefällig zu erweisen; überdies hätte er diese, sosehr er auch ihr Freund wäre, nicht bewegen können, dem Bündnisse mit den Boiotiern und Korinthern zu entsagen, dagegen mache er, daß die Griechen, die dazu Lust hätten, nicht Freunde und Bundesgenossen der Athener werden könnten, wenn die Lakedaimonier es nicht für gut befänden.

Schon geriet Nikias dadurch in eine schlimme Lage, als noch zum Glücke Gesandte von Lakedaimon ankamen, die sogleich gemäßigte Vorschläge machten und erklärten, daß sie zu jedem billigen Vergleiche Vollmacht hätten. Der Rat war darüber sehr froh, und das Volk sollte den folgenden Tag zusammenkommen. Aber Alkibiades, der sich davor fürchtete, wußte sich eine Privatunterredung mit den Gesandten zu verschaffen. In dieser sagte er zu ihnen: „Was habt ihr gemacht, ihr Spartaner? Wußtet ihr denn nicht, daß der Rat gegen die, welche sich an ihn wenden, immer Mäßigung und Nachgiebigkeit beweist, das Volk hingegen trotzig ist und große Dinge im Kopf hat? Sagt ihr nun, daß ihr unbeschränkte Vollmacht mitbringt, so wird es die unbilligsten Forderungen stellen und darauf bestehen. Weg also mit dieser Treuherzigkeit! Wenn ihr die Athener billig finden und euch nicht wider eure Absicht etwas abdringen lassen wollt, so gebt bei dem Vergleiche nur zu verstehen, daß ihr nicht mit gänzlicher Vollmacht versehen wäret. Ich werde euch dabei, den Lakedaimoniern zu Gefallen, aufs beste unterstützen." Dies alles bestätigte er ihnen mit einem Eide und machte sie ganz von Nikias abwendig, so daß sie ihm ihr völliges Zutrauen schenkten und ihn wegen seiner Einsicht und Beredsamkeit als einen großen Mann bewunderten.

Am folgenden Tage kam das Volk zusammen, und die Gesandten erschienen vor demselben. Alkibiades fragte sie auf eine freundliche Art, welche Bedingungen zum Vergleiche sie denn mitbrächten, und darauf antworteten sie, sie wären nicht mit hinlänglicher Vollmacht versehen. Nun drang Alkibiades sogleich mit großem Geschrei auf sie ein, als wenn nicht er, sondern sie Unrecht täten, und nannte sie treulose Leute und listige Betrüger, deren Absichten, weshalb sie kämen, ebenso unlauter wären als ihre Handlungen. Der Rat wurde darüber aufgebracht, das ganze Volk geriet in Unwillen, und Nikias, der von jener listigen Betrügerei nichts wußte, war über die veränderte Sprache der Gesandten sehr betroffen und beschämt.

15. Nachdem auf diese Weise die Lakedaimonier abgefertigt worden, machte Alkibiades, den man zum Feldherrn ernannte, sogleich die Argeier, Mantineier und Eleier zu Bun-

desgenossen der Athener. Die Art, wie dies alles bewerkstelligt wurde, konnte freilich niemand gutheißen; indes
war es doch immer eine große Unternehmung von ihm, daß
er beinahe den ganzen Peloponnes durch Spaltungen erschütterte, daß er an *einem* Tage eine solche Menge Streiter
bei Mantineia den Lakedaimoniern entgegenstellte und
diese ganz fern von Athen in einen gefährlichen Kampf
verwickelte, worin ihnen der Sieg, wenn sie auch die Oberhand behielten, eben keinen beträchtlichen Vorteil verschaffen konnte, hingegen bei einer Niederlage Lakedaimon kaum und mit Mühe zu retten war.

Gleich nach dem Treffen unternahmen es die Tausendmän-
ner in Argos, die Volksregierung dort aufzuheben und die
Stadt den Lakedaimoniern unterwürfig zu machen; diese
rückten auch selbst herbei und schafften die Demokratie
ab. Aber als nicht lange danach das Volk wieder zu den
Waffen griff und die Oberhand behielt, eilte Alkibiades zur
Hilfe herbei, verbürgte dem Volke den Sieg und beredete
es, lange Mauern bis an das Meer hinauf zu führen und so
die Stadt mit der Macht der Athener ganz in Verbindung zu
setzen. Er ließ dann Baumeister und Maurer von Athen
kommen und bewies dabei allen möglichen Eifer, so daß er
sich selbst nicht weniger Gunst und Ansehen verschaffte als
seinem Vaterlande. Auf gleiche Weise beredete er auch die
Einwohner von Patrai, ihre Stadt durch lange Mauern mit
dem Meere zu verbinden. Als bei dieser Gelegenheit jemand die Patreier warnte, die Athener würden sie verschlingen, versetzte er: „Das werden sie vielleicht tun, aber
nach und nach und bei den Beinen anfangen; die Lakedaimonier hingegen werden euch auf einmal und beim Kopfe
verschlingen." Doch riet er auch den Athenern, die Herrschaft zu Lande zu behaupten und jenen Eid, den sie den
angehenden Bürgern im Tempel der Agraulos immer vor-
legten, durch die Tat zu bestätigen. Die jungen Bürger
schwuren nämlich, Weizen, Gerste, Weinstöcke und Öl-
bäume als die Grenzen von Attika anzusehen, wodurch sie
belehrt wurden, jedes angebaute und fruchtbare Land für
ihr Eigentum zu halten.

16. Aber bei allen diesen politischen Geschäften und Unterhandlungen, bei so vielen Beweisen von Klugheit und Beredsamkeit zeigte er auf der andern Seite auch eine außer-

ordentliche Schwelgerei in seiner Lebensart, ungeheure
Ausschweifungen im Trunke sowohl als in der Liebe und
eine übertriebene Pracht und Weichlichkeit hinsichtlich der
Kleidung, so daß er mit nachschleppendem Purpurmantel
über den Markt ging, daß er auf den Kriegsschiffen in die
Verdecke Einschnitte machen und die Matratzen, um desto
weicher zu schlafen, auf Gurte, nicht auf Bretter legen ließ
und einen ganz goldenen Schild führte, auf welchem statt
der sonst gebräuchlichen Wappen ein mit dem Donnerkeil
bewaffneter Eros abgebildet war. Die großen, angesehenen
Männer in Athen sahen dem allem mit Abscheu und Unwillen zu; zugleich aber fürchteten sie, daß diese Liederlich-
keit und Verachtung aller Gesetze zuletzt in eine unleidli-
che Tyrannei ausarten möchte. Die Gesinnung des Volkes
gegen ihn schildert Aristophanes nicht übel, wenn er
sagt:

> Bald haßt, bald liebt es ihn, es kann ihn nicht
>   entbehren.

Und noch besser stellt er sie in folgendem Bilde dar:

> Erziehet in der Stadt euch ja nicht einen Löwen;
> Und wer ihn doch erzieht, bequeme sich nach ihm.

Und in der Tat, seine Geldspenden, die prachtvollen Schauspiele, die er gab, seine von niemandem übertroffene Freigebigkeit gegen die Stadt, der Ruhm seiner Vorfahren,
seine hinreißende Beredsamkeit, seine schöne Erscheinung,
seine mit Tapferkeit und Erfahrung im Kriegswesen verbundene Stärke, all dies machte, daß die Athener jedes andere übersahen, seine Fehler gelassen ertrugen und sie mit
den gelindesten Namen lustiger Streiche oder Ausbrüche
einer fröhlichen Laune belegten. Von der Art war zum Beispiel, daß er den Maler Agatharchos einschloß und ihn erst,
nachdem er sein Haus ausgemalt hatte, mit Geschenken
wieder entließ; daß er dem Taureas, der zugleich mit ihm
einen Chor ausrüstete und ihm den Sieg streitig machte,
eine Ohrfeige gab; daß er unter den gefangenen Meliern
sich ein Mädchen zur Beischläferin auslas und das mit ihr
gezeugte Kind erziehen ließ. Dies nannte man einen Zug

173

von Menschenliebe, und gleichwohl war er am meisten schuld daran, daß die junge Mannschaft der Melier umgebracht wurde, weil er den deshalb eingebrachten Volksbeschluß verteidigte. Als der Maler Aristophon die Buhlerin Nemea gemalt hatte, wie sie den Alkibiades in ihrem Schoße sitzend hielt, lief jedermann herbei und betrachtete das Gemälde mit Vergnügen; aber die Alten murrten auch darüber als über eine tyrannische und gesetzwidrige Handlung. Nicht uneben, wie es scheint, sagte Archestratos, Griechenland hätte zwei Alkibiades nicht ertragen können.

Einst, als Alkibiades in einer Volksversammlung allen Beifall gefunden hatte und auf eine ehrenvolle Art von der ganzen Menge nach Hause begleitet wurde, ging Timon der Menschenhasser, der sonst jedermann floh und auswich, geradewegs auf ihn zu, faßte ihn bei der Hand und sagte: „Du tust wohl daran, mein Sohn, daß du groß wirst; denn du wirst zum Unglück aller dieser groß werden." Einige lachten darüber, andere schimpften, aber auf viele machten auch diese Worte einen tiefen Eindruck. So schwankend und ungewiß war die Meinung, die man von Alkibiades hatte, wegen der Ungleichheit seines Charakters.

17. Auf Sizilien hatten die Athener schon zu Perikles' Lebzeiten ihre Wünsche gerichtet und gleich nach dessen Tode Hand ans Werk gelegt, indem sie bei jeder Gelegenheit den von den Syrakusanern unterdrückten Städten unter dem Vorwande eines Bündnisses Hilfe zuschickten, um so von weitem her eine größere Unternehmung vorzubereiten. Derjenige aber, der die Begierde der Athener vollends entflammte und sie beredete, nicht bloß von Zeit zu Zeit kleine Geschwader dahin zu schicken, sondern geradezu mit einer mächtigen Flotte die Eroberung Siziliens zu unternehmen, dies war Alkibiades, der dem Volke große Hoffnungen vorspiegelte und auch selbst nach einem glänzenderen Glücke strebte. Denn nach seinen Erwartungen dachte er sich Sizilien nur als den Anfang, nicht, wie die übrigen, als das Ende des Krieges. Nikias stellte dem Volke die Schwierigkeit, Syrakus zu erobern, vor und suchte es davon abzubringen; Alkibiades hingegen ließ sich sogar von Karthago und Afrika träumen, wollte nach deren Bezwingung Italien und den Peloponnes angreifen und betrachtete

Sizilien sozusagen nur als Hilfsmittel, den Krieg zu führen. Durch solche Hoffnungen gewann er sogleich die jungen Leute, die davon ganz hingerissen wurden und den seltsamen Erzählungen der Alten von diesem Kriegszuge aufmerksam zuhörten; ja viele saßen in den Ringschulen und Halbzirkeln und zeichneten die Figur der Insel oder die Lage von Afrika und Karthago in den Sand.

Der Philosoph Sokrates und der Astronom Meton sollen sich von diesem Zuge nicht viel Gutes für die Stadt versprochen haben. Ersterem hatte vermutlich sein vertrauter Schutzgeist darüber etwas angezeigt; Meton aber, es sei nun, daß er aus Gründen der Vernunft die Zukunft fürchtete oder daß er etwas von der Wahrsagekunst verstand, stellte sich rasend, nahm eine brennende Fackel in die Hand und zündete sein eigenes Haus an. Einige sagen, Meton habe, ohne sich einer verstellten Raserei zu bedienen, des Nachts sein Haus in Brand gesteckt und am andern Morgen das Volk flehentlich gebeten, seinen Sohn mit Rücksicht auf dieses große Unglück vom Kriegsdienste zu entlassen. Durch diesen seinen Mitbürgern gespielten Betrug erhielt er, was er suchte.

18. Nikias wurde wider seinen Willen mit zum Feldherrn erwählt, indem er diese Würde hauptsächlich des Kollegen wegen von sich abzulehnen suchte. Die Athener versprachen sich nämlich einen glücklichern Fortgang des Krieges, wenn sie dessen Führung dem Alkibiades nicht allein anvertrauten, sondern seine Kühnheit mit der Bedachtsamkeit des Nikias verbänden. Denn auch der dritte Feldherr, Lamachos, schien, ungeachtet seines Alters, im Kriege nicht weniger hitzig und wagehalsig zu sein als Alkibiades. Als man sich jetzt über die Größe und Art der Zurüstung beratschlagte, versuchte Nikias noch einmal, sich entgegenzustellen und den Athenern vom Krieg abzuraten. Aber Alkibiades widersprach ihm und behielt den Sieg; worauf denn der Redner Demostratos ein Dekret in Vorschlag brachte, daß die Feldherren über die Zurüstungen und den ganzen Krieg unbeschränkte Gewalt haben sollten.

Dies bestätigte das Volk, und schon war alles zur Abfahrt bereit, als sogar ein Fest eben keine gute Vorbedeutung gab. Es fielen nämlich gerade in diese Tage die Adonia, an welchen die Weiber hin und wieder Bildnisse von Toten,

die begraben werden sollen, auszustellen und Leichenbegängnisse mit Klagegeschrei und Trauerliedern vorzustellen
pflegten. Doch setzte auch die Verstümmelung der Hermen, da in einer Nacht an den meisten das Gesicht beschä-
digt wurde, viele, die sonst auf dergleichen Dinge nichts gaben, in die größte Unruhe. Es wurde zwar ausgesprengt,
daß dies die Korinther um der Syrakusaner willen, die ein
Pflanzvolk von ihnen waren, verübt hätten, um durch ein
solches Anzeichen die Sache zu verzögern oder die Athener vom Kriege ganz abzubringen. Allein diese Sage tat
dem Volke so wenig Genüge als die Meinung anderer, daß
das Zeichen weiter nichts Übles bedeute, sondern einer von
den Streichen sei, wozu der Wein oft ausgelassene junge
Leute, die gern vom Scherz zum Mutwillen übergehen, zu
verleiten pflege. Indes erregte das Geschehene in Athen
nicht bloß Unwillen, sondern auch Besorgnis. Man glaubte
in dem Unfug eine Verschwörung zu größern Zwecken zu
erblicken und untersuchte jeden Verdacht aufs schärfste, so
daß der Rat sowohl als das Volk binnen wenigen Tagen
mehrmals zusammenkommen mußte.

19. Inzwischen führte der Politiker Androkles einige Sklaven und Schutzverwandte auf, die den Alkibiades und seine
Freunde der Verstümmelung auch anderer Bildsäulen und
sogar der Nachäffung der Mysterien beim Weine beschuldigten. Diese sagten aus, Theodoros hätte dabei den Herold, Polytion den Fackelträger und Alkibiades den Hierophanten gespielt; die übrigen Freunde, die dabei zugegen
gewesen, hätten sich, wie die sogenannten Mystai, einwei-
hen lassen. Dies alles steht ausdrücklich in der von Thessalos, Kimons Sohn, eingereichten Klage, worin er Alkibiades
wegen Gottlosigkeit gegen die Göttinnen belangt.

Da hierdurch das Volk in einen heftigen Zorn und Unwillen gegen Alkibiades geriet und von Androkles, dem abge-
sagtesten Feinde desselben, immer mehr aufgehetzt wurde,
so war Alkibiades anfänglich nicht wohl dabei zumute.
Aber er bemerkte bald, daß alle Matrosen und Soldaten, die
mit nach Sizilien schiffen sollten, ihm völlig ergeben waren;
überdies hörte er, daß tausend schwerbewaffnete Argeier
und Mantineier öffentlich erklärten, sie hätten sich bloß
dem Alkibiades zu Gefallen zu einem so weiten Zug über
das Meer verstanden und würden, wenn man mit ihm unge-

recht verführe, sogleich zurückgehen. Er faßte also wieder Mut und erschien an dem bestimmten Tage, um sich zu verteidigen, so daß seine Feinde verzagten und in Furcht gerieten, das Volk möchte, weil es ihn nicht entbehren konnte, bei der Untersuchung zu nachsichtig mit ihm verfahren.

Um dies zu verhindern, bedienten sie sich des Kunstgriffs, daß einige Redner, die eben nicht für Feinde des Alkibiades galten, aber ihn nicht weniger haßten als seine erklärten Feinde, vor dem Volke auftraten und ihm vorstellten, es wäre ungereimt, einem Manne, der zum Oberbefehlshaber einer so großen Macht erwählt worden, jetzt, da die Armee und die Bundesgenossen zum Aufbruche bereit ständen, durch Anordnung eines Gerichts und Abmessung des Wassers die Zeit zu verderben; er möchte also in Gottes Namen absegeln und nach glücklicher Beendigung des Kriegs sich wieder stellen, um sich nach ebenden Gesetzen zu verteidigen. Dem Alkibiades blieb die boshafte Absicht bei diesem Aufschub nicht verborgen; er trat also auf und erklärte, es wäre doch hart, ihn an der Spitze einer solchen Macht mit Hinterlassung grundloser Beschuldigungen, die ihn in steter Furcht erhalten würden, abzuschicken; man sollte ihn also, im Fall er sich nicht rechtfertigen könnte, gleich mit dem Tode bestrafen, aber wenn er unschuldig befunden würde, ihn gegen die Feinde ziehen lassen, ohne daß er sich vor Ränkemachern zu fürchten brauchte.

20. Da er damit nichts ausrichtete, sondern Befehl erhielt abzufahren, ging er endlich mit seinen beiden Kollegen unter Segel. Die Macht, die er führte, bestand aus nicht viel weniger als 140 Trieren, 5100 Schwerbewaffneten, 1300 Bogenschützen, Schleuderern und andern leichten Truppen und einer angemessenen Menge von Kriegsbedarf. Er legte in Italien an, nahm Rhegion in Besitz und trug nun seine Meinung vor, wie der Krieg geführt werden müßte. Nikias stellte sich zwar dagegen, da aber Lamachos auf seine Seite trat, so schiffte er nach Sizilien und brachte Katane zur Übergabe; weiter konnte er hier nichts verrichten, weil er sogleich von den Athenern zu einer gerichtlichen Untersuchung abgerufen wurde.

Anfangs hatten nämlich, wie schon erwähnt, den Alkibiades nur einige unbedeutende Gerüchte und Verleumdungen von Sklaven oder Schutzverwandten getroffen. Nachher aber, als seine Feinde ihn in seiner Abwesenheit auf das heftigste angriffen und mit dem an den Hermen verübten Frevel die Verspottung der Mysterien verknüpften, als wenn beides von einer zum Umsturz der Regierungsform verschwornen Bande begonnen worden, warfen die Athener jeden, der nur im geringsten beschuldigt war, ohne weitere Untersuchung ins Gefängnis und bereuten es sehr, daß sie den Alkibiades nicht gleich damals vor Gericht gezogen und wegen so schwerer Vergehungen verurteilt hätten. Jeder Freund, jeder Verwandte oder Bekannte desselben, der jetzt dem aufgebrachten Volke in den Weg kam, erfuhr von ihm die härteste Behandlung. Die Denunzianten des Alkibiades hat Thukydides nicht namentlich angeführt, andere aber nennen als solche den Diokleidas und Teukros, wie zum Beispiel der Komödiendichter Phrynichos in folgender Stelle:

> Nimm dich in acht, daß, Hermes, du nicht wieder fällst
> Und Schaden nimmst, wodurch zu falschen Klagen leicht
> Ein zweiter Diokleidas Gelegenheit bekäme.
> *Hermes:* Ich will mich hüten; denn dem Teukros mag ich nicht,
> Dem Schelm, dem Fremdling, Lohn für seine Klagen schaffen.

Bei alledem wußten die Denunzianten nichts Gewisses oder Erweisliches auszusagen. Einer derselben gab auf die Frage, wie er die Leute, die die Bildsäulen verstümmelten, im Gesichte erkannt hätte, zur Antwort: „Beim Mondscheine" – und verfing sich also sehr, da der Frevel gerade zur Zeit des Neumonds verübt worden war. Dies fiel freilich verständigen Leuten sehr auf, aber das Volk wurde dadurch um nichts behutsamer gegen die Verleumdungen; im Gegenteil blieb es bei seinem ersten ungestümen Verfahren und ließ jeden, der angegeben wurde, auf der Stelle ins Gefängnis führen.

21. Unter denjenigen, welche im Kerker zu weiterer Untersuchung festgehalten wurden, befand sich auch der Redner

Andokides, den der Geschichtsschreiber Hellanikos unter die Nachkommen des Odysseus rechnet. Dieser Andokides galt für einen Mann, der die Volksregierung haßte und die Oligarchie zu befördern suchte. Das, was ihn der Verstümmelung der Hermen am meisten verdächtig machte, war die große Säule, die als Weihgeschenk des aigeiischen Stammes nahe bei seinem Hause stand; denn diese war unter den wenigen ansehnlichen Bildsäulen dieser Art fast allein unverletzt geblieben. Daher heißt sie noch jetzt Andokides' Säule, und jedermann nennt sie so, obgleich die Inschrift dagegen zeugt.

Es fügte sich, daß mit dem Andokides im Gefängnisse einer von denen, die aus ebender Ursache verhaftet waren, namens Timaios, ein Mann, der zwar nicht mit ihm von gleichem Ansehen war, aber viel Mut und Einsicht besaß, in vertraute Bekanntschaft kam. Dieser redete dem Andokides zu, er sollte sich doch nebst einigen andern als Täter angeben; denn durch das Volksdekret würde dem, der freiwillig bekenne, Begnadigung versprochen. Der Gang der Untersuchung wäre für alle mißlich, für die Vornehmen aber höchst fürchterlich. Daher wäre es immer besser, durch eine Lüge sein Leben zu retten, als mit andern gleicher Beschuldigung wegen schimpflich zu sterben. Auch mit Rücksicht auf das gemeine Beste wäre es ratsam, einige wenige Personen von zweideutigem Rufe aufzuopfern und dafür viele brave Männer der Wut des Volkes zu entreißen. Diese Gründe und Vorstellungen des Timaios machten auf den Andokides Eindruck. Er gab also sich und einige andere als Täter an und erhielt für seine Person die im Dekret versprochene Begnadigung; aber die er genannt hatte, mußten alle, bis auf die Entflohenen, sterben. Um desto mehr Glauben zu finden, hatte Andokides auch einige seiner Sklaven mit angegeben.

Dadurch war jedoch der Zorn des Volkes noch nicht befriedigt, sondern da es sich jetzt die Bilderstürmer vom Halse geschafft hatte, bekam es gleichsam Muße, seine Wut ganz gegen Alkibiades ausbrechen zu lassen. Und so schickte es endlich das salaminische Schiff gegen ihn ab, wiewohl mit dem weisen Befehle, ja nicht Gewalt gegen ihn zu brauchen noch Hand an ihn zu legen, sondern ihn nur durch gütliche Vorstellungen zu bewegen, daß er zur Untersuchung seiner

Sache zurückkehren und sich vor dem Volke rechtfertigen möchte. Man befürchtete nämlich, daß unter dem Heere in Feindesland darüber Unruhe und Spaltung entstehen möchte, welche Alkibiades auch, wenn er gewollt, leicht hätte erregen können. Denn die Soldaten verloren, als er abreiste, allen Mut und sahen voraus, wie saumselig und langwierig der Krieg unter Nikias geführt werden würde, nachdem die Triebfeder der ganzen Unternehmung entfernt worden. Lamachos war zwar ein tapfrer, kriegrischer Mann, hatte aber seiner Armut wegen kein Gewicht und Ansehen.

22. Schon bei seiner Abfahrt brachte Alkibiades die Athener um Messene. Einige der Einwohner nämlich waren gesonnen, ihnen die Stadt in die Hände zu spielen; da er diese genau kannte, verriet er sie den Anhängern der Syrakusaner und vereitelte dadurch die Sache. In Thurioi begab er sich an Land und versteckte sich, so daß alles Nachsuchen vergeblich war. Als ihn jemand erkannte und sagte: „Ei, Alkibiades, traust du denn deinem Vaterlande nicht?" – antwortete er: „O ja, in allen Dingen, nur in Hinsicht auf mein Leben würde ich selbst meiner Mutter nicht trauen, weil sie leicht aus Versehen ein schwarzes Steinchen statt des weißen ergreifen könnte." Auf die Nachricht, daß die Athener ihn zum Tode verdammt hätten, rief er: „Gut, ich will ihnen zeigen, daß ich noch lebe."

Die gegen ihn eingereichte Klage lautete, wie einige sie aufgezeichnet haben, so: „Thessalos, Kimons Sohn von Lakia, belangt den Alkibiades, Kleinias' Sohn von Skambonidai, wegen eines gegen die Göttinnen Demeter und Persephone begangenen Verbrechens, daß er die Mysterien nachgeäfft, sie in seiner Behausung seinen Freunden in ebender Kleidung, in welcher der Hierophant die Heiligtümer zeigt, dargestellt und sich selbst zum Hierophanten, Polytion zum Fackelträger, Theodoros von Phegaia zum Herold, seine übrigen Freunde zu Mysten und Epopten gemacht hat, was den heiligen Gebräuchen und den von den Eumolpiden, Herolden und eleusinischen Priestern gemachten Satzungen ganz zuwiderläuft." Die Athener verurteilten ihn nun in Abwesenheit zum Tode, zogen seine Güter ein und verordneten noch überdies, daß alle Priester und Priesterinnen ihn verfluchen sollten. Diesem Dekret widersetzte sich, wie man sagt, nur Theano, Menons Tochter, indem sie erklärte, sie sei Priesterin zum Segnen, nicht zum Fluchen geworden.

23. Während der Zeit, als diese harten Urteile gegen Alkibiades ergingen, hielt er sich in Argos auf; denn nach seiner Entweichung von Thurioi hatte er sich zuerst nach dem Peloponnes begeben. Hier aber war er vor seinen Feinden nicht sicher, und da er einmal auf sein Vaterland Verzicht tun mußte, ließ er in Sparta um Schutz und Sicherheit nachsuchen, unter dem Versprechen, daß er dem Staate mehr Nutzen und Vorteil bringen wollte, als er ihm je aus Feindseligkeit Schaden getan hätte. Die Spartaner waren willig, ihn aufzunehmen; er wandte sich also mit Freuden dahin, und das erste, was er sogleich zustande brachte, war, daß er die Spartaner, die sich noch lange bedachten, ob sie den Syrakusanern beistehen sollten, antrieb und ermunterte, den Gylippos als Befehlshaber nach Sizilien zu schicken und die Macht der Athener dort zu zertrümmern. Sein zweites Werk war, daß er den Krieg gegen Athen vom Peloponnes aus wieder erregte, und das dritte und wichtigste, daß er Dekeleia befestigen ließ, wodurch er den Athenern den härtesten und empfindlichsten Stoß versetzte.

Auf solche Weise erwarb er sich bald die öffentliche Achtung, aber nicht weniger Bewunderung erregte er durch sein Privatleben. Er wußte das einfache Volk ganz für sich einzunehmen und bezauberte es durch seine Gewöhnung an die lakedaimonische Lebensart so sehr, daß alle, die es mit ansahen, wie er sich bis auf die Haut schor, sich in kaltem Wasser badete, mit Gerstenklößchen vorliebnahm und an der schwarzen Suppe Geschmack fand, kaum ihren Augen trauten und im Zweifel waren, ob dieser Mann jemals in seinem Hause einen Koch gehabt, einen Salbenbereiter gesehen oder einen milesischen Mantel anzurühren gewagt hätte. Denn neben so vielen andern Gaben besaß er auch, wie man sagt, in hohem Grade die Kunst, die zur Gewinnung der Menschen so geschickt ist, sich den Neigungen, Sitten und Lebensarten anderer anzugleichen und ihnen ganz ähnlich zu werden. Daher ging er denn schneller als ein Chamäleon von einer Veränderung zur andern über, jedoch mit dem Unterschiede, daß dieses wenigstens *eine* Farbe, nämlich die weiße, nicht anzunehmen vermag, Alkibiades hingegen sich in alle Sitten, die ihm vorkamen, sie mochten gut oder böse sein, leicht schicken und sie nachahmen konnte. So war er in Sparta ein Freund der Leibesübungen, frugal und ernsthaft; in Ionien war er weichlich, suchte Lustbarkeiten und Zerstreuung; in Thrakien liebte er den Trunk und saß immer zu Pferde; in dem Hause des Satrapen Tisaphernes übertraf er selbst die persische Prachtliebe an Prunk und Schwelgerei – nicht, daß er sich so leicht aus einer Denkungsart in die andere versetzt oder jede Veränderung auch in seinen Charakter aufgenommen hätte: nein, weil er diejenigen, mit denen er zu tun hatte, durch die ihm eigene Art zu handeln leicht hätte beleidigen können, pflegte er sich immer zu seiner Sicherheit hinter einer Figur oder Maske, die jenen ähnlich war, zu verstekken.

In Lakedaimon zum Beispiel ließ sich, was das Äußerliche betrifft, jenes Sprichwort auf ihn anwenden: das ist Achills Sohn nicht, nein, es ist der leibhaftige Zögling des Lykurgos. Aber hinsichtlich der ihm eigenen Leidenschaften und Handlungen konnte man ihm mit Recht zurufen: Noch ist's dasselbe Weib. Denn er wußte die Timaia, die Gemahlin des Königs Agis, während dieser auswärts auf einem Feldzuge war, so sehr zu verführen, daß sie von ihm schwanger wurde und auch kein Geheimnis daraus machte; ja, als sie einen Knaben gebar, ließ sie ihn zwar öffentlich Leotychidas nennen, im Hause aber sagte sie ihren Freundinnen und Aufwärterinnen leise ins Ohr, er heiße Alkibiades; so heftig war die Leidenschaft, die sie beherrschte. Alkibiades selbst hatte die Frechheit zu sagen, er habe es nicht getan, um den König zu beschimpfen oder weil er von der Wollust hingerissen worden, sondern damit seine Nachkommen über die Lakedaimonier herrschen sollten. Dem Agis wurde dies alles von vielen hinterbracht, und weil die Zeit damit übereinstimmte, maß er ihnen desto leichter Glauben bei; denn bei einem Erdbeben war er aus Furcht von seiner Gemahlin fort aus dem Schlafzimmer gelaufen, und darauf hatte er sie seit zehn Monaten nicht berührt. Da nun Leotychidas nach dieser Zeit geboren wurde, so wollte er ihn nie für seinen Sohn erkennen. Aus diesem Grunde wurde Leotychidas in der Folge von der königlichen Würde ausgeschlossen.

24. Nach der unglücklichen Niederlage der Athener in Sizilien kamen zu gleicher Zeit Gesandte von den Chiern, den Lesbiern und Kyzikenern, wegen des Abfalls von Athen, nach Sparta. Für die Lesbier verwendeten sich die Boiotier und für die Kyzikener Pharnabazos, aber auf Alkibiades' Rat beschloß man, den Chiern vor allen andern beizustehen. Alkibiades schiffte selbst mit dahin und brachte nicht nur beinahe ganz Ionien zum Abfall, sondern tat auch, da er sich immer bei den lakedaimonischen Feldherren befand, den Athenern sonst noch vielen Schaden.

Allein Agis, der schon wegen der durch seine Gemahlin erlittenen Beleidigung Feindschaft auf ihn geworfen hatte, fand sich nun auch durch den Ruhm desselben sehr gekränkt; denn er mußte immer hören, daß die meisten Geschäfte durch Alkibiades' Hände gingen und von ihm glücklich ausgeführt würden. Auch unter den übrigen Spartanern sahen jetzt die vornehmsten und ehrsüchtigsten den Alkibiades mit neidischen Augen an und setzten es denn mit Gewalt durch, daß die Regierung in Sparta Befehl nach Ionien schickte, ihn aus dem Wege zu räumen. Aber dieser, der insgeheim davon unterrichtet worden, war auf seiner Hut, und ob er gleich noch an allen Unternehmungen der Lakedaimonier teilhatte, vermied er es ganz, ihnen in die Hände zu geraten.

Seiner Sicherheit wegen wandte er sich nun zu dem persischen Satrapen Tisaphernes, an dessen Hofe er in kurzer Zeit der erste und angesehenste Mann wurde. Denn der Barbar, der selbst nicht aufrichtig war, sondern verschmitzt und arglistig handelte, fand an der außerordentlichen Gewandtheit und Verschlagenheit desselben großen Gefallen. Auch gab es nicht leicht ein Temperament oder einen Charakter, welcher durch die Artigkeit des Alkibiades im täglichen Umgange, in gesellschaftlicher Unterhaltung und bei der Tafel sich nicht hätte gewinnen und einnehmen lassen. Selbst denen, die ihn fürchteten oder beneideten, verursachte sein Umgang und Anblick Vergnügen und Heiterkeit. Daher wurde der sonst so grausame Tisaphernes, der den Griechen mehr als irgendein Perser feind war, durch Alkibiades' Schmeicheleien so geschmeidig, daß er es ihm in Gegenschmeicheleien noch zuvortat. So legte er zum Beispiel einem seiner Tiergärten, der wegen der Wasser und anmutigen Wiesen der schönste und durch Lauben und Lusthäuser mit königlicher Pracht geziert war, den Namen Alkibiades bei, welche Benennung noch lange danach üblich blieb.

25. Alkibiades, der von den Spartanern als treulosen Leuten nichts mehr zu hoffen hatte und vor Agis immer in Furcht war, suchte ihnen nun zu schaden und sie selbst dem Tisaphernes verdächtig zu machen. Daher riet er diesem, er sollte sie nicht mehr so nachdrücklich unterstützen noch die Athener ganz zugrunde richten, sondern lieber durch spärliche Zuschüsse die Macht der Spartaner nach und nach vermindern und aufreiben, damit beide, wenn sie einander selbst entkräftet hätten, sich desto leichter nach dem Willen des Königs bequemten. Tisaphernes befolgte seinen Rat gern und zeigte bei jeder Gelegenheit, wie sehr er ihn deswegen schätzte und bewunderte, so daß nun beide kriegführende Teile unter den Griechen ihr Augenmerk auf Alkibiades richteten, die Athener nach so vielen Unglücksfällen die gegen ihn gefaßten Beschlüsse bereuten und er selbst ihretwegen besorgt und in Furcht war, sein Vaterland möchte endlich ganz unterdrückt werden und er dann den Lakedaimoniern, seinen ärgsten Feinden, in die Hände fallen.

Damals befand sich beinahe die ganze Macht der Athener in Samos, von wo aus sie mit ihren Flotten teils die abgefallenen Plätze wieder bezwangen, teils ihre Besitzungen verteidigten. Sie waren auch zur See ihren Feinden noch so ziemlich gewachsen, aber sie fürchteten sich vor Tisaphernes und den 150 phoinikischen Trieren, die dem Gerücht nach in kurzem ankommen sollten, in welchem Falle freilich ihnen kein Mittel zur Rettung der Stadt übrigblieb. Alkibiades, der davon unterrichtet war, schickte insgeheim an die Vornehmen unter den Athenern in Samos und gab Hoffnung, ihnen den Tisaphernes zum Freunde zu machen, nicht aus Gefälligkeit oder Zutrauen gegen das Volk, sondern bloß um der Edlen willen, wenn sie anders Mut genug hätten, die zügellose Macht des Volkes zu beschränken und durch sich das Vaterland vom Untergange zu erretten.

Alle gaben dem Alkibiades willig Gehör, nur einer von den Feldherrn, Phrynichos von Deirades, widersetzte sich dem

Vorschlag, weil er den wahren Beweggrund argwöhnte, daß es dem Alkibiades nicht darum zu tun wäre, ob das Volk oder die Edlen die Herrschaft hätten, sondern daß er, um seine Rückberufung zu erwirken, durch Verunglimpfung des Volks die Edlen gewinnen und sich bei ihnen in Gunst setzen wollte. Da er sich aber überstimmt sah und nun einmal für Alkibiades' Feind bekannt war, gab er dem Astyochos, dem Befehlshaber der feindlichen Flotte, heimlich Nachricht von der Sache und ermahnte ihn, auf seiner Hut zu sein und den nach beiden Seiten schwankenden Alkibiades beim Kopfe zu nehmen. Allein hier geriet ein Verräter unwissentlich an einen andern Verräter. Astyochos war nämlich dem Tisaphernes völlig ergeben, und da er sah, daß Alkibiades bei ihm alles galt, entdeckte er diesem den Antrag des Phrynichos. Alkibiades ließ nun unverzüglich den Phrynichos in Samos verklagen. Da alle sehr aufgebracht darüber waren und sich gegen Phrynichos vereinigten, wußte dieser sich aus seiner unangenehmen Lage auf keine andere Art zu retten, als daß er dem einen Übel durch ein noch größeres Übel abzuhelfen suchte. Er schickte noch einmal an den Astyochos, machte ihm Vorwürfe wegen jener Entdeckung und erbot sich, ihm die Schiffe mit dem Lager der Athener in die Hände zu liefern.

Die Verräterei des Phrynichos brachte indes den Athenern keinen Schaden, weil Astyochos ihn wieder verriet und dem Alkibiades von dem Anschlage Nachricht gab. Da Phrynichos dies vorhersah und einer zweiten Anklage von Alkibiades' Seite gewärtig war, ließ er, um ihm zuvorzukommen, die Athener wissen, die Feinde wären willens, sie mit der Flotte anzugreifen; dabei ermahnte er sie, bei den Schiffen zu bleiben und ihr Lager zu befestigen. Die Athener befolgten dies eben, als wieder ein Brief von Alkibiades ankam, worin er ihnen riet, sich ja vor Phrynichos in acht zu nehmen, der damit umgehe, den Feinden das Schiffslager zu verraten. Aber für diesmal glaubten sie ihm nicht, in der Meinung, Alkibiades habe um die Anstalten und Absichten der Feinde gewußt und sich den Umstand zunutze gemacht, um Phrynichos zu verleumden, worin sie sich freilich irrten. In der Folge jedoch wurde Phrynichos von Hermon, einem der Wachsoldaten, auf offenem Markte mit einem Dolche erstochen, worauf die Athener, nach Untersuchung der Sache, den Phrynichos noch im Tode der Verräterei schuldig erklärten, den Hermon aber und seine Schar mit Kränzen belohnten.

26. In Samos behielten damals Alkibiades' Freunde die Oberhand und schickten nun den Peisander nach Athen ab, der die Revolution dort bewirken und die Edlen aufmuntern sollte, die Regierung zu übernehmen und die Demokratie aufzuheben, weil Alkibiades auf diese Bedingung den Tisaphernes zu ihrem Freund und Bundesgenossen machen wollte; denn dies diente denen, die die Oligarchie einführten, zum scheinbaren Vorwande. Nachdem aber die sogenannten Fünftausend oder, eigentlich zu reden, die Vierhundert sich mit Gewalt der Regierung bemächtigt hatten, bekümmerten sie sich am wenigsten um den Alkibiades und führten den Krieg nicht mehr mit gleichem Eifer, teils, weil sie den mit der vorgenommenen Veränderung unzufriedenen Bürgern nicht trauen durften, teils auch, weil sie hofften, daß die Lakedaimonier, die sonst immer die Oligarchie begünstigten, nun gegen sie nachgiebiger sein würden.

Das Volk in der Stadt hielt sich nun wohl dabei aus Zwang und Furcht ganz ruhig; denn die Vierhundert hatten nicht wenige, die es wagten, sich ihnen zu widersetzen, öffentlich umbringen lassen. Aber die in Samos befindlichen Athener wurden, als sie davon Nachricht erhielten, äußerst aufgebracht und beschlossen, geradewegs nach dem Peiraieus zu schiffen. Auch ließen sie Alkibiades kommen, ernannten ihn zum Feldherrn und trugen ihm auf, an ihrer Spitze der Herrschaft der Tyrannen ein Ende zu machen.

Alkibiades ließ es hier keineswegs bei dem Betragen so mancher anderer, die plötzlich durch Volksgunst emporkommen, bewenden, daß er geglaubt hätte, er müßte denen, die ihn aus einem herumirrenden Flüchtling zum Befehlshaber einer so ansehnlichen Land- und Seemacht ernannt hatten, in allem zu Willen sein und nicht im geringsten widersprechen. Er tat vielmehr, was einem großen Anführer zukommt, stellte sich der blinden Wut der Athener entgegen, und indem er so manche Fehltritte verhinderte, rettete er wenigstens für diesmal augenscheinlich das Vaterland. Denn wären sie jetzt von Samos nach Hause gefahren, so hätten sich die Feinde sogleich ohne Widerstand ganz Ioniens, des Hellesponts und aller Inseln bemächtigen können, die Athener hätten gegen Athener gefochten und den Krieg endlich nach Athen selbst hingezogen. Dies alles verhinderte Alkibiades wo nicht allein, doch gewiß am meisten, indem er nicht nur das ganze Heer durch Vorstellungen zu gewinnen suchte, sondern auch gegen einzelne bald Bitten, bald Scheltworte gebrauchte. Dabei unterstützte ihn Thrasybulos, der ihm immer zur Seite war und dem Heere zuschrie; denn er hatte, wie man sagt, unter allen Athenern die stärkste Stimme.

Ein anderer nicht minder wichtiger Dienst für die Athener war es, daß Alkibiades nun seinem Versprechen gemäß in aller Eile in See ging, um es dahin zu bringen, daß die phoinikischen Schiffe, welche die Lakedaimonier nach dem Befehle des Königs erwarteten, entweder auf die Seite der Athener treten oder wenigstens nicht zu jenen stoßen sollten. Tisaphernes ließ auch wirklich diese Schiffe, die schon bei Aspendos angekommen waren, nicht weiter gehen und täuschte so die Erwartung der Lakedaimonier. Beide Teile schrieben die Zurückhaltung der Flotte dem Alkibiades zu; vornehmlich beschuldigten ihn die Lakedaimonier, er habe dem Barbaren den Rat gegeben, daß er die Griechen sich durch einander selbst sollte aufreiben lassen. Denn so viel war gewiß, daß der Teil, zu welchem eine so ansehnliche Seemacht gestoßen wäre, dem andern die Herrschaft zur See würde entrissen haben.

27. Bald darauf wurde in Athen die Herrschaft der Vierhundert wieder aufgehoben, wobei Alkibiades' Freunde die Partei des Volkes eifrig unterstützten. Die Bürger in der Stadt wünschten und bestanden nun darauf, daß Alkibiades zurückkehrte; dieser aber glaubte, daß er nicht mit leeren Händen oder ohne etwas Großes getan zu haben, wie aus Gnade und Mitleid des Volks, sondern mit Ruhm und Ehren zurückkommen müßte. Daher ging er erst mit einigen wenigen Schiffen von Samos in See und kreuzte an den Küsten von Kos und Knidos. Als er dort erfuhr, daß der Spartaner Mindaros mit der ganzen Flotte nach dem Hellespont schiffte und die Athener ihm nachfolgten, eilte er ebenfalls dahin, um den Anführern der Athener Beistand zu leisten. Glücklicherweise langte er mit achtzehn Trieren gerade zu der Zeit an, als beide Flotten in der Nähe von Abydos an-

einandergeraten und auf der einen Seite als Sieger, auf der andern als Besiegte bis auf den Abend in einem hartnäckigen Kampfe begriffen waren. Bei seinem Erscheinen faßten beide Teile eine ganz entgegengesetzte Meinung; die Feinde bekamen dadurch neuen Mut, und die Athener gerieten in Bestürzung. Aber Alkibiades gab letztern alsbald vom Hauptschiffe das Signal, daß er als ihr Freund käme, und ging sogleich auf die Lakedaimonier da, wo sie siegten und die Fliehenden verfolgten, los. Er schlug sie leicht in die Flucht, jagte sie an die Küste und setzte ihnen mit solcher Hitze nach, daß er viele Schiffe in Grund bohrte und die Mannschaft, die sich durch Schwimmen zu retten suchte, tötete, obgleich auch Pharnabazos sie mit einer Landmacht unterstützte und an der Küste stand, um die anlegenden Schiffe zu beschützen. Am Ende hatten die Athener dreißig feindliche Schiffe erobert und die ihrigen wiederbekommen, weshalb sie denn ein Siegeszeichen errichteten.

Nach diesem glänzenden Glücke wollte Alkibiades aus Ehrsucht sich dem Tisaphernes in seiner ganzen Pracht zeigen, schaffte zu diesem Zwecke ansehnliche Geschenke sowohl für sich als im Namen der Athener herbei und begab sich mit dem Gefolge eines Feldherrn zu ihm hin. Allein hier fand er eine ganz andere Aufnahme, als er erwartet hatte. Tisaphernes, der schon längst von den Lakedaimoniern der Verräterei beschuldigt worden war und befürchtete, bei seinem Könige deswegen in Ungnade zu fallen, glaubte, daß Alkibiades ihm gerade zur rechten Zeit in die Hände gekommen wäre, nahm ihn in Verhaft und ließ ihn zu Sardeis ins Gefängnis legen, um sich durch diese Ungerechtigkeit von jener Beschuldigung zu befreien.

28. Nach Verlauf von dreißig Tagen wußte sich Alkibiades durch irgendein Mittel ein Pferd zu verschaffen und kam, nachdem er seinen Wächtern entwischt war, glücklich nach Klazomenai. Zur Rache sprengte er noch aus, um den Verdacht gegen Tisaphernes zu vermehren, daß er von diesem selbst wäre freigelassen worden. Von da schiffte er nach dem Lager der Athener, und als er hörte, daß Mindaros und Pharnabazos in Kyzikos beisammen wären, stellte er seinen Soldaten die Notwendigkeit vor, die Feinde nicht nur zur See, sondern auch zu Lande anzugreifen und wohl Kyzikos

selbst zu bestürmen; denn wenn sie nicht überall siegten, würde es ihnen an Geld und anderm Bedarf fehlen. Er bemannte also die Schiffe und steuerte nach Prokonnesos, wo er Befehl gab, die kleinen Fahrzeuge in die Mitte der Flotte zu nehmen und sorgfältig zu verhüten, daß die Feinde von seiner Annäherung die geringste Nachricht bekämen. Es mußte sich auch fügen, daß plötzlich ein Ungewitter, mit starkem Regen, Donner und Finsternis begleitet, hereinbrach, welches ihm sehr gut zustatten kam, um seine Anstalten zu verbergen, so daß die Feinde nichts davon merkten und selbst die Athener sich des Befehls, zu Schiffe zu gehen, gar nicht versahen.

Nicht lange nach der Abfahrt zerteilte sich die Finsternis, und nun bekamen sie auch gleich die peloponnesische Flotte zu Gesicht, welche vor dem Hafen von Kyzikos in offener See lag. Alkibiades besorgte, die Feinde möchten, wenn sie die große Menge seiner Schiffe gewahr würden, nach dem Lande fliehen, und gab deswegen den Anführern Befehl, langsam zu fahren und ihm von weitem zu folgen; er selbst zeigte sich den Feinden bloß mit vierzig Schiffen und forderte sie zum Treffen heraus. Diese ließen sich dadurch hintergehen und fingen sogleich mit Verachtung der wenigen Schiffe, die sie vor sich zu haben glaubten, das Gefecht an; aber als die übrigen indes herankamen, gerieten sie in Bestürzung und begaben sich auf die Flucht. Alkibiades, der mit zwanzig der besten Schiffe ihre Schlachtordnung durchbrochen hatte, fuhr nach der Küste, stieg ans Land und verfolgte die von den Schiffen Entkommenen, von denen er sehr viele niedermachte. Mindaros und Pharnabazos eilten zwar zur Hilfe herbei, aber er überwand auch diese, so daß ersterer nach einem hartnäckigen Kampfe auf dem Platze blieb und letzterer sich durch die Flucht retten mußte.

Die Athener, die das Schlachtfeld behauptet und eine Menge Waffen erbeutet hatten, bekamen nicht nur alle feindlichen Schiffe in ihre Gewalt, sondern machten sich auch, da Pharnabazos geflohen und die Peloponnesier aufgerieben waren, Kyzikos unterwürfig, so daß sie nun im Hellespont völlig den Meister spielten und die Lakedaimonier aus allen übrigen Gegenden dieses Meeres vertrieben. Es fiel ihnen auch ein nach lakonischer Art geschriebener

Brief in die Hände, der den Ephoren die erlittene Niederlage folgendermaßen meldete: „Um unser Glück ist es geschehen! Mindaros ist dahin! Die Leute hungern! Wir wissen nicht, was wir machen sollen!"

29. Durch diesen Sieg wurden Alkibiades' Soldaten so stolz und eingebildet, daß sie als unüberwindliche Krieger es unter ihrer Würde hielten, mit den andern, die so oft geschlagen worden, Gemeinschaft zu bilden. Denn nicht lange vorher hatte Thrasyllos bei Ephesos eine Schlappe bekommen, und den Athenern zur Schande war von den Ephesiern ein ehernes Siegeszeichen errichtet worden. Dies warfen Alkibiades' Soldaten denen, die unter dem Thrasyllos standen, vor, erhoben dagegen sich und ihren Feldherrn und wollten jene weder an den Übungen noch an dem Lager teilnehmen lassen. Als aber Pharnabazos die Athener, die in das Gebiet von Abydos eingefallen waren, mit einem starken Korps an Fußvolk und Reiterei angriff und Alkibiades, der sogleich herbeieilte, in Verbindung mit Thrasyllos ihn zurückschlug und bis in die Nacht verfolgte, vereinigten sich endlich die beiderseitigen Soldaten miteinander und kehrten freudig zusammen als gute Freunde ins Lager zurück.

Am folgenden Tage errichtete Alkibiades ein Siegeszeichen und plünderte das Gebiet des Pharnabazos aus, ohne daß jemand es wagte, sich ihm zu widersetzen. Er führte auch mehrere Priester und Priesterinnen mit sich fort, die er aber nachher ohne Lösegeld wieder in Freiheit setzte. Von da brach er auf, um die abtrünnigen Chalkedonier anzugreifen, die eine Besatzung nebst einem Befehlshaber von den Lakedaimoniern in die Stadt aufgenommen hatten. Da er hörte, daß sie all ihr Vieh vom Lande zusammentrieben und den Bithyniern, ihren Bundesgenossen, in Verwahrung gäben, rückte er mit dem Heere an die Grenzen und ließ durch einen abgeschickten Herold bei den Bithyniern deshalb Klage führen. Diese gerieten dadurch in Furcht, lieferten ihm das Vieh aus und schlossen mit ihm einen Freundschaftsbund.

30. Während nun Chalkedon von einem Meere bis zum andern mit einer Mauer eingeschlossen wurde, rückte Pharnabazos zum Entsatze der Stadt heran, und zu gleicher Zeit machte auch Hippokrates, der lakedaimonische Befehlshaber, mit allen Truppen, die er zusammenbringen konnte,

gegen die Athener einen Ausfall. Alkibiades stellte sein Heer so, daß es beiden die Spitze bieten konnte, und nötigte nicht nur den Pharnabazos zu einer schimpflichen Flucht, sondern besiegte auch den Hippokrates, der mit vielen der Seinigen auf dem Platze blieb.

Nach diesem Siege ging er wieder zu Schiff, um in den Städten am Hellespont Geld einzutreiben, und bemächtigte sich bei der Gelegenheit der Stadt Selybria, wo er sich unnötigerweise einer großen Gefahr aussetzte. Diejenigen nämlich, die ihm die Stadt überliefern wollten, hatten es verabredet, ihm um Mitternacht das Signal mit einer Fackel zu geben, aber sie sahen sich genötigt, es früher zu tun, aus Furcht vor einem der Mitverschwornen, der plötzlich anderen Sinnes geworden war. Alkibiades, dessen Truppen auf das gegebene Signal noch nicht in Bereitschaft waren, lief nur mit ungefähr dreißig Mann nach der Mauer zu und befahl den übrigen, ihm so geschwind als möglich zu folgen. Bei Öffnung des Tores stießen noch zwanzig Peltasten zu ihm; mit diesen drang er sogleich in die Stadt, sah aber nun wohl, daß die Selybrier als Feinde mit den Waffen in der Hand ihm entgegenkamen. Wollte er hier standhalten, so sah er sich ohne Rettung verloren, zum Fliehen aber konnte er sich auf keine Weise entschließen, da er bisher in allen seinen Feldzügen unbesiegt geblieben war. Doch endlich ließ er mit der Trompete Stillschweigen gebieten und befahl einem seiner Leute, öffentlich auszurufen, die Athener führten die Waffen nicht gegen die Selybrier. Diese Erklärung minderte bei einigen die Begierde zum Streite, weil sie sich einbildeten, daß schon alle Feinde in der Stadt wären, die andern schmeichelten sich mit der Hoffnung auf einen gütlichen Vergleich. Während sie sich nun untereinander darüber beratschlagten, kamen die übrigen Truppen zu Alkibiades, und da er vermutete, wie sich's auch wirklich verhielt, daß die Selybrier friedlich gesinnt wären, ward ihm bange, die Thrakier, deren viele aus Gefälligkeit und Freundschaft gegen ihn an diesem Zuge bereitwillig teilnahmen, möchten sich einfallen lassen, die Stadt zu plündern. Aus diesem Grunde schickte er sie sämtlich zurück und tat den Selybriern, die ihn um Nachsicht baten, nichts zuleide; er ließ sich bloß eine Summe Geldes zahlen, legte eine Besatzung in die Stadt und zog dann wieder ab.

31. Inzwischen hatten die Feldherren, welche die Belagerung von Chalkedon führten, mit Pharnabazos einen Vergleich geschlossen, unter den Bedingungen, es sollte ihnen eine Summe Geldes gezahlt werden, die Chalkedonier sollten den Athenern wieder unterworfen sein und diese das Gebiet des Pharnabazos in Ruhe lassen, Pharnabazos aber den Gesandten der Athener an den König sicheres Geleit verschaffen. Pharnabazos forderte nun von Alkibiades nach seiner Rückkunft, daß auch er den Vergleich beschwören sollte; aber dieser antwortete, er werde nicht eher schwören, bis Pharnabazos geschworen hätte.

Nachdem der Eid von beiden Seiten abgelegt worden war, ging Alkibiades auf die Byzantier los, die ebenfalls abgefallen waren, und schloß die Stadt mit einer Mauer ein. Anaxilaos, Lykurgos und einige andere Byzantier erboten sich, ihm die Stadt zu übergeben, unter der Bedingung, daß er ihr nichts zuleide täte. Daher sprengte er aus, die in Ionien ausgebrochenen Unruhen nötigten die Athener, die Belagerung aufzuheben, und ging wirklich am hellen Tage mit der ganzen Flotte unter Segel. Allein des Nachts kehrte er wieder zurück, stieg mit den Schwerbewaffneten an Land und näherte sich in aller Stille der Stadtmauer. Unterdessen fuhren die Schiffe nach dem Hafen und drangen unter großem Geschrei und Lärmen hinein, so daß sie durch den unerwarteten Angriff die Byzantier in Bestürzung setzten, aber auch zugleich denen, die es mit den Athenern hielten, Gelegenheit gaben, den Alkibiades desto sicherer einzulassen, weil alle nur nach dem Hafen und gegen die Schiffe hin zogen.

Doch ging es dabei nicht ganz ohne Blutvergießen ab. Die Peloponnesier, Boiotier und Megareier, die sich in Byzanz befanden, trieben die den Hafen stürmenden Athener auf ihre Schiffe zurück, und als sie vernahmen, daß die Feinde schon in der Stadt wären, schlossen sie sich aneinander und gingen auf sie los. Es kam zu einem hitzigen Gefechte, aber endlich behielt Alkibiades auf dem rechten und Theramenes auf dem linken Flügel den Sieg und machten die noch übrigen Feinde, ungefähr dreihundert Mann, zu Gefangenen. Nach dem Gefecht wurde weiter kein Byzantier getötet oder geächtet; denn nur unter diesen Bedingungen hatten jene Männer die Stadt übergeben und den Vergleich geschlossen, ohne für sich selbst auch nur das geringste aus-zubedingen. Daher verteidigte sich nachmals Anaxilaos, als er in Sparta des Verrats angeklagt wurde, auf eine Art, die seiner Handlung keine Schande machte. „Ich bin", sagte er, „ein Byzantier, aber kein Lakedaimonier. Ich sah nicht Sparta, sondern Byzanz in Gefahr, da die Stadt von allen Seiten eingeschlossen war, nichts mehr hineingelassen wurde und die Peloponnesier und Boiotier das vorrätige Getreide aufzehrten, während die Byzantier mit ihren Wei-bern und Kindern hungern mußten. Ich habe auch die Stadt nicht verraten, sondern sie von Krieg und Elend befreit, und darin habe ich das Beispiel der angesehensten Lakedai-monier befolgt, die nur das für rühmlich und gerecht hal-ten, was dem Vaterlande ersprießlich ist." Diese Gründe lie-ßen denn auch die Lakedaimonier gelten und sprachen die Männer frei.

32. Alkibiades, der sich schon lange nach Hause sehnte und noch mehr wünschte, nach so vielfältigen Siegen über die Feinde sich vor seinen Mitbürgern sehen zu lassen, ging nun endlich nach Athen unter Segel. Alle seine Schiffe wa-ren ringsherum mit Schilden und anderer Beute ge-schmückt; diesen ließ er die vielen eroberten Schiffe folgen, und außerdem führte er die Zieraten von noch mehr durch ihn zerstörten Schiffen mit, deren zusammen nicht weniger als zweihundert waren. Duris von Samos, der sich für einen Nachkommen des Alkibiades ausgibt, fügt noch hinzu, Chrysogonos, ein Sieger in den pythischen Spielen, habe den Ruderern auf der Flöte vorgespielt, Kallippides, ein tra-gischer Schauspieler, mit einem langen Talar und anderm Theaterprunk bekleidet, den Rudermeister vorgestellt und das Admiralsschiff sei mit purpurnen Segeln in den Hafen eingelaufen. Aber davon hat weder Theopompos noch Ephoros, noch Xenophon etwas gemeldet; auch ist es gar nicht wahrscheinlich, daß Alkibiades, der aus der Verban-nung nach so vielen erlittenen Unglücksfällen zurück-kehrte, vor den Athenern in einem so üppigen Aufzuge, als wenn er von einem Trinkgelage käme, sollte erschienen sein. Im Gegenteil lief er mit Schüchternheit in den Hafen ein und getraute sich nicht eher die Triere zu verlassen, bis er vom Verdeck seinen Vetter Euryptolemos mit vielen andern Freunden und Bekannten erblickte, die ihm ent-

gegenkamen und ihn auszusteigen ersuchten.

Als er an Land gekommen war, schien die herbeiströmende Menge die andern Befehlshaber gar nicht zu bemerken; alle liefen nur auf ihn zu, bewillkommten ihn mit lautem Freudengeschrei und begleiteten ihn nach der Stadt. Die zunächst Stehenden behängten ihn mit Kränzen, die sich ihm nicht nähern konnten, begnügten sich, ihn von ferne anzugaffen, und die Alten zeigten ihn ihren Kindern. Indes waren diese öffentlichen Freudensbezeugungen auch mit vielen Tränen vermischt. Bei dem gegenwärtigen Glücke erinnerten sich die Athener der erlittenen Unglücksfälle, indem sie erwogen, daß ihre Absicht auf Sizilien nicht würde fehlgeschlagen noch irgendeine andere ihrer Hoffnungen gescheitert sein, wenn sie den Alkibiades vormals an der Spitze des Staats und der Armee gelassen hätten, da er schon jetzt seit der kurzen Geschäftsführung die Stadt, die beinahe vom Meere ganz verdrängt, zu Lande kaum noch über ihre Vorstädte Herr und dabei durch innere Zwietracht zerrüttet war, aus den traurigen und elenden Trümmern emporgehoben und ihr nicht nur die Herrschaft zur See, sondern auch zu Lande überall den Sieg über ihre Feinde wieder verschafft hatte.

33. Das Volksdekret wegen seiner Rückberufung war schon vorher ausgefertigt worden, auf Antrag des Kritias, Kallaischros' Sohns, wie dieser in seinen Elegien meldet, wenn er den Alkibiades an die ihm erwiesene Wohltat erinnert:

Jenen Antrag, welcher zurück dich führte, den hab
    ich
    Selbst dem Volke gestellt und dir die Rückkehr
        bewirkt.
Aber es liegt darauf das Siegel unserer Zunge.

Es wurde nunmehr eine Volksversammlung gehalten, worin Alkibiades auftrat und seine Unglücksfälle unter Weinen und Klagen erzählte; doch machte er dem Volke nur wenige und gelinde Vorwürfe und schrieb dagegen alles, was ihm begegnet war, einem bösen Geschicke oder neidischen Genius zu. Am Ende sprach er noch weitläufig über die Aussichten der Feinde und ermahnte die Bürger, Mut zu fassen. Das Volk beschenkte ihn hierauf mit goldenen Kronen und erwählte ihn zum obersten Befehlshaber sowohl zu Wasser als zu Lande. Überdies verordnete es, daß ihm sein Vermögen zurückgegeben werden sollte, auch mußten die Eumolpiden und Herolde die auf Befehl des Volkes gegen ihn ausgesprochenen Flüche wieder aufheben. Alle taten dies willig, nur der Hierophant Theodoros erklärte: „Ich für meine Person habe ihm nichts Böses geflucht, wenn er dem Staate nicht Unrecht tut."

34. So glänzend nun auch das Glück war, das Alkibiades jetzt genoß, so machte doch manchen die Zeit seiner Rückkehr Besorgnisse. Er war nämlich gerade an dem Tage in den Hafen eingelaufen, da der Göttin Athene zu Ehren das Fest Plynteria begangen wurde. Diese geheimgehaltenen Zeremonien verrichten die Praxiergiden am fünfundzwanzigsten Tage des Monats Thargelion, indem sie der Göttin allen Schmuck abnehmen und die Bildsäule verhüllen. Daher halten die Athener diesen Tag für einen der unglücklichsten, an dem man nichts vornehmen darf. Die Göttin schien also den Alkibiades nicht gnädig und huldreich aufzunehmen, sondern gleichsam mit verhülltem Antlitz ihn von sich zu entfernen.

Indes ging dem Alkibiades doch alles nach Wunsch, und es wurde schon eine Flotte von hundert Trieren ausgerüstet, die sogleich in See gehen sollte, als eine nicht unedle Ruhmbegierde ihn noch bis zur Feier der Mysterien aufhielt. Seitdem nämlich Dekeleia war befestigt worden und die Feinde alle nach Eleusis führenden Wege in ihrer Gewalt hatten, mußte der festliche Aufzug ohne alle Pracht zur See dorthin gehen, so daß die Opfer, die Reigen und viele andere heilige Gebräuche, die sonst bei der Ausführung des Jakchos unterwegs beobachtet wurden, aus Not unterblieben. Alkibiades hielt es nun für eine schöne Gelegenheit, sowohl seine Frömmigkeit gegen die Götter zu zeigen als bei den Menschen Ehre einzulegen, wenn er dem Feste seinen alten Glanz wiedergäbe, den Aufzug zu Lande nach Eleusis begleitete und ihn gegen die Anfälle der Feinde beschützte. Dabei hoffte er, entweder den Agis, wenn er stille hielte, zu demütigen und herabzusetzen oder im Angesichte der Vaterstadt einen heiligen, den Göttern angenehmen Kampf für die erhabensten und bedeutsamsten Gegenstände zu wagen und alle Bürger zu Zeugen seiner Tapferkeit zu haben.

Nachdem er von diesem seinen Vorhaben die Eumolpiden und Herolde unterrichtet hatte, stellte er die Wächter auf die Anhöhen und schickte mit Anbruch des Tages einige leichte Truppen voraus. Sodann nahm er die Priester, die Mysten und die Mystagogen in seinen Schutz und geleitete sie, rings mit Waffen umgeben, in schönster Ordnung und mit feierlicher Stille nach Eleusis: ein kriegrischer Zug, der einen erhabenen, der Gottheit würdigen Anblick gewährte und von denen, die vom Neide frei waren, mit dem Amte des Hierophanten und der Mystagogen verglichen wurde. Von seiten des Feindes wagte auch niemand einen Angriff, und so führte Alkibiades den Zug glücklich nach Athen zurück, worauf er nicht nur selbst sich viel einbildete, sondern auch das ganze Heer auf den stolzen Gedanken brachte, daß es unter seiner Anführung unüberwindlich wäre und jedem Feind Trotz bieten könnte. Dabei wußte er das arme, gemeine Volk so zu gewinnen und an sich zu ziehen, daß es die größte Begierde zeigte, ihn zum Oberherrn zu haben, ja einige es sogar laut sagten und ihn sehr bedrängten, er sollte sich doch über allen Neid hinwegsetzen, Dekrete und Gesetze umstoßen, jene Schwätzer, die nur den Staat ins Verderben stürzten, unterdrücken und die öffentlichen Geschäfte nach seinem Gutdünken verwalten, ohne sich weiter vor Kabalen und Verleumdungen fürchten zu dürfen.

35. Wie er für seine Person hinsichtlich der unumschränkten Gewalt mag gedacht haben, ist uns unbekannt; aber die mächtigsten unter den Bürgern gerieten deshalb in Furcht und betrieben seine Abfahrt auf das geschwindeste, so daß sie ihm alles bewilligten und auch die, welche er selbst wollte, zu Kollegen im Kommando gaben. Er ging also mit den hundert Schiffen in See und griff die Insel Andros an, wo er zwar die Einwohner und die bei ihnen befindlichen Lakedaimonier überwand, die Stadt selbst aber nicht eroberte. Und dies war das erste, was seine Feinde ihm öffentlich zur Last legten. Ist jemals ein Mann durch seinen eigenen Ruhm gestürzt worden, so ist es Alkibiades. Die großen Taten, die er bisher verrichtet hatte, erregten von seinem Mute sowohl als von seinen Einsichten eine so hohe Meinung, daß eine fehlschlagende Unternehmung ihn

gleich der Fahrlässigkeit verdächtig machte; man wollte nicht glauben, daß er nicht gekonnt hätte, sondern war überzeugt, daß ihm nichts, was er mit Eifer betrieb, unmöglich wäre. Die Athener rechneten auch darauf, von der Bezwingung der Chier und der übrigen Ionier bald Nachricht zu erhalten. Daher waren sie denn sehr aufgebracht, als sie hörten, daß nicht alles gleich auf der Stelle und so geschwind, als sie wünschten, ausgeführt worden, ohne den Geldmangel in Betracht zu ziehen, durch den Alkibiades in einem Kriege mit Leuten, die ein großer König mit allem reichlich versah, oft genötigt wurde, sich von der Flotte zu entfernen und von andern Orten den Sold für die Truppen oder Lebensmittel herbeizuschaffen.

Eben darin lag auch der Grund der letzten Klage, die gegen ihn erhoben wurde. Lysander nämlich, den die Lakedaimonier als Befehlshaber der Flotte abgeschickt hatten, gab von den Summen, womit Kyros ihn unterstützte, jedem Matrosen vier Obolen anstatt drei, während Alkibiades seinen Leuten mit genauer Not die drei Obolen zahlen konnte. Dieser wandte sich daher, um Geld beizutreiben, nach Karien und gab indes die Aufsicht über die Flotte dem Antiochos, der zwar ein ganz guter Steuermann, sonst aber sehr unbesonnen und übermütig war. Ungeachtet er von Alkibiades gemessenen Befehl hatte, sich durchaus in kein Treffen einzulassen, wenn ihn auch die Feinde herausfordern sollten, setzte er sich doch mit solcher Frechheit darüber hinweg, daß er seine eigene und noch eine andere Triere bemannte, mit diesen auf Ephesos zufuhr und, indem er ganz nahe vor den feindlichen Schiffen vorbeistrich, die Mannschaft derselben durch die gröbsten Schimpfreden und Beleidigungen zu erbittern suchte. Lysander verfolgte ihn zuerst nur mit wenigen Schiffen; da aber die Athener zur Hilfe herbeieilten, lief er mit seiner ganzen Flotte aus, schlug die Athener, tötete den Antiochos selbst, bekam viele Schiffe und Gefangene in seine Gewalt und errichtete deshalb ein Siegeszeichen. Auf die Nachricht von diesem Unglück kehrte Alkibiades nach Samos zurück und ging mit allen seinen Schiffen in See, um Lysander ein neues Treffen anzubieten. Allein dieser begnügte sich mit dem erhaltenen Vorteil und fand nicht für gut, ihm entgegenzugehen.

36. Unter denjenigen, die im Heere gegen Alkibiades auf-

sässig waren, befand sich auch Thrasybulos, Thrasons Sohn. Dieser begab sich aus Feindschaft sogleich nach Athen, um ihn öffentlich anzuklagen, und hetzte auch bald das Volk gegen ihn auf, indem er ihm vorstellte, Alkibiades habe alles verdorben und eine Menge Schiffe verloren, da er seine Gewalt mißbrauche und Leuten, die sich durch Trinkgelage und Matrosenschwänke bei ihm ins größte Ansehen gesetzt hätten, das Kommando anvertraue, um für seine Person an den umliegenden Küsten Geld zu erpressen, in Völlerei auszuschweifen und sich mit den Buhldirnen in Abydos und Ionien zu belustigen, während die feindliche Flotte in der Nähe liege. Überdies machte man es ihm zum Verbrechen, daß er sich in Thrakien bei Bisanthe ein Schloß erbaut hatte, um einen Zufluchtsort zu haben, wenn er in seinem Vaterlande nicht länger bleiben könnte oder wollte. Die Athener ließen sich leicht überreden und wählten sogleich andere Feldherren, wodurch sie ihren Zorn und Unwillen gegen ihn deutlich genug an den Tag legten. Auf diese Nachricht verließ nun Alkibiades, dem nichts Gutes ahnte, gänzlich das Lager; er brachte einige fremde Truppen zusammen und bekriegte für sich die unabhängigen Thrakier, wodurch er sich nicht nur große Beute und Reichtümer erwarb, sondern auch den dort herum wohnenden Griechen Sicherheit vor den Barbaren verschaffte.

Als nachher die Feldherren Tydeus, Menander und Adeimantos mit den sämtlichen Schiffen, die die Athener damals hatten, bei Aigospotamoi lagen und immer des Morgens gegen Lysander, der mit seiner Flotte bei Lampsakos stand, auszulaufen, ihm ein Treffen anzubieten, dann wieder zurückzukehren und den übrigen Tag nachlässig und ohne Manneszucht hinzubringen pflegten, so konnte Alkibiades, der eben in der Nähe war, bei einem solchen Benehmen nicht gleichgültig bleiben; er ritt vielmehr zu den Befehlshabern hin und stellte ihnen vor, daß sie hier in einer Gegend ohne Hafen und Städte einen üblen Standort gewählt hätten, daß sie ihren Bedarf weither von Sestos holen müßten und die Schiffsmannschaft am Lande nach Gefallen umherirren und sich zerstreuen ließen, während die feindliche Flotte, die einem unbeschränkten Befehlshaber auf den ersten Wink zu gehorchen gewohnt wäre, ihnen gegenüberläge.

37. Aber auf diese Worte des Alkibiades achteten die athenischen Feldherren so wenig als auf seinen Rat, die Flotte von dort weg nach Sestos zu bringen; ja Tydeus befahl ihm sogar mit Hohn, er sollte seiner Wege gehen, denn nicht er, sondern andere Leute führten hier das Kommando. Alkibiades, der einigen Verdacht auf Verrat gegen sie hegte, begab sich weg und sagte zu seinen Bekannten im Lager, die ihn begleiteten, wenn er von den Feldherren nicht so schimpflich behandelt worden wäre, so hätte er binnen wenigen Tagen die Lakedaimonier zwingen wollen, auch wider ihren Willen ein Treffen zu liefern oder ihre Schiffe im Stich zu lassen. Einige hielten dies für Prahlerei; andere hingegen fanden es ganz wahrscheinlich, wenn er viele Thrakier, Fußvolk und Reiterei, herübergeführt und die Lakedaimonier zu Lande in ihrem Lager angegriffen hätte. Indes bezeugte bald der Erfolg, daß er die Fehler der Athener ganz richtig erkannt hatte. Denn Lysander überfiel sie so plötzlich und unerwartet, daß nur acht Trieren mit Konon entrannen und die übrigen alle, nicht viel weniger als zweihundert, dem Feinde zur Beute wurden. Außerdem machte Lysander an die dreitausend Mann zu Gefangenen und ließ sie alle umbringen. Bald darauf eroberte er Athen selbst, verbrannte alle Schiffe und riß die langen Mauern nieder.

Da nunmehr die Lakedaimonier sowohl zu Lande als zur See den Meister spielten, so hatte Alkibiades sich sehr vor ihnen zu fürchten. Er wandte sich daher nach Bithynien und nahm eine ungeheure Menge Reichtümer mit dahin, wiewohl er in den bisher bewohnten Schlössern noch weit mehr zurückließ. In Bithynien aber kam er durch die Räubereien der dort wohnenden Thrakier wieder um einen guten Teil seines Eigentums, und dies brachte ihn denn auf den Gedanken, sich an den Hof des Artaxerxes zu begeben, indem er hoffte, daß er dem Könige bei näherer Bekanntschaft in keinem schlechteren Lichte als Themistokles und seiner Absichten wegen wohl noch in einem bessern erscheinen würde. Denn er war nicht, wie jener, gesonnen, seinen Mitbürgern zu schaden, sondern seinem Vaterlande gegen die Feinde gute Dienste zu leisten und den König um Unterstützung desselben zu bitten. Da er glaubte, daß Pharnabazos ihm am ehesten eine sichere und bequeme Gelegenheit zu dieser Reise verschaffen könnte, so ging er zu ihm nach Phrygien und lebte eine Zeitlang bei ihm in wechselseitiger Achtung und Freundschaft.

38. Die Athener schmerzte indes der Verlust ihrer Herrschaft empfindlich; aber als jetzt Lysander ihnen auch ihre Freiheit entriß und die Stadt dreißig Männern unterwarf, verfielen sie endlich bei ihrem ganz verlornen Zustande auf Betrachtungen, an die sie vorher, als sie noch zu retten waren, nicht gedacht hatten, und gingen mit Bedauern alle begangenen Fehler und Torheiten durch, worunter ihnen der zum zweitenmal an Alkibiades ausgelassene Zorn die wichtigste und vornehmste zu sein schien. Denn sie hatten diesen, ohne daß er eines Verbrechens schuldig war, mit Schimpf verstoßen und im Unwillen über einen Unterbefehlshaber, der wenige Schiffe auf eine schändliche Art verloren hatte, selbst auf eine noch schändlichere Art den Staat um seinen tapfersten und erfahrensten Feldherrn gebracht. Demungeachtet blieb ihnen auch in der gegenwärtigen Lage noch eine schwache Hoffnung übrig, daß für Athen noch nicht alles verloren wäre, solange Alkibiades lebte. Denn sowenig er in seiner ersten Verbannung sich begnügt hätte, in untätiger Ruhe zu leben, so wenig würde er auch jetzt, wenn er Kräfte genug besäße, bei dem Übermute der Lakedaimonier und den Ungerechtigkeiten der dreißig Männer gleichgültig bleiben.

Es war freilich nicht ganz ohne Grund, daß das Volk sich so etwas träumen ließ, da selbst die dreißig Männer für notwendig erachteten, genaue Kundschaft von ihm einzuziehen und sich sorgfältig um alles, was er tat und vornahm, zu bekümmern. Endlich aber stellte Kritias dem Lysander vor, daß die Herrschaft der Lakedaimonier über Griechenland nicht gesichert wäre, solange die Athener eine demokratische Verfassung hätten, und wenn auch die Athener sich willig und geduldig der Oligarchie unterwürfen, so würde doch Alkibiades, solange er lebte, sie immer zum Widerstand gegen die eingeführte Verfassung verleiten. Lysander gab jedoch diesen Vorstellungen nicht eher Gehör, bis von der Regierung in Sparta geheime Briefe ankamen, die ihm befahlen, Alkibiades aus dem Wege zu räumen, es sei nun, daß auch jene sich vor dem großen, unternehmenden Geiste des Mannes fürchtete oder dem König Agis sich gefällig erweisen wollte.

39. Lysander ließ also den Pharnabazos ersuchen, den Befehl auszuführen, und dieser trug das Geschäft seinem Bruder Magaios und seinem Oheim Susamithres auf. Eben damals hatte Alkibiades seinen Aufenthalt in einem Flecken in Phrygien und lebte da mit der Buhlerin Timandra. Einst hatte er im Schlafe folgendes Traumgesicht. Es kam ihm vor, als wenn er die Kleider der Buhlerin anhätte, diese seinen Kopf in den Armen hielte und das Gesicht nach der Art der Weiber putze und schminke. Andere sagen, es hätte ihm geträumt, daß Magaios ihm den Kopf abschnitte und sein Körper verbrannt würde. Diesen Traum soll er kurz vor seinem Tode gehabt haben.

Die Leute, die gegen ihn ausgeschickt worden, wagten es nicht, zu ihm hinein zu gehen, sondern umringten das Haus und steckten es in Brand. Wie Alkibiades es inne ward, raffte er die meisten Kleider und Decken zusammen und warf sie auf das Feuer; dann wickelte er seinen Mantel um die linke Hand, nahm in die rechte sein Schwert und sprang unversehrt durch das Feuer, ehe noch jene Decken verbrannt waren. Sein Erscheinen zerstreute sogleich die Barbaren, keiner getraute sich, ihn aufzuhalten oder ihn anzugreifen, aber sie standen in einiger Entfernung und schossen mit Pfeilen und Wurfspießen nach ihm. Nachdem er auf diese Art gefallen war und die Barbaren sich entfernt hatten, hob Timandra seinen Leichnam auf, umhüllte und bedeckte ihn mit ihren eigenen Kleidern und hielt ihm ein so prächtiges Leichenbegängnis, als die gegenwärtigen Umstände es verstatteten. Eine Tochter dieser Timandra soll die Laïs gewesen sein, die gewöhnlich für eine Korintherin ausgegeben wird, aber aus Hykkara, einem Städtchen in Sizilien, gebürtig und dort in Gefangenschaft geraten war.

Einige Schriftsteller, die übrigens mit dieser Erzählung von Alkibiades' Tode übereinstimmen, sagen, daß weder Pharnabazos noch Lysander, noch die Lakedaimonier dazu Anlaß gegeben hätten, sondern Alkibiades selbst. Er habe nämlich ein Mädchen aus einem vornehmen Hause verführt und bei sich behalten; über diesen Schimpf wären die Brüder des Mädchens so aufgebracht worden, daß sie das Haus, worin Alkibiades sich eben aufhielt, bei Nachtzeit angezündet und ihn, als er dem Feuer entsprang, wie gesagt, niedergeschossen hätten.

Gaius Marcius Coriolanus

1. Das patrizische Haus der Marcier in Rom hat viele berühmte Männer hervorgebracht, worunter auch Ancus Marcius, der Enkel des Numa, gehörte, welcher nach Tullus Hostilius König wurde. Aus diesem Hause waren auch Publius und Quintus Marcius, welche das reichlichste und beste Wasser nach Rom geleitet haben; desgleichen Censorinus, den das römische Volk zweimal zum Zensor erwählte, dann aber auf dessen Rat ein Gesetz gab und verordnete, daß es niemandem erlaubt sein sollte, sich zweimal um dieses Amt zu bewerben.

Gaius Marcius, dessen Leben wir jetzt beschreiben, wurde nach dem frühen Verluste seines Vaters von seiner verwitweten Mutter auferzogen und bewies, daß der Waisenstand, mit so vielen Übeln er auch sonst begleitet sein mag, doch niemandem zum Hindernis gereiche, ein rechtschaffener, vor vielen ausgezeichneter Mann zu werden; daß also der Vorwurf und die Beschuldigung nichtswürdiger Leute, er mache durch Verwahrlosung unglücklich, ganz falsch und grundlos sei. Allein ebendieser Mann dient auch zum Beweise für die, welche behaupten, daß die edelste, die beste Anlage, wenn es ihr an Ausbildung fehlt, wie ein fruchtbarer Boden, dem nicht die gehörige Kultur zuteil wird, mit dem Guten zugleich auch viel Böses hervorbringe. Denn die Stärke und Festigkeit seiner Seele in allen Dingen erzeugte zwar jene feurigen und wirksamen Triebe zu rühmlichen Unternehmungen; auf der andern Seite aber machte sie ihn, da er sich einer unmäßigen Hitze und dem unbeweglichsten Starrsinn überließ, unleidlich und zum Umgange mit andern Menschen ungeschickt, so daß selbst die, welche seine Gleichgültigkeit gegen Vergnügen, Beschwerlichkeiten und Reichtümer bewunderten und sie mit den Namen Enthaltsamkeit, Gerechtigkeit und männliche Stärke belegten, ihn dagegen bei politischen Verhandlungen als einen gehässigen, widrigen und gebieterischen Menschen nicht ausstehen konnten. Der größte Vorteil, den die Menschen von der Huld der Musen haben, ist doch immer der, daß ihre Natur durch Wissenschaft und Unterweisung verfeinert und angeleitet wird, der Mittelstraße zu folgen und jedes Übermaß von sich fernzuhalten. Im ganzen hielt freilich Rom in jenen Zeiten kriegerischen Mut und Tapferkeit unter allen Tugenden am meisten in Ehren; ein Beweis davon ist, daß die Römer die Tugend geradezu „Virtus" nannten und also den Namen, der der Tapferkeit eigen war, der Tugend im allgemeinen beilegten.

2. Marcius, der vor andern eine leidenschaftliche Neigung zu kriegerischen Kämpfen hatte, führte die Waffen gleich von Kindheit an in der Hand, und da er glaubte, daß die künstlichen Waffen für diejenigen von gar keinem Nutzen sind, welche die natürlichen und angebornen nicht gehörig ausbilden und vervollkommnen, so übte er seinen Körper zu jeder Art von Kampf, so daß derselbe nicht nur im Laufen eine ungemeine Leichtigkeit, sondern auch im Anfassen und Ringen eine unwiderstehliche Schwere besaß. Daher pflegten die, welche mit ihm hinsichtlich des Mutes und der Tapferkeit wetteiferten, sooft sie ihm den Vorzug lassen mußten, die Schuld auf seine unbezwingliche Leibesstärke zu schieben, die durch keine Strapazen zu ermüden wäre.

3. Den ersten Feldzug machte er in seiner frühern Jugend, als die meisten Latiner und viele andere italische Völkerschaften den Tarquinius, den aus Rom vertriebenen König, der jetzt nach so vielen unglücklichen Treffen und Niederlagen gleichsam noch den letzten Wurf im Spiele wagte, mit Heeresmacht zurückzuführen versuchten, nicht sowohl aus Neigung und Liebe zu ihm als aus Furcht und Neid gegen die immer zunehmende Macht der Römer, die sie bei dieser Gelegenheit unterdrücken wollten. In der darauf folgenden Schlacht, worin das Glück sehr wechselhaft war, focht Marcius vor den Augen des Diktators mit größter Unerschrockenheit, und als er neben sich einen Römer fallen sah, trat er, um denselben zu verteidigen, vor ihn und erlegte den auf ihn eindringenden feindlichen Soldaten.

Nachdem der Feldherr endlich den Sieg davongetragen hatte, belohnte er zuallererst den Marcius mit einem Eichenkranze, welchen das Gesetz demjenigen bestimmt, der im Kriege einem Bürger das Leben gerettet hat; entweder weil man die Eiche der Arkadier wegen schätzt, die von Apollo in einem Orakel Eichelesser genannt werden, oder weil eine im Felde stehende Armee überall leicht Eichen findet oder auch weil man glaubt, daß der dem Jupiter, als Beschützer der Städte, geweihte Eichenkranz eine schickliche Belohnung für die Rettung eines Bürgers sei. Die Eiche ist unter den wilden Bäumen der fruchtreichste und unter den zahmen der härteste. Man hatte von ihr als Speise die Eichel und als Getränk eine Art von Met; auch lieferte sie zur Zukost eine Menge Tiere und Vögel, da sie die Mistel, ein Werkzeug der Jagd, hervorbringt. In diesem Treffen sollen auch die Dioskuren erschienen sein und gleich danach sich auf Pferden, die vom Schweiße troffen, auf dem Markte neben dem Brunnen, wo jetzt ihr Tempel steht, gezeigt und den Sieg verkündigt haben. Daher hat man den Tag dieses Sieges, den fünfzehnten des Monats Julius, den Dioskuren gewidmet.

4. Bei jungen Männern, die nur eine schwache Ruhmbegierde besitzen, pflegen die zu früh erhaltenen Belohnungen und Ehrenbezeigungen den Durst nach Ehre bald zu stillen und eine Art von Sättigung zu bewirken; große, erhabene Seelen hingegen werden durch Ehrenbezeigungen nur desto mehr gereizt und angefeuert und wie von einem Winde zu allem, was ihnen rühmlich vorkommt, hingetrieben. Sie betrachten dieselben nicht als eine empfangene Belohnung, sondern als ein von ihnen selbst gegebenes Unterpfand; daher schämen sie sich, ihren Ruhm im Stich zu lassen und ihn nicht durch andere, größere Taten noch zu übertreffen. Eine solche Gesinnung hegte Marcius. Er machte sich's zum Gesetz, in der Tapferkeit mit sich selbst zu wetteifern, strebte, in Taten immer neu zu sein, und so knüpfte er eine Heldentat an die andere, trug eine Siegesbeute nach der andern davon und brachte es so weit, daß die folgenden Feldherren, unter welchen er diente, immer mit den vorhergehenden um die Wette stritten, ihm Ehre zu erweisen und in den Zeugnissen für ihn einander zu übertreffen. So viel ist gewiß, daß er aus keinem der vielen

Gefechte und Feldzüge, welche die Römer damals zu bestehen hatten, ohne einen Ehrenkranz oder irgendeine andere Belohnung zurückkehrte.

Andere machten den Ruhm zum Endzweck ihrer Tapferkeit; aber für Marcius war der Endzweck des Ruhms die Freude seiner Mutter. Daß diese ihn loben hörte, daß sie ihn die Ehrenkränze tragen sah und vor Freude weinend ihn umarmte, dies war in seinen Augen der höchste Grad von Ehre und Glückseligkeit. Eine gleiche Gesinnung soll wirklich auch Epameinondas verraten haben, da er es für das größte Glück hielt, daß sein Vater und seine Mutter den unter seiner Anführung bei Leuktra erkämpften Sieg noch erlebt hätten. Dieser genoß nun freilich das Glück, daß seine beiden Eltern an seiner Ehre und Freude teilnehmen konnten; Marcius hingegen glaubte, das dem Vater gebührende Vergnügen der Mutter schuldig zu sein, und ward es nie satt, der Volumnia Freude und Ehre zu machen; ja er nahm bloß auf ihr Bitten und Verlangen eine Frau, und auch als er Kinder bekam, wohnte er noch mit seiner Mutter in einem Hause zusammen.

5. Schon stand er in der Stadt seiner Tapferkeit wegen in großem Ruhm und Ansehen, als der Senat sich der Reichen annahm und dadurch mit dem Volke, das von den Wucherern viele harte Bedrückungen zu erleiden glaubte, in Uneinigkeit geriet. Die, welche noch einiges Vermögen besaßen, brachte man durch Auspfändung und öffentlichen Verkauf um alles, was sie hatten; die ganz Armen hingegen wurden fortgeschleppt und eingekerkert, ungeachtet sie noch die Narben und Wunden an sich trugen, die sie in den häufigen Kriegen für das Vaterland bekommen hatten. Zu dem letztern von diesen Kriegen, der gegen die Sabiner geführt wurde, hatten sie sich noch verstanden, weil die Reichen versprachen, künftig mit ihnen gelinder zu verfahren, und der Diktator Manius Valerius nach einem Senatsbeschlusse sich dafür verbürgte. Auch in diesem Feldzuge hatten sie mit tapferm Mute gefochten und den Sieg davongetragen; aber da gleichwohl von seiten der Gläubiger keine Linderung erfolgte und der Senat von seiner Zusage nichts mehr wissen wollte, sondern es geschehen ließ, daß die Schuldner wie zuvor fortgeschleppt und ausgepfändet wurden, so brachen endlich in der Stadt Unruhen und gefährliche Meu-

tereien aus. Zu gleicher Zeit fielen auch die Feinde, denen diese Uneinigkeit des Volks nicht verborgen blieb, ins römische Gebiet ein und verheerten es mit Feuer und Schwert. Die Konsuln riefen die dienstfähigen Bürger zu den Waffen; aber niemand gehorchte ihnen. Daher war nun der Senat wieder in seinen Meinungen geteilt. Einige hielten für nötig, den Armen nachzugeben und die gar zu große Strenge und Härte gegen sie zu mildern, andere aber stellten sich dagegen, und unter diesen befand sich auch Marcius, welcher behauptete, es käme hierbei nicht hauptsächlich auf das Geld an, sondern auf den ersten Versuch eines frechen und ausgelassenen Pöbels, sich gegen die Gesetze aufzulehnen; deswegen müßte der Senat, wenn er klug handeln wollte, diesem Unfuge steuern und ihn beizeiten unterdrücken.

6. Da der Senat sich deshalb mehrmals versammelte, ohne zu einem festen Entschlusse zu kommen, so traten endlich die Armen, ehe man sich's versah, zusammen, verließen unter wechselseitigen Ermunterungen die Stadt und setzten sich am Flusse Anio auf einem Berge nieder, der jetzt der heilige genannt wird. Doch verübten sie nicht die geringste gewaltsame oder aufrührerische Handlung; sie erklärten bloß mit lautem Geschrei, sie wären schon längst von den Reichen aus der Stadt verstoßen, aber Italien würde ihnen überall Luft, Wasser und eine Grabstätte darbieten, und mehr hätten sie auch nicht, wenn sie in Rom blieben, außer daß sie sich noch im Kriege für die Reichen müßten verwunden und töten lassen.

Der Senat geriet darüber in Furcht und schickte alsbald einige Greise ab, die wegen ihrer billigen Denkungsart beim Volke am meisten beliebt waren. Menenius Agrippa führte das Wort. Er bat das Volk inständig, sprach mit großer Freimütigkeit für den Senat und kam am Ende seiner Rede auf jene bekannte Art von Fabel. „Sämtliche Glieder des Menschen", sagte er, „empörten sich einst gegen den Magen und führten Klage, daß er allein untätig und ohne etwas beizutragen im Körper liege, während die andern seiner Begierden wegen sich vieler Arbeit und Mühe unterziehen müßten. Der Magen lachte über ihre Einfalt, daß sie nicht einmal wüßten, wie er zwar alle Nahrung in sich aufnehme, aber sie auch wieder fortreiche und unter sie alle verteile.

In gleichem Verhältnisse", setzte Agrippa hinzu, „steht auch der Senat gegen euch, ihr Bürger. Denn die dort mit gehöriger Klughcit cingclcitctcn Bcratschlagungen und Unternehmungen verbreiten über euch alle Nutzen und Vorteil."

7. Hierdurch ließen sie sich denn wieder begütigen, nachdem sie vom Senate gefordert und auch erlangt hatten, daß sie fünf Männer erwählten, die sich derer, die Hilfe bedürften, annähmen und die jetzt Volkstribunen genannt werden. Die ersten, die sie dazu wählten, waren eben die, welche sie bei dem Aufstande zu Anführern hatten, Junius Brutus und Sicinius Bellutus. Nachdem nun die Eintracht in der Stadt wiederhergestellt war, legte das Volk sogleich die Waffen an und ließ sich willig von den Konsuln in den Krieg führen. Marcius, der nicht nur für seine Person sehr unzufrieden war, daß die Macht des Volkes zum Nachteil des Adels vergrößert worden, sondern auch bei andern Patriziern gleiche Gesinnungen entdeckte, redete diesen dennoch zu, den gemeinen Bürgern in mutiger Verteidigung des Vaterlandes auf keine Weise nachzustehen, vielmehr zu beweisen, daß ihre Vorzüge sich nicht sowohl auf Macht als auf Tapferkeit gründeten.

8. Die größte und ansehnlichste Stadt im Lande der Volsker, mit denen die Römer jetzt Krieg führten, war Corioli. Als der Konsul Cominius diese belagerte, gerieten die übrigen Volsker in Besorgnis und rückten von allen Orten her gegen die Römer heran, um unter den Mauern der Stadt ein Treffen zu wagen und jene von zwei Seiten zugleich anzugreifen. Cominius teilte daher seine Macht; er selbst ging den zum Entsatz anrückenden Volskern entgegen, und den Titus Larcius, einen der tapfersten Römer, ließ er zur Fortsetzung der Belagerung zurück. Die Coriolaner verachteten die noch im Lager stehenden Truppen, machten unvermutet einen Ausfall und behielten auch beim ersten Angriffe die Oberhand, so daß sie die Römer bis in ihre Verschanzungen verfolgten. Hier aber eilte Marcius mit weniger Mannschaft heraus, hieb die, welche ihm zuerst in den Weg traten, nieder, benahm dadurch den übrigen den Mut, weiter vorzudringen, und rief nun die Römer mit lauter Stimme zurück. Denn er war, wie Cato von einem Kriegsmanne fordert, dem Feinde nicht nur durch seine Faust

und seinen Hieb, sondern auch durch Stimme und Blick furchtbar, so daß nicht leicht einer vor ihm standhielt. Nachdem viele Römer sich versammelt und an ihn angeschlossen hatten, wichen endlich die Feinde erschrocken zurück. Aber Marcius begnügte sich nicht damit, sondern setzte ihnen nach und verfolgte sie auf ihrer übereilten Flucht bis an die Tore. Hier sah er nun zwar, daß die Römer wegen der vielen Geschosse, die von der Mauer auf sie herabflogen, vom Nachsetzen abließen und daß es keinem in den Sinn kam, mit den Flüchtlingen zugleich in die mit tapfern Kriegern angefüllte Stadt einzudringen; demungeachtet hielt er stand und suchte die Seinigen dazu aufzumuntern, indem er ihnen zurief, das Glück hätte die Stadt mehr für die Verfolger als für die Flüchtigen geöffnet. Nur wenige zeigten Lust, ihm zu folgen, und mit diesen schlug er sich durch die Feinde und drang zum Tor hinein. Anfänglich wagte es niemand, sich ihm zu widersetzen oder ihn aufzuhalten; als aber die Einwohner gewahr wurden, daß nur wenige Römer in der Stadt sich befänden, eilten sie von allen Seiten herbei und fielen über sie her. Hier nun, sagt man, verrichtete er mitten im Gedränge zwischen Feinden und Freunden durch die Stärke seiner Faust, durch die Schnelligkeit seiner Füße und seinen unerschrockenen Heldenmut Wunder der Tapferkeit, so daß er alles, was ihm in den Weg kam, vor sich niederwarf, einige bis in die äußersten Ecken zurückschlug, andere nötigte, in der Verzweiflung die Waffen von sich zu werfen, und dadurch dem Larcius Zeit verschaffte, in aller Sicherheit mit den Römern in die Stadt einzurücken.

9. Nachdem die Stadt auf diese Weise war erobert worden, beschäftigten sich die meisten mit Plündern und Fortschleppen der Güter. Marcius konnte seinen Unwillen darüber nicht verbergen und erklärte laut, es wäre eine Schande, daß sie, während der Konsul und die bei ihm befindlichen Bürger vielleicht irgendwo auf den Feind gestoßen und mit ihm im Gefechte begriffen wären, der Beute wegen umherliefen oder unter dem Vorwande, sich durch die Beute zu bereichern, der Gefahr aus dem Wege gingen. Nur wenige gaben seinen Vorstellungen Gehör; daher nahm er die Freiwilligen zu sich und zog mit ihnen die Straße, welche das Heer seiner Vermutung nach gegangen

war. Unterwegs trieb er seine Begleiter oft an und ermahnte sie zum Ausharren; zuweilen betete er auch zu den Göttern, daß sie ihn nicht erst nach dem Treffen, sondern zu rechter Zeit möchten ankommen lassen, um noch an dem Kampfe und den Gefahren seiner Mitbürger teilnehmen zu können.

Damals hatten die Römer die Gewohnheit, daß sie, wenn sie in Schlachtordnung standen und im Begriff waren, den Schild zu nehmen und die Toga aufzugürten, ihr Testament mündlich machten und vor drei oder vier Zeugen den Erben nannten. Marcius langte nun eben an, als die Soldaten im Angesichte des feindlichen Heeres dieses verrichteten. Anfangs setzte er manche in nicht geringe Bestürzung, weil er mit so wenigen Begleitern, mit Schweiß und Blut bedeckt, erschien. Aber als er nun voller Freude auf den Konsul zulief, ihm die Hand reichte und die Eroberung der Stadt meldete, Cominius ihn dagegen umarmte und küßte, da faßten nicht nur die, welche die glückliche Begebenheit erfuhren, sondern auch die andern, die sie errieten, wieder Mut, und alle forderten mit lautem Geschrei, sie gegen den Feind zum Treffen zu führen. Marcius aber fragte noch den Cominius, wie die Schlachtordnung der Feinde eingerichtet wäre und wo der Kern ihrer Truppen stände. Als Cominius antwortete, er hielte die in der Mitte Stehenden für die Scharen der Antiater, die die tapfersten wären und keinem an Mut etwas nachgäben, sagte Marcius: „Nun, so bitte ich dich inständig, stelle uns diesen Leuten entgegen." Der Konsul bewunderte seinen Eifer und gewährte ihm die Bitte.

Sobald das Treffen mit den Wurfspießen begann, brach Marcius mit solchem Ungestüm hervor, daß die in der Front stehenden Volsker ihm nicht widerstehen konnten und der Teil der Schlachtordnung, auf den er stieß, sogleich durchbrochen wurde. Aber nun schwenkten die Feinde von beiden Seiten herum und schlossen den Mann gänzlich ein, weswegen auch der Konsul, der seinetwegen besorgt war, ihm seine besten Truppen zu Hilfe schickte. Um Marcius herum erhob sich nun ein blutiges und hartnäckiges Gefecht, und in einem Augenblick war der Boden mit Leichnamen bedeckt. Die Römer setzten jedoch den Feinden mit größtem Nachdruck zu, brachten sie endlich zum Weichen und verfolgten sie. Man bat Marcius, der von Anstrengung und Wunden ganz entkräftet war, er sollte in das Lager zurückkehren. Er gab aber zur Antwort, Sieger wüßten nichts von Ermüdung, und setzte immer den Flüchtigen mit nach. Das feindliche Heer wurde auch auf den übrigen Punkten geschlagen und hatte an Toten und Gefangenen einen großen Verlust.

10. Am folgenden Tage begab sich Marcius zum Konsul, wo sich auch die übrigen Soldaten versammelten. Dieser bestieg die Rednerbühne, und nachdem er den Göttern für einen so herrlichen Sieg den schuldigen Dank abgestattet hatte, wandte er sich an Marcius. Zuerst erteilte er ihm die höchsten Lobsprüche sowohl wegen der Taten, die er selbst im Treffen mit angesehen hatte, als auch wegen jener, wovon Larcius ein Zeugnis ablegte. Hierauf hieß er ihn von all der reichen Beute an Kostbarkeiten, Pferden und Gefangenen den zehnten Teil vorweg nehmen, ehe sie unter die übrigen verteilt würde. Außerdem schenkte er ihm noch zum Ehrenpreis ein prächtig geschmücktes Pferd. Die Römer billigten dies alles, aber Marcius trat nun auf und erklärte, das Pferd nehme er an, auch freue er sich über das vom Konsul ihm erteilte Lob; allein auf das übrige, das in seinen Augen ein bloßer Lohn und keine Ehrenbezeigung sei, tue er Verzicht und wolle sich wie jeder andere mit dem auf ihn fallenden Teil begnügen. „Jedoch", setzte er hinzu, „bitte ich mir noch eine einzige Gnade aus und wünsche sehr, daß man sie mir gewähre. Ich hatte unter den Volskern einen Gastfreund, einen wackern, rechtschaffenen Mann. Dieser ist jetzt gefangen und aus einem reichen, beglückten Manne ein Sklave geworden. Bei den vielen Übeln, die ihn jetzt drücken, bin ich schon froh, wenn ich ihn nur von dem einzigen, dem Verkauf, befreien kann."

Auf diese Rede des Marcius erhob sich ein noch lauteres Geschrei, und die Seelenstärke, womit sich der Mann über die Reichtümer hinwegsetzte, fand ungleich größere Bewunderung als die Tapferkeit, die er in Schlachten bewiesen hatte. Selbst die, welche über die ihm erzeigte vorzügliche Ehre einigen Neid und Eifersucht empfanden, hielten ihn nun schon deswegen einer großen Belohnung würdig, weil er sie nicht annahm, und schätzten seine Tugend, mit der er solche Reichtümer verachtete, ungleich höher als jene, mit der er sie verdiente. Denn es ist allemal rühmlicher, Reichtümer gut zu gebrauchen als Waffen, und Reichtümer gar nicht zu begehren ist erhabener, als sie gut zu gebrauchen.

11. Nachdem endlich das Geschrei und Lärmen des Volks aufgehört hatte, nahm Cominius wieder das Wort: „Jene Geschenke, ihr Mitsoldaten, könnt ihr freilich dem Manne nicht mit Gewalt und wider seinen Willen aufdringen. Aber laßt uns ihm dafür ein anderes geben, das er nicht ausschlagen kann; laßt uns hier beschließen, daß er von nun an Coriolanus heißen soll, wenn anders die Tat selbst ihm nicht schon diesen Namen beigelegt hat." Und von dieser Zeit an führte er den dritten Namen Coriolanus; woraus denn am ersten erhellt, daß Gaius sein eigener Name, der zweite, Marcius, sein Geschlechts- oder Familienname und der dritte, den er nachher führte, ein bloßer Beiname gewesen ist, der sich auf irgendeine Tat, eine zufällige Begebenheit, eine ausgezeichnete Gestalt oder eine besondere Eigenschaft zu gründen pflegt.

Ebenso gaben auch die Griechen Beinamen von großen Taten, wie Soter und Kallinikos; von der Gestalt, wie Physkon und Grypos; von gewissen Tugenden, wie Euergetes und Philadelphos, oder von glücklichen Begebenheiten, wie Eudaimon, welchen Namen der zweite Battos führte. Manche Könige hatten auch Beinamen, die ihnen aus Spott gegeben worden, wie Antigonos, der Doson, und ein Ptolemaios, der Lathyros hieß. Noch weit mehr aber herrschte diese Gewohnheit unter den Römern. So nannten sie einen gewissen Metellus Diadematus, weil er eines Geschwürs wegen lange Zeit mit einer Binde um die Stirn herumging. Einen andern Metellus hießen sie Celer, aus Bewunderung über die Eile und Geschwindigkeit, mit welcher er wenige Tage nach dem Tode seines Vaters die Fechterspiele zur Feier des Leichenbegängnisses veranstaltet hatte. Manchen geben sie noch bis jetzt Beinamen von zufälligen Umständen der Geburt. Den, der während einer Reise des Vaters geboren worden, nennen sie Proculus, den nach des Vaters Tode geborenen Posthumus und den, der von Zwillingen am Leben bleibt, wenn der andere gestorben ist, Vopiscus. Von körperlichen Eigenschaften nahmen sie nicht nur die Beinamen Sulla, Niger, Rufus, sondern auch Caecus und Claudius her und führten dadurch die löbliche Gewohnheit ein, Blindheit und andere körperliche Gebrechen sich nicht zur Schande oder zum Vorwurf anzurechnen, sondern sie wie eigene Namen zu gebrauchen. Doch dies gehört in eine andere Art von Schriften.

12. Gleich nach Beendigung des Krieges regten die Volksführer die Zwietracht wieder auf, ohne irgendeine neue Ursache oder eine begründete Beschwerde zu haben; vielmehr gebrauchten sie nur die Übel, die eine notwendige Folge der vorigen Unruhen und Streitigkeiten waren, zum Vorwande gegen die Patrizier. Denn der größte Teil des Feldes war unbebaut und ohne Saat geblieben, und während des Krieges hatten die Umstände nicht erlaubt, auf fremde Zufuhr bedacht zu sein, woraus denn jetzt ein drückender Mangel entstand. Da die Häupter des Volkes sahen, daß kein Getreide auf den Markt gebracht wurde und, wenn dies auch geschehen wäre, das Volk kein Geld hatte, um es zu kaufen, so streuten sie allerhand nachteilige und verleumderische Reden gegen die Reichen aus, daß diese aus Rachsucht die Hungersnot herbeigeführt hätten.

Inzwischen kamen Abgeordnete von Velitrae, welche den Römern die Stadt übergaben und ansuchten, daß man eine Kolonie dahin schicken möchte. Denn eine unter ihnen ausgebrochene pestartige Krankheit hatte eine solche Menge Einwohner weggerafft, daß kaum der zehnte Teil derselben noch übrig war. Dies Gesuch der Velitraner schien allen Verständigen gerade zu rechter Zeit zu kommen, da man wegen des großen Mangels einer Erleichterung bedurfte; auch hofften sie, der Zwietracht bald ein Ende zu machen, wenn der unruhigste Haufe, der sich am ersten von den Volksführern verhetzen ließ, gleich ungesunden, bösartigen Säften aus der Stadt weggeschafft würde. Die Konsuln trugen daher lauter solche Leute ein, die als Kolonisten abgehen sollten, die übrigen aber boten sie zu einem Feldzuge gegen die Volsker auf, um durch die ihnen gegebene Beschäftigung den inneren Unruhen zu steuern. Denn sie glaubten, daß, wenn Reiche und Arme, Plebejer und Patrizier sich wieder beisammen unter den Waffen, in einem Lager und in gemeinschaftlichen Gefahren befänden, beide weit freundlicher und verträglicher gegeneinander sein würden.

13. Aber nun stellten sich Sicinius und Brutus, die Häupter des Volks, mit aller Macht dagegen und sagten laut, man belege die grausamste Handlung gerade mit dem lieblichsten Namen der Versendung in eine Kolonie und stürze die armen Bürger gleichsam in einen tiefen Abgrund, da man sie in eine verseuchte, mit unbegrabenen Leichnamen angefüllte Stadt schicke, um dort bei erzürnten und feindseligen Göttern zu hausen; und damit noch nicht zufrieden, daß der eine Teil des Volks durch Hunger aufgerieben, daß der andere der Pest preisgegeben werde, fange man noch obendrein aus freien Stücken einen Krieg an, damit es der Stadt ja an keiner Art von Übel fehlen möge, weil sie es müde geworden, den Reichen sklavisch zu dienen. Durch diese und ähnliche Reden wurde denn das Volk so sehr eingenommen, daß es dem Aufrufe der Konsuln zum Kriege keine Folge leistete und selbst gegen die Absendung zur Kolonie den größten Widerwillen äußerte.

Der Senat geriet darüber in eine nicht geringe Verlegenheit; aber Marcius, der nun schon vielen Stolz und eine hohe Einbildung von sich besaß, auch bei den vornehmsten Männern in großer Achtung stand, stellte sich öffentlich den Volksführern mit Nachdruck entgegen, und so schickte man endlich die Kolonie ab, indem man die, welche das Los traf, durch harte Strafen zwang, nach Velitrae zu gehen. Da aber das Volk sich schlechterdings nicht zu Kriegsdiensten verstehen wollte, nahm Marcius seine Klienten und einige andere, die er bereden konnte, mit sich und machte einen Streifzug in das Gebiet von Antium. Hier fand er vieles Getreide, machte auch große Beute an Menschen und Vieh, aber er behielt nichts davon für sich, sondern überließ alles seinen Begleitern und führte sie schwer beladen nach Rom zurück. Die andern, die mit Reue und Neid ihre Mitbürger so bereichert ankommen sahen, wurden nun dem Marcius gram und fanden seinen Ruhm und seine zum Nachteil des Volks immer zunehmende Macht sehr drückend.

14. Nicht lange danach bewarb Marcius sich um das Konsulat; die meisten ließen sich bewegen, und das Volk schämte sich gewissermaßen, einen Mann, der hinsichtlich der Geburt sowohl als der Tapferkeit einer der Ersten war, zu beschimpfen und nach so vielen glänzenden Verdiensten hintanzusetzen. Es war damals Sitte, daß die, welche dies

Amt suchten, auf den Markt gingen, die Bürger um ihre Stimme baten und sie höflich bei der Hand faßten. Sie erschienen dabei in der bloßen Toga ohne Unterkleid, entweder um sich durch diese Tracht bei ihrem Gesuche desto mehr herunter zu begeben oder um die Narben, die sie etwa hatten, als Merkmale ihrer Tapferkeit sichtbar zu machen. So viel ist gewiß, daß man nicht aus Verdacht wegen Geldverteilung oder Bestechung von denen, die die Bürger um ihre Stimme ersuchten, verlangte, sich ihnen ohne Gürtel und Unterkleid zu nähern. Denn erst spät und lange danach geschah es, daß sich Kauf und Verkauf dabei einschlich und das Geld auf die Stimmen in den Wahlversammlungen Einfluß bekam. Seitdem wagte sich die Bestechung auch in die Gerichtshöfe und Feldlager und verwandelte endlich die Republik in eine Monarchie, da sie die Waffen durch Geld zu Sklaven machte. Denn jener scheint nicht unrecht zu haben, welcher sagte, derjenige habe zuerst das Volk um seine Freiheit gebracht, der ihm zuerst Feste und Geschenke gab. Doch mag sich dieses Übel in Rom nur heimlich und allmählich eingeschlichen haben und anfänglich gar nicht bemerkt worden sein. Denn man weiß nicht, wer in Rom das Volk oder einen Gerichtshof zuerst bestochen hat; in Athen hingegen soll zuerst Anytos, Anthemions Sohn, seine Richter durch Geld gewonnen haben, als er zu Ende des Peloponnesischen Krieges wegen einer Verräterei von Pylos in Untersuchung kam, zu welcher Zeit noch in den Gerichtshöfen zu Rom ein goldenes, unverdorbenes Zeitalter herrschte.

15. Wie also Marcius die vielen Narben zeigte, von so vielen Schlachten her, in welchen er sich bei siebzehnjährigen ununterbrochenen Kriegsdiensten hervorgetan hatte, bezeigten die Bürger vor einer solchen Tapferkeit alle Achtung und sprachen schon untereinander davon, daß sie ihn zum Konsul wählen wollten. Allein an dem zur Wahl bestimmten Tage, als Marcius mit stolzem Gepränge in Begleitung des Senats auf dem Markte erschien und die um ihn versammelten Patrizier deutlich verrieten, daß sie sich für ihn mehr als je für einen andern beeiferten, verlor das gemeine Volk auf einmal alle Zuneigung zu ihm und ließ sich wieder von Neid und Unwillen einnehmen. Zu diesen Leidenschaften gesellte sich auch noch die Furcht, daß, wenn

ein so strenger Aristokrat, der bei den Patriziern in so großem Ansehen stand, die Regierung in seine Hände bekäme,
er wohl das Volk gänzlich um seine Freiheit bringen
möchte. Diese Gesinnungen machten denn, daß man andere zu Konsuln wählte und den Marcius ganz überging.
Der Senat empfand dies sehr stark und glaubte, daß er dadurch mehr beschimpft worden sei als Marcius. Dieser
selbst konnte den Vorfall nicht mit Gleichmut und Gelassenheit ertragen, da er zumeist demjenigen Teile der Seele,
welcher der Sitz des Jähzorns und Starrsinns oder, wie er
glaubte, der Geistesgröße und Großmut ist, folgte, hingegen jene mit Sanftmut verbundene Festigkeit, worin vornehmlich die politische Tugend besteht, sich nicht durch
Unterricht und Erziehung zu eigen gemacht hatte, auch
nicht wußte, daß, wer Staatsgeschäfte besorgen und mit
Menschen umgehen will, vor allen Dingen den Eigendünkel, den Gefährten der Einsamkeit, wie Platon sagt, vermei-
den und dafür die Duldsamkeit, sosehr sie auch von manchem verlacht wird, liebgewinnen müsse. Aber Marcius, der
immer geradezu und unbeugsam war und sich einbildete, in
jedem Falle über alle zu siegen und die Oberhand zu behalten sei nur das Werk männlicher Stärke und nicht der
Schwäche und Weichlichkeit, welche doch den Zorn, wie
eine Geschwulst, aus dem kranken und am meisten leiden-
den Teile der Seele hervortreibt, begab sich jetzt voller Verdruß und Erbitterung gegen das Volk vom Markte weg. Die
jungen Patrizier, die sich am meisten in der Stadt mit ihrem
Adel brüsteten, waren immer dem Manne außerordentlich
zugetan gewesen, und auch jetzt hingen sie sich zum Unglück an ihn und setzten durch ihr Bedauern und teilneh-
mendes Mitleid seinen Zorn noch mehr in Flammen. Denn
bei Feldzügen war er ihr Führer und ein gefälliger Lehrer in
allem, was zum Kriege gehörte, erregte unter ihnen einen
Wetteifer in der Tapferkeit ohne Neid und feuerte sie an,
sich durch rühmliche Taten auszuzeichnen.
16. Inzwischen kam in Rom eine große Menge Getreide an,
das teils in Italien aufgekauft, teils von Gelon, dem Fürsten
von Syrakus, als ein Geschenk überschickt worden war. Die
meisten trösteten sich nun mit frohen Aussichten, daß dadurch der Hungersnot sowohl als der Zwietracht in der
Stadt würde abgeholfen werden. Der Senat hielt sogleich

eine Versammlung ab, und das vor dem Rathause zusammengelaufene Volk wartete sehnlichst auf den Ausgang, weil es sich versprach, daß das Getreide um einen leidlichen Preis verkauft und das von Gelon geschenkte umsonst ausgeteilt werden sollte; denn dies brachten selbst einige Mitglieder des Senats in Vorschlag.

Doch jetzt trat Marcius auf, griff die, welche zugunsten des Volkes redeten, heftig an und nannte sie Demagogen und Verräter der Aristokratie, welche den unter das Volk gestreuten schädlichen Samen der Frechheit und des Übermuts zu ihrem eigenen Verderben aufwachsen ließen, da es ratsam gewesen wäre, ihn gleich im Keime zu ersticken und nicht durch eine solche Gewalt das Volk mächtig zu machen, das schon höchst furchtbar wäre, weil es alles, was es wünschte, erlangt hätte, wider seinen Willen zu gar nichts gezwungen werden könnte, auch den Konsuln nicht mehr gehorchte, sondern mit Verwerfung aller rechtmäßigen Obrigkeit seine Anführer für die einzigen Machthaber erkennte. „Wenn ihr also", sagte er, „schwach genug seid, Spenden und Austeilungen zu beschließen, wie es in rein demokratischen Staaten der Griechen Sitte ist, so werdet ihr es zum allgemeinen Verderben in seiner Widerspenstigkeit nur desto mehr bestärken. Denn die Bürger werden doch wohl nicht sagen, daß sie das Getreide bekommen hätten zur Belohnung für die Kriegsdienste, denen sie sich so oft entzogen, oder für ihre Empörungen, wodurch sie das Vaterland mehr als einmal verrieten, oder gar für die Verleumdungen des Senats, denen sie so willig Gehör gaben; nein, sie rechnen darauf, daß ihr aus Furcht nachgeben und, um sie in günstiger Stimmung zu erhalten, in die Verteilung des Getreides willigen müßt, und werden dann dem Ungehorsam, der Meuterei und Zwietracht niemals Grenzen setzen. Dies wäre also gewiß die größte Tollheit. Aber wenn wir weise sind, so werden wir ihnen bei dieser Gelegenheit die Gewalt der Volkstribunen wieder entreißen, wodurch das Ansehen der Konsuln ganz vernichtet worden und der Staat eine solche Spaltung erlitten hat, daß er nicht mehr wie sonst ein einziger ist und wir an die Wiederherstellung des Friedens und der Eintracht so wenig als an unsere Befreiung von den mancherlei Übeln und gegenseitigen Anfeindungen denken dürfen."

17. Durch diese und viele andere dergleichen Vorstellungen machte er einen tiefen Eindruck und versetzte die jüngern und fast alle reichen Mitglieder des Senats in eine ähnliche Begeisterung, so daß sie laut sagten, die Stadt hätte keinen Mann, der so unerschütterlich, so frei von kriechenden Schmeicheleien wäre wie er. Einige der ältern Senatoren aber stellten sich dagegen, weil ihnen vor den Folgen bange war. Und freilich folgte auch daraus nichts Gutes. Denn als die Volkstribunen, die zugegen waren, merkten, daß Marcius' Vorschläge durchgehen würden, liefen sie zu dem Volke hinaus und ermahnten es mit großem Geschrei, zusammenzustehen und ihnen Beistand zu leisten. Es wurde sogleich eine stürmische Versammlung gehalten, und nachdem hier die von Marcius gehaltene Rede wieder vorgetragen worden, fehlte nicht viel, daß das Volk in der ersten Hitze das Rathaus gestürmt hätte. Aber die Volkstribunen schoben alle Schuld auf Marcius, ließen ihn durch ihre Diener vorladen, und da diese mit Schimpf zurückgewiesen wurden, kamen sie selbst nebst den Ädilen, um den Mann mit Gewalt wegzuholen, und legten auch wirklich Hand an ihn. Jedoch die Patrizier traten zusammen, trieben die Volkstribunen zurück und gaben den Ädilen Schläge. Der hereinbrechende Abend machte für diesmal der Verwirrung ein Ende.

Als die Konsuln gleich mit Anbruch des folgenden Tages das Volk von allen Seiten her in der äußersten Erbitterung auf den Markt zusammenlaufen sahen, befürchteten sie für die Stadt viel Unglück, ließen den Senat zusammenkommen und hießen ihn überlegen, wie man durch freundliche Worte und gelinde Vorschläge das Volk wieder zur Ruhe bringen könnte; denn wenn man vernünftig dächte, so wäre jetzt gar nicht Zeit, nach Ehre zu streben oder auf sein Ansehen eifersüchtig zu sein, vielmehr erheischten die bedenklichen und gefährlichen Umstände eine freundliche und nachgiebige Politik. Da die meisten Mitglieder sich endlich darein ergaben, gingen die Konsuln hinaus, sprachen mit dem Volke so milde als möglich und suchten es wieder zu begütigen, indem sie sich gegen die Vorwürfe bescheiden verteidigten, Tadel und Verweise nur mäßig gebrauchten und zuletzt noch erklärten, daß sie mit ihm wegen des Preises der Lebensmittel in Güte übereinkommen würden.

18. Schon gab der größte Teil des Volkes nach und bewies durch Ruhe und bescheidene Stille, womit es die Rede angehört hatte, daß es mit dem Anerbieten der Konsuln zufrieden wäre, als die Volkstribunen sich erhoben und sagten, das Volk werde dem Senate, da er sich eines bessern besinne, in allem, was billig wäre, wieder nachgeben; aber zugleich bestanden sie darauf, Marcius solle sich rechtfertigen, ob er nicht zum Umsturz der Verfassung und zur Unterdrückung des Volkes den Senat aufhetze, gegen ihre Vorladung sich ungehorsam bewiesen und endlich auf öffentlichem Markte die Ädilen geschlagen und beschimpft, dadurch, soviel an ihm läge, einen inneren Krieg zu erregen und die Bürger gegeneinander in Waffen zu bringen gesucht hätte. Dies forderten sie in der Absicht, den Marcius entweder zu demütigen, wenn er ganz wider seinen stolzen Sinn dem Volke schmeicheln und gute Worte geben müßte, oder, im Fall er seinem Charakter gemäß handelte, ihm den unversöhnlichen Zorn des Volkes zuzuziehen; auf das letztere rechneten sie am meisten, indem sie von dem Mann ganz richtig urteilten.

Marcius trat nun auf, um sich zu verteidigen, und das Volk hörte ihm ruhig und still zu. Als er aber anfing, vor Leuten, die eine förmliche Abbitte erwarteten, nicht nur mit unbescheidner Freimütigkeit zu sprechen und mehr das Volk selbst anzuklagen als sich zu rechtfertigen, sondern auch durch die Miene und den Ton der Stimme eine nahe an Verachtung und Geringschätzung grenzende Unerschrokkenheit zeigte, da ward das Volk äußerst erbittert und konnte seinen Verdruß und Unwillen über eine solche Rede nicht länger zurückhalten. Sicinius, der kühnste unter den Volkstribunen, besprach sich eine kurze Zeit mit seinen Kollegen, erklärte dann laut vor der Versammlung, Marcius sei von den Volkstribunen zum Tode verurteilt worden, und befahl den Ädilen, ihn auf das Capitolium zu führen und ohne weiteres vom Felsen herab zu stürzen. Demzufolge legten die Ädilen wirklich Hand an ihn, aber selbst vielen von den einfachen Bürgern kam dies Verfahren gar zu schauderhaft und übermütig vor, und die Patrizier, die darüber ganz bestürzt und außer sich waren, eilten ihm auf sein Geschrei zu Hilfe. Einige trieben die, welche zugriffen, mit Gewalt zurück und nahmen Marcius in ihre Mitte; die andern streckten ihre Hände aus und baten das Volk auf diese Weise um Mitleid, weil bei einem solchen Getümmel und Lärm mit Worten oder mit der Stimme nichts auszurichten war.

Als endlich die Freunde und Vertrauten der Volkstribunen einsahen, daß es ohne großes Blutvergießen unter den Patriziern nicht möglich wäre, Marcius fortzuführen und zu bestrafen, redeten sie jenen zu, von der ungewöhnlichen und grausamen Strafe abzustehen und Marcius nicht auf eine so gewaltsame Art ohne jedes Verhör hinzurichten, sondern das Volk über ihn entscheiden zu lassen. Sicinius faßte sich daher und fragte die Patrizier, was das zu bedeuten hätte, daß sie Marcius dem Volke, das ihn bestrafen wollte, zu entreißen suchten. Die Patrizier taten die Gegenfrage: „Und was habt ihr denn im Sinne, daß ihr einen der vornehmsten Bürger Roms ohne alle Untersuchung zu einer so grausamen und gesetzwidrigen Strafe verdammt?" – „Nun gut", versetzte Sicinius, „dies soll euch keinen Vorwand zur Uneinigkeit und Zwietracht mit dem Volke geben. Es verwilligt euch, was ihr fordert; der Mann soll gerichtet werden. Und dich, Marcius, fordere ich hiermit öffentlich auf, daß du dich auf den dritten Markttag stellest und, wenn du unschuldig bist, vor deinen Mitbürgern dich rechtfertigest, die durch ihre Stimme entscheiden werden."

19. Mit diesem Auswege waren die Patrizier für jetzt zufrieden und begaben sich mit Marcius froh nach Hause. In der Zwischenzeit bis zum dritten Markttage – die Römer halten ihre Markttage von neun zu neun Tagen und nennen sie deswegen Nundinae – gab ihnen ein Feldzug, der gegen die Antiater geführt werden mußte, Hoffnung, die Sache ganz zu hintertreiben. Denn sie glaubten, daß der Krieg sich in die Länge ziehen und das Volk, wenn sein Zorn unter dem Getümmel des Krieges abgekühlt oder ganz gestillt wäre, wieder fügsamer werden sollte. Da aber das Heer nach Beilegung der Händel mit den Antiatern schnell wieder zurückkehrte, hielten die Patrizier, denen nicht wohl zumute war, häufige Zusammenkünfte, um auf Mittel zu sinnen, daß sie Marcius nicht aufopfern und doch auch den

219

Tribunen nicht neuen Anlaß zur Aufwiegelung des Volks geben möchten. Appius Claudius, der für den ärgsten Volksfeind ausgeschrien war, stellte ihnen auf das nachdrücklichste vor, sie würden den Senat vernichten und die bisherige Verfassung ganz umstürzen, wenn sie zugäben, daß das Volk durch Mehrheit der Stimmen über die Patrizier entscheiden könnte. Aber die ältern Senatoren und die, welche am meisten auf der Seite des Volks waren, behaupteten das Gegenteil, daß das Volk bei dieser ihm verwilligten Gewalt sich eher sanft und nachsichtig als streng und unerbittlich beweisen würde. Denn es verachte keineswegs den Senat, sondern glaube vielmehr, von demselben verachtet zu werden; daher werde es sich durch dieses Gericht so sehr geehrt und getröstet finden, daß es, sobald es die Erlaubnis zu stimmen bekäme, allen seinen Zorn ablegen würde.

20. Marcius, welcher wohl sah, daß der Senat zwischen der Neigung zu ihm und der Furcht vor dem Volke unschlüssig schwankte, fragte die Volkstribunen, welche Klage sie gegen ihn anbringen und wegen welchen Verbrechens sie ihn vor das Gericht des Volkes stellen wollten. Da sie antworteten, die Klage beträfe die Tyrannei und sie würden beweisen, daß er damit umgehe, sich zum Oberherrn von Rom aufzuwerfen, so stand er auf und sagte: „Nun, so gehe ich gleich hin vor das Volk, um mich zu verteidigen. Ich werde mich keiner Art von Untersuchung und, sollte ich für schuldig befunden werden, keiner Strafe entziehen; nur daß ihr", setzte er hinzu, „diese Klage auch wirklich anbringt und den Senat nicht hintergeht!" Sie versprachen es, und auf diese Bedingung wurde das Gericht gehalten.

Als das Volk zusammengekommen war, setzten sie es zuerst mit Gewalt durch, daß die Stimmen nicht nach den Zenturien, sondern nach den Tribus gegeben werden mußten, wodurch sie dem bedürftigen, unruhigen Pöbel, der nichts nach Ehrbarkeit fragte, über die begüterten, angesehenen und im Kriege dienenden Bürger das Übergewicht verschafften. Sodann gaben sie die Klage wegen des Strebens nach der Oberherrschaft, wovon keine Beweise vorhanden waren, gänzlich auf und kamen auf die im Senate gehaltene Rede zurück, in welcher Marcius den wohlfeilen Verkauf des Getreides widerraten und zur Abschaffung des

Tribunats ermahnt hatte. Außerdem aber brachten sie noch eine neue Klage gegen ihn an, nämlich wegen Verteilung der im Lande der Antiater gemachten Beute, die er nicht in die öffentliche Schatzkammer geliefert, sondern unter diejenigen verteilt hatte, die ihn auf diesem Zuge begleiteten. Dadurch soll auch Marcius am meisten in Verwirrung gesetzt worden sein. Denn dies kam ihm so unerwartet, daß er sich vor dem Volke nicht gleich auf befriedigende Gründe besinnen konnte, und da er nun gar diejenigen lobte, die ihn auf jenem Zuge begleitet hatten, unterbrach ihn die weit größere Menge derer, die nicht dabei gewesen waren, durch ein lautes Getöse.

Endlich wurden die Tribus zum Stimmen gelassen, und da fand sich's denn, daß derer, die ihn verdammten, nur drei mehr waren. Die ihm zuerkannte Strafe war eine ewige Landesverweisung. Nach Bekanntmachung des Urteils ging das Volk freudig und mit einem Stolze, desgleichen es noch nie bei irgendeinem Siege über die Feinde bewiesen hatte, auseinander. Der Senat hingegen war darüber äußerst betrübt und niedergeschlagen und bereute es jetzt mit Unwillen, daß er nicht eher alles gewagt und über sich ergehen lassen, als dem Volke eine solche freche und ausschweifende Gewalt einzuräumen. Es bedurfte damals weder der unterscheidenden Kleidung noch anderer Merkmale, sondern an der freudigen Miene erkannte man gleich den gemeinen Bürger und an der traurigen den Patrizier.

21. Marcius selbst blieb dabei ganz unerschüttert und ungebeugt; seine Gebärde, sein Gang, seine Miene waren noch immer ruhig, und unter allen den übrigen, die von seinem Unglück tief gerührt waren, schien er der einzige zu sein, der nichts davon empfand, nicht etwa aus vernünftigem Nachdenken oder sanfter Gesinnung, noch weniger aus gelassener Ergebung in sein Schicksal, sondern weil er von Zorn und Unwillen ganz eingenommen war. Und dieses ist, was der große Haufe nicht einsieht, eigentlich Betrübnis. Denn wenn die Betrübnis, gleichsam entflammt, in Zorn übergeht, so verdrängt sie auf einmal Niedergeschlagenheit und Trägheit; daher scheint der Zornige herzhaft und unternehmend wie der Fieberkranke erhitzt zu sein, weil die Seele sich in einer Art von Entzündung, Spannung und Aufschwellung befindet.

Daß dies der Gemütszustand des Marcius war, bewies er sogleich durch seine Handlungen. Er begab sich nach Hause, nahm von seiner Mutter und Gemahlin, die laut weinten, Abschied und ermahnte sie, ihr Schicksal gelassen zu ertragen. Dann ging er nach dem Tore zu, wohin er beinahe von allen Patriziern zusammen begleitet wurde, und ohne etwas von ihnen anzunehmen oder zu verlangen, entfernte er sich von Rom mit drei oder vier seiner Klienten, die er bei sich hatte. Nachdem er sich einige Tage auf seinen Landgütern in der Einsamkeit zu mancherlei Entwürfen, die ihm der Zorn eingab und die auf nichts Gutes oder Nützliches, sondern bloß darauf hinausliefen, wie er sich an den Römern rächen möchte, beschäftigt hatte, beschloß er, irgendeinen schweren Krieg in der Nähe gegen sie zu erregen. Er wollte also zuerst sein Glück bei den Volskern versuchen, weil er wußte, daß sie an Mannschaft und Geld noch immer mächtig genug waren, und dabei glaubte, daß durch die bisher erlittenen Niederlagen ihre Macht nicht so sehr geschwächt als ihre Erbitterung und Eifersucht vergrößert worden sei.

22. In Antium lebte damals ein Mann namens Tullus Amfidius, der wegen seines Reichtums, seiner Tapferkeit und vornehmen Geburt bei allen Volskern in königlichem Ansehen stand. Marcius wußte sehr gut, daß er von diesem Manne mehr als irgendein anderer Römer gehaßt wurde. Denn da sie sich in Schlachten oft herausgefordert, einander gedroht und verhöhnt hatten, wie es unter jungen von Ruhmsucht und Wetteifer beseelten Kriegern häufig der Fall ist, so war bei ihnen zu der allgemeinen noch eine besondere persönliche Feindschaft hinzugekommen. Auf der andern Seite kannte er auch die große, edle Denkungsart des Tullus und wußte, daß er vor allen andern Volskern wünschte, irgendeine günstige Gelegenheit zu bekommen, um sich an den Römern rächen zu können. So bestätigte er denn die Wahrheit jenes Ausspruchs:

Dem Zorne widerstehn ist schwer; denn er erkauft
Ums Leben, was er will.

Er legte eine solche Kleidung an, in welcher er am wenigsten erkannt werden konnte, und wie Odysseus

23. Es war Abend, und von den vielen, die ihm begegneten, erkannte ihn niemand. Er begab sich also nach dem Hause des Tullus, und nachdem er sich unverschens hineingeschlichen hatte, setzte er sich schweigend an den Herd, verhüllte das Gesicht und hielt sich ruhig. Die Leute im Hause, sosehr sie dies auch befremdete, wagten es nicht, ihn wegzutreiben, denn sein Äußeres sowie sein Stillschweigen war mit einer gewissen Würde verbunden; doch gaben sie dem Tullus, der eben bei Tisch saß, von diesem seltsamen Vorfalle Nachricht.

Tullus stand sogleich auf, ging zu ihm und fragte, wer er wäre und was er zu suchen hätte. Jetzt enthüllte sich Marcius, und nach einer kleinen Weile sagte er: „Wenn du mich noch nicht kennst, Tullus, und deinen Augen nicht traust, so muß ich denn wohl mein eigener Ankläger werden. Ich bin Gaius Marcius, der dir und den Volskern den größten Schaden zugefügt hat. Dieses zu leugnen, verstattet mir nicht der Beiname Coriolanus, den ich führe. Denn für alle meine Strapazen und Gefahren habe ich sonst keine Belohnung erhalten als jenen Namen, ein Denkmal meines Hasses gegen euch. Dieser konnte mir nicht entrissen werden und ist mir allein noch übrig, während ich alles andere teils durch den Neid und Übermut des Volkes, teils durch die Schwachheit und Verräterei der Magistratspersonen und Bürger meines Standes eingebüßt habe. Ich bin als Verbannter ausgestoßen worden und habe mich in den Schutz deines Herdes begeben, nicht um Sicherheit zu suchen oder mein Leben zu retten – denn was brauchte ich hierher zu kommen, wenn ich den Tod fürchtete? –, sondern um an meinen Verfolgern Rache zu nehmen, und ich nehme sie schon dadurch, daß ich dich zum Herrn über mich mache. Hast du also Mut, edler Mann, gegen die Feinde etwas zu unternehmen, wohlan, so bediene dich meines Schicksals und mache mein Unglück zum allgemeinen Glück der Volsker; denn ich werde um so viel besser für als gegen euch streiten, insofern die, welche die Lage des Feindes kennen, immer besser streiten als die, welche sie nicht kennen. Fehlt es dir aber an diesem Mute, so mag ich nicht länger leben, und auch für dich wäre es nicht ratsam, einen

Mann, der vormals dein Feind war und jetzt dir unnütz und unbrauchbar ist, am Leben zu erhalten."

Tullus bezeigte bei diesen Worten eine ungemeine Freude, reichte ihm die Hand und sagte: „Steh auf, Marcius, und sei ohne Furcht! Es ist ein wichtiges Glück für uns, daß du kommst und dich selbst ergibst. Hoffe nur von den Volskern noch größere Dinge." Hierauf bewirtete er ihn auf das freundschaftlichste, und in den nächsten Tagen beratschlagten sich beide zusammen wegen des Krieges.

24. Unterdessen wurde Rom nicht nur durch die Erbitterung der Patrizier gegen das Volk, die vornehmlich von der Verbannung des Marcius herrührte, sondern auch durch viele Aufmerksamkeit verdienende Wunderzeichen, welche Priester und Wahrsager sowohl als Privatpersonen dem Senate hinterbrachten, sehr beunruhigt. Eins davon wird auf folgende Art erzählt. Es lebte in Rom ein gewisser Titus Latinus, ein Bürger von nicht gar großem Ansehen, der aber sonst ein stilles, ordentliches Leben führte, auch vom Aberglauben und noch mehr von eitler Prahlerei ganz rein war. Dieser hatte einen Traum, als wenn Jupiter vor ihm erschiene und ihm befähle, dem Senate zu melden, daß man bei dem ihm zu Ehren gehaltenen Festzuge einen üblen, äußerst garstigen Tänzer vorausgeschickt hätte. Das erste Mal bekümmerte er sich, wie er aussagte, wenig um diesen Traum. Da er ihn aber auch zum zweiten und dritten Mal außer acht ließ, starb ihm nicht nur sein guter Sohn, sondern er selbst wurde an seinem ganzen Körper gelähmt. Er ließ sich daher auf einem Bette in den Senat tragen und meldete diesem die Sache. Kaum hatte er dieses getan, als er, sagt man, sich am Körper gestärkt fühlte, vom Bette aufstand und auf seinen Füßen nach Hause ging. Die Senatoren gerieten darüber in Verwunderung und stellten nun eine sorgfältige Untersuchung an.

Mit dieser Sache verhielt sich's so. Ein Bürger hatte einen Sklaven den andern Sklaven übergeben, mit dem Befehl, ihn über den Markt weg zu geißeln und dann hinzurichten. Eben als sie dies taten und den Menschen auspeitschten, der vor Schmerz sich auf mancherlei Art krümmte und viele gräßliche Bewegungen machte, kam zufälligerweise der feierliche Festzug hinter ihnen her. Viele, die dem Festzuge beiwohnten, gerieten über den nicht erfreulichen Anblick und die unschicklichen Bewegungen in Unwillen; aber keiner wollte dies ahnden, sondern man begnügte sich mit Schimpfreden und Flüchen gegen den, der eine so grausame Strafe vollziehen ließ. Denn damals behandelte man die Sklaven noch mit großer Milde, und die Herren gingen mit ihnen sehr liebreich und vertraulich um, weil sie bei der Arbeit selbst mit Hand anlegten und mit ihrem Gesinde die gleiche Lebensart führten. Für einen Sklaven, der sich vergangen hatte, war es schon eine schwere Strafe, wenn er das Holz am Wagen, worauf die Deichsel ruht, aufhocken und damit in der Nachbarschaft herumgehen mußte. Denn wer diese Strafe litt und dabei von seinen Hausgenossen oder Nachbarn gesehen wurde, fand kein Zutrauen mehr und bekam den Namen Furcifer, „Gabelträger", weil die Römer mit dem Worte Furca eine Stütze oder Gabel zum Unterstellen bezeichnen.

25. Als Latinus sein Traumgesicht dem Senate angezeigt hatte, war man lange in Verlegenheit, wer wohl der üble und garstige Tänzer sein möchte, der vor dem Festzuge hergegangen wäre, bis endlich einige wegen jener seltsamen Züchtigung sich auf den Sklaven besannen, den man unter Geißelhieben über den Markt weg geführt und dann hingerichtet hatte. Damit stimmten auch die Priester überein, und so wurde der Herr des Sklaven zur Strafe gezogen, der Festzug aber nebst den Spielen dem Gotte zu Ehren aufs neue gehalten. Daher scheint Numa, der den ganzen Gottesdienst der Römer mit größter Weisheit eingerichtet hat, eben zur Beförderung der religiösen Andacht die vortreffliche Anordnung getroffen zu haben, daß, wenn die obrigkeitlichen Personen oder die Priester eine gottesdienstliche Handlung verrichteten, ein Herold vorausgehen und mit lauter Stimme: „Hoc age!" ausrufen mußte. Diese Worte bedeuten: „Tue dies!" und ermahnen jeden, seine ganze Aufmerksamkeit nur auf die heilige Handlung zu richten und sie durch kein anderes Geschäft, durch keine Hantierung zu stören, weil fast alles, was die Menschen tun, gewissermaßen nur durch Zwang und Gewalt zustande gebracht wird.

Indessen pflegen die Römer ihre Opfer, Festzüge und Spiele nicht bloß aus einer so wichtigen Ursache, sondern oft auch aus sehr geringfügigen von neuem zu halten.

Wenn zum Beispiel eins von den Pferden, welche die sogenannten Tensen ziehen, ermattet oder der Fuhrmann den
Zügel mit der linken Hand ergreift, verordnet man die Wie-
derholung der Feierlichkeit. Ja in spätern Zeiten hat man
wohl eher ein einziges Opfer dreißigmal gehalten, weil man
immer glaubte, daß dabei irgendein Fehler oder Versehen
vorgegangen wäre. Eine so ängstliche Vorsicht bewiesen
die Römer bei ihrem Gottesdienste.

26. Marcius und Tullus besprachen sich nun in Antium insgeheim mit den Häuptern der Volsker und ermunterten sie,
jetzt bei der Uneinigkeit der Römer untereinander den
Krieg anzufangen. Aber sie fanden dies bedenklich, weil
erst ein Friede und Waffenstillstand auf zwei Jahre geschlossen worden war, bis die Römer selbst ihnen dazu Anlaß gaben, da sie, es sei nun aus Verdacht oder wegen einer
falschen Angabe, bei den feierlichen Spielen ausrufen ließen, daß alle Volsker noch vor Sonnenuntergang die Stadt
verlassen sollten. Einige sagen, dazu sei es durch eine List
und Betrügerei des Marcius gekommen, der der Regierung
in Rom durch einen abgerichteten Vertrauten hätte hinter-
bringen lassen, daß die Volsker willens wären, die Römer
während der Spiele zu überfallen und die Stadt in Brand zu
stecken.

Dieser Ausruf bewirkte bei allen Volskern eine noch stärkere Erbitterung gegen die Römer. Tullus wußte sie auch
durch Vergrößerung der Sache noch mehr aufzuhetzen und
brachte es endlich dahin, daß sie eine Gesandtschaft nach
Rom schickten und all das Land und die Städte, welche den
Volskern im Kriege abgenommen worden, zurückfordern
ließen. Die Römer gerieten über einen solchen Antrag in
Unwillen und gaben zur Antwort, die Volsker würden die
Waffen zuerst ergreifen, die Römer aber sie zuletzt niederlegen. Hierauf veranstaltete Tullus eine allgemeine Versammlung der Volsker, und da der Krieg beschlossen
wurde, gab er ihnen den Rat, den Marcius kommen zu lassen und weiter keinen Groll gegen ihn zu hegen, sondern
fest zu glauben, daß er ihnen als Freund und Kampfgenosse
größern Vorteil bringen werde, als er ihnen sonst, da er
noch ihr Feind war, Schaden getan hätte.

27. Marcius wurde also vor die Versammlung gerufen und
hielt an sie eine Rede, woraus man ersah, daß er ein ebenso

trefflicher Redner als Kriegsmann war und sich durch Klugheit nicht weniger als durch kühnen Mut auszeichnete; daher wählte man ihn nebst dem Tullus zum obersten Feldherrn in diesem Kriege. Da er besorgte, daß die Zeit, welche die Volsker auf die Zurüstungen wenden mußten, zu lange dauern und ihm die beste Gelegenheit, etwas zu unternehmen, rauben möchte, so ließ er durch die Häupter und die Vornehmsten in den Städten alles Nötige herbeischaffen und machte unterdessen mit den Mutigsten, die freiwillig ohne Werbung zu ihm stießen, plötzlich und unversehens einen Einfall in das römische Gebiet. Daher machte er auch eine so große Beute, daß die Volsker sie kaum fortzuschaffen und in ihrem Lager zu verbrauchen imstande waren. Diese Beute sowie der dem Lande zugefügte Schaden war indes der kleinste Vorteil, den er mit diesem Zug bezweckte; seine Hauptabsicht dabei ging dahin, die Patrizier dem Volke noch verdächtiger zu machen. Zu diesem Zwecke beschützte er, während alles andere ausgeplündert und verheert wurde, die Landgüter derselben mit größter Sorgfalt und gestattete nicht, sie zu beschädigen oder etwas daraus wegzunehmen. Dadurch gerieten denn die Römer untereinander immer mehr in Argwohn und Uneinigkeit. Die Patrizier warfen dem Volke vor, daß es einen so großen Mann ungerechterweise ausgestoßen hätte; das Volk hingegen beschuldigte jene, sie lockten aus Rachsucht den Marcius herbei, und während andere durch den Krieg litten, blieben sie müßige Zuschauer, hüteten ihre Güter und Reichtümer und wüßten sehr geschickt den Krieg davon abzuhalten. Nach dieser Unternehmung, die den Volskern insofern nützlich war, daß sie wieder Mut faßten und den Feind verachten lernten, zog sich Marcius in aller Sicherheit zurück.

28. Als hierauf die ganze Macht der Volsker sich geschwind und mit vielem Eifer zusammengezogen hatte, wurde sie so zahlreich befunden, daß man beschloß, einen Teil derselben zur Beschützung der Städte zurückzulassen und nur mit dem andern Teile gegen die Römer zu Felde zu ziehen. Marcius ließ dem Tullus die Wahl, welche von den beiden Armeen er kommandieren wollte. Tullus erklärte, er sehe, daß Marcius ihm an Tapferkeit nichts nachgäbe, in Schlachten aber immer glücklicher wäre, und daher müßte dieser

sich an die Spitze der ins Feld rückenden Armee stellen; er für seine Person wolle die Verteidigung der Städte übernehmen und zugleich für die Bedürfnisse der im Felde dienenden Armee sorgen.

Marcius, dessen Ansehen dadurch gar sehr vergrößert worden war, ging nun zuerst auf Circaeum, eine Pflanzstadt der Römer, los, der er aber, weil sie sich freiwillig ergab, nichts zuleide tat. Sodann verwüstete er das Land der Latiner, in der Erwartung, daß die Römer ihre Bundesgenossen, die Latiner, gegen ihn schützen sollten, zumal da diese dringend von ihnen Hilfe verlangten. Allein das Volk bezeigte keine Lust zum Kriege, und die Konsuln, die nur noch eine kurze Zeit zu regieren hatten, wollten sich nicht erst der Gefahr eines Treffens aussetzen; daher wies man für jetzt die Latiner mit ihrem Gesuche ab. Marcius wandte sich nun gegen die Städte selbst, eroberte Tolerium, Labicum, Pedum und auch Bola, die sich ihm widersetzten, im Sturm, machte alle Einwohner zu Sklaven und ließ alles rein ausplündern. Für die hingegen, welche zu ihm übertraten, bewies er große Sorgfalt, daß sie auch nicht wider seinen Willen Schaden leiden sollten, indem er sich weit von ihnen lagerte und ihr Gebiet auf alle Weise schonte.

29. Als er nun auch das nicht weiter als hundert Stadien von Rom entfernte Bovillae, wo er ansehnliche Beute machte und fast alle junge Mannschaft über die Klinge springen ließ, eingenommen hatte, konnten die Volsker, die zur Verteidigung der Städte zurückgelassen worden, es nicht länger aushalten, sondern liefen mit ihren Waffen zu Marcius und erklärten, daß sie keinen andern als ihn für ihren Feldherrn und Anführer erkennen wollten. So ward nun sein Name durch ganz Italien berühmt, und überall bewunderte man die Tapferkeit, welche durch Versetzung eines einzigen Mannes in der Lage der Dinge eine so erstaunliche Veränderung hervorgebracht hatte.

Zu Rom herrschte inzwischen die größte Verwirrung. Die Bürger hatten allen Mut zum Kriege verloren, und es verging fast kein Tag, wo sie sich nicht zusammenrotteten und einander die bittersten Vorwürfe machten, bis endlich die Nachricht einlief, daß auch Lavinium von den Feinden eingeschlossen wäre. In dieser Stadt verwahrten die Römer die Heiligtümer ihrer väterlichen Götter und betrachteten sie als ihr Stammhaus, weil dies die erste Stadt war, die Aeneas in Italien erbaut hatte. Nunmehr ging in der Gesinnung des Volks auf einmal eine wunderbare Veränderung vor, bei den Patriziern hingegen äußerte sich eine höchst seltsame und unbegreifliche. Das Volk entschloß sich nämlich, die Verurteilung des Marcius aufzuheben und ihn in die Stadt zurückzurufen; allein der Senat verwarf nach einer darüber gehaltenen Beratung dieses Vorhaben und stellte sich mit aller Macht dagegen, entweder weil er dabei beharrte, dem Volke in allen seinen Wünschen entgegen zu sein, oder weil er es nicht gern sah, daß Marcius seine Rückkunft dem Volke zu verdanken hätte; es konnte auch sein, daß der Senat nun selbst gegen den Mann deswegen erzürnt war, weil er alle feindselig behandelte, ob er gleich nicht von allen war beleidigt worden, und sich als einen Feind seines Vaterlandes zeigte, in welchem doch, wie er selbst wußte, der beste und vorzüglichste Teil ihn sehr bedauerte und mit ihm dieselbe Beleidigung erlitten hatte. Nachdem dieser Ratschluß dem versammelten Volke war bekanntgemacht worden, durfte es ohne Beistimmung des Senats über den Vorschlag nicht abstimmen noch ihn zum Gesetze machen.

30. Marcius, der davon bald Nachricht erhielt, ward noch weit mehr erbittert; er hob sogleich die Belagerung von Lavinium auf, ging in der ersten Hitze auf Rom los und lagerte sich bei dem Cloelischen Graben, vierzig Stadien von der Stadt. Sein Erscheinen verursachte zwar in Rom große Furcht und Bestürzung, doch machte sie auch für jetzt wenigstens aller Zwietracht ein Ende. Denn nun wagte es niemand mehr, weder eine Magistratsperson noch ein Senator, dem Volke wegen der Rückberufung des Marcius zu widersprechen; sondern da man sah, daß die Weiber in der Stadt umherliefen, daß die Greise in den Tempeln weinend um Hilfe flehten, daß alles mutlos und keiner weisen Entschließung fähig war, so gestand man gern, das Volk habe sehr wohl getan, daß es eine Aussöhnung mit Marcius vorgeschlagen, der Senat hingegen den größten Fehler begangen, daß er zu einer Zeit, wo es ratsam war, allen Zorn und Groll zu unterdrücken, ihn erst hätte anfangen wollen.

Es wurde daher einmütig beschlossen, Gesandte an Marcius zu schicken, die ihm die Rückkehr ins Vaterland antragen und um Beilegung des Krieges bitten sollten. Die Männer, die der Senat abschickte, waren Verwandte des Marcius, und diese versprachen sich, wenigstens bei der ersten Zusammenkunft, von ihm als einem Verwandten und Freund auf das freundschaftlichste empfangen zu werden. Aber ihre Erwartung schlug fehl. Nachdem sie durch das feindliche Lager waren geführt worden, fanden sie ihn sitzend in größtem Prunke und mit unerträglichem Stolze. Von den vornehmsten Volskern umgeben, befahl er ihnen zu sagen, was ihr Gesuch wäre. Die Gesandten hielten nun eine bescheidene, sanfte Rede mit dem für ihre Lage schicklichen Tone, und als sie fertig waren, antwortete er ihnen für seine Person in Hinblick auf seine Behandlung mit Bitterkeit und Zorn; im Namen der Volsker aber forderte er als Feldherr, die Römer sollten die Städte und das Land, das sie durch Krieg an sich gerissen hätten, zurückgeben und den Volskern ebendie Vorrechte, welche die Latiner hätten, einräumen; nur unter solchen gerechten und billigen Bedingungen könnten sie auf eine sichere Befreiung vom Kriege rechnen. Hierzu gab er ihnen dreißig Tage Bedenkzeit, und gleich nach der Abreise der Gesandten brach er auf und verließ das römische Gebiet.

31. Und davon nahmen nun diejenigen unter den Volskern, die schon lange auf seine Macht neidisch und mißgünstig waren, die erste Beschuldigung gegen ihn her. Einer derselben war auch Tullus, der von Marcius für seine Person nicht im geringsten war beleidigt worden, aber einer den Menschen sehr gewöhnlichen Leidenschaft unterlag. Denn es kränkte ihn, daß sein Ruhm jetzt so ganz verdunkelt und er von den Volskern hintangesetzt wurde, welche glaubten, daß Marcius ihnen alles wäre und die andern mit dem Teile von Macht und Gewalt, den er ihnen zukommen ließe, zufrieden sein müßten. Daher fing man jetzt an, unterderhand allerlei Klagen gegen ihn auszustreuen; man gab in geheimen Zusammenkünften einander seinen Unwillen zu erkennen und nannte jenen Abzug geradezu eine Verräterei, zwar nicht von Festungen oder Armeen, aber doch von bequemen Gelegenheiten, auf denen sowohl die Erhaltung als der Verlust alles andern zu beruhen pflegt; denn er hätte den Feinden dreißig Tage verwilligt, als wenn im Kriege nicht die größten Veränderungen in einer weit kürzern Zeit vorfallen könnten. Gleichwohl brachte Marcius diese Zeit

nicht untätig zu, sondern fiel in das Land der feindlichen Bundesgenossen ein, verheerte es und eroberte sieben große und volkreiche Städte. Die Römer wagten es aber immer nicht, ihnen Hilfe zu leisten; ihr Mut war ganz erschlafft und darniedergeschlagen, und sie bezeigten so wenig Neigung zum Kriege, daß man hätte glauben sollen, sie wären am Körper erstarrt oder von der Gicht gelähmt.

Als die bestimmte Zeit verflossen war und Marcius nun wieder vor Rom erschien, schickte der Senat eine zweite Gesandtschaft ab und ließ ihn bitten, seinen Zorn zu mäßigen, die Volsker aus dem Lande wegzuführen und dann über das, was er beiden Teilen für zuträglich hielt, zu unterhandeln; denn die Römer würden aus Furcht in keinem Falle nachgeben, aber wenn er glaubte, daß die Volsker einige gegründete Ansprüche hätten, so sollten ihnen diese, sobald sie die Waffen niederlegten, zugestanden werden. Hierauf erwiderte Marcius, als Feldherr der Volsker gebe er ihnen keine Antwort, aber als römischer Bürger wolle er sie noch ermahnen und ihnen raten, gegen so billige Vorschläge mehr Mäßigung zu beweisen und binnen drei Tagen mit der Bewilligung seiner Forderungen zurückzukommen; sollte aber etwas anderes beschlossen werden, so könne er ihnen weiter keine Sicherheit gewähren, wenn sie wieder mit leeren Worten das Lager beträten.

32. Auf den Bericht der zurückgekommenen Gesandten nahm nun der Senat in der äußersten Bedrängnis des Staates seine Zuflucht zu dem letzten Mittel, das ihm noch übrig war. Er beschloß nämlich, daß alle Priester der Götter, die Diener der Religion, die Hüter der Heiligtümer und die, welche die von den ältesten Zeiten her eingeführte Weissagung aus dem Vogelfluge besorgten, in ihrer feierlichen Amtskleidung zu Marcius gehen und ihn durch ihre Vorstellungen bewegen sollten, die Waffen niederzulegen und dann mit den Bürgern Roms wegen der Angelegenheiten der Volsker zu unterhandeln. Marcius erlaubte zwar diesen Männern, ins Lager zu kommen, aber er verwilligte ihnen nichts und behandelte sie nicht freundlicher als die andern; denn er erklärte ihnen ganz kurz, sie müßten entweder auf die vorgelegten Bedingungen den Frieden eingehen oder sich auf den Krieg gefaßt machen.

Nach der Rückkunft der Priester beschloß man denn, sich

ruhig in der Stadt zu halten, die Mauern zu besetzen und den Angriff des Feindes abzuschlagen. Dabei setzte man seine Hoffnung vornehmlich auf die Zeit und unerwartete Glücksfälle, weil man für sich kein Rettungsmittel zu finden wußte, sondern die Stadt voller Verwirrung, Schrecken und schlimmen Ahnungen war. Endlich aber ereignete sich ein Vorfall, der dem, was Homer so oft sagt und die wenigsten glauben wollen, sehr ähnlich ist. Denn wenn dieser Dichter bei großen, unerwarteten Begebenheiten sich vernehmen läßt:

Ihm gab in die Seele die Herrscherin Pallas Athene –

oder:

Doch der Unsterblichen einer bezähmte mich,
welcher ins Herz mir
Legte des Volkes Nachred und Schmähungen unter
den Menschen –

desgleichen:

Weil er vielleicht argwöhnte; vielleicht auch fügt' es
ein Gott so –

so tadelt man ihn deswegen sehr, als wenn er durch unmögliche Dinge oder unglaubliche Märchen eines jeden Nachdenken und freie Entschließung vernichten wollte. Aber das tut Homer nicht; im Gegenteil schreibt er die wahrscheinlichen, gewöhnlichen Handlungen, die durch Hilfe der Vernunft ausgeführt werden, unserer eigenen Willkür zu. So sagt er gar oft:

Jetzt erwog ich den Rat in meiner erhabenen Seele –

und:

Jener sprach's; da entbrannte der Peleion, und das
Herz ihm
Unter der zottigen Brust ratschlagete, wankenden
Sinnes –

232

ferner:

> – – – Doch er gehorcht ihr
> Nicht, der edelgesinnte, verständige Bellerophontes. –

Aber bei außerordentlichen und gefährlichen Unternehmungen, die einen gewissen enthusiastischen Trieb, eine Art von Begeisterung erfordern, bedient er sich immer einer Gottheit, die den Vorsatz nicht aufhebt, sondern erregt und in dem Menschen nicht sowohl die Triebe als die zu den Trieben hinleitenden Vorstellungen hervorbringt. Dadurch aber macht er die Handlung keineswegs unwillkürlich; er gibt nur dem freien Willen einen Anfang und flößt uns dadurch Hoffnung und Zuversicht ein. Denn entweder muß man die Götter ganz von aller Ursache und Veranlassung unserer Handlungen freisprechen, oder was gäbe es sonst für eine Art, wie sie den Menschen beistehen und mit ihnen wirken können? Doch wohl nicht die, daß sie selbst unsern Körper anstellen oder den Händen und Füßen die erforderliche Richtung geben, sondern eher noch, daß sie durch gewisse Prinzipien, Vorstellungen und Gedanken die tätige Kraft und die freie Entschließung der Seele erwecken oder auf der andern Seite abwenden und zurückhalten?

33. In Rom flehten damals die verheirateten Frauen in allen Tempeln der Götter, die meisten und vornehmsten aber am Altare des kapitolinischen Jupiter um Hilfe und Rettung. Unter den letztern befand sich auch Valeria, die Schwester jenes Publicola, der sich als Feldherr und Staatsmann um die Römer sehr verdient gemacht hatte. Publicola war zwar lange vorher gestorben, wie wir in dessen Leben erzählt haben; aber Valeria genoß in der Stadt noch immer große Ehre und Achtung, weil sie durch ihren Lebenswandel das Ansehen ihres Hauses auf keine Weise minderte. Diese fühlte jetzt auf einmal jene Bewegung, von der ich vorhin sprach, und da sie, gewiß nicht ohne göttliche Einwirkung, auf einen Gedanken geriet, der dem Vaterlande nützlich werden konnte, erhob sie sich, hieß alle die andern Frauen ihr folgen und ging geradeswegs nach dem Hause der Volumnia, der Mutter des Marcius.

Beim Eintritt fand sie diese bei ihrer Schwiegertochter sitzen und die Kinder des Marcius auf ihrem Schoße. Sie ließ nun ihre Begleiterinnen sich in einen Kreis stellen und begann folgende Rede: „Wir Frauen, Volumnia, und du, Vergilia, kommen jetzt von selbst zu euch Frauen, ohne daß es der Senat beschlossen oder ein Konsul es befohlen hat. Ein Gott, durch unser Flehen gerührt, hat mir, wie es scheint, den Gedanken eingegeben, uns an euch zu wenden und um etwas zu bitten, das uns selbst und allen Bürgern Errettung, euch aber, wenn ihr einwilligt, einen Ruhm verschaffen kann, der glänzender ist als jener, den die Töchter der Sabiner davontrugen, weil sie zwischen ihren Männern und Vätern nach einem hitzigen Streite Frieden und Freundschaft wiederhergestellt haben. Wohlan denn! Gehet mit uns zu Marcius, unterstützt unsere flehentliche Bitte und legt für das Vaterland das wahre und gerechte Zeugnis ab, daß es bei allen Drangsalen, die es erleidet, euch nichts zuleide getan noch im Zorne etwas über euch beschlossen hat, sondern sogar euch ihm wiedergibt, wenn es gleich keine billige Bedingung erhalten soll."

Diese Rede der Valeria begleiteten die übrigen Frauen mit lautem Geschrei, Volumnia aber erteilte folgende Antwort: „Auch wir nehmen, teuerste Freundinnen, an der allgemeinen Not gleichen Anteil, und überdies trifft uns noch besonders das Übel, daß der Ruhm und die Tugend des Marcius für uns verloren ist und wir sehen müssen, daß das feindliche Heer ihm mehr zu einer Ehrenwache als zum Schutze dient. Doch kennen wir kein größeres Unglück, als wenn die Macht des Vaterlandes so sehr geschwächt worden ist, daß es seine letzte Hoffnung noch auf uns setzen muß. Denn ich weiß nicht, ob er auf uns Rücksicht nehmen wird, da er keine auf das Vaterland nimmt, welches ihm doch immer mehr gegolten hat als Mutter, Gemahlin und Kinder. Indes bedient euch unserer, wie ihr wollt, und führt uns zu ihm hin; wir werden, wenn wir auch sonst nichts vermögen, wenigstens über dem Flehen für das Vaterland den Geist aufgeben können.

34. Hierauf ließ Volumnia die Kinder und die Vergilia aufstehen und begab sich mit ihnen und den übrigen Frauen nach dem Lager der Volsker. Dieser rührende Anblick gebot selbst den Feinden Ehrfurcht und Stillschweigen. Marcius saß eben mit den vornehmsten Offizieren auf dem Richterstuhle. Der herankommende Zug der Frauen be-

fremdete ihn nicht wenig, und als er an der Spitze desselben seine Gemahlin erblickte, nahm er sich vor, bei seinem
unbeweglichen und unerbittlichen Sinne fest zu beharren.
Aber er unterlag seinen Empfindungen und wurde von diesem Anblicke so sehr erschüttert, daß er nicht den Mut
hatte, sie sitzend zu empfangen, sondern schnell herabstieg
und zuerst und am längsten seine Mutter, dann auch seine
Gemahlin und Kinder umarmte, wobei er den Tränen und
Zärtlichkeitsbezeigungen keinen Einhalt tat, sondern sich
dem Strome seiner Empfindung gänzlich überließ.
35. Als er seiner Zärtlichkeit Genüge getan hatte und bemerkte, daß seine Mutter anfangen wollte zu reden, ließ er
die Häupter der Volsker um sich herum treten und hörte
der Volumnia zu, welche nun also begann: „Du siehst, mein
Sohn, wenn wir es auch nicht selbst sagen, schon aus unserer Kleidung und traurigen Gestalt, zu welchem stillen, ein-
gezogenen Leben uns deine Verbannung genötigt hat. Bedenke nun, daß wir als die unglücklichsten unter allen
Weibern hier erscheinen, denen das Glück den frohesten
Anblick zum schrecklichsten gemacht hat, da ich meinen
Sohn und diese ihren Gemahl vor den Mauern der Vaterstadt gelagert sehen muß. Selbst das, was andern in Unglück
und Not zum Troste dient, das Flehen zu den Göttern,
setzt uns in die bängste Verlegenheit. Denn es ist nicht
möglich, die Götter zu gleicher Zeit für das Vaterland um
Sieg und für dich um Erhaltung zu bitten; in unserem Gebete ist nur das, was Feinde uns anfluchen können, enthalten. Deine Gemahlin und Kinder sind genötigt, entweder
auf das Vaterland oder auf dich Verzicht zu tun. Ich für
mich aber werde es nicht abwarten, daß das Glück diesen
Krieg noch zu meinen Lebzeiten entscheide; nein, wenn
ich dich nicht bewegen kann, diesen Streit, diese Übel in
Frieden und Freundschaft zu verwandeln und lieber ein
Wohltäter beider Völker als ein Verderber des einen zu
werden, so bedenke und mache dich bald darauf gefaßt, daß
du deine Vaterstadt nicht eher wirst bestürmen können, bis
du über den Leichnam derjenigen, die dich gebar, hinweg-
gegangen bist. Denn ich darf den Tag nicht erwarten, an
welchem ich entweder Rom über meinen Sohn oder meinen Sohn über Rom triumphieren sehen müßte. Ja wenn
ich dir zumutete, die Rettung deines Vaterlandes durch das

Verderben der Volsker zu bewirken, so könnte eine solche Wahl für dich, mein Sohn, allerdings schwer und bedenklich sein. Denn sowenig es rühmlich ist, seine Mitbürger zugrunde zu richten, ebensowenig ist es gerecht, diejenigen zu verraten, die ihr Vertrauen auf uns gesetzt haben. Aber wir fordern jetzt bloß Befreiung von den Übeln, die für beide Völker gleich heilsam und für die Volsker noch rühmlicher ist als für die Römer, da es so aussehen wird, als wenn sie mitten im Laufe des Sieges die größten Güter, Frieden und Freundschaft, verschenkten, wiewohl sie derselben ebensogut teilhaftig werden. Kommt dies zustande, so wird man es dir vorzüglich verdanken; im entgegengesetzten Falle wirst du allein bei beiden Völkern die Schuld tragen müssen. So ungewiß auch der Ausgang des Krieges sein mag, so ist doch so viel gewiß, daß, wenn du siegst, den Nachteil davon hast, ein Zerstörer des Vaterlandes zu heißen, hingegen, wenn du unterliegst, in den Ruf kommst, deinen Freunden und Wohltätern durch Zorn das größte Unglück zugezogen zu haben."

36. Diese Rede der Volumnia hörte Marcius an, ohne das geringste zu antworten. Da er nun auch nach Beendigung derselben noch eine geraume Zeit stillschweigend vor ihr stand, hob sie aufs neue an. „Warum schweigst du, mein Sohn?" sagte sie. „Ist es rühmlich, dem Zorne und der Rache alles einzuräumen, unanständig aber, den Bitten einer Mutter in solchen wichtigen Dingen zu willfahren? Oder geziemt es einem großen Manne, die erlittenen Beleidigungen immer im Andenken zu behalten, aber die Wohltaten, welche Kinder von ihren Eltern erhalten, zu ehren und hochzuachten soll nicht die Pflicht eines großen, edeln Mannes sein? Wahrlich, Dankbarkeit zu beweisen käme niemandem mehr zu als dir, der du den Undank mit solcher Strenge ahndest. An deinem Vaterlande hast du ja schon die schrecklichste Rache genommen, deiner Mutter hingegen noch nicht den geringsten Dank abgestattet. Die heiligste Pflicht wäre es für dich, eine so gerechte und löbliche Bitte mir ohne allen Zwang zu gewähren, aber da ich dich nicht bewegen kann, was zögere ich, die letzte Hoffnung zu ergreifen?"

Mit diesen Worten warf sie sich nebst seiner Gemahlin und seinen Kindern vor ihm nieder. Marcius schrie laut auf:

„Mutter, wie verfährst du mit mir!", hob sie in die Höhe und drückte ihr heftig die Hand. „Du hast", sagte er, „einen für das Vaterland glücklichen, für mich aber verderblichen Sieg gewonnen. Von dir allein besiegt, ziehe ich von Rom ab." Hierauf besprach er sich noch kurz mit seiner Mutter und Gemahlin im Vertrauen und schickte sie dann auf ihre Bitten in die Stadt zurück. Gleich am folgenden Morgen brach er mit den Volskern auf, die nicht alle darüber ein und dieselbe Gesinnung hatten. Einige schalten den Mann sowohl als die Handlung, andere, die den Frieden und das Ende des Krieges wünschten, waren mit beiden zufrieden. Manche mißbilligten zwar sein Verfahren, hielten ihn aber deshalb nicht für einen schlechtdenkenden Mann, sondern fanden es sehr verzeihlich, daß er einer so dringenden Notwendigkeit nachgegeben hatte. Ohne den geringsten Widerspruch folgten ihm auch alle, mehr aus Achtung gegen seine Tugend als gegen seine Gewalt.

37. Das römische Volk gab jetzt, da es von dem Kriege befreit war, noch deutlicher zu erkennen, in welcher Furcht und Gefahr es während desselben geschwebt hatte. Denn kaum sahen die auf den Mauern stehenden Wachen die Volsker abziehen, als auch sogleich alle Tempel in der Stadt geöffnet wurden und die Bürger, wie bei einem Siege mit Kränzen geschmückt, hineinströmten, um den Göttern Opfer zu bringen. Am meisten aber leuchtete die Freude der Stadt aus den Liebkosungen und Ehrenbezeigungen hervor, welche der Senat und das ganze Volk jenen Frauen erwies. Alle gestanden laut, daß man denselben allein die Rettung der Stadt zu verdanken hätte. Ja der Senat beschloß, daß die Konsuln ihnen alles tun und bewilligen sollten, was sie für sich zur Ehre oder zur Vergeltung begehren würden. Aber sie forderten weiter nichts, als dem weiblichen Glücke einen Tempel erbauen zu dürfen, so daß sie selbst die Kosten aus ihren Mitteln zusammenlegten, der Staat aber den Aufwand für die Opfer und den andern nötigen Gottesdienst übernähme. Der Senat lobte sie wegen ihrer Großmut und ließ den Tempel sowohl als die Bildsäule auf öffentliche Kosten errichten. Nichtsdestoweniger legten die Frauen eine Summe Geldes zusammen und ließen noch eine zweite Bildsäule verfertigen, welche, nach der Erzählung der Römer, bei der Aufstellung im Tempel folgende Worte

gesprochen haben soll: „Ihr Frauen habt mich nach einem Gott gefälligen Gebrauche geweiht."

38. Man erzählt sogar, daß diese Stimme zweimal gehört worden sei, und sucht uns Dinge einzureden, die den nie geschehenen ähnlich und schwer zu glauben sind. Daß man Bildsäulen hat schwitzen, Tränen vergießen und selbst einige dem Blute ähnliche Tropfen von sich geben sehen, ist eben nichts Unmögliches. Denn Holz und Steine werden oft mit einem Schimmel bedeckt, der Feuchtigkeiten erzeugt, sie bekommen von sich aus Flecken, sie nehmen aus der sie umgebenden Luft allerhand Farben an, und uns hindert nichts zu glauben, daß eine Gottheit dadurch zuweilen Anzeichen gebe. Möglich ist es auch, daß Bildsäulen einen dem Ächzen oder Seufzen ähnlichen Ton hören lassen, wenn sie Risse bekommen oder die innern Teile sich voneinander trennen. Daß hingegen von einem unbeseelten Dinge eine artikulierte Stimme, eine so deutliche, genaue und vernehmliche Sprache kommen sollte, läßt sich auf keine Weise denken, da weder die Seele noch selbst Gott ohne einen organischen Körper, der mit den zum Reden erforderlichen Teilen versehen ist, eine Stimme von sich geben und vernehmlich sprechen kann. Wenn nun aber die Geschichte durch eine Menge gültiger Zeugen uns zum Glauben nötigt, so müssen wir wohl eine gewisse Empfindung der Seele annehmen, die der Einbildungskraft nicht unähnlich ist und auf unsere Sinne ebenso wirkt, als wenn wir im Traume Dinge zu hören und zu sehen glauben, die wir doch nicht wirklich sehen und hören. Diejenigen freilich, die Gott mit brünstiger Liebe zugetan sind und von dergleichen Dingen nichts verwerfen oder leugnen können, finden einen starken Grund des Glaubens in der wunderbaren, uns unbegreiflichen Macht Gottes. Denn Gott hat mit dem Menschen gar nichts Ähnliches, weder hinsichtlich des Wesens noch der Wirkung, noch der Kräfte, und wenn er etwas macht, das uns unmachbar ist, oder etwas, das unsere Kräfte übersteigt, bewerkstelligt, so ist dies keineswegs befremdlich; im Gegenteil, da er in allen Stücken sich unterscheidet, so muß er am allermeisten in seinen Werken verschieden und uns unähnlich sein. Die meisten göttlichen Dinge, sagt Herakleitos, entgehen des Unglaubens wegen der Kenntnis.

238

39. Gleich nach Marcius' Rückkunft nach Antium faßte Tullus, der ihm aus Mißgunst äußerst gram und aufsässig war, den Entschluß, ihn aus dem Wege zu räumen, weil derselbe, wenn er für diesmal entkäme, ihm nie wieder eine so gute Gelegenheit darbieten würde. Er wiegelte daher eine Menge Leute gegen ihn auf und forderte von ihm, daß er den Volskern von seiner Amtsverwaltung Rechenschaft ablegen sollte. Marcius, der sich fürchtete, in den Stand eines Privatmannes zu treten, während Tullus noch Feldherr wäre und bei seinen Landsleuten in dem größten Ansehen stände, erklärte, er wollte gern sein Amt in die Hände der Volsker zurückgeben, wenn sie es befählen, denn nur auf ihren Befehl hätte er es übernommen; indessen aber weigere er sich keineswegs, allen Antiatern, die es verlangten, Rede und Antwort zu geben.

Es wurde nun deshalb eine Volksversammlung gehalten, worin die dazu angestifteten Volksleiter durch ihre Reden das Volk aufhetzten. Sobald aber Marcius auftrat, ließ aus Ehrfurcht gegen ihn das heftige Getümmel nach, so daß er getrost reden konnte; auch gaben die angesehensten unter den Antiatern, die sich des Friedens am meisten freuten, deutlich genug zu erkennen, daß sie ihn wohlwollend anhören und mit Gerechtigkeit richten würden. Es ward daher dem Tullus vor dessen Verteidigung nicht wenig bange; denn er war einer der größten Redner, und seine vorigen Verdienste machten auf die Gemüter einen stärkern Eindruck als das nachmalige Verschulden, oder vielmehr, die Anklage diente überhaupt zu einem Zeugnis für die Größe des ihm gebührenden Dankes. Denn sie würden es nimmermehr als eine Beeinträchtigung angesehen haben, daß ihnen Rom nicht unterwürfig gemacht wurde, wenn sie nicht durch Marcius der Bezwingung dieser Stadt so nahe gekommen wären. Tullus glaubte daher, daß er nicht länger zögern noch erst das Volk zu gewinnen suchen dürfte. Die kühnsten unter den Verschwornen schrien laut, man sollte den Verräter nicht anhören, auch nicht zugeben, daß er die Volsker tyrannisiere und sich weigere, die Feldherrnwürde niederzulegen. Dann fielen sie dichtgeschart über ihn her und ermordeten ihn, ohne daß einer von den Anwesenden ihm beizustehen wagte. Doch zeigte sich's bald, daß der größte Teil des Volkes an dieser Handlung keinen Gefallen

hatte. Aus allen Städten kamen die Leute zu seinem Leichnam herbei, beerdigten ihn auf eine ehrenvolle Art und
schmückten das Grab eines so tapfern Kriegers und Feldherrn mit einer Menge erbeuteter Waffen.

Die Römer gaben, als sie seinen Tod erfuhren, weder ein
Zeichen der Achtung noch des Unwillens gegen den Mann
von sich; doch gestatteten sie den Frauen auf ihr Ansuchen,
ihn zehn Monate lang zu betrauern, so wie jede um einen
Vater, Sohn oder Bruder zu trauern pflegt. Denn dies war
die längste Trauerzeit, welche Numa Pompilius bestimmt
hatte, wie in dessen Leben erzählt worden ist. Bei den Volskern aber traten bald Umstände ein, welche machten, daß
man den Marcius sehr vermißte. Fürs erste gerieten sie mit
den Aequern, ihren Freunden und Bundesgenossen, des
Oberkommandos wegen in Uneinigkeit, die zuletzt auf ein
mörderisches Gefecht hinauslief. Sodann erlitten sie auch
von den Römern eine schwere Niederlage, wobei Tullus
selbst im Felde blieb und der Kern ihrer Macht aufgerieben
wurde, so daß sie den schimpflichsten Frieden eingehen,
die Herrschaft der Römer anerkennen und sich allen Befehlen unterwerfen mußten.

Vergleichung des Alkibiades
mit dem Gaius Marcius Coriolanus

1. Da jetzt die Taten, welche wir von diesen Männern der Erwähnung würdig gefunden haben, vor Augen liegen, so läßt sich leicht einsehen, daß die kriegerischen auf keiner Seite einen großen Ausschlag geben. Beide haben auf gleiche Weise nicht nur als Soldaten große Kühnheit und Tapferkeit, sondern auch als Feldherren vorzügliche Einsicht und Klugheit bewiesen; man müßte denn etwa den Alkibiades, weil er in vielen Treffen sowohl zu Wasser als zu Lande immer glücklich und siegreich gewesen ist, für einen vollkommneren Feldherrn halten wollen. Auch dies haben beide miteinander gemein, daß sie ihr Vaterland, solange sie darin lebten und an der Spitze standen, immer auf eine sichtbare Weise empor-, noch sichtbarer aber es in Not und Unglück brachten, wenn sie dasselbe verließen.

Hinsichtlich der Staatsverwaltung verabscheuen alle vernünftigen Leute die allzugroße Dreistigkeit des Alkibiades, seine tadelhaften Ausschweifungen und sein Bestreben, sich durch niedrige Künste beim Volke beliebt zu machen; dagegen haßte das römische Volk das äußerst rauhe, hochmütige und streng auf die Rechte der Patrizier haltende Betragen des Marcius. Man kann freilich beides nicht loben; indes verdient der, welcher durch Gefälligkeit die Gunst des Volkes zu erhalten sucht, allemal weniger Tadel als die, welche, um nicht den Anschein zu erwecken, als wenn sie sich beim Volke einschmeicheln wollten, dasselbe schmählich behandeln. Denn es ist schändlich, dem Volke zu schmeicheln, um sich emporzuschwingen; aber durch Schrecken, Mißhandlung und Bedrückung sich Macht zu verschaffen ist nicht nur schändlich, sondern auch ungerecht.

2. Daß Marcius seinem Betragen nach für einen aufrichti-

gen, geraden Mann, Alkibiades hingegen in seiner politischen Tätigkeit für falsch und verschlagen gehalten worden ist, liegt deutlich am Tage. Hauptsächlich tadelt man an diesem jenen arglistigen Betrug, wodurch er, wie Thukydides meldet, die Gesandten der Lakedaimonier hinterging und den Frieden vereitelte. Aber ebendiese Staatskunst, ob sie gleich den athenischen Staat aufs neue in Krieg verwickelte, machte ihn doch auch durch das Bündnis mit den Argeiern und Mantineiern, welches Alkibiades zustande brachte, mächtig und furchtbar. Dagegen meldet Dionysios, daß Marcius ebenfalls durch einen Betrug die Römer und Volsker zum Kriege gegeneinander verhetzt hat, indem er die zu den feierlichen Spielen gekommenen Volsker in falschen Verdacht brachte. Aber die Ursache macht hier die Tat noch weit schlimmer. Denn nicht aus Ehrsucht, nicht aus Wetteifer, nicht um eine Gegenpartei zu bekämpfen, wie Alkibiades, sondern bloß um seinen Zorn zu befriedigen, von dem man doch, wie Dion sagt, niemals Dank bekommt, erschütterte Marcius einen guten Teil Italiens und zerstörte aus Erbitterung gegen sein Vaterland eine Menge Städte, die ihm nicht das geringste zuleide getan hatten.

Es ist wahr, auch Alkibiades zog seinen Mitbürgern durch Zorn vieles Unheil zu, aber sobald er bemerkte, daß sie ihr Verfahren gegen ihn bereuten, war er auch wieder besänftigt; ja als er zum zweiten Mal verstoßen wurde, konnte er die Fehlgriffe der Feldherrn nicht gutheißen noch bei ihren verkehrten und gefährlichen Maßregeln gleichgültig bleiben, vielmehr tat er das, was einst Aristeides zu seinem Ruhme gegen Themistokles getan hatte; er ging zu den damaligen Anführern der athenischen Flotte, die seine Freunde gar nicht waren, zeigte ihnen ihre Fehler und belehrte sie, was sie tun sollten. Marcius hingegen behandelte die ganze Stadt feindselig, da ihn doch nicht die ganze Stadt beleidigt, sondern der größte und vornehmste Teil derselben gleiche Kränkung erlitten und ihn sehr bedauert hatte. Sodann gab er durch sein Betragen, da er sich durch die wiederholten Gesandtschaften und Bitten, die einen einzigen Zorn und Verdruß heben sollten, nicht rühren oder erweichen ließ, deutlich zu erkennen, daß er einen schweren, unversöhnlichen Krieg unternommen habe, um sein Vaterland zu zerstören und zugrunde zu richten, nicht aber, um sich die Rückkehr in dasselbe zu erwirken.

Man könnte hierbei auch noch diesen Unterschied annehmen, daß Alkibiades aus Furcht und Haß gegen die Spartaner, deren Nachstellungen er ausgesetzt war, sich wieder zu den Athenern gewendet, Marcius aber die Volsker, die immer gerecht gegen ihn handelten, nicht mit Ehren habe verlassen können. Denn er war von ihnen zum Feldherrn erwählt worden und hatte zugleich mit der Macht ein unbeschränktes Zutrauen erhalten, nicht so wie jener, der, weil die Lakedaimonier ihn nicht sowohl brauchten als mißbrauchten, sich erst in der Stadt, dann im Lager untätig herumtrieb und zuletzt dem Tisaphernes in die Arme warf; wenn er nicht vielleicht deswegen seine Rückberufung beförderte, um Athen vom gänzlichen Untergange zu retten.

3. Hinsichtlich des Geldes erzählt man von Alkibiades, daß er oft große Summen nicht auf die beste Art zur Bestechung empfangen und sie dann zur Schwelgerei und Ausschweifung sehr übel angewendet habe; aber den Marcius konnten nicht einmal seine Generale bewegen, die ihm bestimmte Belohnung anzunehmen. Daher war er auch bei den der Schulden wegen entstandenen Händeln dem Pöbel desto mehr verhaßt, weil man glaubte, daß er nicht um des Gewinnes willen, sondern nur aus Übermut und Verachtung die Armen so unbarmherzig drücke.

Antipater gebrauchte in einem Briefe über den Tod des Philosophen Aristoteles den Ausdruck: „Bei seinen übrigen Eigenschaften besaß er auch die Gabe, jedermann einzunehmen." Bei Marcius machte der Mangel dieser Gabe seine schönsten Handlungen und Tugenden selbst denen, welchen sie zum Vorteil gereichten, lästig, weil sie seinen Stolz, seinen Eigendünkel, den Gefährten der Einsamkeit, wie Platon sagt, unerträglich fanden. Alkibiades hingegen wußte sich in alle Leute, die mit ihm zu tun hatten, sehr gut zu schicken, und daher war es kein Wunder, daß bei glücklichen Unternehmungen sein Ruhm durch die Zuneigung und Achtung seiner Mitbürger um vieles erhöht wurde, da selbst manche seiner Vergehungen in einem angenehmen und gefälligen Lichte erschienen. Daher wurde er ungeachtet des vielen und großen Unheils, welches er über die Stadt gebracht hatte, dennoch mehrmals zum obersten Feldherrn erwählt, während Marcius bei der Bewerbung um das Konsulat, das er durch so viele große und rühmliche Taten verdient hatte, durchfiel. Auf solche Weise konnten jenen seine Mitbürger bei allem Bösen, das er ihnen getan hatte, nicht hassen, und dieser wurde bei aller Bewunderung, die man gegen ihn hatte, nicht geliebt.

4. Freilich hatte Marcius als Feldherr seinem Vaterlande gar nichts, wohl aber den Feinden gegen sein Vaterland sehr viel geleistet. Alkibiades hingegen hatte sich als Soldat und Feldherr oft um die Athener verdient gemacht; daher blieb er seinen Feinden, wenn er zugegen war, allemal überlegen, und die Verleumdungen konnten nur in seiner Abwesenheit gegen ihn etwas ausrichten. Marcius aber wurde anwesend von den Römern verurteilt, und auch die Volsker brachten ihn, als er ihrer Versammlung beiwohnte, ums Leben, wiewohl auf eine gottlose und ungerechte Weise. Doch gab er selbst dazu einen scheinbaren Vorwand, weil er erst öffentlich jeden Vergleich ausgeschlagen und hernach, durch das Bitten der Frauen erweicht, für sich allein nicht die Feindschaft ganz behoben, sondern bei fortwährendem Kriege die schönste Gelegenheit, die Feinde zu besiegen, vereitelt und aus den Händen gelassen hatte. Er durfte nicht anders als mit Einwilligung derer, die sich ihm anvertraut hatten, abziehen, wenn ihm am meisten darum zu tun war, gegen diese gerecht zu handeln. Aber wenn er sich um die Volsker weiter nicht bekümmerte, sondern den Krieg bloß zur Befriedigung seiner Rache angezettelt hatte und ihn nun nach Erreichung seines Zweckes beenden wollte, so war es eben nicht fein, um der Mutter willen das Vaterland zu schonen, er hätte vielmehr die Mutter zugleich mit dem Vaterlande schonen sollen; denn seine Mutter und seine Gemahlin waren ein Teil der Vaterstadt, die er belagerte. Daß er allen öffentlichen Bitten, dem Flehen der Gesandten und Priester mit so vieler Härte widerstand und dann doch seiner Mutter zu Gefallen in den Abzug willigte, war nicht sowohl eine Ehre für die Mutter als eine Beschimpfung für das Vaterland, welches nur aus Erbarmen und Mitleiden um eines einzigen Weibes willen gerettet wurde, gleich als wenn es für sich selbst nicht wert wäre, gerettet zu werden. Dieser Gefallen war denn auch so gehässig, so grausam und unangenehm, daß er bei beiden Teilen

keinen Dank damit verdiente. Denn er bewirkte den Rückzug weder auf die Bitten der bekriegten Feinde noch mit Bewilligung seiner Kriegsgefährten.

Die Quelle von dem allem war sein unbeugsamer Charakter, sein Stolz und Eigendünkel, der schon für sich allein dem gemeinen Manne verhaßt ist und, wenn noch Ehrgeiz sich dazugesellt, vollends ausschweifend und unausstehlich wird. Dergleichen Leute schmeicheln dem Volke nicht, weil sie tun, als wenn ihnen an Ehrenstellen nichts gelegen wäre; erhalten sie aber diese nicht, so geraten sie gleich in Unwillen. Von Zudringlichkeit und niedriger Schmeichelei gegen den Pöbel waren doch gewiß Metellus, Aristeides und Epameinondas frei; aber weil sie sich in Wahrheit über die Dinge, welche das Volk zu geben und zu nehmen die Macht hat, hinwegsetzten, nahmen sie ihren Mitbürgern den ihnen bewiesenen Undank niemals übel, sooft sie auch verbannt, bei Wahlen zurückgesetzt oder verurteilt wurden; im Gegenteil begnügten sie sich mit deren Reue und waren gleich auf die erste Bitte zur Versöhnung bereit. Wer dem Volke am wenigsten schmeichelt, darf auch am wenigsten gegen das Volk rachsüchtig sein; denn der Unwille über die Versagung einer Ehrenstelle setzt immer ·eine heftige Begierde nach derselben voraus.

5. Alkibiades verhehlte seine Freude, wenn er zu Ehrenstellen gelangte, so wenig als seinen Verdruß, wenn er sich zurückgesetzt sah; deswegen suchte er sich bei jedermann beliebt und angenehm zu machen. Dem Marcius erlaubte sein Hochmut nicht, sich um die Gunst derer, die ihn erheben und zu Ehren bringen konnten, zu bewerben; aber sein Ehrgeiz verleitete ihn zum Zorn und Unmut, wenn er übergangen wurde. Von dieser Seite möchte der Mann etwa Tadel verdienen; alles andere erscheint in einem glänzenden Lichte. Hinsichtlich der Mäßigkeit und Verachtung der Reichtümer kann er füglich den trefflichsten und untadelhaftesten Männern unter den Griechen an die Seite gestellt werden, aber wahrhaftig nicht dem Alkibiades, der in diesem Punkte mit äußerster Frechheit allen Anstand aus den Augen setzte.

Demetrios

1. Wer zuerst den Einfall gehabt hat, zwischen den Künsten und Sinnen eine Ähnlichkeit zu finden, mag wohl, meines Erachtens, von dem Vermögen beider zu urteilen ausgegangen sein, durch welches wir in beiden Fällen entgegengesetzte Eigenschaften zu fassen pflegen. Dies haben sie wohl miteinander gemein, aber hinsichtlich des Zwecks, worauf sie die beurteilten Dinge beziehen, sind sie ganz voneinander verschieden. Der Sinn beschäftigt sich mit der Unterscheidung der weißen so gut wie der schwarzen, der süßen so gut als der bittern, der weichen und nachgiebigen wie der harten und widerstrebenden Gegenstände; ihm obliegt es, von allen Dingen, auf die er stößt, einen Reiz aufzunehmen und, was er dabei empfunden hat, dem Verstande zu entdecken. Die Künste hingegen verbinden sich mit der Vernunft, um das, was ihnen angemessen ist, zu wählen und zu ergreifen, alles Fremdartige aber zu fliehen und von sich abzuhalten; daher sie denn ersteres bevorzugt und absichtlich, letzteres aber, um sich davor hüten zu können, nur zufälligerweise betrachten. So muß die Arzneikunst die Beschaffenheit der Krankheit, die Harmonik die des Mißklangs untersuchen, um das Gegenteil davon hervorzubringen. Die vollkommensten unter allen Künsten, Mäßigkeit, Gerechtigkeit und Klugheit, die nicht bloß das Ehrbare, das Gerechte und das Nützliche, sondern auch das Nachteilige, das Schändliche und Ungerechte zu beurteilen haben, können die aus Unkenntnis des Bösen sich brüstende Schuldlosigkeit nicht loben, sondern erklären sie für Einfalt und Unwissenheit dessen, was Leute, die rechtschaffen leben wollen, notwendig wissen müssen.
Die alten Spartaner zwangen an ihren Festen die Heloten, vielen Wein zu trinken, und führten sie dann in die Speise-

zimmer, um an ihnen den jungen Leuten zu zeigen, was Trunkenheit sei. Wir unsresteils halten nun zwar die durch Verderbnis anderer bewirkte Besserung eben nicht für menschenfreundlich und staatsklug; indes ist es vielleicht nicht undienlich, ein oder zwei Paare solcher Männer, die sich den Ausschweifungen ganz überlassen und bei großer Macht und Gewalt durch Laster ausgezeichnet haben, unsern zu Mustern bestimmten Lebensbeschreibungen beizufügen. Die Absicht dabei ist wahrlich nicht, diesem Werke dadurch zum Vergnügen und zur Unterhaltung der Leser mehr Mannigfaltigkeit zu geben; sondern wie der Thebaner Ismenias seinen Schülern sowohl geschickte als schlechte Flötenspieler vorstellte und dazu sagte: „So muß man die Flöte spielen", und dann wieder: „So muß man nicht spielen", und wie Antigenidas glaubte, daß junge Leute gute Flötenspieler mit weit größerm Vergnügen hören würden, wenn sie auch schlechte hätten kennenlernen – so bin auch ich der Meinung, daß man desto eifriger und bereitwilliger sein wird, die schönern und trefflichern Leben nicht nur zu betrachten, sondern auch nachzuahmen, wenn man auch mit den schlechten und tadelnswürdigen nicht unbekannt ist.

Dieses Buch wird also das Leben des Demetrios Poliorketes und das des Triumvirs Antonius enthalten, zweier Männer, die vor allen andern den Ausspruch des Platon bestätigt haben, daß große Geister große Laster sowohl als große Tugenden hervorbringen. Beide waren in gleichem Grade der Wollust und dem Trunke ergeben; beide waren mutvolle Krieger, freigebig, prachtliebend und übermütig; sie hatten daher auch im Schicksal dieselbe Ähnlichkeit. Denn sie waren nicht nur während ihres Lebens in großen Unternehmungen bald glücklich, bald unglücklich, machten große Eroberungen und verloren große Besitztümer, kamen unerwartet zu Fall und halfen sich, ehe man sich's versah, wieder empor, sondern beschlossen auch ihr Leben der eine in der Gefangenschaft der Feinde, der andere gar nicht weit von diesem Schicksale entfernt.

2. Antigonos hatte von Stratonike, Korrhagos' Tochter, zwei Söhne, von welchen er den einen nach seinem Bruder Demetrios, den andern nach seinem Vater Philippos nannte. Dieser Meinung sind die meisten Geschichtsschreiber; ei-

nige aber sagen, Demetrios sei nicht ein Sohn, sondern ein Brudersohn des Antigonos gewesen; denn er habe seinen Vater in der Kindheit verloren, und da seine Mutter sich kurz darauf mit Antigonos vermählte, sei er für dessen Sohn angesehen worden. Philippos, der nur wenige Jahre jünger war als Demetrios, starb eines frühzeitigen Todes.

Demetrios war zwar von hohem Wuchse, wurde aber nicht so groß wie sein Vater; dagegen zeichnete er sich durch eine ungemein schöne Gesichtsbildung aus, so daß kein Maler, kein Bildhauer imstande war, ihn vollkommen zu treffen. Denn in seinem Gesichte lag zugleich Grazie und Ernst, etwas Zurückschreckendes und etwas Einnehmendes, und mit der jugendlichen Lebhaftigkeit war eine heroische Miene, eine königliche Majestät verbunden, die sich schwer darstellen ließ. Ebenso war auch sein moralischer Charakter beschaffen, daß er die Menschen zu gleicher Zeit sowohl einschüchtern als einnehmen konnte. So wie er in müßigen Zeiten beim Weine, in lustigen Gesellschaften und im Umgange der üppigste und schwelgerischste unter allen Königen war, so äußerte er dagegen wieder in Führung der Geschäfte die anhaltendste, strengste Tätigkeit und Unverdrossenheit. Insofern nahm er sich unter allen Göttern vornehmlich den Bakchos zum Muster, welcher sich am besten darauf verstanden hatte, Krieg zu führen, den Krieg wieder in Frieden zu verwandeln und sich dann ganz dem Frohsinn und Vergnügen zu überlassen.

3. Zu seinem Vater hatte er eine große Liebe, und aus der Achtung, die er seiner Mutter erwies, ersah man, daß er auch seinen Vater mehr aus wahrer echter Zuneigung als aus Furcht und Unterwürfigkeit gegen seine Macht ehrte und schätzte. Eines Tages, als Antigonos einer gewissen Gesandtschaft Audienz gab, kam Demetrios von der Jagd zurück, ging auf seinen Vater zu, küßte ihn und setzte sich mit den Wurfspießen in der Hand neben ihn. Antigonos rief dann die Gesandten, die nach erhaltener Antwort weggingen, mit lauter Stimme zurück und sagte zu ihnen: „Sagt doch, ihr Herren, auch das noch von uns, daß wir miteinander auf solchem Fuße stehen", womit er ohne Zweifel andeutete, daß das gute Einvernehmen mit seinem Sohne und das gegenseitige Zutrauen die königliche Herrschaft befestigte und einen Beweis von seiner Macht abgäbe. Die Herr-

schaft muß also wohl durchaus keine Teilnahme gestatten, muß voller Mißtrauen und Arglist sein, wenn sogar der mächtigste und älteste unter Alexanders Nachfolgern darauf stolz war, daß er sich vor seinem Sohne nicht fürchtete, sondern ihn mit der Lanze in der Hand nahe an sich herankommen ließ. Ja dieses Haus war sozusagen das einzige, das in vielen Generationen von dergleichen Übeln frei blieb; oder vielmehr: Philippos war unter den Nachkommen des Antigonos der einzige, der seinen Sohn hinrichten ließ. Dagegen gibt es fast in allen den andern königlichen Häusern viele Hinrichtungen von Söhnen, Müttern und Gemahlinnen. Denn Brüder aus dem Wege zu räumen galt, so wie Landvermesser Forderungen entgegennehmen, überall für ein den Königen zu ihrer Sicherheit notwendiges Erfordernis.

4. Daß jedoch Demetrios zu Anfang auch menschenfreundlich und seinen Freunden treu ergeben gewesen sei, davon läßt sich folgendes Beispiel anführen. Mithridates, Ariobarzanes' Sohn, war, bei gleichem Alter, ein vertrauter Freund von ihm und befand sich gewöhnlich im Gefolge des Antigonos. Er zeigte nichts Bösartiges und galt für einen rechtschaffenen Mann, geriet aber eines Traumes wegen bei Antigonos in Verdacht. Diesem kam es nämlich im Schlafe vor, als wenn er über ein weites schönes Feld hinginge und es mit Goldstaub besäte. Daraus wuchs nun erst eine goldene Saat hervor, aber wie er bald darauf wieder hinkam, fand er nichts als Stoppeln. In dem Kummer und Unwillen, den er deshalb empfand, hörte er einige sagen, Mithridates habe die goldene Ernte abgemäht und sei nach dem Pontos Euxeinos entflohen. Dadurch ward Antigonos so sehr beunruhigt, daß er seinem Sohne, nachdem er ihm einen Eid abgenommen hatte, verschwiegen zu sein, den Traum erzählte und hinzusetzte, er habe auf jeden Fall beschlossen, den Menschen zu töten und aus dem Wege zu räumen. Demetrios empfand über diese Erklärung keinen geringen Kummer, und sobald der Jüngling nach seiner Gewohnheit zu ihm kam, um ihm die Zeit zu vertreiben, durfte er zwar des Eides wegen es nicht wagen, ihm die Sache mündlich zu entdecken, doch führte er ihn allmählich von den übrigen Freunden beiseite, und als sie allein waren, zeichnete er vor dessen Augen mit der untern Spitze der Lanze die Worte in

den Sand: Fliehe, Mithridates! Dieser verstand ihn gleich und entwich in der folgenden Nacht nach Kappadokien. In kurzer Zeit brachte das Schicksal den Traum des Antigonos in Erfüllung. Denn Mithridates bemächtigte sich eines großen und herrlichen Landes und stiftete das Haus der pontischen Könige, das ungefähr in der achten Generation durch die Römer sein Ende erreichte. Dies sind die Beweise von der Anlage des Demetrios zur Güte und Gerechtigkeit.

5. So wie die Elemente, nach Empedokles' Lehre, teils aus Zwietracht, teils aus Freundschaft untereinander einen beständigen Krieg und Streit haben, besonders die, welche einander berühren und nahe kommen, so machte auch die Nähe der Provinzen und die Vermengung der Angelegenheiten den unter Alexanders Nachfolgern nie aufhörenden Krieg noch hitziger und lebhafter, ein Fall, der damals zwischen Antigonos und Ptolemaios eintrat.

Antigonos hielt sich gewöhnlich in Phrygien auf. Als er die Nachricht erhielt, daß Ptolemaios von Zypern nach Syrien herübergegangen wäre, das Land verheerte und die Städte teils durch Überredung, teils mit Gewalt an sich zog, schickte er seinen Sohn Demetrios gegen ihn ab, der erst zweiundzwanzig Jahre alt war und jetzt zum erstenmal als Oberbefehlshaber an der Spitze einer Armee zu großen Unternehmungen auszog. Als ein junger, unerfahrener Mann ließ er sich ohne Bedenken mit einem Feldherrn aus Alexanders Kriegsschule, der auch schon für sich viele schwere Kämpfe bestanden hatte, in eine Schlacht ein, erlitt aber bei der Stadt Gaza eine solche Niederlage, daß 8 000 Mann in Gefangenschaft gerieten und 5 000 auf dem Platze blieben. Überdies verlor er sein Zelt, sein ganzes Gepäck und alle, die zu seiner Bedienung gehörten. Ptolemaios aber schickte ihm dies alles nebst seinen Freunden zurück, unter der edlen und großmütigen Erklärung, sie dürften nicht um alles zugleich, sondern nur um Ehre und Herrschaft miteinander Krieg führen.

Demetrios nahm das Überbrachte an und bat die Götter, daß er für diese Güte des Ptolemaios nicht lange ein Schuldner bleiben, sondern ihm bald Gleiches mit Gleichem vergelten möchte. Auch benahm er sich bei diesem Mißgeschick, das ihn gleich zu Anfang seiner Unternehmungen betroffen hatte, nicht wie ein unwissender Jüngling; gleich einem gewiegten Feldherrn, der die Veränderlichkeit des Glücks aus Erfahrung kennt, sorgte er sowohl für die Anwerbung anderer Truppen als für Herbeischaffung der nötigen Kriegsgeräte. Überdies behauptete er sich im Besitz der Städte und übte die neuangeworbene Mannschaft in den Waffen.

6. Auf die eingegangene Nachricht von diesem Treffen sagte Antigonos, für dieses Mal habe Ptolemaios unbärtige Jünglinge besiegt, aber er werde bald wieder mit Männern zu kämpfen haben. Um den Mut seines Sohnes nicht zu vermindern oder niederzuschlagen, bewilligte er ihm ohne Widerrede seine Bitte, daß er für sich selbst dem Feinde noch eine Schlacht liefern dürfte.

Nicht lange darauf erschien Killes, ein General des Ptolemaios, mit einer beträchtlichen Macht, um Demetrios, den man seiner vorigen Niederlage wegen verachtete, vollends aus Syrien zu vertreiben. Aber dieser überfiel ihn plötzlich und unversehens und setzte ihn dadurch in solchen Schrecken, daß er sich des ganzen Lagers mit dem Feldherrn selbst bemächtigte, 7 000 Mann zu Gefangenen machte und eine große Menge Reichtümer erbeutete. Bei diesem Siege freute er sich jedoch bei weitem nicht so sehr über das, was er in seinen Händen hatte, als über das, was er zurückgeben konnte, und weder der Reichtum noch der Ruhm, den ihm der Sieg verschaffte, war ihm so lieb als die Gelegenheit, die ihm erwiesene Güte und Wohltat vergelten zu können. Indes tat er dies nicht nach eigenem Gutdünken, sondern schrieb erst deswegen an seinen Vater. Da ihm derselbe es erlaubte und anwies, in allem nach Belieben zu verfahren, schickte er nicht nur Killes, sondern auch dessen Freunde reichlich beschenkt dem Ptolemaios zurück. Diese Niederlage trieb nun den Ptolemaios ganz aus Syrien und zog dagegen Antigonos, der über den Sieg voller Freude war und seinen Sohn zu sehen wünschte, aus Kelainai herbei.

7. Hierauf wurde er abgeschickt, die Araber, welche Nabataier hießen, zu unterwerfen, und kam, da er in die wasserlose Wüste zu tief eindrang, in große Gefahr. Aber durch seine Unerschrockenheit und seinen kühnen Mut setzte er die Barbaren in Schrecken und kehrte mit ungeheurer Beute und 700 Kamelen, die er ihnen abgenommen hatte, wieder zurück.

Seleukos, der schon vormals von Antigonos aus Babylonien war vertrieben worden, nachher aber sich durch seine Macht wieder in Besitz dieses Landes gesetzt hatte, war jetzt mit der Armee ausgezogen, um die an Indien grenzenden Völkerschaften und die Provinzen am Kaukasus zu unterwerfen. Aus diesem Grunde hoffte Demetrios Mesopotamien ohne Schutz und Bedeckung zu finden, ging unversehens über den Euphrat und drang ohne Widerstand in Babylonien ein, wo er die eine der beiden Burgen, die Seleukos dort hatte, eroberte, deren Besatzung heraustrieb und sie mit 7 000 Mann von seiner eigenen Armee besetzte. Jedoch befahl er den Soldaten, aus dem Lande alles, was sich fortbringen ließe, als Beute mitzunehmen, und kehrte dann nach dem Meere zurück, so daß er nun den Seleukos in desto sicherern Besitz der Herrschaft setzte. Denn durch die angerichteten Verwüstungen schien er auf dieses Land, als ein solches, das ihnen nicht gehörte, Verzicht zu tun. Auf die Nachricht, daß Ptolemaios die Stadt Halikarnassos belagerte, eilte er derselben zu Hilfe und entsetzte sie.

8. Bei dem großen Ruhme, welchen diese Unternehmungen Antigonos und Demetrios brachten, kam sie ein ungemeines Verlangen an, ganz Griechenland zu befreien und es dem Joche, das Kassander und Ptolemaios ihm auferlegt hatten, zu entreißen. Nie hat wohl ein König einen rühmlichern und gerechtern Krieg geführt. Denn sie verwendeten die Schätze und Reichtümer, welche sie den gedemütigten Barbaren abgenommen hatten, ihres Ruhms und ihrer Ehre wegen auf die Befreiung Griechenlands. Es wurde nun beschlossen, zuerst gegen Athen auszulaufen, und als ein Freund zu Antigonos sagte, sie müßten diese Stadt, wenn sie sie erobert hätten, für sich behalten, als die Leiter zu dem übrigen Griechenland – verwarf Antigonos diesen Rat und erklärte, die Zuneigung der Bürger sei die schönste und festeste Leiter; Athen, die Warte der Welt, werde durch ihren Ruhm in kurzer Zeit seine Taten allen Völkern bekanntmachen.

Demetrios segelte also mit einer Flotte von 250 Schiffen und einer Summe von 5 000 Talenten Silbers nach Athen, wo Demetrios von Phaleron in Kassanders Namen die Stadt regierte, in Munychia aber eine Besatzung lag. Bei der Vorsicht, die er gebrauchte und die vom Glück begünstigt wurde, zeigte er sich am sechsundzwanzigsten Tage des Monats Thargelion vor dem Peiraieus, ohne daß sich dessen jemand versehen hatte. Sowie die Schiffe in der Nähe erschienen, hielten alle sie für eine von Ptolemaios kommende Flotte und trafen schon Anstalten, sie einlaufen zu lassen; endlich aber wurden die Befehlshaber ihren Irrtum gewahr und bereiteten sich zum Widerstand. Darüber kam es nun zu einem heftigen Getümmel, wie in einem solchen Falle, da man sich gegen eine unerwartete Landung der Feinde wehren sollte, leicht zu denken ist. Denn Demetrios, der die Eingänge der Häfen unverschlossen gefunden hatte und sogleich eingedrungen war, stand schon vor aller Augen und gab von seinem Schiffe ein Zeichen, daß man stille sein und ihn anhören sollte. Darauf ließ er einen Herold neben sich hintreten und öffentlich ausrufen: sein Vater habe ihn abgeschickt, um die Athener zu gutem Glücke zu befreien, die Besatzung fortzujagen und ihnen ihre Gesetze und die alte Verfassung wiederzugeben.

9. Auf diese Erklärung setzten die meisten Athener sogleich ihre Schilde vor die Füße, klatschten in die Hände und forderten Demetrios, den sie ihren Retter und Wohltäter nannten, mit lautem Geschrei auf, daß er sich an Land begeben möchte. Demetrios von Phaleron war mit seinen Freunden der Meinung, daß man den Sieger auf jeden Fall aufnehmen müßte, wenn er auch keine seiner Versprechungen erfüllte; dennoch schickten sie erst Gesandte ab, die für sie bitten sollten. Demetrios behandelte diese sehr liebreich und schickte seinerseits einen von den Freunden seines Vaters, den Milesier Aristodemos, mit zurück. Auch nahm er sich des Phaleriers, der bei dieser Staatsveränderung die Bürger mehr als die Feinde zu fürchten hatte, sorgfältig an und ließ ihn, aus Achtung gegen die Tugend und den Ruhm des Mannes, unter einer sichern Bedeckung seinem Wunsche gemäß nach Theben bringen. Den Athenern aber ließ er sagen, er für seine Person werde, so viel ihm auch daran gelegen wäre, ihre Stadt nicht eher betreten, bis er sie völlig befreit und die Besatzung vertrieben hätte. Darauf schloß er Munychia mit Wall und Graben ein und wandte sich mit seiner Flotte gegen Megara, wo Kassander ebenfalls eine Besatzung liegen hatte.

Als ihm hier hinterbracht wurde, daß Kratesipolis, die gewesene Gemahlin Alexanders, Polyperchons Sohns, eine ihrer Schönheit wegen berühmte Frau, die sich eben in Patrai aufhielt, einen Besuch von ihm nicht ungern sehen würde, ließ er seine Armee bei Megara stehen und machte sich in Begleitung einiger leichten Truppen dahin auf den Weg. Von diesen entfernte er sich dann ebenfalls und ließ sein Zelt weit von ihnen aufschlagen, damit seine Zusammenkunft mit der Frau nicht bemerkt werden sollte. Einige von den Feinden bekamen davon Nachricht und unternahmen unversehens einen Streifzug nach der Gegend. Darüber geriet er in Furcht und rettete sich noch, in einen schlechten Mantel gehüllt, durch eine schleunige Flucht; es fehlte aber wenig, daß er durch Unenthaltsamkeit in die schimpflichste Gefangenschaft geraten wäre. Denn das Zelt mit allen Kostbarkeiten fiel den Feinden in die Hände, die es als Beute mit fortnahmen.

Nach der Eroberung von Megara drangen die Soldaten auf die Plünderung der Stadt; aber die Athener erwirkten noch durch inständiges Bitten für die Megarier Verschonung. Demetrios schenkte also der Stadt, nachdem er die feindliche Besatzung vertrieben hatte, die Freiheit. Während er damit beschäftigt war, erinnerte er sich des Philosophen Stilpon, eines in großem Rufe stehenden Mannes, der sich entschlossen hatte, sein Leben in stiller Ruhe hinzubringen. Diesen ließ er zu sich kommen und fragte ihn, ob ihm jemand von dem Seinigen etwas entwendet hätte. Stilpon antwortete: „Niemand; denn ich habe noch keinen die Wissenschaft wegtragen sehen." Indes waren beinahe alle Sklaven heimlich auf die Seite geschafft worden. Als daher Demetrios beim Abzuge nochmals freundlich mit ihm sprach und am Ende sagte: „Ich lasse euch nun eine ganz freie Stadt", versetzte Stilpon: „Du hast wohl recht; denn du hast uns keinen einzigen Sklaven zurückgelassen."

10. Demetrios setzte nun bei seiner Rückkunft die Belagerung von Munychia fort, vertrieb endlich die Besatzung und ließ die Feste schleifen. Nunmehr begab er sich auf dringende Einladung der Athener in die Stadt und gab dem Volke, das er deshalb zusammenrufen ließ, seine alte Verfassung wieder. Überdies versprach er den Athenern, daß ihnen von seinem Vater 150 000 Medimnen Getreide und Schiffbauholz zu 100 Trieren zugeschickt werden sollten.

Auf solche Weise erhielten die Athener nach einem Zeitraum von fünfzehn Jahren die Demokratie wieder, da in der Zwischenzeit seit dem Lamischen Kriege und der Schlacht bei Krannon ihre Verfassung dem Scheine nach aristokratisch, im Grunde aber wegen der Macht des Demetrios von Phaleron monarchisch gewesen war.

Gleichwohl zogen die Athener dem Demetrios, der sich in seinen Wohltaten so groß, so glänzend gezeigt hatte, durch die übertriebenen Ehrenbezeigungen, die sie ihm zuerkannten, nichts als Haß und Widerwillen zu. Sie waren die allerersten, die dem Demetrios und Antigonos den Königstitel beilegten, den sie sonst so sehr verabscheuten und der von den übrigen Generalen unter allen königlichen Auszeichnungen allein noch dem Hause des Philippos und Alexanders unberührt und eigentümlich gelassen zu werden schien. Sie allein setzten die beiden unter die Zahl der rettenden Götter, hoben die uralte Archontenwürde, nach welcher das Jahr genannt wurde, auf und wählten dafür jährlich einen Priester der Retter, dessen Name allen öffentlichen Dekreten und Akten vorangesetzt werden sollte. Ferner verordneten sie, die Bildnisse beider wie die der andern Götter in den heiligen Mantel einzuweben. Den Ort, wo Demetrios zuerst vom Wagen gestiegen war, erklärten sie für heilig und errichteten dort einen Altar, der nach dem herabsteigenden Demetrios benannt wurde. Des weiteren setzten sie zu den bisherigen zehn Stämmen zwei neue hinzu, welche Demetrias und Antigonis hießen, und vermehrten den Rat, der sonst aus fünfhundert Mitgliedern bestand, bis auf sechshundert, weil jeder Stamm fünfzig Mitglieder stellte.

11. Den ausschweifendsten Einfall hatte jedoch Stratokles, welcher der Erfinder dieser schlau erdachten, maßlosen Schmeicheleien war. Er schlug vor, daß die, welche durch ein Dekret im Namen des Staats an Antigonos oder Demetrios geschickt würden, nicht Gesandte, sondern Theoren genannt werden sollten, so gut wie jene, die an den griechischen Festen die althergebrachten Opfer im Namen der Städte nach Delphi oder Olympia zu überbringen pflegten.

Dieser Stratokles war überhaupt ein tollkühner Mensch, hatte immer ein unzüchtiges Leben geführt und schien

durch Frechheit und Unverschämtheit die Freiheiten nachzuahmen, die jener alte Kleon sich gegen das Volk heraus-
zunehmen pflegte. Er hatte eine Buhlerin, namens Phyla-
kion, zu sich ins Haus genommen. Als diese eines Tages für
ihn zum Abendessen Gehirne und Hälse auf dem Markte
eingekauft hatte, sagte er zu ihr: „Ei, da bringst du ja solche
Dinge vom Markte, mit denen wir Staatsmänner Ball zu
spielen pflegen." Nach der Schlappe, die die Flotte der
Athener bei Amorgos erlitten hatte, zog er, noch ehe die
Nachricht davon angelangt war, mit einem Kranze geschmückt über den Kerameikos und verkündigte nicht nur
den Athenern den Sieg, sondern machte auch den Vorschlag, dieser frohen Nachricht wegen Dankopfer zu bringen, und veranstaltete für jeden Stamm eine Austeilung von
Fleisch. Nicht lange darauf kamen diejenigen an, welche
die Schiffstrümmer aus jenem Treffen überbrachten, und
als ihn nun das Volk heftig aufgebracht vorforderte, trat er
dem Getümmel mit frecher Stimme entgegen: „Nun", sagte
er, „was ist euch denn für ein Unglück begegnet, wenn ihr
zwei Tage vergnügt hingebracht habt?" Von der Art war die
Dreistigkeit des Stratokles.
12. Aber es gab noch eine andere, die, um mit Aristophanes
zu reden, noch heißer war als das Feuer. Es brachte nämlich jemand, der den Stratokles an Niederträchtigkeit übertreffen wollte, in Vorschlag, den Demetrios, sooft er nach
Athen käme, mit ebenden feierlichen Zeremonien zu empfangen wie die Demeter und den Bakchos und demjenigen,
der sich beim Empfange durch Pracht und Aufwand aus-
zeichnen würde, aus dem Schatze eine Summe Geldes zur
Stiftung eines Denkmals zu geben. Endlich nannte man
auch den Monat Munychion Demetrion und den letzten
Tag jedes Monats Demetrias; ja man änderte sogar den
Namen des Festes Dionysia in Demetria um.
Allein die Gottheit legte durch deutliche Zeichen über die
meisten dieser Beschlüsse ihr Mißfallen an den Tag. Der
heilige Mantel, in welchen jenem Beschlusse zufolge neben
Zeus und Athene auch Demetrios und Antigonos einge-
webt waren, wurde durch einen plötzlich entstandenen
Wirbelwind, als man ihn über den Kerameikos hintrug, mit-
ten auseinandergerissen. Um die Altäre des Demetrios und
Antigonos trieb die Erde eine Menge Schierling hervor, der

sonst in dieser Gegend nicht zu wachsen pflegte. An dem Tage, auf welchen das Dionysienfest fiel, mußte man den feierlichen Aufzug aussetzen, weil ganz wider die Jahreszeit eine heftige Kälte mit einem so starken Reife eingetreten war, daß nicht nur alle Weinstöcke und Feigenbäume, sondern auch die noch junge Saat größtenteils erfroren. Daher brachte auch Philippides, ein erklärter Feind von Stratokles, in einer Komödie folgende Stelle gegen ihn vor:

> – – – Der Frevler dort,
> Durch dessen Schuld der Frost den Wein versengte
> Und selbst Athenes Mantel auseinanderriß,
> Weil er der Götter Ehren auch Sterblichen erteilte.
> Dies stürzt das Volk in Not und nicht die Komödie.

Dieser Philippides stand bei Lysimachos sehr in Gunst, und das Volk hatte ihm manche Wohltaten und Gefälligkeiten von seiten des Königs zu verdanken. Auch sah es dieser bei seinen Unternehmungen und Feldzügen immer als eine günstige Vorbedeutung an, wenn ihm derselbe begegnete und zu Gesicht kam. Überdies stand Philippides wegen seines Charakters in gutem Rufe, war nie zudringlich und von dem an Höfen gewöhnlichen Vorwitz frei. Als Lysimachos eines Tages sich sehr freundlich gegen ihn bewies und zu ihm sagte: „Was soll ich dir, Philippides, von dem, was ich habe, mitteilen?", versetzte er: „Nur keine von deinen Heimlichkeiten, mein König!" Mit gutem Bedacht habe ich jenem Manne von der Rednerbühne diesen von der Schaubühne an die Seite gesetzt.

13. Unter allen den erwähnten Ehrenbezeigungen aber war wohl keine übertriebener und abgeschmackter als der von einem gewissen Dromokleides aus Sphettos gemachte Vorschlag, daß man wegen der Weihung der Schilde nach Delphi erst von Demetrios ein Orakel einholen sollte. Ich will jedoch die Stelle selbst aus dem Dekrete hier beifügen; sie lautet also: „Zu gutem Glücke! Das Volk hat beschlossen, daß das Volk unter den Athenern einen Mann auswähle, der sich zum Retter begeben und nach verrichtetem Opfer den Retter Demetrios befragen soll, wie das Volk auf die frömmste, anständigste und schnellste Art die Wiederherstellung der Weihgeschenke bewirken könne. Was für ei-

nen Orakelspruch er auch erteilen mag, den soll das Volk befolgen." Auf solche Weise hatten die Athener den Mann zum besten und verdarben ihn dadurch immer mehr, da er ohnehin dem Verstande nach nicht ganz gesund war.

14. Während der Muße, welche Demetrios damals in Athen genoß, vermählte er sich mit der verwitweten Eurydike, einer Urenkelin jenes alten Miltiades und gewesenen Gemahlin des Opheltas, des Fürsten von Kyrene, die nach dessen Tode sich wieder nach Athen gewandt hatte. Diese Heirat betrachteten die Athener als eine besondere Gunst und Ehre, die ihrer Stadt widerfahren wäre.

Demetrios war aber überhaupt im Heiraten nicht eben bedenklich und hatte mehrere Gemahlinnen zugleich, unter welchen Phila die größte Ehre und Würde hatte, teils wegen ihres Vaters Antipater, teils auch, weil sie vorher mit Krateros vermählt gewesen war, der unter allen Nachfolgern Alexanders bei den Makedoniern auch noch nach seinem Tode am meisten in Gunst stand. Antigonos schlug, wie man erzählt, dem noch jungen Demetrios diese Frau, die freilich für ihn etwas zu alt war, zur Heirat vor, und da er keine Lust dazu hatte, soll er ihm den Vers des Euripides:

> Wenn's Vorteil bringt, muß man auch wider
> Neigung freien!

ins Ohr gesagt haben, so daß er bloß das Wort *dienen,* was Euripides gebraucht, mit *freien* vertauschte. Indes war die Achtung und Ehre, welche Demetrios der Phila und seinen übrigen Frauen erwies, so beschaffen, daß er immer mit einer Menge Lustdirnen wie auch freier Weiber ohne Scheu lebte und wegen dieser Ausschweifungen unter den damaligen Königen am meisten verschrien war.

15. Als ihn hierauf sein Vater abrief, um mit Ptolemaios wegen der Insel Zypern Krieg zu führen, konnte er nicht umhin zu gehorchen, doch schmerzte es ihn sehr, daß er den Krieg für Griechenland, der ihm weit mehr Glanz und Ruhm versprach, aufgeben sollte. Er schickte daher noch an Kleonides, Ptolemaios' Befehlshaber, der Sikyon und Korinth besetzt hielt, und ließ ihm eine Summe Geldes anbieten, wenn er diesen beiden Städten die Freiheit schenken

würde. Da Kleonides seine Anträge verwarf, ging er mit einer ansehnlichen Macht, die er zusammengebracht hatte, unter Segel und schiffte geradewegs auf Zypern zu, wo er Menelaos, Ptolemaios' Bruder, sogleich in einem Treffen besiegte.

Bald darauf erschien Ptolemaios selbst mit einer großen Macht an Landtruppen sowohl als an Schiffen. Anfangs erlaubten sie sich allerhand prahlerische Drohungen und Herausforderungen gegeneinander; Ptolemaios riet dem Demetrios, sich eiligst fortzumachen, ehe er von seiner ganzen versammelten Macht zu Boden getreten würde, Demetrios hingegen erbot sich, den Ptolemaios ungehindert abziehen zu lassen, wenn dieser seine Besatzungen aus Sikyon und Korinth abzuziehen verspräche. Indes erregte der bevorstehende Kampf nicht nur bei ihnen selbst, sondern auch bei allen übrigen Fürsten wegen des ungewissen Ausgangs manche bange Erwartungen, weil leicht vorauszusehen war, daß der Sieg dem, der die Oberhand behielt, außer Zypern und Syrien auch die höchste Gewalt über alles in die Hände spielen würde.

16. Ptolemaios rückte nun selbst mit 150 Schiffen zum Angriff vor, dem Menelaos aber hatte er befohlen, wenn der Streit am hitzigsten wäre, mit 60 Schiffen von Salamis auszulaufen, der Flotte des Demetrios in den Rücken zu fallen und die Reihen zu durchbrechen. Allein Demetrios stellte diesen 60 Schiffen bloß zehn der seinigen entgegen, weil so viele schon ausreichten, die enge Ausfahrt des Hafens zu versperren. Er selbst stellte seine Landmacht in Schlachtordnung, besetzte alle ins Meer ragenden Landspitzen und ging dann mit 180 Schiffen den Feinden entgegen.

Unter diese drang er sogleich mit ungestümer Gewalt ein und schlug Ptolemaios mit solchem Nachdruck in die Flucht, daß dieser, wie er sich überwunden sah, mit nicht mehr als acht Schiffen davonfloh, die ihm auch von der ganzen Flotte allein übrigblieben; denn die übrigen wurden in der Seeschlacht in Grund gebohrt, siebzig fielen aber mitsamt der Mannschaft dem Feinde in die Hände. Von dem ganzen Gefolge an Dienern, Freunden und Weibern, die in Lastschiffen längs der Küste hin vor Anker lagen, entging dem Demetrios überhaupt gar nichts, sondern er bekam alles in seine Gewalt und ließ die ganze Beute in sein Lager bringen. Darunter befand sich denn auch die bekannte Lamia, die anfänglich bloß ihrer Kunst wegen, da sie die Flöte meisterlich spielte, geschätzt, dann aber auch durch ihre Liebeshändel berühmt wurde. Ungeachtet damals die Blüte ihrer Jugend schon zu Ende ging, machte sie doch auf den weit jüngern Demetrios einen stärkern Eindruck und wußte ihn durch ihre Reize so einzunehmen und zu fesseln, daß er bei ihr allein einen Liebhaber, bei den übrigen Weibern bloß einen Geliebten abgab.

Nach der Seeschlacht konnte sich auch Menelaos nicht länger halten, sondern übergab Demetrios die Stadt Salamis nebst allen Schiffen und Landtruppen, die aus 1 200 Reitern und 12 000 Mann Fußvolk bestanden.

17. Diesen so ruhmvollen, so glänzenden Sieg verherrlichte Demetrios noch mehr durch seine edle Gesinnung und Menschenliebe, da er die Toten der Feinde mit aller Pracht begrub, die Gefangenen in Freiheit setzte und den Athenern von der gemachten Beute 1 200 ganze Rüstungen schenkte. Als Siegesboten schickte er nun an seinen Vater den Milesier Aristodemos, einen Mann, der in der Kunst zu schmeicheln alle Hofleute übertraf und jetzt, wie der Erfolg lehrte, darauf aus war, bei dieser Begebenheit die größte Schmeichelei anzubringen.

Als er nämlich von Zypern übergesetzt war, ließ er das Schiff dem Lande nicht nahe kommen, sondern gab Befehl, daß man in einiger Entfernung vom Ufer Anker werfen und die ganze Schiffsmannschaft sich ruhig und still verhalten sollte. Dann ging er ganz allein in einem Boote an Land und reiste weiter zu Antigonos, der wegen des Ausgangs der Schlacht in der gespanntesten Erwartung war und sich in einer Stimmung befand, wie sie sich bei denjenigen denken läßt, die über so wichtige Angelegenheiten in banger Furcht und Besorgnis schweben. Als er jetzt die Ankunft des Aristodemos erfuhr, ward seine Unruhe noch um vieles vergrößert; kaum konnte er sich im Hause zurückhalten, und er schickte seine Freunde und Bedienten immer einen nach dem andern ab, die den Aristodemos über die Ereignisse befragen mußten. Dieser aber erteilte keinem eine Antwort, und da er seinen Weg ganz langsam, mit ernster Miene und tiefem Stillschweigen fortsetzte, lief ihm Antigonos, der sich vor Bestürzung nicht länger fassen konnte, bis an die

Tür entgegen, indem schon eine große Menge Volks den Aristodemos begleitete und vor dem Palaste zusammenlief. Als Aristodemos endlich näher kam, streckte er seine rechte Hand aus und rief mit lauter Stimme: „Heil dir, König Antigonos! Wir haben König Ptolemaios in einer Seeschlacht überwunden, Zypern erobert und 16 800 Soldaten gefangengenommen!" Antigonos versetzte: „Ja, Heil auch dir! Aber für die Marter, die du mir angetan hast, mußt du büßen; du wirst die Belohnung für die angenehme Nachricht desto später bekommen."

18. Nunmehr rief auch das Volk zum ersten Mal Antigonos und Demetrios zu Königen aus. Dem Antigonos banden seine Freunde sogleich das Diadem um, dem Demetrios aber überschickte es der Vater und gab ihm in dem Briefe, den er dazu schrieb, den Königstitel. In Ägypten rief man auf die Nachricht von diesem Vorfalle Ptolemaios ebenfalls zum Könige aus, um nicht den Anschein zu erwecken, als wenn man jener Niederlage wegen den Mut sinken ließe. Aus Eifersucht taten nun die übrigen Nachfolger Alexanders einen gleichen Schritt. Lysimachos fing auch an, ein Diadem zu tragen, so wie Seleukos, wenn er mit Griechen zu tun hatte; denn in Verhandlungen mit Barbaren hatte er sich schon vorher als König betragen. Nur Kassander schrieb seine Briefe immer so, wie er vorher zu tun pflegte, obgleich ihm die andern mündlich und schriftlich den Königstitel beilegten.

Indes hatte dieser Titel nicht bloß einen Zusatz zum Namen oder eine Veränderung des äußerlichen Prunks zur Folge; er machte nun auch den Stolz jener Männer rege, erhöhte ihre Aussichten und teilte ihrer Lebensart, ihrem ganzen Betragen eine dünkelhafte Größe und Hoheit mit, so wie tragische Schauspieler zugleich mit der Kleidung auch Gang, Stimme, selbst die Art, sich zu setzen und zu grüßen, verändern. Dadurch wurden sie in ihren Ansprüchen und Forderungen weit gewaltsamer, weil sie sich jetzt nicht mehr, wie sonst, um ihre Gewalt zu verhehlen, gegen die Untertanen leutselig und nachgiebig zu beweisen brauchten. Soviel bewirkte das einzige Wort eines Schmeichlers, eine solche Veränderung brachte es in der Welt hervor!

19. Antigonos, stolz auf Demetrios' Taten in Zypern, unter-

nahm nun sogleich einen Kriegszug gegen Ägypten, wobei er selbst die Landmacht anführte, Demetrios aber mit einer starken Flotte ihm zur Seite an der Küste hin segelte. Allein den Ausgang, wie diese Unternehmung enden sollte, sah Medios, ein Freund des Antigonos, in einem Traumgesicht vorher. Es kam ihm nämlich vor, als wenn Antigonos mit der ganzen Armee einen Wettstreit im Doppellaufe hielte, und zwar anfangs ganz rasch und geschwind forteilte, dann aber allmählich die Kräfte verlöre und am Ende, wie er umkehrte, so abgemattet und atemlos würde, daß er sich kaum wieder erholen konnte. Geradeso endete auch der Feldzug. Antigonos hatte zu Lande mit vielen Schwierigkeiten zu kämpfen, und da auch Demetrios von heftigen Stürmen heimgesucht wurde, wodurch er in Gefahr kam, an eine schroffe, hafenlose Küste geworfen zu werden, und viele von seinen Schiffen verlor, so mußte er wieder zurückkehren, ohne sein Ziel erreicht zu haben.

Antigonos war jetzt vom achtzigsten Jahre nicht mehr weit entfernt, und weil ihn zu den Kriegsunternehmungen die Größe und Schwere seines Körpers mehr noch als das Alter zu unbehilflich machte, so verließ er sich in allem auf seinen Sohn, der durch Glück sowohl als durch Erfahrung schon die wichtigsten Geschäfte aufs beste zu leiten wußte, ohne sich je über dessen Üppigkeit, Verschwendung und Völlerei aufzuhalten. Denn im Frieden schweifte Demetrios in diesen Lastern aus, und wenn er Muße hatte, überließ er sich ohne Scheu allen Lustbarkeiten und Vergnügungen bis zum Übermaß; im Kriege hingegen war er nüchtern und mäßig wie jene, die es von Natur sind.

Man erzählt, daß Antigonos, als Lamia schon offensichtlich die Herrschaft innehatte und Demetrios bei der Rückkehr von einer Reise ihn zärtlich küßte, mit lachendem Munde gesagt habe: „Ei, mein Sohn, du denkst wohl die Lamia zu küssen?" Ein andermal, als Demetrios mehrere Tage nacheinander gezecht hatte und nun die Entschuldigung gebrauchte, daß er mit einem Flusse befallen wäre, sagte Antigonos: „Das habe ich gehört; war es aber ein thasischer oder ein chiischer Fluß?" Eines Tages erfuhr er, daß Demetrios unpäßlich wäre, und ging hin, ihn zu besuchen. An der Tür begegnete ihm einer der Lustknaben. Er trat dann ins Zimmer, setzte sich neben Demetrios und griff ihm nach dem

Pulse. Da nun Demetrios sagte, das Fieber habe ihn soeben verlassen, versetzte er: „Ja gewiß, mein Sohn, es ist mir im Fortgehen an der Tür begegnet." Dergleichen Dinge ertrug Antigonos an seinem Sohne mit gelassenem Mute wegen seiner übrigen Taten.

Die Skythen pflegen beim Gelage, wenn sie berauscht sind, die Sehnen ihrer Bogen anzuschlagen, um den vom Vergnügen erschlafften Mut aufzufrischen. Demetrios hingegen überließ sich ganz und gar bald dem Vergnügen, bald wieder dem Ernste und betrieb immer das eine ohne alle Verbindung mit dem andern, war aber deswegen in den Zurüstungen zum Kriege nicht weniger eifrig und tätig.

20. Indes schien er als Feldherr sich besser darauf zu verstehen, eine Kriegsmacht auszurüsten als von ihr Gebrauch zu machen, da er alles Erforderliche im Überfluß haben wollte und ein unersättliches Vergnügen darin fand, beim Schiffs- und Maschinenbau große Versuche anzustellen. Denn er hatte von Natur treffliche Anlagen und einen spekulativen Kopf, verwendete aber seine Kunstliebe nicht auf unnütze Spielereien wie andere Könige, die sich mit Flötenspiel, mit Malen oder Drechseln zu beschäftigen pflegen. So brachte der Makedonier Aeropos, wenn er nichts zu tun hatte, seine Zeit mit Verfertigung kleiner Tische und Leuchter hin. Attalos, mit dem Beinamen Philometor, zog allerhand offizinelle Kräuter, nicht nur Bilsenkraut und Nieswurz, sondern auch Schierling, Aconitum und Dorycnium; diese säte und pflanzte er in den königlichen Gärten und machte sich ein Geschäft daraus, deren Samen und Säfte kennenzulernen und zu rechter Zeit einzusammeln. Die Könige der Parther suchten eine Ehre darin, die Spitzen der Pfeile mit eigener Hand zu glätten und zu schärfen. Dagegen lag selbst in den handwerklichen Arbeiten des Demetrios etwas Königliches; sein bloßer Zeitvertreib verriet eine gewisse Größe, und seine Werke zeigten, außer dem darauf verwendeten Fleiße und der Liebe zur Kunst, einen hohen Geist, einen erhabenen Mut, so daß sie nicht nur eines königlichen Verstandes und Reichtums, sondern auch einer königlichen Hand würdig zu sein schienen. Durch ihre Größe setzte er seine Freunde in Erstaunen, und durch ihre Schönheit wußte er selbst seine Feinde zu ergötzen.

Was ich hier sage, ist im strengsten Sinne wahr und kein

leeres Wortgepränge. Oft standen die Feinde am Ufer und begafften voller Bewunderung seine vorbeifahrenden Schiffe von fünfzehn und sechzehn Ruderreihen. Die Sturmmaschinen, Helepoleis genannt, dienten den Belagerten zu einer Art von Schauspiel, wie die Begebenheiten selbst bezeugen. Lysimachos nämlich, der unter allen Königen der ärgste Feind des Demetrios war und sich ihm bei der Belagerung von Soloi in Kilikien entgegenstellte, ließ ihn ersuchen, daß er ihm seine Sturmmaschinen zeigen und die Schiffe vorbeifahren lassen möchte. Nachdem dies geschehen war, zog er mit seiner Armee voller Bewunderung ab. Die Rhodier, die eine lange Zeit von ihm belagert worden waren, baten ihn nach geschlossenem Frieden, ihnen einige seiner Maschinen zurückzulassen, um sie als ein Denkmal sowohl seiner Macht als ihrer eigenen Tapferkeit aufzubewahren.

21. Den Krieg gegen die Rhodier führte er, weil sie Bundesgenossen des Ptolemaios waren, und griff ihre Mauern mit der größten Sturmmaschine an. Die Basis derselben bildete ein Viereck; jede Seite desselben hatte unten eine Länge von achtundvierzig und eine Höhe von sechsundsechzig Ellen, nach oben zu aber lief sie immer schmaler in eine Spitze zusammen. Innen war sie in mehrere Stockwerke und viele Kammern abgeteilt. Die vordere Seite gegen die Feinde hin war offen, und in jedem Stockwerk befanden sich Fenster; durch diese wurden allerlei Arten von Pfeilen herausgeschossen, da die Maschine mit Soldaten von jeder Art der Rüstung angefüllt war. Auch hatte sie die Eigenschaft, daß sie nicht schwankte noch sich in ihren Bewegungen auf die Seite neigte, sondern auf der Grundlage im Gleichgewicht unerschütterlich feststand und unter lautem Krachen mit großer Gewalt vorrückte; dadurch gewährte sie den Zuschauern einen Anblick, der ihre Seelen mit Schrecken und Vergnügen zugleich erfüllte.

Zu ebendiesem Kriege wurden ihm auch zwei eiserne Panzer aus Zypern überbracht, deren jeder vierzig Minen an Gewicht hatte. Um eine Probe von ihrer Stärke und Festigkeit zu geben, ließ der Meister Zoilos einen Katapultpfeil aus einer Entfernung von sechsundzwanzig Schritten gegen den einen schießen. Das Eisen hielt den Schuß ohne Verletzung aus und bekam bloß einen kaum merklichen Streif, wie von einem Schreibgriffel. Diesen einen Panzer trug er selbst, den andern Alkimos, ein Epeiroter, der streitbarste und rüstigste unter seinen Offizieren, der allein eine zwei Talente schwere Rüstung trug, während die der andern nur ein Talent schwer war. Er wurde dann auf Rhodos in einem Gefechte beim Theater erschlagen.

22. Ungeachtet Demetrios bei der tapfern und mutigen Gegenwehr der Rhodier nichts von Belang ausrichten konnte, setzte er doch aus Erbitterung den Kampf mit ihnen weiter fort, weil sie ein Fahrzeug, womit ihm seine Gemahlin Phila Briefe, Bettdecken und Kleidungsstücke übersandte, weggenommen und, so wie es war, dem Ptolemaios zugeschickt hatten. In diesem Punkte nahmen also die Rhodier keineswegs die Höflichkeit der Athener zum Muster, welche im Kriege mit Philippos, als ihnen ein Briefbote in die Hände gefallen war, alle Briefe durchlasen, bis auf einen einzigen, den Olympias an ihn geschrieben hatte und den sie ihm gleich, so versiegelt wie er war, überschickten. Aber sosehr sich auch Demetrios dadurch gekränkt fühlte, konnte er sich doch nicht entschließen, die Rhodier, die ihm bald darauf eine Blöße gaben, jene Beleidigung entgelten zu lassen.

Es malte nämlich Protogenes von Kaunos eben damals für sie die Geschichte des Ialysos, und das beinahe vollendete Gemälde fiel Demetrios in einer der Vorstädte in die Hände. Die Rhodier ließen ihn daher durch einen Herold ersuchen, dieses Kunstwerk zu verschonen und es ja nicht zu verderben, worauf er die Antwort erteilte, er wollte eher alle Bildnisse seines Vaters verbrennen als ein so herrliches Kunstwerk. Denn Protogenes soll ganze sieben Jahre daran gearbeitet haben, und Apelles sagt, er sei über den Anblick des Gemäldes so betroffen worden, daß er lange Zeit kein Wort hervorbringen konnte, endlich aber habe er ausgerufen, es sei ein herrliches, bewundernswürdiges Meisterstück, nur fehle ihm die Grazie, durch welche seine Malereien den bis an den Himmel steigenden Ruhm erlangt hätten. Dieses Gemälde wurde in der Folge mit so vielen andern nach Rom geführt und ist dort bei einem Brande zugrunde gegangen.

Die Rhodier hielten die Belagerung mit standhaftem Mute aus, und da Demetrios nur unter einem schicklichen Vorwande davon loszukommen suchte, brachten endlich die von Athen angekommenen Gesandten eine Aussöhnung zustande, auf die Bedingung, daß die Rhodier, den Krieg gegen Ptolemaios ausgenommen, Bundesgenossen von Antigonos und Demetrios sein sollten.

23. Hierauf riefen die Athener Demetrios gegen Kassander zu Hilfe, der ihre Stadt belagerte. Er segelte also mit einer Flotte von 330 Schiffen und vielen Landtruppen dorthin und vertrieb nicht nur Kassander aus Attika, sondern verfolgte ihn auch auf der Flucht bis nach Thermopylai, schlug ihn zurück und bekam die Stadt Herakleia, die sich freiwillig ergab, in seine Gewalt; überdies gingen hier noch 6 000 Makedonier zu ihm über. Auf dem Rückwege erklärte er alle Griechen diesseits von Thermopylai für frei, machte die Boiotier zu Bundesgenossen und eroberte Kenchreai; auch brachte er Phyle und Panakton, zwei Kastelle in Attika, wo Kassander noch Besatzungen liegen hatte, in seine Gewalt und gab sie den Athenern zurück.

Sosehr nun auch diese schon vorher in allen Arten von Ehrenbezeigungen gegen ihn sich erschöpft hatten, so fanden sie doch Mittel, in Schmeicheleien jetzt wieder neu und frisch zu erscheinen. Sie wiesen ihm nämlich das Hintergebäude des Parthenon zum Quartier an. Hier hatte er seine Wohnung, und es ging allgemein die Rede, daß Athene selbst ihn bei sich aufnehme und bewirte, freilich einen nicht gerade züchtigen Gast, der sich für das Haus einer Jungfrau nicht eben sanft und sittsam aufführte. Gleichwohl hatte einst sein Vater, wie er hörte, daß dessen Bruder in einem Haus einquartiert worden war, wo sich drei junge Mädchen befanden, ohne ihn darüber zur Rede zu stellen, in seiner Gegenwart den Quartiermeister rufen lassen und ihn mit den Worten angeredet: „Hör einmal, führe meinen Sohn gleich aus dem engen Quartier heraus!"

24. Allein Demetrios, der sich vor Athene, wenn auch aus keiner andern Ursache, wenigstens doch wie vor einer ältern Schwester – denn so wollte er sie genannt wissen – hätte schämen sollen, verübte in der Burg mit freigebornen Knaben und Frauen so abscheuliche Ausschweifungen, daß der Ort da noch für rein und unbefleckt gelten konnte, als er mit einer Chrysis, einer Lamia, einer Demo oder einer Antikyra, jenen berüchtigten Lustdirnen, schwelgte. Die

Würde der Stadt erlaubt mir nicht, alle Umstände genau zu erzählen; doch darf ich die Tugend und Keuschheit eines gewissen Demokles nicht mit Stillschweigen übergehen.

Dieser Demokles war ein noch unreifer Knabe, entging aber der Aufmerksamkeit des Demetrios nicht, da schon sein Beiname – er hieß nur der schöne Demokles – seine Wohlgestalt verriet. Alle Anerbietungen, alle Versuche und Drohungen vermochten ihn nicht zu verführen; endlich mied er sogar die Ringschulen und das Gymnasium und ging, wenn er sich baden wollte, in ein Privatbad. Demetrios lauerte nun die Gelegenheit ab und trat, wie er eben allein war, in die Badestube. Wie der Knabe seine Hilflosigkeit und die dringende Gefahr bemerkte, riß er den Deckel vom Kessel weg, sprang in das kochende Wasser und tötete sich auf diese Weise selbst, so daß er zwar ein unverdientes Schicksal erfuhr, aber doch eine Denkungsart zeigte, die seiner Schönheit sowohl als seines Vaterlandes würdig war.

Ganz anders betrug sich Kleainetos, Kleomedons Sohn, welcher, um seinem Vater von der ihm zuerkannten Strafe von fünfzig Talenten Erlaß auszuwirken, dem Volke ein Schreiben von Demetrios überreichte und dadurch nicht nur sich selbst schändete, sondern auch der Stadt verdrießliche Händel zuzog. Denn man sprach zwar Kleomedon von der Klage los, es wurde aber zugleich ein Dekret verfaßt, daß kein Bürger wieder ein Schreiben von Demetrios überreichen sollte. Demetrios wurde, als er dies vernahm, sehr aufgebracht und ließ seinen Unwillen so deutlich merken, daß die Athener wegen der Folgen in Furcht gerieten und nicht nur das Dekret wieder aufhoben, sondern auch die, welche es vorgeschlagen und empfohlen hatten, teils mit dem Tode, teils mit Landesverweisung bestraften. Überdies wurde ein anderes Dekret verfaßt, das athenische Volk habe festgesetzt, daß alles, was König Demetrios befähle, vor den Göttern heilig und vor den Menschen gerecht sein sollte. Als einer der guten und rechtschaffenen Bürger sagte, Stratokles sei rasend, daß er solche Dekrete in Vorschlag brächte, erwiderte Demochares von Leukonion: „Freilich würde er rasend sein, wenn er nicht rasend wäre." Denn Stratokles zog aus seinen Schmeicheleien große Vorteile. Indes wurde Demochares dieser Rede wegen angeklagt und des Landes verwiesen. So handelten die Athener, die der fremden Besatzung ledig zu sein und eine vollkommene Freiheit zu genießen glaubten.

25. Demetrios zog hierauf in den Peloponnes, und da ihm die Feinde nicht den geringsten Widerstand leisteten, sondern überall vor ihm flohen und die Städte preisgaben, brachte er den ganzen Landstrich, welcher Akte genannt wird, und Arkadien, Mantineia ausgenommen, auf seine Seite. Auch löste er die Städte Argos, Korinth und Sikyon aus, indem er den Besatzungen hundert Talente bezahlte. Da in Argos eben das Fest Heraia bevorstand, veranstaltete er auf seine Kosten allerhand Kampfspiele, nahm an den Feierlichkeiten der Griechen teil und vermählte sich dabei mit Deidameia, einer Tochter des Aiakides, des Königs der Molosser, und Schwester des Pyrrhos. Die Sikyonier bewog er durch die Bemerkung, daß sie neben der Stadt wohnten, ihre Stadt an den Ort zu verlegen, wo sie noch jetzt steht, und nun nannte er die Stadt, die mit dem Orte auch den Namen veränderte, anstatt Sikyon Demetrias.

Auf der Landenge wurde nun ein allgemeiner Konvent gehalten und Demetrios vor einer großen Versammlung von Menschen zum Oberfeldherrn Griechenlands ernannt wie vormals Philippos und Alexander, vor denen er, durch sein gegenwärtiges Glück und seine große Macht aufgebläht, keine geringen Vorzüge zu haben sich einbildete. Alexander hatte doch keinen der andern Könige des königlichen Titels beraubt, hatte sich nie einen König der Könige genannt, wiewohl viele es ihm verdankten, daß sie Könige hießen und waren. Demetrios hingegen höhnte und lachte diejenigen aus, die irgendeinen andern als seinen Vater und ihn König nannten; er hörte es gerne, wenn bei Tafel die Trinksprüche ausgebracht wurden: Dem Könige Demetrios! dem Elefantenobersten Seleukos! dem Admiral Ptolemaios! dem Schatzmeister Lysimachos! dem Sizilianer Agathokles, dem Inselfürsten! Die andern Könige pflegten, wenn ihnen solche Dinge zu Ohren kamen, darüber zu lachen; nur Lysimachos nahm es sehr übel, daß Demetrios ihn zu einem Verschnittenen machte. Denn gewöhnlich nahmen die Könige Verschnittene zu Schatzmeistern. Überhaupt war Lysimachos der erklärteste Feind von Demetrios und zog immer auf dessen Liebe zu Lamia los, indem er sagte, jetzt habe er zum ersten Mal eine Hure auf der tragischen Bühne erscheinen sehen. Dagegen äußerte Demetrios, seine Hure sei doch noch züchtiger als die des Lysimachos, Penelope.

26. Als er den Rückzug nach Athen antrat, schrieb er dahin, er wünsche bei seiner Ankunft sogleich in die Mysterien eingeweiht zu werden und auf einmal die ganze Weihe vom untersten bis zum höchsten Grade zu bekommen. Dies nun war den Gesetzen zuwider und auch vorher noch nie geschehen. Die kleinen Mysterien wurden im Monat Anthesterion, die großen aber im Monat Boëdromion gefeiert, und dann verstrich von den großen Mysterien mindestens ein ganzes Jahr, ehe man den letzten Grad eines Epopten erhalten konnte. Als Demetrios' Brief verlesen worden war, wagte es der Fackelträger Pythodoros allein, sich dagegenzustellen; aber er richtete nichts aus, sondern als Stratokles den Vorschlag machte, den Monat Munychion durch ein Dekret für den Anthesterion zu nehmen und so zu nennen, feierte man Demetrios zu Gefallen die Mysterien bei Agra. Darauf machte man den Munychion aus dem Anthesterion wieder zum Boëdromion und vollzog die übrige Einweihung, wobei Demetrios zugleich der letzte Grad eines Epopten erteilt wurde. Darüber macht nun Philippides in einer seiner Komödien dem Stratokles Vorwürfe, indem er sagt:

Der uns das ganze Jahr in einen Mond verkürzte –

Und über die Einquartierung in dem Athenetempel drückt er sich folgendermaßen aus:

Ein Wirtshaus machte er aus unserer heiligen Burg
Und führte freche Dirnen selbst bei der Jungfrau
ein.

27. Unter allen Vergehungen und Freveltaten, die damals in der Stadt verübt wurden, soll die Athener keine so sehr gekränkt haben als diese, daß Demetrios ihnen eine Summe von 250 Talenten in kurzer Zeit herbeizuschaffen und zu bezahlen auferlegte, sie auch mit unerbittlicher Strenge eintrieb, hernach aber, wie er das Geld beisammen sah, es der

Lamia und andern Buhlerinnen ihres Gelichters zu geben befahl, um dafür Seife zu kaufen. Der Schimpf schmerzte die Athener mehr als die Einbuße, und die Äußerung tat ihnen weher als die Erpressung selbst. Nach einigen aber waren es die Thessalier, nicht die Athener, die auf diese Art von ihm behandelt wurden.

Außerdem forderte auch Lamia für sich selbst von vielen Bürgern Geld, um für den König ein Gastmahl zu veranstalten, und dieses Gastmahl erhielt seiner Pracht wegen einen so verbreiteten Ruf, daß sogar der Samier Lynkeus eine Beschreibung davon verfertigte. Daher nannte ein Komödiendichter die Lamia nicht unpassend eine wahre Helepolis, und Demochares von Soloi nannte den Demetrios Mythos, ein leibhaftes Märchen, weil er immer eine Lamia um sich hätte.

Das große Ansehen, worin diese Buhlerin stand, und die heftige Liebe, die Demetrios zu ihr hatte, erregte nicht nur bei seinen Gemahlinnen, sondern auch sogar bei seinen Freunden Neid und Eifersucht. So kamen einmal einige als Gesandte von ihm zu Lysimachos, welcher ihnen zur Unterhaltung an seinen Armen und Schenkeln noch die tiefen Narben von Löwentatzen zeigte und dabei erzählte, daß er von Alexander mit einem Löwen eingesperrt worden sei und mit demselben gekämpft habe. Die Gesandten sagten darauf lachend, auch ihr König trage Bisse von einem gefährlichen Tiere an seinem Halse, womit sie Lamia meinten.

Es ist freilich verwunderlich, daß Demetrios, der anfangs gegen die Phila ihres Alters wegen einen Widerwillen hatte, sich doch von der Lamia so sehr fesseln ließ und, obgleich ihre Reize schon verblüht waren, sie eine so lange Zeit auf das heftigste liebte. Daher gab auch Demo, die den Beinamen Mania führt, als Lamia einst bei Tafel die Flöte spielte und Demetrios sie fragte, was sie von ihr hielte, zur Antwort: „Sie ist, o König, ein altes Weib." Ein andermal, als der Nachtisch aufgetragen wurde und Demetrios zu Demo sagte: „Siehst du, was mir Lamia alles schickt?", versetzte sie: „Oh, meine Mutter wird dir noch mehr schicken, wenn du nur bei ihr schlafen willst."

Man führt auch von der Lamia eine Widerlegung jenes berühmten von Bokchoris gefällten Urteils an. In Ägypten hatte sich ein Mann in die Buhlerin Thonis verliebt und sollte ihr für ihre Gunstbezeigungen eine ansehnliche Summe Goldes bezahlen. Nun aber kam es ihm im Traume vor, als wenn er bei ihr schliefe, und damit war auch seine Begierde befriedigt. Thonis belangte ihn nun wegen der bedungenen Summe vor Gericht. Als König Bokchoris von dieser Sache unterrichtet wurde, befahl er, der Mann sollte das geforderte Gold richtig abzählen und es in einem Gefäße in der Hand hin und her tragen, die Buhlerin aber sich an den Schatten halten; denn der Wahn wäre nichts anders als ein Schatten der Wahrheit. Dieses Urteil hielt Lamia nicht für gerecht; denn der Schatten habe die Buhlerin nicht von der Begierde nach dem Golde befreit, der Traum hingegen die Liebe des Mannes sogleich gedämpft. Soviel mag von der Lamia genug sein.

28. Nunmehr führen die Begebenheiten und Glücksfälle des Mannes, von dem wir reden, unsere Erzählung gleichsam von der komischen Bühne auf die tragische hinüber. Alle die andern Könige hatten sich unterdessen gegen Antigonos verbunden und ihre Kräfte miteinander vereinigt. Demetrios zog daher aus Griechenland ab, stieß zu seinem Vater, der sich mit größerem Eifer rüstete, als sich von seinem Alter erwarten ließ, und wurde dadurch selbst auch desto mehr zum Kriege angefeuert. Freilich scheint es, daß Antigonos, wenn er nur in einigen geringfügigen Dingen nachgegeben und seine übertriebene Herrschsucht herabgestimmt hätte, den ersten Rang unter Alexanders Nachfolgern nicht nur für sich selbst auf Lebenszeit behauptet, sondern auch seinem Sohne hinterlassen haben würde. Allein er war von Natur zu stolz und übermütig; durch das trotzige Wesen, das er in seinen Reden sowohl als in seinen Handlungen zeigte, erbitterte er viele junge einflußreiche Männer und machte sie sich zu erklärten Feinden. Auch jetzt rühmte er sich, er wolle schon diese zusammengerotteten und gegen ihn verbundenen Könige wie eine Schar ins Getreide fallender Vögel mit einem einzigen Steine und dem geringsten Geräusche verscheuchen und auseinanderjagen. Seine Armee bestand aus mehr als 70 000 Mann Fußvolk, 10 000 Reitern und 75 Elefanten; die Feinde hatten nur 64 000 Mann Fußvolk, aber 500 Reiter mehr als er, 400 Elefanten und 120 Streitwagen.

Als beide Heere sich einander näherten, ging in seiner Seele eine Veränderung vor, die mehr seine Hoffnung als seinen Mut und seine Entschlossenheit betraf. Sonst pflegte er in Schlachten immer fröhlich und hochgestimmt zu sein, sich einer lauten Stimme und prahlerischer Reden zu bedienen, oft auch, wenn die Feinde vor ihm standen, durch Spöttereien und Schwänke seine Unerschrockenheit und Verachtung gegen die Feinde an den Tag zu legen. Jetzt aber sah man ihn größtenteils stillschweigend und in Gedanken vertieft; auch stellte er der Armee seinen Sohn vor und empfahl ihr ihn zum Nachfolger. Was aber alle am meisten befremdete, war, daß er mit seinem Sohne im Zelte immer allein sprach, während er sonst eben nicht gewohnt war, mit ihm geheime Beratungen zu halten, sondern seine Pläne in sich verschloß, dann öffentlich Befehle erteilte und, was er für sich beschlossen hatte, ausführte. So erzählt man, daß er dem Demetrios, der als Jüngling ihn einst fragte, wann die Armee aufbrechen würde, im Zorne geantwortet habe: „Ist dir denn bange, daß du allein die Trompete nicht hören wirst?"

29. Damals schlugen jedoch auch noch allerhand böse Vorbedeutungen ihren Mut nieder. Dem Demetrios träumte, als wenn Alexander in glänzender Rüstung ihm erschiene und fragte, welche Losung sie bei der Schlacht geben würden? Als er antwortete: „Zeus und Sieg" – versetzte Alexander: „Nun, so gehe ich zu den Feinden über, die werden mich aufnehmen." Antigonos selbst strauchelte, als die Armee schon in Schlachtordnung gestellt wurde, beim Herausgehen aus dem Zelte und fiel auf das Gesicht, so daß er sich schlimm verletzte. Nachdem er wieder aufgestanden war, hob er die Hände gen Himmel und bat die Götter, ihm entweder den Sieg oder einen schnellen Tod vor der Niederlage zu verleihen.

Sobald die Schlacht begann, stieß Demetrios mit dem größten und besten Teil der Reiterei auf Antiochos, Seleukos' Sohn, und focht mit so ausgezeichneter Tapferkeit, daß er die Feinde in die Flucht schlug, brachte sich aber dadurch um den Sieg, weil er zur Unzeit die Fliehenden mit gar zu großer Hitze und Ehrbegierde verfolgte. Denn bei der Rückkehr konnte er sich nicht wieder an das Fußvolk anschließen, da die Elefanten dazwischen standen; und wie nun Seleukos die Phalanx von der Reiterei entblößt sah, brach er zwar nicht in dieselbe ein, bedrohte sie aber immer mit dem Angriff und sprengte mit seiner Reiterei an der Flanke hin, um den Truppen Gelegenheit zu geben, zu ihm überzugehen, was denn auch erfolgte. Denn ein großer Teil des Fußvolks riß sich los und trat freiwillig zu ihm über; die übrigen wurden dann bald zum Weichen gebracht. Nunmehr drang ein starker Haufen auf Antigonos selbst ein, und da einer von seinem Gefolge zu ihm sagte: „Diese haben wohl Absichten auf dich" – versetzte er: „Ei, wen sollten sie sonst als mich zum Ziele haben? Aber Demetrios wird mir schon zu Hilfe kommen." Die Hoffnung behielt er bis auf den letzten Augenblick und sah sich immer nach seinem Sohne um, bis er endlich unter einer Menge Geschosse, die von allen Seiten auf ihn gerichtet waren, erlag. Sogleich verließen ihn alle seine Diener und Freunde, bis auf Thorax von Larissa, der allein noch bei dem Leichnam standhielt.

30. Nachdem die Schlacht diesen Ausgang genommen hatte, zerstückelten die siegreichen Könige das ganze Reich des Antigonos und Demetrios wie einen großen Körper, teilten es unter sich auf und schlugen die Provinzen zu denen, die sie vorher besessen hatten. Demetrios entkam mit 5 000 Mann Fußvolk und 4 000 Reitern und nahm seinen Weg so geschwind als möglich nach Ephesos. Jedermann glaubte, daß er, weil es ihm an Gelde fehlte, sich an dem dortigen Tempel vergreifen würde, aber er selbst war in Furcht, daß seine Truppen dies tun möchten; daher brach er in aller Eile wieder auf und richtete seine Fahrt nach Griechenland, indem er seine größte Hoffnung noch auf Athen setzte. Denn hier hatte er auch seine Schiffe, sein Geld und seine Gemahlin Deidameia zurückgelassen, und in seiner gegenwärtigen Lage kannte er keine sicherere Zuflucht als die Liebe und Ergebenheit der Athener.

Allein auf dieser eilfertigen Fahrt kamen ihm bei den kykladischen Inseln Abgeordnete von Athen entgegen und ersuchten ihn, ihre Stadt nicht zu betreten, weil das Volk den Beschluß gefaßt hätte, keinem der Könige den Eintritt zu gestatten; auch hatte man schon Deidameia mit allen Ehren und einer ihrem Stande gemäßen Begleitung nach Megara geschickt. Darüber geriet nun Demetrios vor Zorn aus aller

Fassung, ob er gleich seine übrigen Unglücksfälle mit größter Gelassenheit ertragen und bei einem solchen Wechsel der Dinge weder Kleinmut noch sonst eine niedrige Denkart verraten hatte. Aber daß er seine Erwartung in Hinsicht auf die Athener so sehr getäuscht sah, daß die Zuneigung der Athener, auf die er baute, durch den Erfolg als eitel und verstellt befunden wurde, dies war jetzt für ihn äußerst schmerzhaft.

Der schlechteste und unsicherste Beweis von der Liebe der Völker gegen Könige und Fürsten ist, meines Erachtens, das Übermaß in Ehrenbezeigungen, deren ganzer Wert nur auf dem guten Willen derer, die sie erweisen, beruht, die aber durch die Furcht gleich verdächtig werden. Denn ein Volk, das sich fürchten muß, verfaßt dieselben Dekrete wie das, welches Liebe und Zuneigung empfindet. Daher sehen verständige Fürsten nicht auf Statuen, nicht auf Gemälde oder Vergötterungen, sondern auf ihre eigenen Werke und Handlungen und setzen entweder in dergleichen Dekrete, als echte Ehrenbezeigungen, Vertrauen oder halten sie, als erzwungen, für verdächtig. Denn oft hassen die Völker mitten unter den Ehrenbezeigungen diejenigen, welche solche durch Furcht erpreßte Dekrete mit Stolz und Übermut annehmen.

31. Demetrios empfand nun zwar dieses Betragen der Athener als sehr schlimm, da er aber für jetzt außerstande war, sich zu rächen, ließ er ihnen bloß durch Gesandte einige glimpfliche Vorwürfe machen und forderte zugleich seine Schiffe zurück, unter denen auch eins von dreizehn Ruderreihen war. Nachdem er sie erhalten hatte, segelte er nach dem Isthmos, und bei der traurigen Lage, worin er sich befand – denn überall wurden seine Besatzungen vertrieben, und alles erklärte sich für seine Feinde –, ließ er Pyrrhos in Griechenland zurück und wandte sich nach dem Chersones. Hier tat er dem Lysimachos vielen Abbruch und hielt zugleich durch die reiche Beute, die er machte, seine Armee beisammen, die nun anfing, sich wieder zu erholen und sehr beträchtlich zu werden. Lysimachos wurde von den andern Königen gar nicht unterstützt, weil er um nichts gemäßigter als jener und bei seiner größern Macht noch furchtbarer zu sein schien.

Nicht lange darauf ließ Seleukos durch Gesandte um Stratonike, die Tochter des Demetrios von der Phila, zur Gemahlin für sich werben. Er hatte zwar schon von der Perserin Apama einen Sohn, den Antiochos, glaubte aber, daß sein Reich für mehrere Erben groß genug und die Verwandtschaft mit Demetrios ihm notwendig wäre, da er sah, daß Lysimachos die eine Tochter des Ptolemaios für sich, die andere für seinen Sohn Agathokles zur Gemahlin nahm.

Für Demetrios war dies ein ganz unerwartetes Glück, mit Seleukos verschwägert zu werden. Er fuhr also mit seiner Tochter und allen seinen Schiffen nach Syrien, legte unterwegs nirgends an, als wo es die Not erforderte, und berührte auch Kilikien, welches Pleistarchos als den ihm von den Königen nach der Schlacht mit Antigonos verliehenen Anteil besaß. Dieser Pleistarchos war ein Bruder Kassanders, und da er glaubte, daß sein Gebiet durch Demetrios' Landungen verletzt worden wäre, reiste er zu seinem Bruder, um sich über Seleukos zu beschweren, daß er sich ohne Vorwissen der andern Könige mit dem gemeinschaftlichen Feinde versöhnen wollte.

32. Als Demetrios dies erfuhr, begab er sich von der Küste nach Kyinda, packte die von den Schätzen noch vorrätig gefundenen 1 200 Talente zusammen, eilte damit nach seinen Schiffen zurück und ging in aller Geschwindigkeit unter Segel. Bald darauf kam auch seine Gemahlin Phila zu ihm, und nun begegnete er bei Orossos dem Seleukos. Die ersten Zusammenkünfte, die sie hielten, waren in der Tat königlich, ohne alle Hinterlist und Mißtrauen. Seleukos bewirtete zuerst den Demetrios im Lager unter seinem Zelte, und dann empfing ihn Demetrios auf seinem Schiffe von dreizehn Ruderreihen. So brachten sie mehrere Tage mit Unterredungen und Lustbarkeiten ohne Waffen und ohne Leibwachen hin, bis endlich Seleukos Stratonike zu sich nahm und mit ihr in einem prachtvollen Aufzuge nach Antiocheia reiste.

Demetrios setzte sich darauf in Besitz von Kilikien und schickte seine Gemahlin Phila an Kassander, ihren Bruder, daß sie ihn gegen Pleistarchos' Anklage verteidigen sollte. Unterdessen langte Deidameia aus Griechenland an und starb nach einem kurzen Aufenthalte bei ihm an einer Krankheit. Auch wurde durch Seleukos zwischen ihm und Ptolemaios eine freundschaftliche Verbindung zustande ge-

bracht und dabei verabredet, daß er Ptolemais, des Ptolemaios Tochter, zur Gemahlin bekommen sollte.

Soweit war nun das Betragen des Seleukos ganz fein und artig. Nun aber mutete er dem Demetrios zu, ihm Kilikien für
eine Summe Geldes abzutreten, und auf dessen Weigerung
forderte er ihm die beiden Städte Tyros und Sidon ab. Dies
hielt jedermann für gewaltsam und ungerecht, da er, der das
ganze Land von Indien an bis an die Küsten Syriens sich
unterwürfig gemacht hatte, noch so habsüchtig und bettel-
haft war, daß er um zweier Städte willen einen Schwiegerva-
ter noch unter Druck setzte, der ohnehin schon einen solchen Glückswechsel erfahren hatte. Dadurch legte er ein
herrliches Zeugnis für Platon ab, der die Lehre gibt, wer
wahrhaft reich zu sein wünsche, müsse nicht seine Güter
vermehren, sondern seine Unersättlichkeit vermindern;
denn ein Mensch, der seiner Habsucht nicht Grenzen zu
setzen wisse, werde sich nie von Armut und Dürftigkeit frei
machen können.

33. Demetrios aber ließ sich dadurch nicht gleich in Furcht
setzen, sondern erklärte, wenn er auch noch tausend solcher Schlachten wie die bei Ipsos verlieren sollte, werde er
sich doch nie dazu verstehen, Seleukos zum Schwiegersohn
zu erkaufen, und versicherte sich dann der beiden Städte
durch starke Besatzungen. Als er vernahm, daß Lachares
sich über die in Uneinigkeit geratenen Athener zum Oberherrn aufwerfen wollte, machte er sich Hoffnung, die Stadt,
sobald er davor erschiene, mit leichter Mühe einzunehmen.
Er legte auch mit einer großen Flotte den Weg über das
Meer glücklich und ohne Gefahr zurück; aber an der Küste
von Attika wurde er noch von einem Sturm überfallen,
worin er die meisten Schiffe und eine große Menge Truppen verlor. Er für seine Person kam mit dem Leben davon
und machte einen Versuch, die Athener zu bekriegen. Da
er aber nichts ausrichtete, schickte er einige seiner Freunde
ab, die eine neue Seemacht zusammenbringen sollten. Unterdessen begab er sich nach dem Peloponnes und belagerte
die Stadt Messene.

Hier geriet er bei Bestürmung der Mauern in große Gefahr,
da ihn ein Katapultpfeil in das Gesicht und durch die Backe
in den Mund traf. Nachdem er wieder geheilt war, unterwarf er sich einige abtrünnige Städte und fiel dann aufs

neue in Attika ein, wo er Eleusis und Rhamnus besetzte und das Land verwüstete. Als ihm ein Schiff, welches Getreide nach Athen führte, in die Hände fiel, ließ er den Kaufmann sowohl als den Steuermann aufknüpfen und schreckte dadurch andere von gleichem Unternehmen ab, so daß in der Stadt eine große Hungersnot nebst einem Mangel an allen andern Bedürfnissen entstand. Ein Medimnos Salz wurde mit 40 Drachmen bezahlt, und ein Modius Weizen galt 300 Drachmen. Eine kurze Erholung verschaffte den Athenern das Erscheinen von 150 Schiffen bei Aigina, die ihnen Ptolemaios zu Hilfe schickte. Da aber jetzt viele Schiffe teils aus dem Peloponnes, teils aus Zypern zu Demetrios stießen, so daß er wieder eine Flotte von 300 Schiffen beisammen hatte, segelte die Flotte des Ptolemaios eiligst davon, und der Tyrann Lachares verließ die Stadt, die er sich nicht zu behaupten getraute.

34. Ungeachtet die Athener die Todesstrafe darauf gesetzt hatten, wenn jemand vom Frieden oder einer Aussöhnung mit Demetrios spräche, öffneten sie ihm nun doch sogleich das nächste Tor und schickten Abgeordnete, nicht weil sie sich von ihm Güte und Nachsicht versprachen, sondern weil sie die äußerste Not dazu zwang, bei welcher unter mehreren andern schrecklichen Vorfällen auch folgender sich ereignet haben soll. Ein Vater und ein Sohn saßen beisammen in einem Zimmer voller Verzweiflung über ihre Lage; da fiel eine tote Maus von der Decke herab, und beide sprangen, wie sie sie sahen, hastig auf und schlugen sich um die Maus miteinander herum. Auch erzählt man von dem Philosophen Epikur, daß er seine Schüler in dieser Not durchgebracht und täglich eine gewisse Anzahl Bohnen mit ihnen geteilt habe.

In dieser Lage befand sich damals die Stadt, als Demetrios in sie einrückte und befahl, daß alle Bürger sich im Theater versammeln sollten, wo er die Bühne mit Soldaten besetzt und den vordern Teil derselben mit seinen Leibwächtern umringt hatte. Er selbst stieg dann, wie die tragischen Schauspieler, durch die obern Zugänge herab und setzte dadurch die Athener noch mehr in Angst. Aber gleich der Anfang seiner Rede benahm ihnen alle Furcht. Denn er vermied alle Heftigkeit der Stimme, jede Anzüglichkeit im Ausdrucke; er erteilte ihnen nach einigen gelinden und glimpflichen Vorwürfen völlige Verzeihung, schenkte ihnen 100 000 Medimnen Getreide und setzte überdies alle obrigkeitlichen Ämter wieder ein, die bei dem Volke am meisten beliebt waren.

Als der Redner Dromokleides bemerkte, daß das Volk vor Freuden in ein lautes Jubelgeschrei ausbrach und die Lobreden, welche die Politiker auf der Rednerbühne hielten, noch zu übertreffen suchte, machte er den Vorschlag, daß der Peiraieus und Munychia dem Könige Demetrios übergeben werden sollten. Dies wurde denn auch durch ein Dekret genehmigt; aber Demetrios besetzte nun noch von sich aus das Museion, damit das athenische Volk nicht durch einen neuen Abfall ihm, wenn er anderwärts zu tun hätte, verdrießliche Händel machen sollte.

35. Kaum sah er sich jetzt in sicherem Besitz von Athen, als er seine Absichten auf Lakedaimon richtete. Bei Mantineia besiegte er den König Archidamos, der ihm entgegenkam, schlug ihn in die Flucht und fiel in das lakonische Gebiet ein. In der Nähe von Sparta selbst machte er in einem andern Gefechte 500 Gefangene, tötete 200 Mann und dachte nun die Stadt sogleich in seine Gewalt zu bekommen, die bis auf diese Zeit noch nie war erobert worden. Allein bei keinem Könige scheint das Glück so große und plötzliche Veränderungen erlitten noch je in andern Fällen sich so wandelbar gezeigt zu haben, daß es bald groß, bald klein war, bald den höchsten Glanz mit der tiefsten Erniedrigung, bald wieder die Schwäche mit Macht und Stärke vertauschte. Daher pflegte auch Demetrios, wie man sagt, bei widrigen Veränderungen das Glück mit jenem Ausspruch des Aischylos anzureden:

Erst blähtest du mich auf, nun suchst du mich zu stürzen.

Eben jetzt, da er die beste Aussicht hatte, wieder zu großer Macht und Herrschaft zu gelangen, erhielt er die Nachricht, daß erst Lysimachos ihm die Städte in Asien entrissen, und dann, daß Ptolemaios ganz Zypern, bis auf die Stadt Salamis, erobert habe und nun in Salamis seine dort zurückgelassene Mutter und Kinder belagere. Jedoch das Glück, welches jenem Weibe glich, von dem Archilochos sagt:

Tückisch führte sie Wasser in einer Hand, in der
andern
Feuer –

und ihn durch so furchtbare, so drohende Nachrichten von
Lakedaimon abzog, brachte ihm sogleich wieder andere
Hoffnungen zu neuen und großen Unternehmungen, wozu
folgendes die Veranlassung war.

36. Nach Kassanders Tod ward der älteste von seinen Söhnen, Philippos, König in Makedonien, starb aber nach einer
kurzen Regierung, worauf die beiden andern Söhne Kassanders miteinander in Uneinigkeit gerieten. Da der eine von
ihnen, Antipater, seine Mutter Thessalonike ums Leben
brachte, rief der andere, Alexander, sowohl Pyrrhos aus
Epeiros als Demetrios aus dem Peloponnes zu Hilfe. Pyrrhos erschien unverzüglich, eignete sich zum Lohn für den
geleisteten Beistand ein großes Stück von Makedonien zu
und war schon für Alexander ein furchterregender Nachbar. Als nun Demetrios nach Empfang des Briefes mit seiner Armee ebenfalls anrückte, geriet der Jüngling vor ihm
wegen seines Ruhms und Ansehens noch mehr in Furcht
und ging ihm bis Dion entgegen, wo er ihn auf das höflichste empfing und zugleich erklärte, daß die Umstände seine
Gegenwart nun nicht mehr erheischten.

Daraus entstand nun zwischen ihnen ein gegenseitiges
Mißtrauen, und als Demetrios eines Tages auf Einladung
des Jünglings zu einem Gastmahl gehen wollte, entdeckte
ihm jemand einen vorbereiteten Plan, daß er beim Weine
sollte umgebracht werden. Ohne dadurch aus der Fassung
zu kommen, hielt er nur ein wenig im Gehen inne, erteilte
seinen Generalen Befehl, die Armee unter den Waffen zu
halten, und sagte zu seinen Begleitern und Dienern, die er
bei sich hatte – und deren waren weit mehr als auf seiten
Alexanders –, sie sollten mit ihm in den Saal gehen und da
so lange bleiben, bis er aufstände. Dies setzte Alexander so
in Furcht, daß er es nicht wagte, sich an ihm zu vergreifen.
Demetrios schützte vor, sein Körper sei für diesmal nicht
zum Trinken aufgelegt, und ging bald wieder weg. Am folgenden Tage traf er Anstalten zum Rückzuge unter dem
Vorwande, daß ihm neue Vorfälle aufgestoßen wären. Dabei bat er Alexander um Verzeihung, daß er so geschwind

wieder abziehen müßte; ein andermal, wenn er nicht so viele Geschäfte hätte, wolle er eine längere Zeit in seiner Gesellschaft zubringen.

Alexander freute sich sehr, daß Demetrios nicht in Feindschaft, sondern aus eigenem Antriebe aus seinem Lande ging, und begleitete ihn bis nach Thessalien. Bei ihrer Ankunft in Larissa luden sie sich wieder, um ihre Anschläge gegeneinander auszuführen, wechselseitig zu Gaste, was den Alexander am Ende dem Demetrios völlig in die Hände lieferte. Da er nämlich nicht wollte, daß es so aussähe, als wenn er sich in acht nehme, um jenen nicht zu belehren, daß er gleichfalls auf seiner Hut sein müsse, und da er immer zögerte, zu Werke zu schreiten, damit ihm jener nicht entrinnen könnte, widerfuhr ihm zuletzt selbst das Schicksal, welches er dem Demetrios zugedacht hatte. Auf erhaltene Einladung kam er zu Demetrios zu Gaste. Dieser stand mitten über der Tafel auf, und Alexander, dem dabei nicht wohl zumute war, stand ebenfalls auf und folgte ihm gegen die Tür auf dem Fuße nach. Als Demetrios an die Tür zu seinen Leibwächtern kam, sagte er weiter nichts als die Worte: „Macht den nieder, der mir folgt" – und ging dann hinaus. So wurde nun Alexander auf der Stelle niedergehauen und mit ihm einige seiner Freunde, die ihm beistehen wollten, von denen einer, während er erwürgt wurde, gesagt haben soll, Demetrios sei ihnen nur um einen Tag zuvorgekommen.

37. Die darauffolgende Nacht war, wie leicht zu erachten, voller Verwirrung und Unruhe. Aber mit Anbruch des Tages faßten die erschrockenen Makedonier, die sich vor Demetrios' Macht fürchteten, wieder Mut, weil niemand sie mit einem Angriff bedrohte, im Gegenteil Demetrios ihnen sagen ließ, er wünsche sehr mit ihnen zu sprechen und sich wegen des Vorgefallenen zu rechtfertigen; zugleich beschlossen sie, ihn freundlich zu empfangen: Er begab sich also zu ihnen, brauchte aber keine lange Rede zu halten. Denn da die Makedonier den Antipater als einen Muttermörder verabscheuten und sonst keinen bessern hatten, riefen sie ihn zu ihrem Könige aus und nahmen ihn mit sich nach Makedonien zurück. Auch den zu Hause gebliebenen Makedoniern war diese Veränderung gar nicht zuwider, da sie sich immer mit Abscheu der Verbrechen erinnerten, die

Kassander gegen den verstorbenen Alexander begangen hatte. Wenn ja noch bei ihnen einige Erinnerung an die milde und gemäßigte Regierung des alten Antipater vorhanden war, so kam dies ebenfalls dem Demetrios zugute, insofern er die Phila zur Gemahlin und den mit ihr gezeugten Sohn, der damals schon im Jünglingsalter stand und seinen Vater auf diesem Zuge begleitete, zum Nachfolger in der Regierung hatte.

38. Bei diesem so großen und außerordentlichen Glücke erhielt er die Nachricht, daß seine Mutter und seine Kinder von Ptolemaios mit vielen Geschenken und Ehrenbezeigungen aus der Gefangenschaft entlassen, desgleichen, daß seine mit Seleukos vermählte Tochter wieder mit Antiochos, Seleukos' Sohne, vermählt und zur Königin der obern Provinzen Asiens ernannt worden sei. Damit ging es, wie man erzählt, folgendergestalt zu.

Antiochos verliebte sich in seine Stiefmutter Stratonike, die noch jung war, aber von Seleukos schon einen Sohn hatte, geriet dadurch in einen Zustand der Trauer und gab sich viele Mühe, diese Leidenschaft zu bekämpfen. Da er endlich sich selbst sagen mußte, daß seine Begierde höchst sträflich, sein Übel aber unheilbar wäre und er weiter keinen Ausweg finden könnte, sann er auf Mittel, seinem Leben ein Ende zu machen, und wollte unter dem Vorwande einer wirklichen Krankheit seinen Körper allmählich durch Entziehung aller Pflege und Nahrung abzehren. Der Arzt, Erasistratos, sah bald ein, daß er verliebt war; um aber auch dahinterzukommen, wen er liebte, was schwer zu erraten war, blieb er den ganzen Tag bei ihm im Zimmer, und wenn ein schöner Jüngling oder eine Frau hereintrat, sah er dem Antiochos scharf ins Gesicht und beobachtete alle Bewegungen und Teile des Körpers, welche die in der Seele vorgehenden Veränderungen am ersten zu verraten pflegen. Antiochos blieb sich bei allen, die in das Zimmer kamen, völlig gleich; nur wenn Stratonike entweder allein oder in Gesellschaft des Seleukos ihn besuchte, was oft geschah, zeigten sich an ihm alle von der Sappho geschilderten Wirkungen, die Hemmung der Stimme, die glühende Röte, die Verdunklung der Augen, der plötzlich ausbrechende Schweiß, die Unregelmäßigkeit des Pulses, zuletzt, wenn die Seele überwältigt wurde, Ängstlichkeit, Zittern und Erbleichen. Aus dem allem zog er den sehr wahrscheinlichen Schluß, daß ein Königssohn gewiß nicht, wenn er irgendeine andere Person liebte, auf dem Stillschweigen bis zum Tode beharren würde. Er hielt es nun zwar für eine mißliche Sache, diese seine Entdeckung mitzuteilen; aber im Vertrauen auf die große Liebe des Seleukos zu seinem Sohne faßte er eines Tages ein Herz und sagte, die Krankheit des Prinzen sei weiter nichts als Liebe, aber freilich eine unheilbare, die nie befriedigt werden könnte. Darüber erschrak nun Seleukos, und da er fragte, inwiefern sie denn unheilbar wäre, versetzte Erasistratos: „Beim Zeus! Weil er in meine Frau verliebt ist!" Seleukos erwiderte: „Wie, mein Erasistratos, du, ein Freund von mir, wolltest deine Ehe meinem Sohne nicht aufopfern, zumal da du siehst, daß er die einzige Stütze meines Hauses ist?" – „Ei", versetzte Erasistratos, „das würdest du als Vater nicht einmal tun, wenn Antiochos sich in Stratonike verliebt hätte." Hierauf antwortete Seleukos: „O mein Freund! Wenn doch irgendein Gott oder ein Mensch die Leidenschaft meines Sohnes verändern und auf Stratonike übertragen könnte! Von Herzen gern wollte ich auch, um den mir so teuern Antiochos zu erhalten, mein Reich abtreten." Da Seleukos dies mit heftiger Bewegung und unter vielen Tränen sagte, reichte ihm Erasistratos die Hand und versicherte, er könne nun den Arzt Erasistratos entbehren; er selbst sei als Vater, Gatte und König der beste Arzt seines Hauses.

Seleukos hielt nun eine allgemeine Versammlung und erklärte öffentlich, es sei sein Wille und er habe beschlossen, Antiochos zum König aller obern Provinzen und Stratonike zur Königin zu ernennen und beide miteinander zu vermählen: er hoffe, daß sein Sohn, der gewöhnt sei, ihm in allen Stücken zu folgen und zu gehorchen, ihm gegen diese Verbindung nichts werde einzuwenden haben; sollte aber seine Gemahlin mit diesem ungewöhnlichen Verfahren unzufrieden sein, so ersuche er seine Freunde, ihr Vorstellungen zu machen und sie zu belehren, daß sie alles für recht und gut halten müsse, was dem Könige gefiele und dem Staate ersprießlich wäre. Auf diese Art soll die Vermählung zwischen Antiochos und Stratonike zustande gekommen sein.

39. Demetrios war nun im völligen Besitze von Makedonien

und Thessalien. Da er auch den größten Teil des Peloponnes und außerhalb des Isthmos Megara und Athen in seiner Gewalt hatte, unternahm er einen Zug gegen die Boiotier. Diese schlossen erst einen Vergleich auf billige und gemäßigte Bedingungen mit ihm; als aber hierauf der Spartaner Kleonymos mit einigen Truppen in Theben einrückte, ließen sich die Boiotier wieder zum Abfall verleiten, zumal da auch Pisis von Thespiai, welcher damals unter ihnen im größten Ruhm und Ansehen stand, sie dazu aufmunterte. Demetrios führte also seine Kriegsmaschinen gegen Theben und belagerte die Stadt, worüber Kleonymos so in Furcht geriet, daß er heimlich entwich und die bestürzten Boiotier sich ergaben. Demetrios legte nun Besatzungen in die Städte, erpreßte große Summen Geldes und ließ den Geschichtsschreiber Hieronymos als Aufseher und Statthalter zurück. Dieses sein Verfahren hielt man jedoch für sehr gelinde, besonders in Hinsicht auf Pisis; denn er machte diesen zum Gefangenen, tat ihm aber nichts zuleide, sondern sprach auf das liebreichste mit ihm und ernannte ihn zum Polemarchen von Thespiai.

Nicht lange darauf wurde Lysimachos von Dromichaites gefangengenommen, auf welche Nachricht Demetrios sogleich nach Thrakien aufbrach, in der Hoffnung, dort leichte Eroberungen zu machen. Unterdessen fielen aber die Boiotier von neuem ab, und zugleich lief die Nachricht ein, daß Lysimachos aus der Gefangenschaft wieder entlassen sei. Demetrios kehrte daher äußerst aufgebracht in aller Eile zurück, fand aber die Boiotier schon von seinem Sohne Antigonos in einem Treffen überwunden und schritt nun wieder zur Belagerung von Theben.

40. Inzwischen verheerte Pyrrhos Thessalien und rückte sogar bis Thermopylai vor. Demetrios ließ also Antigonos zur Belagerung zurück und ging dem Pyrrhos entgegen. Da dieser sich schnell zurückzog, stellte er in Thessalien ein Korps von 10 000 Mann Fußvolk und 1 000 Reitern auf, setzte dann der Stadt Theben aufs neue zu und ließ auch die sogenannte Helepolis herbeiführen, welche ihrer Größe und Schwere wegen nur allmählich und mit großer Mühe in Bewegung gesetzt wurde, so daß sie innerhalb von zwei Monaten kaum zwei Stadien fortrückte. Allein die Boiotier wehrten sich auf das tapferste, und da Demetrios oft mehr

aus Eigensinn als aus Notwendigkeit die Soldaten zwang, zu stürmen und sich der Gefahr auszusetzen, ward Antigonos über den Verlust so vieler Leute, die er fallen sah, von Mitleid gerührt und sagte: „Ei, mein Vater, warum lassen wir diese braven Soldaten ohne Not umkommen?" Demetrios aber antwortete ihm hitzig: „Was kümmert dich denn das? Bist du etwa den Toten Sold und Unterhalt schuldig?" Um jedoch zu zeigen, daß er nicht bloß seine Freunde den Gefahren aussetzte, nahm er selbst an den Gefechten mit teil, wurde aber von einem scharfen Pfeil durch den Hals geschossen. An dieser Wunde mußte er viel leiden; dessenungeachtet stand er von der Belagerung nicht ab, sondern eroberte endlich Theben zum zweiten Male. Beim Einzug in die Stadt setzte er die Einwohner durch sein drohendes Aussehen in solche Furcht, daß sie der härtesten Behandlung entgegensahen; aber er begnügte sich, nur dreizehn von ihnen hinrichten zu lassen, verwies einige des Landes und schenkte allen andern Verzeihung. So traf Theben, das erst seit zehn Jahren wiederaufgebaut war, das Schicksal, daß es binnen dieser Zeit zweimal erobert wurde.

Bei der jetzt bevorstehenden Feier der pythischen Spiele erlaubte sich Demetrios eine bisher ganz ungewöhnliche Neuerung. Weil nämlich die Aitolier alle nach Delphi führenden Pässe besetzt hatten, hielt er selbst die feierliche Versammlung und die Spiele zu Athen, unter dem Vorwande, daß dieser Stadt vorzüglich die Verehrung des Gottes zukäme, der ihr von den ältesten Zeiten her angehörte und der Ahnherr des ganzen Stammes wäre.

41. Darauf kehrte er nach Makedonien zurück, aber weil er selbst nicht lange stillsitzen konnte und bemerkte, daß die Makedonier sich im Kriege weit folgsamer gegen ihn bewiesen, zu Hause hingegen immer unruhig und zu Meutereien geneigt waren, unternahm er wieder einen Feldzug gegen die Aitolier, ließ nach Verheerung des Landes Pantauchos mit einem ansehnlichen Teil der Armee dort zurück und ging selbst auf den Pyrrhos, so wie dieser auf ihn, los. Allein sie verfehlten einander; während Demetrios Epeiros verwüstete, stieß Pyrrhos auf den Pantauchos und lieferte ihm ein Treffen, worin er mit demselben so nahe zusammenkam, daß er ihm eine Wunde beibrachte und selbst auch verwundet wurde. Endlich schlug er ihn jedoch in die

Flucht, tötete eine Menge Feinde und machte 5 000 Mann zu Gefangenen.

Dieser Vorfall war dem Demetrios äußerst nachteilig. Denn Pyrrhos wurde von den Makedoniern nicht so sehr wegen seiner verübten Feindseligkeiten gehaßt als wegen seiner persönlichen Tapferkeit, der er den Sieg größtenteils verdankte, bewundert. Durch dieses Treffen erwarb er sich daher bei den Makedoniern einen glänzenden Ruhm. Viele derselben sagten dreist, er wäre noch unter allen Königen der einzige, an dem man das wahre Bild von Alexanders kühnem Mut erblickte; die andern, und besonders Demetrios, äfften nur wie Komödianten auf dem Theater die Würde und den Stolz jenes Helden nach.

In der Tat war auch Demetrios mit einem wahren Theaterprunke umgeben. Er trug nicht nur auf dem Haupte einen mit doppelter Binde herrlich geschmückten Kausias und kleidete sich in ein purpurnes, mit goldenem Saume besetztes Gewand, sondern hatte auch selbst an seinen Füßen Schuhe, die aus einem Filz von reinem Purpur gemacht und mit Gold gestickt waren. Auch ließ er schon seit geraumer Zeit für sich einen Mantel weben, ein kostbares und prunkvolles Stück, worauf das ganze Weltgebäude nebst den am Himmel sichtbaren Sternen dargestellt werden sollten. Dieser Mantel blieb aber bei der nachher erfolgten Veränderung der Dinge unvollendet, und niemand wagte es, davon Gebrauch zu machen, obgleich Makedonien in der Folge mehrere Könige bekam, die den äußerlichen Prunk sehr liebten.

42. Aber nicht bloß durch den glänzenden Aufzug beleidigte Demetrios die Makedonier, die dessen nicht gewohnt waren; auch seine Schwelgerei und üppige Lebensart war ihnen anstößig, und mehr als alles andere die Schwierigkeit, vor ihn zu kommen und mit ihm zu sprechen. Denn er gestattete nicht leicht jemandem den Zutritt oder bewies sich gegen die, welche vor ihm erschienen, hart und auffahrend. So hielt er eine Gesandtschaft der Athener, die er doch noch unter allen Griechen am meisten schätzte, zwei ganze Jahre lang auf. Als einst die Lakedaimonier einen einzigen Gesandten an ihn schickten, legte er das als Verachtung aus und geriet in großen Unwillen. Aber der Gesandte gab ihm auf die Frage: „Was sagst du? die Lakedaimonier haben nur

einen einzigen Gesandten geschickt?" die sehr feine und wirklich lakonische Antwort: „Ja freilich, o König, *einen* an *einen.*"

Eines Tages bezeigte er sich beim Ausreiten ungemein freundlich und schien sich nicht ungern sprechen zu lassen, so daß einige herbeiliefen und ihm Suppliken überreichten. Er nahm sie auch alle an und steckte sie in den Mantel, worüber sich die Leute sehr freuten und ihm nachfolgten. Wie er aber an die Brücke des Axios kam, machte er den Mantel auf und warf alle die Schreiben in den Fluß hinab. Dies kränkte denn freilich die Makedonier aufs äußerste, welche schnöde behandelt und nicht von einem Könige beherrscht zu sein glaubten. Sie erinnerten sich jetzt des Königs Philippos oder hörten denjenigen zu, welche von ihm erzählten, wie populär und herablassend er in diesem Punkte gewesen war. Einst ging denselben im Vorbeigehen eine alte Frau an und bat mehrmals, von ihm gehört zu werden. Da er antwortete, er habe dazu keine Zeit, schrie sie ihm zu: „So sei auch nicht König!" Dies machte auf ihn einen solchen Eindruck, daß er, nach einiger Besinnung, nach Hause zurückkehrte und mit Hintansetzung aller andern Geschäfte viele Tage hintereinander jedem, der ihn sprechen wollte, und jener Alten zuerst, Gehör gab.

Nichts obliegt einem Könige so sehr als die Handhabung der Gerechtigkeit. Ares ist freilich ein Tyrann, wie Thimotheos sagt; aber das Gesetz ist, nach Pindar, König über alle, und Homer sagt, daß die Könige nicht Sturmmaschinen, nicht mit Erz bewaffnete Schiffe, sondern Rechte und Gesetze von Zeus zu bewahren und zu beschützen bekommen. Auch hat er nicht den kriegerischsten, den ungerechtesten oder den mordsüchtigsten unter den Königen, sondern den gerechtesten einen Vertrauten und Schüler des Zeus genannt. Demetrios hingegen ließ sich gern einen Beinamen geben, der dem König der Götter am wenigsten angemessen ist; denn dieser heißt ein Städtebeschützer, ein Städteerhalter, jener aber führte den Beinamen Städtebelagerer. Solchergestalt wußte das Schändliche, das durch ungeschlachte Macht an die Stelle des Schönen und Anständigen trat, selbst die Ungerechtigkeit mit Ruhm und Ansehen zu verbinden.

43. Demetrios fiel hierauf in eine sehr gefährliche Krank-

heit, während welcher er nahe daran war, ganz Makedonien zu verlieren, da Pyrrhos plötzlich in das Land einfiel und bis nach Edessa vordrang. Aber sobald er sich wieder etwas erleichtert fühlte, trieb er ihn ohne viel Mühe wieder zurück und schloß mit ihm einen Vertrag, weil er sich mit einem Manne, der ihm beständig im Wege war, nicht immer in unbedeutenden Gefechten herumschlagen und dadurch von der Ausführung seiner Pläne abhalten lassen wollte. Denn er ging jetzt mit nichts Geringerem um, als das ganze Reich, das vormals sein Vater besessen hatte, wieder zu erobern. Diesen seinen Aussichten und Entwürfen entsprachen auch seine Zurüstungen. Schon hatte er eine Armee von 98 000 Mann Fußvolk und nicht weniger als 12 000 Reitern zusammengebracht. Außerdem rüstete er eine Flotte von 500 Schiffen aus, die er teils im Peiraieus, teils in Korinth, teils in Chalkis, zum Teil auch in Pella bauen ließ. Er selbst reiste immer von einem Hafen zum andern, gab die nötigen Anweisungen und legte oft mit Hand ans Werk, so daß jedermann nicht nur über die Menge, sondern noch mehr über die Größe der Schiffe in Erstaunen geriet. Denn Schiffe von fünfzehn oder sechzehn Ruderreihen waren bis jetzt noch nicht gesehen worden.

In der Folge baute Ptolemaios Philopator ein Schiff von vierzig Ruderreihen, das 280 Ellen lang und bis an die Verzierungen des Vorderteils 48 Ellen hoch war. Es wurde mit 400 Matrosen bemannt, ohne die Ruderer zu rechnen, die sich auf 4 000 Mann beliefen, und außerdem enthielt es noch in den Galerien und auf dem Verdeck nicht viel weniger als 3 000 Soldaten. Aber dieses Schiff diente bloß zur Schau und war von fest stehenden Gebäuden wenig verschieden; auch schien es mehr zum Staat als zum wirklichen Dienste erbaut zu sein, da es nur mit vieler Anstrengung und Gefahr in Bewegung gesetzt werden konnte. Die Schiffe des Demetrios hingegen waren bei aller ihrer Schönheit keineswegs zum Streite untauglich, auch entzog ihnen die Größe des Baues nichts von ihrer Brauchbarkeit, sondern die Behendigkeit und Schnelligkeit verschaffte diesen Gebäuden noch mehr Bewunderung als selbst ihre Größe.

44. Da also gegen Asien jetzt eine solche Macht zusammengebracht wurde, dergleichen nach Alexanders Zeiten sonst

kein anderer gehabt hatte, traten Seleukos, Ptolemaios und Lysimachos in ein Bündnis gegen Demetrios. Darauf schickten sie gemeinschaftlich Gesandte an Pyrrhos und drangen in ihn, Makedonien anzugreifen und sich ja nicht an einen Vertrag zu binden, wodurch Demetrios nicht sowohl ihm Sicherheit vor einem Kriege gegeben als sich selbst die Gelegenheit, andere nach Gefallen zu bekriegen, verschafft hätte.

Diesen Vorstellungen gab Pyrrhos Gehör, und so wurde nun Demetrios, der noch immer zögerte, von allen Seiten her mit einem schweren Kriege bedroht. Ptolemaios segelte mit einer großen Flotte nach Griechenland und suchte es zum Abfall aufzuwiegeln. Zu gleicher Zeit fielen Lysimachos aus Thrakien und Pyrrhos aus der Nachbarschaft in Makedonien ein, wo sie große Verwüstungen anrichteten. Demetrios ließ daher seinen Sohn in Griechenland zurück, eilte selbst Makedonien zu Hilfe und ging zuerst dem Lysimachos entgegen.

Unterdessen lief die Nachricht ein, daß Pyrrhos die Stadt Berrhoia erobert hätte, und da sie sich schnell unter den Makedoniern verbreitete, äußerte sich sogleich die größte Widerspenstigkeit gegen Demetrios. Das ganze Lager war mit Klagegeschrei und Tränen, mit Schmähungen und anderen Ausbrüchen des Zorns gegen ihn angefüllt. Die Soldaten wollten nicht länger beisammen bleiben, sondern fortgehen, wie sie vorgaben, nach ihrer Heimat, im Grunde aber zu Lysimachos. Demetrios fand daher für gut, sich so weit als möglich von Lysimachos zu entfernen und die Armee gegen Pyrrhos zu führen, in der Rücksicht, daß jener ein Landsmann und von Alexander her noch mit vielen bekannt wäre, Pyrrhos aber, als ein Fremdling und Ausländer, ihm von den Makedoniern wohl nicht würde vorgezogen werden.

Allein er betrog sich sehr in seiner Rechnung. Kaum hatte er sich in Pyrrhos' Nähe gelagert, als die Makedonier, die dessen glänzende Kriegstaten immer bewunderten und von den ältesten Zeiten her den, der sich in den Waffen am meisten hervortat, für den würdigsten König zu halten pflegten, die auch jetzt erfuhren, daß er die Gefangenen liebreich behandelte, und nun einmal entschlossen waren, zu diesem oder zu einem andern überzutreten – als sie, sage ich, zuerst anfingen, heimlich und in kleinen Haufen davonzugehen. Bald darauf aber geriet das ganze Lager öffentlich in Bewegung und Aufstand; ja endlich erdreisteten sich sogar einige, zu Demetrios zu gehen und ihm zu raten, daß er sich entfernen und auf seine Rettung bedacht sein möchte, weil die Makedonier es überdrüssig wären, um seiner Schwelgerei willen Krieg zu führen.

Diese Reden schienen dem Demetrios noch die gemäßigsten zu sein im Vergleich mit dem Trotz und der Frechheit der übrigen. Er ging daher in sein Zelt, vertauschte nicht wie ein König, sondern wie ein Komödiant den prunkvollen Mantel mit einem schwarzen und schlich sich unbemerkt davon. Der größte Teil der Soldaten fing sogleich an zu plündern, und als sie über die Beraubung des königlichen Zeltes untereinander selbst in Streit gerieten, wußte sie Pyrrhos, der eben dazukam, durch bloßen Zuruf wieder zur Ordnung zu bringen und nahm das Lager in Besitz. Hierauf teilte er sich mit Lysimachos in ganz Makedonien, über welches Demetrios sieben Jahre lang in ungestörter Ruhe geherrscht hatte.

45. Demetrios, der auf diese Weise auf einmal um seine ganze Herrlichkeit gekommen war, nahm seine Zuflucht zuerst nach Kassandreia. Seine Gemahlin Phila war über diesen neuen Schicksalsschlag untröstlich und hatte nicht den Mut, Demetrios, den unglücklichsten unter allen Königen, wieder als Privatmann und Flüchtling zu sehen: sie entsagte nun allen Hoffnungen, verwünschte ihr Geschick, das sich im Unglück immer beständiger zeigte als im Glück, und machte ihrem Leben durch Gift ein Ende. Allein Demetrios, fest entschlossen, die noch übrigen Trümmer seines Reichs zu behaupten, schiffte nach Griechenland und ließ seine dort befindlichen Freunde und Generale zusammenkommen:

Jenes Bild, welches Menelaos in einer Tragödie des Sophokles von seiner Lage entwirft:

> Stets dreht sich mein Geschick auf Gottes schnellem
> Rade
> Und immer zeigt es sich in anderer Gestalt,
> Des Mondes Antlitz gleich, das nie zwei Nächte
> durch

In unveränderter Gestalt beharren kann.
Verjüngt und unsichtbar tritt er zuerst hervor,
Dann schmückt er sein Gesicht, naht sich dem
    vollern Glanze;
Kaum hat er sich jedoch im hellsten Licht gezeigt,
So schwindet er und kehrt bald in sein Nichts
    zurück –

dieses Bild, sage ich, konnte man noch füglicher auf die Schicksale des Demetrios, auf sein Steigen und Fallen, auf seine Erhöhungen und Erniedrigungen anwenden. Selbst jetzt, da seine Macht sich gänzlich zu verfinstern und zu verlöschen schien, schimmerte sie wieder mit neuem Glanze hervor, und einige Haufen Soldaten, die wieder zu ihm stießen, belebten ihn auf einmal mit neuen Hoffnungen. Auch geschah es jetzt zum erstenmal, daß er die Städte als bloßer Privatmann ohne alles königliche Gepränge besuchte; daher denn jemand, der ihn in diesem Aufzuge in Theben sah, folgende Verse des Euripides nicht unschicklich auf ihn anwendete:

In menschlicher Gestalt, der göttlichen beraubt,
Kommt er zu Dirkes Quell und des Ismenos Wasser.

46. Als Demetrios erst einmal die Hoffnung, so wie einen königlichen Weg, erreicht hatte und sich wieder mit einer Art von Armee und königlicher Herrschaft umgeben sah, gab er den Thebanern ihre alte Verfassung zurück. Aber nun fielen die Athener von ihm ab, strichen den als Priester der Retter eingeschriebenen Diphilos aus dem Verzeichnis der obern Magistratspersonen, nach welchen das Jahr benannt wird, aus und beschlossen, nach hergebrachter Gewohnheit wieder Archonten zu wählen; auch riefen sie Pyrrhos aus Makedonien zu Hilfe, weil sie fanden, daß die Macht des Demetrios größer war, als sie vermutet hatten.
Demetrios rückte also voller Zorn gegen sie an und belagerte die Stadt mit großem Nachdruck. Die Athener schickten aber den Philosophen Krates, einen angesehenen und vielgeltenden Mann, an ihn ab, der ihn teils durch die für die Athener eingelegten Bitten, teils durch die Vorstellungen, die er ihm über seinen eigenen Vorteil machte, so sehr

rührte, daß er die Belagerung sogleich aufhob, alle ihm noch übriggebliebenen Schiffe versammelte, auf diese 11 000 Mann Fußvolk nebst einiger Reiterei einschiffte und nach Asien segelte, um Karien und Lydien dem Lysimachos zu entreißen.

In Milet empfing ihn Eurydike, eine Schwester der Phila, und hatte ihre mit dem Ptolemaios gezeugte Tochter, Ptolemais, bei sich, die ihm vormals durch Vermittlung des Seleukos war verlobt worden. Diese heiratete er jetzt mit Einwilligung der Eurydike, und gleich nach der Hochzeit rückte er gegen die Städte aus, von denen viele sich gutwillig für ihn erklärten, viele auch mit Gewalt dazu gezwungen wurden. Unter andern eroberte er die Stadt Sardeis, und einige von Lysimachos' Generalen gingen zu ihm über, die ihm Geld und Truppen zuführten.

Als aber jetzt Agathokles, Lysimachos' Sohn, mit einer großen Armee gegen ihn im Anzuge war, wandte er sich nach Phrygien, mit dem Vorsatze, wenn er erst Armenien erreicht hätte, Medien aufzuwiegeln und sich in den obern Provinzen festzusetzen, die ihm im Falle, daß er zurückgedrängt würde, viele Zufluchtsorte und sichere Posten darböten. Allein Agathokles folgte ihm überall auf dem Fuße nach. Über diesen behielt er zwar in allen Gefechten die Oberhand; da ihm aber Lebensmittel und Verpflegung häufig abgeschnitten wurden, geriet er endlich in Mangel und bei seinen Soldaten in Verdacht, daß er sie in das entlegene Armenien und nach Medien führen wollte. Dabei nahm die Hungersnot immer mehr zu, und durch ein Versehen beim Übergang über den Fluß Lykos verlor er eine große Menge Soldaten, die vom Strome mit fortgerissen wurden. Bei dem allem erlaubten sich seine Truppen trotzdem allerlei Hohnneckereien. So schrieb einer vorn an das Zelt des Demetrios den Anfang des „Oidipus" mit einer kleinen Veränderung:

O trautes Kind des blinden Greises Antigonos!
In welches Land sind wir gekommen? –

47. Endlich gesellte sich, wie es zu gehen pflegt, zu der Hungersnot auch noch Krankheit, da man aus Not zu allerhand schlechten und ungewöhnlichen Nahrungsmitteln

seine Zuflucht nehmen mußte. Er führte daher, nachdem er
in allem nicht weniger als 8 000 Mann verloren hatte, den
Rest der Armee zurück und zog nach Tarsos hinab, mit dem
Vorsatze, das Land, das damals Seleukos gehörte, zu schonen und diesem keinen Anlaß zu Beschwerden zu geben.
Dies war jedoch etwas Unmögliches, weil seine Soldaten
sich in der äußersten Not befanden und Agathokles die
Pässe über den Tauros befestigt hatte. Aus diesem Grunde
schrieb er an Seleukos einen Brief, der erst eine lange Klage
über sein Geschick und dann die flehentlichsten Bitten enthielt, mit einem so nahen Verwandten Mitleid zu haben,
dessen Schicksale von der Art wären, daß selbst Feinde ihn
bedauern müßten.

Seleukos wurde auch wirklich dadurch so sehr gerührt, daß
er an seine dortigen Generale Befehle schickte, sie sollten
Demetrios für seine Person den für einen König erforderlichen Aufwand und seiner Armee hinlänglichen Unterhalt
gewähren. Aber nun kam Patrokles, der für einen einsichtsvollen Mann und treuen Diener des Seleukos galt, dazu und
stellte ihm vor: auf die Ausgaben für den Unterhalt des Demetrios und seiner Armee käme es hierbei am wenigsten
an; allein er täte nicht wohl, daß er den Aufenthalt in seinem Lande einem Manne wie Demetrios gestattete, der unter allen Königen der gewaltsamste und unternehmendste
wäre und sich jetzt in einer Lage befände, welche selbst die
Billigsten und Gemäßigsten zu Wagestücken und Ungerechtigkeiten verleiten könnte.

Diese Vorstellung machte auf Seleukos einen solchen Eindruck, daß er sogleich mit einer großen Macht nach Kilikien
aufbrach. Demetrios, der über den plötzlichen Wandel des
Seleukos sehr betroffen war und in Furcht geriet, zog sich
in die festen Gegenden des Tauros zurück und ließ ihm
durch Gesandte den Antrag tun, er möchte ihm doch erlauben, sich unter den unabhängigen barbarischen Völkern
dieser Gegenden ein Reich zu verschaffen, wo er, von der
Flucht und dem ewigen Herumziehen befreit, seine übrige
Lebenszeit in Ruhe hinbringen könnte; widrigenfalls
möchte er seine Armee den Winter über in diesem Lande
unterhalten und ihn nicht, von allem entblößt, vertreiben
noch seinen Feinden preisgeben.

48. Seleukos, dem dies alles verdächtig vorkam, gestattete

ihm endlich, wenn er es für gut befände, noch zwei Monate in Kataonien zu überwintern, unter der Bedingung, daß er die Vornehmsten seiner Freunde zu Geiseln gäbe; dabei aber befestigte er alle Pässe und Zugänge, die nach Syrien führten. Da sich also Demetrios wie ein wildes Tier von allen Seiten eingeschlossen und umringt sah, schritt er, von Not gedrungen, zur Gegenwehr, durchstreifte die umliegende Gegend und behielt, sooft er mit Seleukos zusammengeriet, in allen Gefechten die Oberhand. Eines Tages überwältigte er sogar die gegen ihn losgelassenen Sichelwagen, schlug sie in die Flucht und bemächtigte sich der nach Syrien führenden Pässe, nachdem er deren Bedeckungen vertrieben hatte.

Nunmehr faßte er wieder völlig Mut, und da er sah, daß auch seine Soldaten voll Zuversicht und Vertrauen waren, dachte er darauf, seinen Streit mit Seleukos durch eine entscheidende Schlacht auszumachen. Dieser befand sich jetzt ebenfalls in Not und Verlegenheit, weil er die von Lysimachos ihm angebotene Hilfe aus Mißtrauen und Furcht abgelehnt hatte und nun für sich allein es nicht wagen durfte, mit Demetrios, vor dessen Verzweiflung ihm nicht weniger bange war als vor dem beständigen Glückswechsel, der ihn aus der äußersten Not in das größte Glück versetzte, sich in eine Schlacht einzulassen.

Indes wurde aber Demetrios von einer schweren Krankheit befallen, die nicht nur seinen Körper entkräftete, sondern auch seine Hoffnungen gänzlich vernichtete, da die Soldaten teils zum Feinde übergingen, teils sich zerstreuten. Nachdem er sich endlich nach einer Zeit von vierzig Tagen wieder erholt hatte, brach er mit den ihm übriggebliebenen Truppen auf und nahm, wie die Feinde vermuteten, seinen Weg nach Kilikien, wandte sich aber des Nachts ohne Trompetenschall nach der andern Seite, ging über den Berg Amanos und verheerte das am Fuße desselben gelegene Land bis nach Kyrrhestika.

49. Seleukos folgte ihm dahin nach, und als er in der Nähe sein Lager aufgeschlagen hatte, ließ Demetrios seine Truppen bei Nacht ausrücken und ging auf seinen Gegner los, der auch lange nichts davon merkte und im tiefen Schlafe lag. Einige Überläufer aber, die zu ihm kamen, unterrichteten ihn noch von der Gefahr, so daß er voller Bestürzung

aufsprang und Signal blasen ließ, während er selbst die Stiefel anzog und zu seinen Freunden laut sagte, er habe mit einem gefährlichen Tiere zu kämpfen. Demetrios aber, der aus dem Lärmen im feindlichen Lager leicht schließen konnte, daß sein Vorhaben verraten worden war, kehrte nun in aller Geschwindigkeit wieder zurück.

Mit Anbruch des folgenden Tages rückte Seleukos zum Angriff vor. Demetrios schickte einen seiner Freunde auf den einen Flügel, mit dem andern brachte er selbst die Feinde einigermaßen zum Weichen. Nun aber gab Seleukos sein Pferd weg, legte den Helm ab und ging mit einem leichten Schilde in der Hand auf die Söldner des Demetrios zu. So stellte er sich vor sie hin und ermahnte sie, von Demetrios zu ihm überzutreten und endlich einmal einzusehen, daß er, bloß um sie, nicht um Demetrios zu schonen, mit einer Schlacht so lange gezögert habe. Sogleich begrüßten ihn alle mit lautem Geschrei, riefen ihn zu ihrem Könige aus und gingen sämtlich zu ihm über.

Demetrios, der schon so manchen Glückswechsel erfahren hatte, suchte auch diesem letzten, der ihn jetzt traf, noch auszuweichen und floh nach den amanischen Toren zu. Als er ein dichtes Gehölz erreichte, erwartete er hier mit einigen Freunden und Bedienten, deren aber nur sehr wenige waren, die Nacht, in der Absicht, wenn es irgend möglich wäre, den Weg nach Kaunos zu nehmen und sich an die dortige Küste zu retten, wo er einen Teil seiner Flotte anzutreffen hoffte. Da er aber erfuhr, daß sie nicht einmal für diesen Tag ausreichende Lebensmittel hätten, mußte er auf andere Maßregeln bedacht sein.

Indessen kam Sosigenes, ein vertrauter Freund von ihm, der 400 Goldstücke im Gürtel bei sich trug, dazu; mit diesem Gelde getrauten sie sich bis ans Meer zu kommen und gingen dann in der Finsternis nach den dahin führenden Gebirgen. Aber wegen der vielen feindlichen Feuer, die nach jener Gegend zu brannten, taten sie auf diesen Weg Verzicht und kehrten, freilich nicht alle, weil einige sich davongemacht hatten, und auch die, welche noch standhielten, nicht mit gleichem Mute, an ihren vorigen Zufluchtsort zurück. Jetzt wagte es sogar einer, den Vorschlag zu machen, daß man sich dem Seleukos ergeben sollte. Demetrios zog darüber sein Schwert und war im Begriff, sich zu erstechen; seine Freunde aber umringten ihn, sprachen ihm Trost zu und beredeten ihn, diesen Vorschlag zu befolgen. So schickte er endlich jemanden an Seleukos ab und ergab sich ganz seiner Willkür.

50. Auf diese Nachricht äußerte Seleukos: „Demetrios verdankt seine Rettung nicht seinem eigenen Geschicke, sondern dem meinigen, welches mir außer so vielen andern Vorzügen eine schöne Gelegenheit darbietet, von meiner Humanität und Rechtschaffenheit einen Beweis zu geben." Darauf ließ er seine Furiere zu sich kommen und befahl ihnen, ein königliches Zelt zu errichten und zur Aufnahme und Bedienung des Demetrios alles aufs prächtigste zu veranstalten. Bei Seleukos befand sich ein gewisser Apollonides, der ehedem mit Demetrios vertrauten Umgang gehabt hatte. Diesen schickte er sogleich an Demetrios ab, damit er sich desto eher beruhigen und ihm als einem nahen Verwandten und Schwiegersohn mit vollem Vertrauen entgegenkommen sollte.

Diese Gesinnung des Seleukos war kaum bekannt geworden, als erst einige wenige, dann aber die meisten seiner Freunde zu Demetrios eilten und sich beeiferten, einander zuvorzukommen, in der Erwartung, daß er bei Seleukos sogleich das größte Ansehen erlangen würde. Ebendieser Umstand aber verwandelte auf einmal das Mitleid in Eifersucht und gab einigen übelgesinnten, hämischen Leuten Anlaß, jene gütige Gesinnung des Königs umzukehren und zu verdrängen, indem sie ihn durch die Vorstellung in Furcht setzten, daß nicht etwa erst in der Folge, sondern gleich beim ersten Erscheinen des Mannes im Lager große Bewegungen und Unruhen entstehen würden.

Eben war nun Apollonides voller Freude bei Demetrios angekommen, eben brachten die andern, die sich nacheinander einfanden, die herrlichsten Nachrichten, schon ward auch Demetrios, der nach einem so harten Unglück und Mißgeschick die Übergabe seiner Person doch noch für schimpflich hielt, aus Zuversicht und Vertrauen auf die ihm gemachten Hoffnungen anderen Sinnes, als Pausanias mit ungefähr 1 000 Mann an Fußvolk und Reiterei anlangte. Mit diesen Truppen umringte er unversehens Demetrios, schickte alle die andern fort, und anstatt ihn vor Seleukos zu bringen, führte er ihn geradewegs nach dem syrischen

Chersonesos, wo für die Folge eine starke Wache aufgestellt wurde. Bald darauf langte von seiten des Seleukos eine hinreichende Bedienung an, und zu seinem Unterhalt wurde ihm für jeden Tag eine ansehnliche Summe Geldes ausgesetzt. Überdies wies man ihm zu seinem Vergnügen die dort befindlichen königlichen Rennbahnen, Wandelgänge und mit allerhand Wildbret versehenen Gärten an, und jedem seiner Freunde, die ihn auf der Flucht begleitet hatten, stand es frei, ihm Gesellschaft zu leisten. Auch kamen von Zeit zu Zeit Leute von Seleukos, die ihm angenehme Nachrichten überbrachten und ihn gutes Muts sein hießen, weil er, sobald Antiochos mit Stratonike angekommen wäre, in Freiheit gesetzt werden sollte.

51. In dieser Lage schrieb nun Demetrios an seinen Sohn sowie an seine Freunde und Befehlshaber in Athen und Korinth, daß sie fernerhin weder seinen Briefen noch seinem Siegel trauen, sondern ihn als tot betrachten und für Antigonos die Städte nebst der übrigen Herrschaft aufbewahren sollten. Antigonos war, als er die Gefangenschaft seines Vaters erfuhr, äußerst bekümmert, legte sogleich Trauerkleider an und schrieb an die andern Könige und an Seleukos selbst die flehentlichsten Briefe, worin er sich erbot, nicht nur alles zu übergeben, was er noch besäße, sondern auch vor allen Dingen sich für seinen Vater als Geisel zu stellen. Seine Bitten unterstützten auch viele Städte und Fürsten, Lysimachos ausgenommen, welcher dem Seleukos sogar eine große Summe Geldes versprechen ließ, wenn er Demetrios aus dem Wege räumte. Seleukos aber, der den Lysimachos ohnehin schon verabscheute, hielt ihn nun desto mehr für einen rohen und grausamen Barbaren. Indes behielt er Demetrios immer noch in Verwahrung, bis Antiochos mit Stratonike angekommen wäre, denen er seine Entlassung zu verdanken haben sollte, und zog dadurch die Sache in die Länge.

52. So wie Demetrios sich schon anfangs in das ihn treffende Schicksal geduldig fügte, so gewöhnte er sich nun auch daran, seinen gegenwärtigen Zustand immer gelassener zu ertragen. In der ersten Zeit machte er sich noch allerhand körperliche Bewegung und genoß, soweit es ihm vergönnt war, die Jagd und die Spaziergänge. Nach und nach aber ward er dieses Zeitvertreibs überdrüssig, verfiel in

Trägheit und überließ sich dem Trunke und dem Würfel-
spiele, womit er seine meiste Zeit hinbrachte, entweder um
der bei Nüchternheit immer zurückkehrenden Betrachtung
über seine Lage auszuweichen und durch Trunkenheit alles
Nachdenken zu unterdrücken oder weil er endlich einsah,
daß dieses das Leben sei, dem er schon so lange begierig
nachgestrebt hätte, daß er sich bisher aus Torheit und eitler
Ruhmbegierde vergeblich herumgetrieben und nicht nur
sich selbst, sondern auch andern vielen Verdruß gemacht
habe, indem er sein Glück in Waffen, Flotten und Kriegsla-
gern suchte, welches er nun in Untätigkeit, Muße und Ruhe
gefunden zu haben glaubte. Denn welches andere Ziel sollten wohl bei allen Kriegen und Gefahren schlechtdenkende
Könige haben, welche immer übel daran sind und unver-
ständig handeln, nicht nur weil sie, mit Hintansetzung der
Tugend und Ehrbarkeit, der Schwelgerei und Wollust nach-
jagen, sondern weil sie im Grunde weder zu schwelgen
noch sich zu vergnügen verstehen?

Demetrios nun, der bis ins dritte Jahr in Chersonesos eingeschlossen blieb, fiel endlich durch Trägheit, Überladung
und Völlerei in eine Krankheit und starb im 54. Lebensjahr.
Dadurch kam Seleukos in üblen Ruf; auch bereute er es
nicht wenig, daß er vorher gegen Demetrios einen Argwohn gefaßt und nicht lieber Dromichaites, einen thrakischen Barbaren, der den gefangenen Lysimachos so menschenfreundlich und königlich behandelte, zum Muster
genommen hatte.

53. Bei dem allem war das Leichenbegängnis des Demetrios
noch mit vielem tragischen und theatralischen Prunk begleitet. Sein Sohn Antigonos lief, als er Nachricht erhielt, daß
dessen Überreste ihm überbracht würden, mit allen Schiffen in See und fuhr ihnen bis an die Inseln entgegen. Hier
nahm er die aus massivem Golde verfertigte Urne in Empfang und brachte sie auf das größte Admiralsschiff. Die
Städte, wo man anlegte, schmückten nicht nur die Urne mit
Kränzen, sondern schickten auch Abgeordnete in Trauer-
kleidern, die sie begleiten und der Beisetzung beiwohnen
sollten. Als die Flotte in Korinth anlangte, sah man die
Urne, mit dem königlichen Purpurmantel und dem Diadem
geschmückt, frei auf dem Hinterdeck des Schiffes stehen,
und bewaffnete Jünglinge hielten daneben Wache. Xeno-

phantos, der berühmteste Flötenspieler jener Zeit, saß in der Nähe und spielte die heiligste Melodie, wobei das Schlagen der nach dem Takte bewegten Ruder in die Wendungen des Flötenspiels einfiel und die Wirkung des bei Trauerfällen üblichen Schlagens an die Brust hervorbrachte. Aber die stärkste Rührung und das größte Bedauern erregte Antigonos selbst, welcher von dem am Ufer zahlreich versammelten Volke tief gebeugt und in Tränen zerfließend gesehen wurde. Nachdem man den Gebeinen in Korinth die letzte Ehre erwiesen und sie mit einer Menge Kränze geschmückt hatte, führte sie Antigonos, um sie beizusetzen, nach Demetrias, einer nach Demetrios benannten Stadt, in welche mehrere kleine um Jolkos gelegene Städte waren zusammengezogen worden.

Demetrios hinterließ an Nachkommenschaft Antigonos und Stratonike von der Phila; zwei Söhne namens Demetrios, von welchen der eine mit dem Beinamen der Hagere eine Illyrierin zur Mutter hatte, der andere von der Ptolemais war und über Kyrene regierte; ferner von Deidameia den Alexander, der sein Leben in Ägypten zubrachte. Auch soll er von Eurydike einen Sohn namens Korrhagos gehabt haben. Sein Geschlecht blieb im Besitz der königlichen Würde bis auf Perseus, unter welchem endlich die Römer Makedonien sich unterwürfig machten.

Nachdem wir nun das makedonische Schauspiel zu Ende gebracht haben, so ist es Zeit, auch das römische aufzuführen.

Marcus Antonius

1. Des Antonius Großvater war der Redner Antonius, welcher als ein Anhänger des Sulla von Marius hingerichtet wurde. Sein Vater, Antonius, mit dem Beinamen Creticus, erwarb sich durch Staatsgeschäfte eben nicht viel Ruhm und Beifall, war aber sonst ein edeldenkender, rechtschaffener Mann und äußerte besonders einen starken Hang zur Mildtätigkeit, wie man schon aus dieser einzigen Handlung ersehen kann: Weil er nicht viel Vermögen hatte, wurde er von seiner Gemahlin gehindert, seiner Menschenliebe freien Lauf zu lassen. Eines Tages nun kam einer seiner Bekannten zu ihm und bat ihn um Geld. Da er selbst keins hatte, befahl er einem Bedienten, einen silbernen Becher mit Wasser zu füllen und ihm zu bringen, worauf er sich das Kinn benetzte, als wenn er sich den Bart scheren wollte. Kaum aber war der Bediente mit einem andern Grunde entfernt worden, als er den Becher seinem Freunde übergab, mit dem Bedeuten, er möchte nur davon Gebrauch machen. Wegen dieses Bechers wurde nun unter dem Gesinde eine scharfe Nachsuchung gehalten, und da er sah, daß seine Frau, äußerst aufgebracht, jeden Bedienten einzeln wollte foltern lassen, gestand er ihr die ganze Sache und bat sie deshalb um Verzeihung.

2. Diese seine Gemahlin war eine Julia, aus dem Hause Caesar, und verdiente, den trefflichsten und tugendhaftesten Frauen an die Seite gesetzt zu werden. Von ihr wurde der junge Antonius nach dem Tode seines Vaters erzogen, da sie sich wieder mit Cornelius Lentulus vermählte, den Cicero später als einen Mitverschworenen des Catilina hinrichten ließ. Dies scheint auch die erste Veranlassung und der Grund zu der heftigen Feindschaft des Antonius gegen Cicero gewesen zu sein. Wenigstens sagt Antonius, daß ih-

nen nicht einmal der Leichnam des Lentulus eher ausgeliefert worden sei, bis sich seine Mutter deswegen mit Bitten an die Gemahlin Ciceros gewendet habe. Aber dies ist eine offenbare Unwahrheit; denn niemandem wurde die Beerdigung der damals von Cicero hingerichteten Personen verweigert.

Antonius, der zu einem schönen jungen Mann herangewachsen war, bekam mit Curio Umgang und Bekanntschaft, die für ihn eine wahre Pest ward. Denn Curio, der selbst in allen Arten der Wollust ausschweifte, verleitete Antonius ebenfalls, um sich ihn desto gefügiger zu machen, zu Trinkgelagen, zum Umgange mit liederlichen Weibern und zu einem ungeheuren Aufwande. Dadurch zog sich dieser eine schwere, für sein Alter übertriebene Schuldenlast von 250 Talenten zu. Curio verbürgte sich zwar für die ganze Schuld; als es aber sein Vater erfuhr, jagte er Antonius aus dem Hause.

Dieser hielt sich nun auf eine kurze Zeit zu Clodius, dem frechsten und nichtswürdigsten unter den damaligen Politikern, der durch seine ungestüme Heftigkeit den ganzen Staat in Verwirrung setzte. Allein er wurde dessen Raserei bald überdrüssig, und weil er sich vor der Partei fürchtete, die sich gegen Clodius zusammenschloß, reiste er aus Italien nach Griechenland und blieb dort einige Zeit, teils um seinen Körper zum Kriegsdienste zu üben, teils um die Beredsamkeit zu studieren. Er wählte sich besonders die asiatische Art des Vortrags, die zu jener Zeit am meisten beliebt war und seiner schwülstigen, prahlerischen Lebensart voll eitlen Stolzes und unsteter Ehrbegierde vorzüglich entsprach.

3. Hierauf machte ihm der gewesene Konsul Gabinius, der im Begriff war, nach Syrien zu schiffen, den Antrag, ihn in diesem Feldzug zu begleiten. Er erklärte aber, als bloßer Privatmann ohne eine Offiziersstelle werde er nicht mitgehen; daher wurde er zum Anführer der Reiterei ernannt und begleitete ihn nach Syrien. Zuerst wurde er gegen Aristobulos, der die Juden aufwiegelte, abgeschickt, war da der erste, der die Mauern der stärksten Festung erstieg, und jagte ihn bald aus allen übrigen festen Plätzen. Danach lieferte er dem Aristobulos ein Treffen, schlug mit einem kleinen Haufen dessen weit zahlreicheres Heer in die Flucht

und tötete alle Feinde bis auf einige wenige. Aristobulos selbst geriet mit seinem Sohne in die Gefangenschaft.

In der Folge suchte Ptolemaios den Gabinius durch Versprechen einer Summe von 10 000 Talenten zu bereden, daß er mit ihm in Ägypten einfallen und ihm wieder zum Besitz seines Reichs verhelfen sollte. Die meisten Offiziere waren dagegen, und Gabinius selbst trug einiges Bedenken, sich in diesen Krieg einzulassen, obgleich die 10 000 Talente einen starken Eindruck auf ihn machten. Antonius aber, der nach großen Unternehmungen strebte und sich gegen Ptolemaios, der ihn ebenfalls angegangen hatte, gern gefällig zeigen wollte, half den Gabinius überreden und munterte ihn zu diesem Kriegszuge auf.

Mehr als den Krieg selbst fürchtete man den Weg nach Pelusion, weil der Marsch durch eine wasserlose, mit tiefem Sand bedeckte Wüste ging, an dem Durchbruch und den Sümpfen des Serbonischen Sees entlang, welche die Ägypter den Aushauch des Typhon nennen, die aber wahrscheinlicherweise von dem Zurücktreten und Durchsickern des Roten Meeres entstehen, da dieses hier nur durch eine schmale Landenge von dem inneren Meere getrennt wird.

Antonius, der mit der Reiterei vorausgeschickt wurde, bemeisterte sich nicht nur des Passes, sondern eroberte auch Pelusion, eine große Stadt, und bekam die ganze Besatzung in seine Gewalt, wodurch er der Armee einen sichern Marsch und zugleich seinem Feldherrn die feste Hoffnung auf den Sieg gewährte. Selbst die Feinde hatten von seiner Ehrbegierde Vorteil. Da nämlich Ptolemaios gleich bei seinem Einzuge in Pelusion aus Haß und Erbitterung alle Ägypter wollte niedermetzeln lassen, war er es, der sich widersetzte und ihn von dieser Grausamkeit zurückhielt.

Auch in den großen Gefechten und Kämpfen, deren nachher nicht wenige vorfielen, verrichtete er eine Menge Taten, die nicht nur von Mut und Kühnheit, sondern auch von der einem General notwendigen Vorsicht zeugten. Am meisten aber zeichnete er sich dadurch aus, daß er eines Tages durch geschickte Einschließung der Feinde im Rücken denen, die von vorne angriffen, den Sieg in die Hände spielte, wofür er auch die verdienten Belohnungen und Ehrenbezeigungen erhielt. Nicht wenig Aufsehen machte auch seine Menschenliebe, die er gegen den gefallenen Archelaos bewies. Er war ein guter Bekannter und Gastfreund von ihm gewesen und hatte gegen ihn, solange er lebte, durch die Umstände gezwungen, Krieg geführt; nachdem aber Archelaos gefallen war, ließ er seinen Leichnam ausfindig machen und mit königlicher Pracht begraben. Durch diese Handlung hinterließ er den Alexandrinern das schönste Andenken, und in den Augen der römischen Soldaten erschien er als ein Mann von den glänzendsten Eigenschaften.

4. Damit verband nun Antonius noch ein edles Äußeres voller Würde. Der schön gewachsene Bart, die breite Stirn, die Krümmung der Nase schien seinem Gesichte jenes männliche Aussehen mitzuteilen, welches man an den Gemälden und Bildsäulen des Herkules wahrnimmt. Es gab auch eine alte Sage, daß die Antonier zu den Nachkommen des Herkules gehörten und von dessen Sohne Anton abstammten. Und diese Sage, die schon durch seine körperliche Erscheinung, wie vorhin bemerkt worden, einiges Gewicht erhielt, suchte er auch noch durch seine Kleidung zu bestätigen. Denn jedesmal, wenn er sich vor mehreren Leuten mußte sehen lassen, gürtete er das Unterkleid bis an die Lenden auf, trug an der Seite einen großen Säbel und hüllte sich in einen dicken groben Mantel.

Selbst das, was andern widrig und anstößig schien, seine Ruhmredigkeit, seine Hohnneckerei, sein Bechern vor aller Augen, seine Gewohnheit, sich zu den Soldaten, wenn sie aßen, dazu zu setzen oder an einen Soldatentisch zu treten und mitzuessen, flößte den Soldaten eine Zuneigung und Anhänglichkeit für ihn ein, die sich kaum begreifen läßt. Auch seine Verliebtheit hatte etwas Gefälliges und Einnehmendes; durch sie zog er ebenfalls viele an sich, indem er andern in ihren Liebeshändeln gern behilflich war und die Spöttereien auf seine eigenen Liebschaften mit guter Art aufnahm.

Mehr als alles andere aber bahnte ihm seine unbeschränkte Freigebigkeit, da er Soldaten und Freunden nie mit sparsamer oder karger Hand Geschenke machte, den schönsten Weg zur höchsten Gewalt und unterstützte, nachdem er groß geworden war, seine Macht, die durch tausend andere Fehler wankend gemacht wurde. Von seiner Freigebigkeit im Schenken will ich nur ein einziges Beispiel anführen. Eines Tages gab er Befehl, einem seiner Freunde 250 000 Drachmen zu geben, welche Summe die Römer mit „Decies" ausdrücken. Seinen Verwalter befremdete dies sehr, und da er das Geld, um ihm doch zu zeigen, wie viel es wäre, frei hinlegte, fragte Antonius im Vorbeigehen, was denn das wäre. Auf die Antwort des Verwalters, es wäre die Summe, die er wegzugeben befohlen hätte, erriet Antonius sogleich die Tücke desselben und sagte: „Ei, ich dachte, Decies betrüge mehr; das ist ja gar wenig, lege also noch einmal soviel hinzu." Dieser Vorfall gehört jedoch in spätere Zeiten.

5. Als jetzt der römische Staat in Uneinigkeit geriet und die Aristokraten sich für Pompejus, der in Rom zugegen war, erklärten, die von der Volkspartei aber Caesar, welcher noch mit einer Armee in Gallien stand, herbeiriefen, zog Curio, der auf Caesars Seite übergetreten war, seinen Freund Antonius ebenfalls zu dieser Partei und wußte es teils durch die Stärke seiner Beredsamkeit, teils durch die großen von Caesar erhaltenen Geldsummen, womit er nicht sparsam umging, dahin zu bringen, daß Antonius erst zum Volkstribun und bald darauf auch zu einem der Priester, die die Auspizien besorgen und Auguren heißen, ernannt wurde. Sobald dieser sein Amt angetreten hatte, leistete er den Anhängern Caesars sehr große und wichtige Dienste. Fürs erste stellte er sich dem Konsul Marcellus, der die schon angeworbenen Truppen dem Pompejus übergab und ihm noch weitere anzuwerben gestattete, entgegen und brachte ein Gesetz ein, daß die versammelte Macht nach Syrien schiffen, den Bibulus im Kriege gegen die Parther unterstützen und, wenn Pompejus neue Werbungen hielte, niemand ihm Folge leisten sollte. Zweitens las er Caesars Briefe, die der Senat nicht annehmen noch vorlesen lassen wollte, kraft seines Amtes öffentlich vor und brachte dadurch viele zu einer anderen Gesinnung, weil die in Caesars Briefen enthaltenen Forderungen sehr billig und gemäßigt zu sein schienen.

Endlich, als dem Senate die zwei Fragen vorgelegt wurden, die eine, ob Pompejus seine Armeen entlassen, die andere, ob Caesar dies tun sollte, und nur wenige der Meinung waren, daß Pompejus die Waffen niederlegen sollte, alle aber bis auf einige wenige dies von Caesar verlangten, da trat Antonius auf und legte dem Senate die Frage vor, ob man wohl für gut hielte, daß beide, Pompejus sowohl als Caesar, die Waffen niederlegten und ihre Truppen entließen. Diesen Vorschlag nahmen nun alle mit großem Beifall auf, lobten Antonius laut und forderten, daß darüber abgestimmt werden sollte. Da die Konsuln dies nicht zuließen, machten Caesars Freunde wieder andere Vorschläge, die ganz annehmbar zu sein schienen. Cato aber sprach mit großem Nachdruck dagegen, und zuletzt jagte der Konsul Lentulus den Antonius gar aus dem Senat hinaus. Dieser stieß im Fortgehen viele Verwünschungen gegen sie aus, legte Sklavenkleidung an, nahm mit Quintus Cassius einen Mietwagen und eilte aus Rom zu Caesar. Sobald sie dort anlangten, schrien sie schon von ferne: zu Rom herrsche gar keine Zucht und Ordnung mehr, da nicht einmal den Tribunen vergönnt sei, ihre Meinung frei zu sagen, sondern jeder, der für das Recht spräche, fortgejagt würde und in Lebensgefahr geriete.

6. Nunmehr brach Caesar mit seiner Armee auf und rückte in Italien ein. Daher sagte Cicero in den philippischen Reden, den trojanischen Krieg habe Helena und den Bürgerkrieg Antonius veranlaßt, wodurch er sich jedoch einer offenbaren Unwahrheit schuldig machte. Denn Gaius Caesar ließ sich wahrlich nicht durch die Hitze des Zorns so leicht, so geschwind aus der Fassung bringen, daß er, wäre dies nicht schon lange sein Entschluß gewesen, sein Vaterland so rasch mit Krieg hätte überziehen sollen, bloß deswegen, weil er Antonius und Cassius als Flüchtlinge in schlechter Kleidung auf einem elenden Mietwagen erblickte. Nein, ihre Ankunft bot ihm bloß, was er seit langer Zeit suchte: einen scheinbaren Grund und Vorwand zum Kriege. Ihn reizte zum Kriege gegen die ganze Welt eben das, was vormals den Alexander und noch früher den Kyros dazu getrieben hatte: eine unersättliche Herrschsucht, eine rasende Begierde, der Erste und Größte zu sein, wozu er aber nicht gelangen konnte, ohne vorher Pompejus gestürzt zu haben.

Als Caesar durch sein schnelles Erscheinen sich zum Herrn von Rom gemacht, dann den Pompejus aus Italien vertrieben hatte und nun beschloß, vorerst gegen die in Spanien stehenden Armeen des Pompejus umzukehren und danach, wenn er sich mit einer Flotte versehen hätte, Pompejus über das Meer zu verfolgen, vertraute er dem Prätor Lepidus die Stadt Rom und dem Antonius als Volkstribun die Armeen und das übrige Italien an. Letzterer wußte sich bald bei den Soldaten beliebt zu machen, indem er meistenteils an ihren Übungen teilnahm, oft mit ihnen aß und trank, auch nach seinem Vermögen ihnen Geschenke machte; desto verhaßter aber war er allen andern. Denn aus Leichtsinn bekümmerte er sich gar nicht um die, welche bedrückt wurden, fertigte jeden, der ihm seine Beschwerden vortrug, mit vieler Härte ab und stand dabei wegen der Verführung fremder Weiber in üblem Rufe. Überhaupt wurde Caesars Herrschaft, die man, was ihn selbst betrifft, eher für alles andere als für Tyrannei halten konnte, durch seine Freunde verhaßt gemacht, und unter diesen traf die meiste Schuld den Antonius, da er bei der größten Gewalt sich die ärgsten Vergehungen zu erlauben schien.

7. Bei dem allem übersah Caesar nach seiner Rückkehr aus Spanien die gegen Antonius vorgebrachten Klagen und brauchte ihn noch ferner zum Kriege, als einen unternehmenden tapfern Mann, der alle Eigenschaften eines Feldherrn besäße, in welcher Meinung er sich auch keineswegs täuschte. Er fuhr nun selbst mit wenigen Truppen von Brundisium über das Ionische Meer und schickte die Fahrzeuge gleich wieder zurück, mit dem Befehle an Antonius und Gabinius, daß sie die Armee in aller Eile einschiffen und nach Makedonien übersetzen sollten. Gabinius, dem vor der zur Winterszeit schwierigen Überfahrt bange war, führte seine Armee auf einem weiten Umweg zu Lande herum. Antonius aber fürchtete nur für Caesar, der mit zahlreichen Feinden umgeben war, und trieb den vor der Mündung des Hafens lauernden Libo zurück, indem er dessen Schiffe mit einer Menge leichter Fahrzeuge einkreisen ließ. Darauf schiffte er 800 Reiter und 20 000 Mann Fußvolk ein und ging unter Segel. Die Feinde entdeckten ihn bald, und da sie auf ihn Jagd machten, entging er zwar von dieser Seite der Gefahr noch dadurch, daß ihre Schiffe bei einem heftigen Südwinde mit hohen Wellen und einer hohl gehenden See zu kämpfen hatten; aber zu gleicher Zeit wurde seine Flotte an eine schroffe Küste, wo kein Anker-

grund zu finden war, geworfen, so daß er schon ganz an seiner Rettung verzweifelte. Allein auf einmal erhob sich vom Meerbusen her ein starker Südwestwind und trieb die Wogen vom Land in die offene See. Mit Hilfe desselben entfernte er sich wieder von dieser Küste, fuhr ohne weitern Anstoß glücklich hinüber und fand da das Ufer ganz mit Schiffstrümmern bedeckt. Denn dahin hatte der Sturm die ihn verfolgenden Kriegsschiffe geworfen, und es waren nicht wenige derselben gescheitert. Antonius machte daher viele Gefangene und eine reiche Beute, eroberte auch die Stadt Lissos und flößte Caesar, da er noch zu rechter Zeit mit einer so ansehnlichen Macht zu ihm stieß, viel Mut und Vertrauen ein.

8. In allen den vielen Gefechten, die hierauf vorfielen, zeichnete sich Antonius vorzüglich aus. Zweimal ging er den Hals über Kopf fliehenden Soldaten Caesars entgegen, drehte sie wieder gegen den nachsetzenden Feind um, zwang sie, ihm standhaft die Stirne zu bieten, und trug dadurch noch den Sieg davon. Daher wurde im Lager von ihm nächst Caesar am meisten gesprochen. Caesar selbst zeigte deutlich genug, was für eine große Meinung er von ihm hatte. Denn als er im Begriff war, die letzte, alles entscheidende Schlacht bei Pharsalos zu liefern, wählte er für sich selbst den rechten Flügel, die Anführung des linken aber übergab er Antonius als dem tapfersten und geschicktesten Kriegsmann in seinem Heere.

Nach erfochtenem Siege wurde er zum Diktator ernannt und setzte selbst dem flüchtigen Pompejus nach; den Antonius wählte er zum Befehlshaber der Reiterei und schickte ihn nach Rom. Diese Würde ist, wenn der Diktator zugegen ist, die zweite, in dessen Abwesenheit aber die erste und beinahe die einzige. Denn nach Ernennung eines Diktators werden alle obrigkeitliche Ämter aufgehoben, nur das Tribunat dauert noch fort.

9: Um diese Zeit brachte der Volkstribun Dolabella, ein junger, nach Neuerungen strebender Mann, ein Gesetz wegen Aufhebung der Schulden in Vorschlag und suchte auch Antonius, seinen Freund, der immer dem Volke gefallen wollte, zu bereden, daß er ihn dabei unterstützen und sich an dieser politischen Aktion beteiligen möchte. Allein Asinius und Trebellius widerrieten ihm sehr, und zufälligerweise faßte Antonius auch einen starken Verdacht, daß Dolabella seine Gemahlin zur Untreue verführt habe. Dadurch wurde er so aufgebracht, daß er nicht nur seine Gemahlin, die seine Cousine und eine Tochter von Gaius Antonius, dem vormaligen Kollegen Ciceros im Konsulate, war, sogleich aus dem Hause stieß, sondern sich auch zur Partei des Asinius schlug und Dolabella förmlich bekriegte. Dieser hielt nämlich den Markt besetzt, um seine Vorschläge mit Gewalt durchzubringen. Antonius rückte nun, da auch der Senat es für nötig befunden hatte, gegen Dolabella die Waffen zu ergreifen, mit Truppen gegen ihn an und lieferte ihm eine Art von Treffen, worin auf beiden Seiten einige Menschen erschlagen wurden.

Durch dieses Verfahren machte er sich das Volk zum Feinde, und wegen seines übrigen Lebenswandels war er schon lange, wie Cicero sagt, auch bei den gutdenkenden und vernünftigen Bürgern äußerst verhaßt, die seine zur Unzeit gehaltenen Zechereien, seine übertriebenen Verschwendungen, seine Ausschweifungen mit unzüchtigen Weibern verabscheuten und es schändlich fanden, daß er den Tag über schlief oder taumelnd mit schwerem Kopfe herumging, die Nächte hingegen mit Schmausereien und Possenspielen hinbrachte oder den Hochzeiten der Komödianten und Possenreißer beiwohnte. So erzählt man, daß er einst bei dem Komödianten Hippias eine Hochzeit mit gefeiert, die ganze Nacht durch gezecht, dann am Morgen, als das Volk ihn auf den Markt beschied, mit Speisen vollgestopft sich eingestellt und vor der ganzen Versammlung erbrochen habe, wobei ihm einer seiner Freunde die Toga unterhielt. Ein anderer Komödiant, Sergius, gehörte unter diejenigen, die bei ihm am meisten vermochten, und Kytheris, eine Weibsperson von ebendemselben Gelichter, war seine Geliebte. Diese führte er auch, wenn er die Städte durchzog, in einer Sänfte überall mit sich herum, und ihre Sänfte hatte ein ebenso zahlreiches Gefolge wie die seiner Mutter.

Nicht weniger beleidigte er die Römer dadurch, daß er auf seinen Reisen goldenes Geschirr wie bei feierlichen Aufzügen zur Schau herumtragen, unterwegs an Hainen und Flüssen Zelte aufschlagen und herrliche Mahlzeiten auftischen ließ, daß er vor seine Wagen Löwen spannte, daß die

Wohnungen sittsamer Männer und Frauen seinen Huren und Zitherspielerinnen zum Quartier angewiesen wurden. Man fand es unerträglich, daß, während Caesar außerhalb Italiens im freien Felde leben mußte, um mit Beschwerlichkeiten und Gefahren die Überbleibsel des großen Krieges wegzuräumen, andere indessen auf seine Macht gestützt in Schwelgerei und Üppigkeit lebten und ihren Mitbürgern hohnsprachen.

10. Dieses Betragen vermehrte auch, wie es scheint, die Unruhen um vieles und verleitete selbst die Soldaten zu den ärgsten Ausschweifungen und Räubereien. Deshalb schenkte Caesar bei seiner Rückkehr dem Dolabella Vergebung, und als er zum dritten Male zum Konsul gewählt wurde, nahm er nicht Antonius, sondern Lepidus zum Kollegen. Bald darauf erstand Antonius das zum Verkauf ausgesetzte Haus des Pompejus, nahm es aber sehr übel, daß man ihm den Kaufpreis abforderte; auch sagt er selbst, er habe an Caesars Feldzug nach Afrika aus dem Grunde nicht teilgenommen, weil er für seine wichtigen Verdienste noch nicht die geringste Belohnung erhalten hätte.

Indes scheint ihn doch Caesar dadurch, daß er seine Ausschweifungen nicht ungerügt hingehen ließ, von der unsinnigen und liederlichen Lebensart großenteils zurückgebracht zu haben. Denn er entsagte nun seinem bisherigen Wandel, dachte wieder ans Heiraten und vermählte sich endlich mit Fulvia, der Witwe des Politikers Clodius, einer Frau, die sich um nichts weniger als um Wollespinnen oder Hauswirtschaft bekümmerte, auch sich nicht begnügte, einen gewöhnlichen Mann zu beherrschen, sondern einen Regenten regieren und einen Feldherrn kommandieren wollte. Daher war Kleopatra der Fulvia für die Gewöhnung des Antonius an Weiberherrschaft noch das Lehrgeld schuldig; denn von ihr empfing sie ihn schon völlig gezähmt und abgerichtet, sich von Weibern regieren zu lassen.

Bei alledem suchte Antonius seinerseits ihre natürliche Ernsthaftigkeit zu mildern und sie durch allerhand Scherze und lustige Streiche aufgeräumter zu machen. So reiste er zum Beispiel mit vielen andern, die Caesar nach seinem Siege in Spanien entgegengehen wollten, von Rom ab. Da hierauf das Gerücht in Italien sich plötzlich verbreitete, daß Caesar tot wäre und die Feinde heranrückten, kehrte er nach Rom zurück, verkleidete sich aber in einen Sklaven und kam bei Nacht in sein Haus, mit dem Vorgeben, daß er einen Brief von Antonius an Fulvia zu überbringen hätte; worauf er in seiner Verkleidung zu ihr ins Zimmer geführt wurde. Fulvia geriet darüber in Unruhe und fragte, ehe sie den Brief empfing, ob Antonius noch lebe. Dieser reichte ihr stillschweigend den Brief hin, und wie sie anfing, ihn zu erbrechen und zu lesen, fiel er ihr um den Hals und bedeckte sie mit Küssen. Dies wenige habe ich von vielen andern solchen Vorfällen zum Beispiele anführen wollen.

11. Als Caesar jetzt aus Spanien zurückkehrte, gingen ihm alle die vornehmsten Männer viele Tagereisen weit entgegen, wobei dem Antonius eine ausgezeichnete Ehre widerfuhr. Caesar ließ ihn nämlich auf dem ganzen Wege durch Italien im Wagen neben sich sitzen, während Brutus, Albinus und Octavianus, der Sohn seiner Nichte, der in der Folge den Namen Caesar bekam und lange Zeit die Römer beherrschte, sich hinter ihn setzen mußten.

Caesar wurde hierauf zum fünften Male zum Konsul gewählt und bestimmte sogleich Antonius zu seinem Kollegen; doch war er willens, das Amt niederzulegen und dem Dolabella zu übergeben und hatte dies auch schon im Senate erklärt. Da sich Antonius dem hitzig widersetzte und eine Menge Schmähungen gegen Dolabella ausstieß, dafür aber wieder ebenso viele hören mußte, schämte sich Caesar dieser Ungezogenheiten und ging für dieses Mal weg. Einige Zeit danach erschien er wieder und wollte Dolabella zum Konsul ernennen; als aber Antonius schrie, die Auspizien wären ganz dawider, gab er endlich nach und ließ Dolabella fahren, den dies nicht wenig verdroß. Aber wie es schien, verabscheute Caesar den Dolabella ebensosehr als den Antonius. Als nämlich jemand beide zugleich ihm verdächtig machen wollte, soll er gesagt haben: vor diesen wohlbeleibten und schön frisierten Männern fürchte er sich eben nicht, wohl aber vor jenen blassen und hagern, womit er auf Brutus und Cassius deutete, durch deren Anschläge er sollte getötet werden.

12. Und diesen beiden Männern gab Antonius selbst wider seine Absicht den schicklichsten Vorwand dazu. Die Römer feierten jetzt das Fest Lykaia, welches bei ihnen Lupercalia heißt. Caesar, mit dem Triumphkleide geschmückt, saß auf

dem Markte auf der Rednerbühne und sah den Läufern zu.
Es laufen nämlich an diesem Feste viele Jünglinge von edler
Geburt und selbst Magistratspersonen mit Öl gesalbt durch
die Stadt und schlagen scherzhafterweise mit rauhen Fellen
nach allen, die ihnen in den Weg kommen. Antonius, der
sich mit unter den Läufern befand, kehrte sich weiter nicht
an die alten Gebräuche, sondern lief mit einem Diadem, um
welches er einen Lorbeerkranz gewunden hatte, auf die
Bühne zu, ließ sich von denen, die mit ihm liefen, empor-
heben und wollte Caesar das Diadem auf den Kopf setzen,
als wenn ihm die königliche Würde gebührte. Caesar sperrte
sich dagegen und bog den Kopf zurück, worüber das Volk
vor Freuden in die Hände klatschte. Antonius hielt ihm das
Diadem noch einmal hin, und Caesar schlug es wieder aus;
auf diese Weise setzten sie den Streit eine ziemliche Weile
fort, und sooft Antonius in Caesar drang, klatschten nur wenige seiner Freunde, sooft hingegen Caesar sich weigerte,
bezeigte das ganze Volk durch lautes Geschrei und Händeklatschen seinen Beifall. Und es war immer zu verwundern,
daß Leute, die sich in der Tat schon eine königliche Herrschaft gefallen ließen, dennoch den Königstitel als eine Vernichtung aller Freiheit verabscheuten. Caesar stand daher
voller Verdruß von der Bühne auf, zog die Toga vom Halse
herab und schrie, er wolle jedem, der es verlange, die Kehle
hinhalten. Jener Kranz wurde nun einer seiner Bildsäulen
aufgesetzt, aber einige Volkstribunen rissen ihn herunter,
weswegen sie das Volk unter lautem Beifall und Händeklatschen nach Hause begleitete, Caesar hingegen sie ihres Amtes entsetzte.

13. Dieser Vorfall bestärkte Brutus und Cassius immer
mehr in ihrem Vorsatze, welche nun die treuesten unter ihren Freunden zur Ausführung anwarben und wegen ihres
Verhaltens gegen Antonius noch im Zweifel waren. Alle
waren geneigt, ihn dazuzunehmen, nur Trebonius widersetzte sich und meldete, er habe schon zu jener Zeit, als
man dem aus Spanien zurückkehrenden Caesar entgegen-
ging, den Antonius, mit dem er die Reise gemacht und immer ein und dasselbe Quartier gehabt hätte, über diesen
Punkt von weitem her und mit gehöriger Behutsamkeit aus-
geholt; Antonius habe ihn auch wohl verstanden, aber, obgleich er den Antrag ablehnte, Caesar nichts davon gesagt,

sondern das Geheimnis redlich verschwiegen. Hierauf beratschlagten sie wieder, ob man, wenn Caesar umgebracht wäre, ihm auch den Antonius nachschicken sollte. Dies verhinderte aber noch Brutus, welcher darauf bestand, daß die für Gesetze und Rechte gewagte Tat ganz lauter und von aller Ungerechtigkeit rein bleiben müßte. Weil sie jedoch die ungemeine Leibesstärke des Antonius und die Gewalt seines Amtes fürchteten, beauftragten sie einige der Mitverschworenen, daß sie ihn, wenn Caesar in den Senat gegangen wäre und das Unternehmen ausgeführt werden sollte, durch eine Unterredung über wichtige Geschäfte vor dem Saale aufhalten möchten.

14. Alles dies wurde, so wie es verabredet war, ausgeführt, und sobald Caesar im Senate war umgebracht worden, legte Antonius Sklavenkleider an und hielt sich versteckt. Als er jedoch sah, daß die Verschwornen sich sonst an niemandem vergriffen, sondern sich zusammen auf das Capitolium begeben hatten, beredete er sie, wieder herunterzukommen, wogegen er ihnen seinen Sohn als Geisel stellen wollte; auch behielt er für den Abend den Cassius, so wie Lepidus den Brutus, zu Tische. Darauf ließ er den Senat zusammenkommen und machte selbst den Vorschlag, daß das Geschehene der Vergessenheit anheimgestellt und dem Brutus und Cassius Provinzen angewiesen werden sollten. Der Senat bestätigte dies nicht nur, sondern beschloß auch, alle Anordnungen Caesars unverändert bestehen zu lassen.

So ging nun Antonius mit dem schönsten und glänzendsten Ruhm aus dem Senate, weil er einem Bürgerkriege vorgebeugt und in dieser ungemein schwierigen und mißlichen Lage sich mit der größten Geschicklichkeit und Staatsklugheit benommen zu haben schien. Aber diese schönen Gesinnungen unterdrückte in ihm gar bald das Ansehen, worin er beim Volke stand, da er sich sichere Hoffnung machte, daß er, wenn Brutus aus dem Wege geräumt wäre, der Erste in Rom werden würde. Nun hielt er bei Caesars Leichenbegängnisse nach hergebrachter Sitte auf dem Markte die Lobrede, und wie er sah, daß das Volk durch seinen Vortrag ganz eingenommen und gerührt wurde, mischte er in seine Lobsprüche viele Klagen und rührende Ausdrücke über diesen Todesfall; ja am Ende der Rede schwenkte er die blutigen, überall mit Dolchen durchstochenen Kleider des Verstorbenen vor dem Volke, nannte die, welche dies verübt hatten, Bösewichter und Meuchelmörder und setzte dadurch alle in solche Wut, daß sie Bänke und Tische zusammentrugen, Caesars Leichnam gleich auf dem Markte verbrannten und mit den aus dem Scheiterhaufen gerissenen Bränden nach den Häusern der Mörder liefen, die sie zu stürmen und anzuzünden drohten.

15. Aus diesem Grunde entfernte sich nun Brutus mit seinen Anhängern aus der Stadt, Caesars Freunde hingegen traten mit Antonius in nähere Verbindung, und Calpurnia, Caesars Gemahlin, die auf ihn ihr Vertrauen setzte, brachte den größten Teil des Geldes, zusammen an die 4 000 Talente, aus ihrem Hause bei ihm in Sicherheit. Überdies bekam er Caesars Schriften in die Hände, worin dessen Entwürfe und Beschlüsse über das, was noch geschehen sollte, aufgezeichnet waren. In diese Schriften trug er noch ein, was ihm beliebte, ernannte viele zu Magistratspersonen, viele zu Senatoren, rief mehrere aus dem Exil zurück, befreite andere aus dem Gefängnis, als wenn dies von Caesar so wäre angeordnet worden. Daher nannten die Römer alle diese Charoniten, weil sie, wenn man sie deshalb zur Rede stellte, sich auf die Papiere eines Toten berufen mußten. Auch tat Antonius noch vieles andere eigenmächtig, da er nicht nur selber Konsul war, sondern auch seine beiden Brüder, Gaius als Prätor und Lucius als Volkstribun, zugleich mit ihm Ämter innehatten.

16. In dieser Lage der Dinge kam der junge Caesar in Rom an, der, wie gesagt, der Sohn einer Nichte des Verstorbenen und von ihm im Testamente zum Erben eingesetzt war und sich zu der Zeit, da Caesar ermordet wurde, in Apollonia aufhielt. Dieser machte sogleich dem Antonius, als einem Freunde seines Vaters, die Aufwartung und erwähnte die ihm anvertrauten Gelder; denn er mußte Caesars Vermächtnis zufolge jedem Römer 75 Drachmen auszahlen. Antonius, der ihn anfänglich als einen jungen Menschen verachtete, erklärte, er müsse nicht wohl gescheit sein, daß er, von gesundem Verstande und von Freunden entblößt, eine so untragbare Last, als Caesars Erbschaft wäre, zu übernehmen gedächte. Da der Jüngling sich nicht daran kehrte, sondern die Geldsummen immer zurückforderte, suchte ihn Antonius bei jeder Gelegenheit durch Reden und Handlungen

zu beschimpfen. So widersetzte er sich ihm bei der Bewerbung um das Tribunat, und als er den goldenen Prachtstuhl seines Vaters nach einem Senatsbeschluß im Theater aufstellte, drohte er sogar, ihn ins Gefängnis führen zu lassen, wenn er nicht aufhörte, das Volk aufzuwiegeln.

So warf sich denn der Jüngling dem Cicero und andern, die den Antonius haßten, in die Arme und erwarb sich durch ihre Hilfe die Gunst und Freundschaft des Senats; er selbst wußte auch das Volk auf seine Seite zu bringen und zog die alten Soldaten aus den ihnen angewiesenen Wohnsitzen zusammen, so daß Antonius, dem dabei nicht wohl zumute war, auf dem Capitolium mit ihm eine Unterredung hielt, in welcher beide sich miteinander aussöhnten.

In der darauf folgenden Nacht hatte Antonius einen seltsamen Traum, da es ihm vorkam, als wenn seine rechte Hand vom Blitz getroffen wäre. Wenige Tage danach erhielt er die Nachricht, daß Caesar Anschläge gegen ihn schmiedete. Caesar rechtfertigte sich zwar dagegen, fand aber keinen Glauben, und die Feindschaft brach zwischen ihnen von neuem aus. Beide zogen in Italien herum und boten nicht nur die alten, zur Ruhe gesetzten Soldaten durch große Versprechungen auf, sondern suchten auch einander zuvorzukommen, um die unter den Waffen stehenden Truppen an sich zu ziehen.

17. Cicero, der damals in Rom im größten Ansehen stand, suchte alle Welt gegen Antonius zu verhetzen und beredete endlich den Senat, ihn für einen Feind zu erklären, Caesar hingegen die Fasces mit den andern Ehrenzeichen der Prätorwürde zu überbringen und Hirtius und Pansa, die damaligen Konsuln, abzusenden, daß sie den Antonius aus Italien vertreiben sollten. Diese lieferten auch dem Antonius bei der Stadt Mutina ein Treffen, woran Caesar persönlich teilnahm, und trugen zwar einen vollkommenen Sieg davon, kamen aber beide ums Leben.

Antonius rettete sich durch die Flucht, geriet aber in große Not; am meisten litt er Hungers. Er besaß jedoch die Eigenschaft, daß er im Unglück sich gleichsam selbst übertraf, und wenn er in Not geriet, konnte er sogar für den besten, rechtschaffensten Mann gelten. Gefühl für die Tugend zu haben ist zwar denen, die von Not und Unglück bedrängt sind, gemeinsam; doch haben nicht alle beim Wechsel des

Glücks Stärke genug, das zu befolgen, was sie gutheißen, oder das zu fliehen, was sie mißbilligen; im Gegenteil hängen manche zu sehr an ihren Gewohnheiten und unterdrükken alle Eingebungen der Vernunft. Allein Antonius diente jetzt seinen Soldaten zu einem trefflichen und bewundernswürdigen Beispiel, da er nach der üppigen und prachtvollen Lebensart, die er bisher geführt hatte, verdorbenes Wasser ohne Widerwillen trank und wilde Früchte oder Wurzeln zu sich nahm. Ja einige melden sogar, daß man auf dem Zuge über die Alpen Baumrinden gegessen und sich von Tieren, die noch nie zur Speise gebraucht worden, genährt habe.

18. Antonius' Absicht bei diesem Zuge ging dahin, sich zu der jenseits der Alpen unter dem Befehl des Lepidus stehenden Armee zu begeben, weil dieser für seinen Freund galt und durch ihn von Caesars Freundschaft viele Vorteile genossen hatte. Bei seiner Ankunft lagerte er sich in dessen Nähe, empfing aber von ihm nicht den geringsten Beweis von Freundschaft; daher beschloß er, einen gewagten Streich auszuführen. Seit jener Niederlage hatte er sein Haar ganz vernachlässigt und den Bart sehr lang wachsen lassen; dazu legte er jetzt noch eine schwarze Toga an, näherte sich in diesem Aufzuge dem Walle des Lepidus und begann, an dessen Soldaten eine Rede zu halten. Da nun viele durch diesen Anblick gerührt wurden und das, was er sagte, einen starken Eindruck machte, geriet Lepidus in Besorgnis und ließ mit allen Trompeten zusammen blasen, damit man von Antonius' Rede nichts vernehmen sollte. Aber die Soldaten fühlten ein desto stärkeres Mitleid und schickten, um sich heimlich mit ihm zu besprechen, Laelius und Clodius, in Lustdirnen verkleidet, ab, welche den Antonius ermahnten, er sollte die Verschanzungen nur getrost angreifen, indem viele bereit wären, ihn aufzunehmen und selbst, wenn er es verlangte, den Lepidus umzubringen. Antonius aber untersagte ihnen, sich nur im geringsten an Lepidus zu vergreifen, und den Tag darauf versuchte er mit seiner Armee über den Fluß zu setzen. Er stieg zuerst hinein und begab sich ohne Bedenken an das jenseitige Ufer, da er sah, daß schon viele von den Soldaten des Lepidus die Hände nach ihm ausstreckten und aus den Verschanzungen herausliefen.

So zog er nun in das Lager ein und machte sich sogleich zum Herren von allem, begegnete aber dem Lepidus mit der größten Artigkeit. Denn er fiel ihm um den Hals, nannte ihn Vater, und obgleich er alle Gewalt hatte, ließ er ihm doch beständig den Titel und die Ehre eines Imperators. Dies bewog nun auch den Munatius Plancus, der nicht weit davon mit einem beträchtlichen Heere stand, sich für ihn zu erklären. Nachdem Antonius auf diese Weise wieder zu großer Macht gelangt war, kehrte er über die Alpen nach Italien zurück, an der Spitze von siebzehn Legionen Fußvolk und 10 000 Mann Reiterei. Außerdem ließ er zur Bedeckung Galliens sechs Legionen zurück, unter dem Kommando des Varius, eines seiner Freunde und Zechbrüder, den man Cotylon zu nennen pflegte.

19. Caesar achtete nun nicht weiter auf Cicero, weil er ihn fest an der Freiheit hängen sah, dagegen ließ er durch seine Freunde dem Antonius Vorschläge zu einem Vergleich machen. Die drei Männer, Caesar, Antonius und Lepidus, kamen also auf einer kleinen Insel, die von einem Flusse gebildet wurde, zusammen und unterredeten sich drei Tage lang miteinander. In allen strittigen Punkten verglichen sie sich ohne viele Schwierigkeit und teilten das ganze Römische Reich wie eine väterliche Erbschaft unter sich; nur die Uneinigkeit über die Männer, welche umgebracht werden sollten, machte ihnen sehr viel zu schaffen, da jeder seine Feinde aus dem Wege geräumt, seine Verwandten aber gerettet wissen wollte. Endlich opferten sie jedoch der Erbitterung gegen ihre Widersacher die ihren Verwandten und Freunden schuldige Achtung und Liebe auf, so daß Caesar dem Antonius den Cicero, ihm aber Antonius den Lucius Caesar, seinen Oheim mütterlicherseits, preisgab. Auch dem Lepidus wurde bewilligt, seinen Bruder Paulus ums Leben zu bringen; doch sagen einige, Lepidus habe jenen beiden den Paulus aufgeopfert, weil sie auf dessen Tod bestanden. Nichts scheint wohl grausamer, nichts unmenschlicher zu sein als dieser Abtausch. Denn da sie Mord gegen Mord tauschten, töteten sie die, welche sie den andern preisgaben, ebensogut als die, welche ihnen preisgegeben wurden, und handelten gegen ihre Freunde um so ungerechter, weil sie ihnen das Leben raubten, ohne sie eben zu hassen.

20. Nach Abschluß dieses Vergleichs forderten die Soldaten, die den Platz umgaben, daß Caesar die errichtete
Freundschaft durch eine Heirat befestigen und sich mit
Clodia, einer Tochter der Fulvia, der Gemahlin des Antonius (aus der ersten Ehe), vermählen sollte. Nachdem man
sich auch darüber geeinigt hatte, wurden von ihnen dreihundert Männer durch Achtserklärung zum Tode bestimmt. Unter diesen befand sich auch Cicero, dem Antonius den Kopf und die rechte Hand, mit welcher er die
Reden gegen ihn geschrieben hatte, abzuhauen befahl. Als
sie ihm überbracht wurden, betrachtete er sie mit Entzük-
ken und brach vor Freude in ein lautes Gelächter aus; dann
ließ er sie, wie er sich satt gesehen hatte, auf dem Markte
über der Rednerbühne aufstecken, ohne zu bedenken, daß
er dadurch nicht sowohl den Toten verhöhnte als selbst
von seinem Übermut im Glücke und dem schimpflichen
Mißbrauch seiner Gewalt einen auffallenden Beweis gab.
Sein Oheim Caesar, den man überall aufsuchte und verfolgte, nahm bei seiner Schwester Zuflucht. Diese stellte
sich den Mördern, die mit Gewalt in ihr Zimmer eindringen
wollten, in der Tür mit ausgebreiteten Armen entgegen
und schrie zu wiederholten Malen: „Den Lucius Caesar
sollt ihr nicht eher umbringen, bis ihr mich, die Mutter
eures Feldherrn, getötet habt." Durch dieses mutvolle Betragen half sie ihrem Bruder durch und rettete ihm das
Leben.
21. Die Herrschaft der drei Männer war den Römern in vielerlei Hinsicht verhaßt, und davon fiel die meiste Schuld
auf Antonius, der älter als Caesar und mächtiger als Lepidus
war und, sobald er sich von jenen Händeln losgemacht
hatte, wieder in seine vorige ausschweifende und liederli-
che Lebensart zurückfiel. Zu diesem allgemeinen üblen Ruf
kam noch ein nicht geringer Haß wegen des Hauses, das er
bewohnte und das dem Pompejus Magnus gehört hatte, einem Manne, der wegen seiner Mäßigkeit, wegen seiner ordentlichen, populären Lebensart nicht weniger bewundert
wurde als wegen seiner drei Triumphe. Mit großem Verdruß bemerkte man daher, daß dieses Haus für Feldherrn,
Magistratspersonen und Gesandte, die auf eine schimpfliche Art abgewiesen wurden, fast immer verschlossen und
dagegen mit Komödianten, Possenreißern und trunkenen

Schmeichlern angefüllt war, auf welche auch die mit größter Härte und Gewalt erpreßten Geldsummen größtenteils verschwendet wurden. Denn sie verkauften nicht nur die Güter der hingerichteten Bürger, deren Weiber und Verwandte sich allerhand Verbrechen mußten aufbürden lassen, führten nicht nur alle Arten von Auflagen ein, sondern da sie hörten, daß bei den vestalischen Jungfrauen manche Reichtümer von Fremden sowohl als von Bürgern niedergelegt wären, gingen sie dorthin und nahmen alles weg. Weil nun für Antonius gar nichts mehr ausreichte, forderte Caesar, daß er die Einkünfte mit ihm teilen sollte; ebenso teilten sie sich auch in die Armee, als sie gegen Brutus und Cassius nach Makedonien zogen, und überließen die Stadt Rom dem Lepidus.

22. Als sie nach erfolgtem Übergang die Kriegsunternehmungen begannen und sich in der Nähe der Feinde gelagert hatten, so daß Antonius dem Cassius, Caesar aber dem Brutus gegenüber stand, zeigte sich Caesar eben nicht von einer glänzenden Seite, sondern Antonius war es, der überall siegte und der Sache einen glücklichen Ausgang gab. In der ersten Schlacht nämlich wurde Caesar von Brutus völlig besiegt, verlor sogar sein Lager und entkam mit genauer Not den ihm nachsetzenden Feinden. Wie er aber selbst in seinen Denkschriften meldet, hatte er sich schon vorher auf den Traum eines seiner Freunde hin wegbegeben. Antonius hingegen schlug Cassius; wiewohl einige sagen, Antonius habe der Schlacht nicht beigewohnt, sondern sei erst nach derselben beim Nachsetzen dazugekommen. Den Cassius erstach auf sein eignes Bitten und Verlangen einer seiner treuesten Freigelassenen, namens Pindaros, denn er wußte nichts davon, daß Brutus gesiegt hatte. Nach Verlauf weniger Tage schlugen sie sich zum zweitenmal. Brutus wurde überwunden und tötete sich selbst; Antonius aber trug wegen dieses Sieges den meisten Ruhm davon, weil Caesar eben krank war. Er trat nun zu dem Leichnam des Brutus und machte ihm einige glimpfliche Vorwürfe wegen des Todes seines Bruders Gaius, den Brutus, um den Tod Ciceros zu rächen, in Makedonien hatte umbringen lassen. Doch erklärte er, er schiebe die Schuld mehr auf Hortensius als auf Brutus, und gab daher Befehl, den Hortensius auf dem Grabe des Gaius zu erwürgen. Über den Leichnam des Bru-

tus hingegen warf er einen sehr kostbaren Purpurmantel und befahl einem seiner Freigelassenen, dessen Beerdigung zu besorgen. Diesen Freigelassenen ließ er in der Folge hinrichten, weil er erfuhr, daß derselbe den Purpurmantel nicht mit verbrannt und von der zur Beerdigung bestimmten Summe einen großen Teil unterschlagen hatte.

23. Caesar kehrte hierauf nach Rom zurück, und bei seiner Kränklichkeit hatte es den Anschein, daß er nicht gar zu lange leben würde. Antonius hingegen wandte sich mit einer starken Armee nach Griechenland, um in allen östlichen Provinzen Geld einzutreiben. Denn sie hatten jedem Soldaten 5 000 Drachmen versprochen; daher sahen sie sich genötigt, zur Herbeischaffung der erforderlichen Summen strengere Maßregeln zu ergreifen.

Gegen die Griechen betrug sich Antonius anfangs weder hart noch übermütig; im Gegenteil ließ ihn sein Hang zum Vergnügen bald an den Vorlesungen der Gelehrten, bald an Spielen und Wettkämpfen, bald wieder an religiösen Feierlichkeiten teilnehmen. Auch in der Rechtspflege bewies er viele Billigkeit. Dabei hörte er sich gern einen Griechenfreund, noch lieber aber einen Athenerfreund nennen und machte der Stadt Athen ansehnliche Geschenke. Da die Megarier aus einer Art von Wetteifer mit Athen ihm auch etwas Schönes zeigen wollten und ihn baten, ihr Rathaus zu besehen, stieg er hinauf, sah sich dort um und gab ihnen dann auf die Frage, was er davon hielte, zur Antwort: „Es ist nicht nur klein, sondern auch baufällig obendrein." Des weiteren ließ er den Tempel des pythischen Apollo ausmessen, als wenn er den Bau desselben vollenden wollte; denn das hatte er dem Senat versprochen.

24. In Griechenland ließ er nun aber Lucius Censorinus zurück, ging nach Asien hinüber und suchte sich an den dortigen Reichtümern zu erholen. Hier erschienen nicht nur Könige vor seiner Tür, um ihm aufzuwarten, sondern auch die Gemahlinnen der Könige wetteiferten untereinander, durch Geschenke sowohl als durch ihre Reize seine Gunst zu gewinnen. Während Caesar in Rom durch Krieg und Aufruhr ganz erschöpft wurde, lebte er in tiefer Ruhe und Frieden und ließ sich durch seine Leidenschaften wieder zu der gewohnten Lebensart hinreißen. Ein Zitherspieler Anaxenor, ein Flötenspieler Xuthos, ein gewisser Tänzer

Metrodoros und eine Menge anderer asiatischer Gaukler dieses Gelichters, die an Frechheit und Schamlosigkeit das aus Italien mitgebrachte nichtswürdige Gesindel weit übertrafen, schlichen sich an seinem Hofe ein und regierten ihn ganz, so daß man, weil alles sich dahin neigte, gar keine Schranken mehr kannte.

Ganz Asien war damals, wie jene Stadt bei Sophokles, in Opferrauch gehüllt und ertönte zugleich von Seufzern und von Freudengesängen. So gingen bei seinem Einzuge in Ephesos Weiber als Bakchantinnen, Männer und Knaben als Satyrn und Pane verkleidet vor ihm her; die ganze Stadt war mit Efeu und Thyrsosstäben angefüllt, alles ertönte von Harfen, Flöten und Schalmeien, und im lauten Jubelgeschrei nannte man ihn den Freudengeber, den huldreichen Bakchos. Dieser war er freilich gegen einige; gegen die meisten aber betrug er sich so, daß er eher die Beinamen Omestes und Agrionios verdiente. Denn Männern von edler Geburt nahm er ihr Vermögen und verschenkte es an nichtswürdige Schurken und Schmeichler. Manche baten sich die Güter vieler noch lebender Personen aus, als wenn sie schon gestorben wären, und erhielten sie. Das Haus eines Bürgers von Magnesia schenkte er einem seiner Köche, weil er sich, sagt man, bei der Zubereitung einer Mahlzeit ausgezeichnet hatte.

Als er endlich den Städten Asiens einen zweiten Tribut auferlegte, wagte es Hybreas, für Asien zu sprechen, und brauchte diese feine, dem Geschmacke des Antonius nicht anstößige Wendung: „Wenn du in einem Jahre zweimal Tribut nehmen kannst, so mußt du uns wohl auch zwei Sommer und zwei Herbste schaffen können." Dann setzte er noch folgenden nachdrücklichen und freimütigen Schluß hinzu: „Asien hat dir schon zweimal hunderttausend Talente geliefert. Hast du diese nicht bekommen, so fordere sie von denen, die sie in Empfang genommen haben; hast du aber die empfangenen Summen nicht mehr, nun, so sind wir alle verloren."

Dadurch machte er einen starken Eindruck auf Antonius. Denn dieser wußte um gar vieles nicht, was vorging, nicht sowohl weil er zu leichtsinnig und sorglos war, als weil er aus Treuherzigkeit den Leuten, die um ihn waren, zu viel traute. In seinem Charakter lag eine gewisse gutherzige

Einfalt, und damit war noch ein ziemlich stumpfes Gefühl verbunden. Merkte er aber die begangenen Fehler, so zeigte er eine starke Reue, gestand selbst denen, die darunter gelitten hatten, seine Schuld und übertrieb es sowohl in der Vergeltung als in der Bestrafung; doch schien er mehr im Wohltun als im Strafen das Maß zu überschreiten.

Seine Scherze und Spöttereien, die gewöhnlich sehr beißend waren, enthielten auch zugleich die dawider dienende Arznei. Denn es stand jedem frei, ihm die Spöttereien und Stichelreden zurückzugeben, und so gern er über andere lachte, ebenso gern ließ er sich wieder auslachen. Dies war aber für ihn in vieler Hinsicht sehr nachteilig. Denn er bildete sich ein, daß Leute, die im Scherz sich so viele Freiheit nahmen, ihm wohl nicht im Ernste und bei wichtigen Angelegenheiten schmeicheln würden, und ließ sich daher durch ihre Lobsprüche leicht betören. Er bedachte nicht, daß es Leute gibt, welche die Freimütigkeit wie eine scharfe Würze ihren Schmeicheleien beimischen und ihnen dadurch das Ekelhafte benehmen; die durch ihre Dreistigkeit und freie Zunge beim Becher zu bewirken suchen, daß ihr Nachgeben, ihre Beipflichtung in wichtigen Geschäften nicht für Liebedienerei, sondern für Überzeugung durch höhere Einsicht angesehen werden soll.

25. Zu diesem dem Antonius natürlichen Charakter gesellte sich nun das letzte Übel, die Liebe zu Kleopatra, welche nicht nur viele in ihm verborgen liegende und schlummernde Leidenschaften rege machte und bis zur Wut entflammte, sondern auch das wenige Gute und Heilsame, das jenen etwa noch die Waage halten mochte, vollends unterdrückte und vernichtete. Die Art, wie er von dieser Liebe eingenommen wurde, war folgende.

Als er zu dem Kriege mit den Parthern Anstalten traf, schickte er Kleopatra Befehl zu, sich nach Kilikien zu verfügen und wegen der ihr gemachten Beschuldigungen, daß sie dem Cassius viel Geld zugeschossen und ihn auch sonst im Kriege unterstützt hätte, Rede und Antwort zu stehen. Dellius, der an sie abgeschickt wurde, merkte gleich, sobald er ihre Schönheit sah und ihre Gewandtheit im Reden, ihre ungemeine Verschlagenheit kennenlernte, daß Antonius einer Frau von der Art eben nichts zuleide tun, daß sie vielmehr bei ihm in kurzem alles gelten würde; er nahm sich daher vor, der Ägypterin den Hof zu machen, und ermahnte sie, sie sollte nur, nach Homers Ausspruch, lieblich geschmückt nach Kilikien reisen und sich ja nicht vor Antonius fürchten, der unter allen Feldherrn der artigste und menschenfreundlichste wäre.

Kleopatra befolgte diesen Rat des Dellius, und in Erwägung des großen Eindrucks, den ihre Reize vormals auf Caesar und Gnaeus, Pompejus' Sohn, gemacht hatten, hoffte sie jetzt, um so leichter auch mit Antonius fertig zu werden. Denn jene hatten sie nur als ein junges, in dergleichen Dingen noch unerfahrnes Mädchen gekannt; zu Antonius hingegen sollte sie gerade in demjenigen Alter gehen, in welchem die Schönheit der Weiber die schönste Blüte erreicht hat und ihr Verstand zur völligen Reife gediehen ist. Sie packte daher so viele Geschenke, so viel Geld und Schmuck, als ihr großer Reichtum und ein blühendes Königreich mitzunehmen gestatteten, zusammen, setzte aber die meiste Hoffnung auf sich selbst und den Zauber ihrer Reize und trat so die Reise nach Kilikien an.

26. Unterwegs erhielt sie von Antonius sowohl als von dessen Freunden mehrere Briefe, daß sie ihre Fahrt beschleunigen sollte, aber sie kehrte sich wenig daran und verlachte den Mann so sehr, daß sie in einem am Heck vergoldeten Schiffe mit ausgespannten purpurnen Segeln und unter dem Schalle von Zithern, Flöten und Schalmeien, nach welchem die silbernen Ruder bewegt wurden, den Fluß Kydnos hinauffuhr. Sie selbst lag unter einem reich mit Gold verzierten Zeltdach ebenso geschmückt und angekleidet, wie man die Aphrodite zu malen pflegt. Knaben, die den Liebesgöttern auf Gemälden ähnlich sahen, standen zu beiden Seiten und fächelten ihr Kühlung zu. Auf gleiche Weise standen Sklavinnen von ungemeiner Schönheit, wie Neréiden und Grazien gekleidet, teils an den Steuerrudern, teils an den Schiffstauen. Von dem vielen angezündeten Räucherwerke verbreiteten sich an beiden Ufern die köstlichsten Wohlgerüche. Die Einwohner begleiteten nicht nur das Schiff zu beiden Seiten des Flusses gleich von der Mündung an, sondern kamen auch aus der Stadt heraus, um diesen Anblick zu genießen.

Antonius saß eben auf dem Markte auf seinem Tribunal; da aber alles Volk aus der Stadt lief, sah er sich endlich ganz allein zurückgelassen. Dabei verbreitete sich überall das Gerücht, daß Aphrodite zum Besten Asiens in feierlichem Aufzuge den Bakchos zu besuchen käme. Antonius schickte also hin und ließ sie zur Abendmahlzeit einladen; sie bat aber, daß er doch lieber zu ihr kommen möchte. Um ihr nun sogleich seine Höflichkeit und Gefälligkeit zu beweisen, nahm er die Einladung an und begab sich zu ihr. Hier fand er eine über alle Beschreibung gehende Ausschmückung, aber nichts setzte ihn mehr in Erstaunen als die Menge der Lichter. Denn diese hingen und schimmerten, wie man sagt, von allen Seiten in so großer Zahl und waren auf so mannigfaltige Art bald in Vierecken, bald in Zirkeln gegeneinander gestellt und angeordnet, daß dieser Anblick einer der herrlichsten und sehenswürdigsten war.

27. Am folgenden Tage lud sie Antonius wieder zu sich ein und gab sich alle Mühe, sie an Pracht und Feinheit noch zu übertreffen; aber er stand ihr in beidem nach, und wie er sich hierin besiegt fühlte, war er selbst der erste, der sich über die bei ihm herrschende Unsauberkeit und den Mangel an Geschmack lustig machte. Da Kleopatra auch in Antonius' Scherzen den Soldaten, den Mann ohne Welt hervorblicken sah, bediente sie sich gegen ihn ganz dreist und ohne Rückhalt ebendesselben Tones.

Ihre Schönheit war, wie man sagt, an und für sich nicht so ganz unvergleichbar noch von der Art, daß sie gleich beim ersten Anblick Aufsehn erregen konnte. Allein der genauere Umgang mit ihr hatte einen unwiderstehlichen Reiz, und ihre Gestalt, verbunden mit der einnehmenden Unterhaltung und den in ihrem ganzen Betragen sich zeigenden feinern Sitten, machte immer einen tiefen Eindruck. Selbst ihre Stimme, wenn sie sprach, war höchst angenehm, und sie wußte ihre Zunge, wie ein vielsaitiges Instrument, leicht in jede beliebige Mundart zu fügen, so daß sie nur mit wenigen barbarischen Völkern durch Dolmetscher zu sprechen brauchte. Den meisten erteilte sie höchstselbst Antwort, wie den Äthiopiern, den Troglodyten, den Hebräern, Arabern, Syrern, Mediern und Parthern. Auch soll sie die Sprachen noch vieler andrer Völker erlernt haben, während die Könige vor ihr sich nicht einmal die Mühe nahmen, die ägyptische zu verstehen, und einige sogar die makedonische Mundart vergaßen.

28. Den Antonius nun fesselte sie so sehr an sich, daß er, obgleich seine Gemahlin Fulvia zu Rom in seinen Angelegenheiten mit Caesar Krieg führte und ein parthisches Heer nicht nur in Mesopotamien sich ausbreitete, über welches Land die königlichen Feldherren den Labienus zum parthischen Statthalter ernannten, sondern auch in Syrien einzubrechen drohte – daß er desungeachtet sich ohne Bedenken von ihr mit nach Alexandria nehmen ließ, wo er sich wie ein müßiger Jüngling ganz den Spielen und Lustbarkeiten überließ und die Zeit, das kostbarste Gut, wie Antiphon sie nennt, in Üppigkeit verpraßte.

Sie hatten zusammen eine Gesellschaft, welche das Kränzchen der Unnachahmlichlebenden genannt wurde, worin sie einander Tag für Tag traktierten und einen unglaublich großen Aufwand machten. Der Arzt Philotas aus Amphissa hat meinem Großvater Lamprias viel davon erzählt. Er befand sich nämlich eben damals in Alexandria, um die Arzneikunst zu erlernen. Als ein junger Mensch ließ er sich von einem der königlichen Köche, mit dem er bekannt geworden war, überreden, die kostbare und prachtvolle Zubereitung der Tafel in Augenschein zu nehmen. Er wurde also in die Küche geführt, und da er hier außer vielen anderen Dingen acht Wildschweine braten sah, wunderte er sich sehr über die Menge der Gäste. Der Koch aber sagte zu ihm lachend: Der Gäste wären so viele eben nicht, sondern höchstens zwölf, aber jedes aufgetragene Gericht müßte die höchste Vollkommenheit haben, die schon ein kleiner Augenblick vernichten könnte. Denn es wäre ebensowohl möglich, daß Antonius gleich jetzt zu speisen verlangte, als daß er, nach den Umständen, noch eine Weile damit wartete, wenn es ihm einfiele zu trinken oder eine Unterredung ihn aufhielte. Aus diesem Grunde wäre nicht bloß eine Mahlzeit, sondern mehrere angeordnet; denn die Zeit der Tafel ließe sich nie erraten.

Dieser Philotas befand sich, wie er ferner erzählte, in der Folge unter denen, die dem ältesten Sohne des Antonius von der Fulvia aufwarteten, und speiste zuweilen bei ihm mit andern Freunden, wenn er nicht bei seinem Vater zur Tafel war. Eines Tages brachte er einen Arzt, der ihnen durch sein vorlautes Geschwätz sehr lästig fiel, durch folgenden Trugschluß zum Stillschweigen: Wer einigermaßen das Fieber hat, dem muß man kaltes Wasser reichen; nun hat aber jeder Fieberkranke das Fieber einigermaßen, folglich muß man jedem, der das Fieber hat, kaltes Wasser reichen. Darüber ward der Mensch ganz betroffen und schwieg mit einem Mal still, was dem Jüngling so sehr gefiel, daß er lachend sagte: „Sieh, Philotas, dies alles schenke ich dir" – und dabei auf einen mit vielen großen Trinkgeschirren besetzten Tisch zeigte. Philotas dankte ihm für den Beweis seiner Güte, war aber weit entfernt zu glauben, daß ein junger Mensch von dem Alter die Macht hätte, so viel zu verschenken; allein bald darauf räumte ein Bedienter die Trinkgeschirre ab, brachte sie zu ihm in einem Behältnis und hieß ihn dies versiegeln. Da Philotas sich weigerte und Bedenken trug, das Geschenk anzunehmen, sagte der Bediente zu ihm: „Du Tor! Warum bedenkst du dich noch lange? Weißt du nicht, daß der Geber des Antonius Sohn ist, der die Erlaubnis hat, so viele goldene Gefäße zu verschenken? Wenn ich dir aber raten soll, so vertausche sie uns gegen eine Summe Geldes; denn vielleicht möchte der Vater einige der alten Stücke, die wegen der kunstvollen Arbeit geschätzt werden, vermissen." Dies, sagte mein Großvater, habe ihm Philotas bei vielen Gelegenheiten erzählt.

29. Kleopatra wußte die Kunst zu schmeicheln nicht bloß vierfach, wie Platon angibt, sondern vielfach einzuteilen, und da sie bei allen Beschäftigungen, sie mochten ernsthaft oder scherzhaft sein, irgendein neues Vergnügen, einen neuen Reiz anbrachte, fesselte sie Antonius, dem sie weder bei Nacht noch bei Tage von der Seite kam, immer mehr an sich. Sie spielte mit ihm Würfel, leistete ihm im Zechen und auf der Jagd Gesellschaft und wohnte seinen Waffenübungen bei. Wenn er des Nachts an den Türen und Fenstern einfacher Leute herumging und sie in ihren Häusern foppte, schweifte sie als Sklavin verkleidet mit ihm in den Straßen der Stadt herum; denn er selbst pflegte sich dann auf diese Art zu verkleiden. Daher kehrte er gewöhnlich mit Schmähungen überhäuft, auch wohl mit einer Tracht Prügel nach Hause zurück.

Bei den meisten stand er zwar in keinem großen Kredit, doch fanden die Alexandriner an seinen Possen und Schwänken Vergnügen, erwiderten seine Scherze auf eine feine und witzige Art und sagten mit Zufriedenheit, den Römern zeige er sich in der tragischen, ihnen aber in der komischen Maske. Alle die vielen von ihm gespielten Possen ausführlich zu erzählen würde höchst abgeschmackt sein; wir wollen es daher bloß bei einem einzigen bewenden lassen.

Als er sich eines Tages, in Gegenwart von Kleopatra, mit dem Fischfange belustigte und über sein schlechtes Glück dabei sehr verdrießlich war, befahl er einigen Fischern, heimlich hinzuschwimmen und schon vorher gefangene Fische an seine Angel zu binden, und zog auf diese Art zwei- oder dreimal Fische herauf. Dies entging der Aufmerksamkeit der Ägypterin nicht; indes stellte sie sich, als wenn sie ihn wegen seiner Geschicklichkeit bewunderte, erzählte davon ihren Freunden und lud sie ein, am folgenden Tage als Zuschauer zu erscheinen. Es stiegen daher viele in die Fischerkähne; sobald aber Antonius die Angel geworfen hatte, befahl sie einem von ihren Leuten, eiligst hinzuschwimmen und einen pontischen Salzfisch an die Angel zu hängen. Antonius, der einen guten Fang getan zu haben glaubte, zog die Angel in die Höhe, und als hierüber, wie leicht zu denken, ein lautes Gelächter entstand, sagte Kleopatra: „Überlaß du doch, Imperator, die Angelrute uns Königen von Pharos und Kanobos; dein Fang sind Städte, Könige und Länder."

30. Unter dergleichen Possen und lustigen Streichen überraschten Antonius zwei Botschaften, die eine von Rom, daß sein Bruder Lucius und seine Gemahlin Fulvia sich erst miteinander zerstritten, dann zusammen gegen Caesar Krieg geführt hätten, nun aber gänzlich unterdrückt und aus Italien geflohen wären; die andere, um nichts angenehmere war, daß Labienus an der Spitze eines parthischen Heeres Asien vom Euphrat und von Syrien an bis nach Lydien und Ionien sich unterwürfig machte. So entschloß er sich denn endlich, wie vom Schlafe oder vom Rausche erwacht, den Parthern entgegenzugehen, und rückte auch bis nach Phoinikien vor. Da er aber von Fulvia Briefe voll bitterer Klagen erhielt, wandte er sich mit 200 Schiffen nach Italien. Unterwegs nahm er diejenigen von seinen Freunden auf, die sich durch die Flucht gerettet hatten, und erfuhr von ihnen, daß Fulvia eigentlich an dem Kriege schuld gewesen

sei, da sie, ein von Natur herrschsüchtiges und unternehmendes Weib, den Antonius am ehesten von Kleopatra abzuziehen gehofft hätte, wenn in Italien Unruhen ausbrächen. Glücklicherweise traf sich's, daß Fulvia auf der Reise zu ihm in Sikyon an einer Krankheit starb, wodurch nun die Aussöhnung mit Caesar gar sehr erleichtert wurde. Denn bei seiner Ankunft in Italien gab sich Caesar den Anschein, als wenn er gar keine Beschwerde gegen ihn hätte, und er selbst schob bei allem, was man ihm zur Last legte, die Schuld auf Fulvia. Die jeweiligen Freunde ließen es nun zu keiner weitern Erörterung kommen, sondern söhnten beide miteinander aus und bewirkten eine neue Teilung der Herrschaft, wobei das Ionische Meer die Grenze bilden sollte. Die östlichen Provinzen bestimmten sie dem Antonius, Caesar die westlichen, und den Lepidus ließen sie Afrika behalten; auch setzten sie fest, daß die Freunde beider wechselweise das Konsulat verwalten sollten, wenn sie nicht selbst es anzunehmen für gut fänden.

31. Mit diesem Vergleiche war man auf beiden Seiten wohl zufrieden; aber er schien noch ein festeres Band nötig zu haben, welches denn auch ein glücklicher Zufall darbot. Caesar hatte eine Schwester, namens Octavia, etwas älter als er, aber nicht von derselben Mutter; denn sie war von Ancharia, er aber später von Attia geboren worden. Diese Schwester liebte er außerordentlich, da sie eine Frau von den trefflichsten Eigenschaften gewesen sein soll. Sie war jetzt Witwe von ihrem ersten, kurz vorher verstorbenen Gemahl Gaius Marcellus, und Antonius galt nach dem Tode der Fulvia ebenfalls für einen Witwer, indem er zwar nicht in Abrede stellte, mit Kleopatra in Verbindung zu stehen, aber eine wirkliche Vermählung mit ihr durchaus ableugnete, in welchem Stücke seine Vernunft immer noch gegen die Liebe der Ägypterin gekämpft hatte. Alle schlugen nun eine Vermählung des Antonius mit Octavia vor, in der Hoffnung, daß diese Frau, die mit ungemeiner Schönheit auch viele Würde und Klugheit vereinigte, wenn sie mit Antonius verbunden und so zärtlich geliebt würde, wie es ihre vortrefflichen Eigenschaften verdienten, das Wohl beider befördern und die Einigkeit zwischen ihnen am ehesten erhalten könnte. Beide ließen sich auch diesen Vorschlag gefallen und reisten nach Rom, wo die Hochzeit der

Octavia gefeiert wurde. Weil das Gesetz einer Witwe nicht gestattete, sich vor dem zehnten Monate nach dem Tode des Mannes wieder zu verheiraten, erließ ihr der Senat durch ein eigenes Dekret die vorgeschriebene Trauerzeit.

32. Eben damals verheerte Sextus Pompejus, der im Besitz von Sizilien war, die Küsten Italiens und machte durch eine Menge Piratenschiffe, über welche der Seeräuber Menas und ein gewisser Menekrates das Kommando führten, das Meer völlig unsicher. Da er jedoch gegen Antonius einige Gefälligkeiten bewiesen zu haben schien – er hatte nämlich dessen Mutter, die mit Fulvia aus Rom geflohen war, lieb-reich aufgenommen –, beschloß man, auch mit diesem ei-nen Vergleich zu treffen. Sie kamen daher alle drei bei dem Vorgebirge Misenum zusammen, so daß Pompejus an dem Seedamme seine Flotte neben sich liegen hatte, Antonius und Caesar hingegen die Landarmeen zur Seite standen. Nachdem sie miteinander übereingekommen waren, daß Pompejus Sizilien und Sardinien behalten, das Meer von Seeräubern reinigen und eine gewisse Menge Getreide nach Rom schicken sollte, luden sie einander zu Gaste, und beim Losen traf es den Pompejus, daß er jene beiden zuerst bewirten mußte. Als Antonius ihn fragte, wo man speisen würde, antwortete er: „Hier" – indem er auf sein Admirals-schiff von sechs Ruderreihen zeigte –, „dies ist das väterli-che Haus, das man dem Pompejus übriggelassen hat." Und damit stichelte er gegen Antonius, weil derselbe das Haus, das ehemals seinem Vater Pompejus gehört hatte, besaß. Hierauf legte er das Schiff vor mehreren Ankern fest, baute eine Art von Brücke, um vom Vorgebirge herüberzugehen, und bewirtete sie mit aller Höflichkeit.

Mitten bei Tafel, als die Gesellschaft am aufgeräumtesten war und allerlei Scherze über Antonius und Kleopatra vor-gebracht wurden, näherte sich der Seeräuber Menas dem Pompejus und sagte zu ihm, so daß es jene nicht hören konnten: „Willst du, daß ich die Ankertaue kappen und dich zum Herrn nicht nur von Sizilien und Sardinien, son-dern von dem ganzen römischen Reiche machen soll?" Auf diesen Antrag antwortete Pompejus, nachdem er sich eine Weile bedacht hatte: „Ei, lieber Menas, das hättest du tun sollen, ohne mich vorher darum zu fragen. Für jetzt bin ich mit meiner Lage zufrieden. Meineidig zu handeln ist meine

Sache nicht." Er wurde darauf von jenen beiden wieder bewirtet und segelte dann nach Sizilien zurück.

33. Nach Abschluß dieser Vergleiche schickte Antonius den Ventidius voraus, um sich dem weitern Vordringen der Parther zu widersetzen. Er selbst ließ sich aus Gefälligkeit gegen Caesar zum Priester des älteren Caesar ernennen. Auch handelten sie sonst in den wichtigsten Staatsgeschäften gemeinschaftlich und mit großer Eintracht; nur bei den Spielen, die sie miteinander um die Wette anstellten, empfand Antonius manchen Verdruß, weil er darin gegen Caesar immer zu kurz kam.

In seinem Gefolge befand sich ein ägyptischer Wahrsager, einer von denen, welche die Nativität zu stellen wissen. Dieser sagte ihm, entweder Kleopatra zu Gefallen oder aus eigener Überzeugung, ganz freimütig, sein Glück, so groß und glänzend es auch sei, werde doch ganz von dem Caesars verdunkelt, und riet ihm daher, sich von dem jungen Manne so weit als möglich zu entfernen. „Dein Genius", setzte er hinzu, „fürchtet sich vor Caesars Genius. Er ist zwar stolz und hochfahrend, solange er allein ist; aber wenn sich jener nähert, wird er gleich furchtsam und demütig." Diese Erklärung des Ägypters schien auch durch mehrere Vorfälle bestätigt zu werden. Man erzählt nämlich, daß, wenn sie zum Scherz über irgendeine Sache das Los zogen oder miteinander Würfel spielten, Antonius jedesmal verloren habe. Oft ließen sie Hähne, oft auch zum Kampf abgerichtete Wachteln miteinander streiten, und da behielten die Caesars immer den Sieg. Antonius, der sich darüber insgeheim ärgerte und dem Ägypter immer mehr Glauben beimaß, reiste endlich aus Italien ab, übertrug Caesar die Besorgung seiner häuslichen Angelegenheiten und nahm Octavia, die ihm schon eine Tochter geboren hatte, mit sich bis nach Griechenland.

Während er in Athen den Winter zubrachte, erhielt er Nachricht von den ersten glücklichen Unternehmungen des Ventidius, daß er die Parther in einer Schlacht besiegt und außer Labienus auch Pharnapates, den erfahrensten und angesehensten unter den Generalen des Königs Orodes, getötet habe. Dieses Sieges wegen gab er den Griechen ein großes Fest und vertrat bei den Athenern die Stelle eines Gymnasiarchen, so daß er die Zeichen seiner Feldherrnwürde zu Hause ließ, in einem langen Mantel, mit weißen Schuhen und der übrigen Tracht der Gymnasiarchen öffentlich erschien und die Jünglinge, wenn sie genug gestritten hatten, beim Halse faßte und auseinander riß.

34. Als er im Begriff war, zum Kriege auszuziehen, nahm er sich einen Kranz von dem heiligen Ölbaum und ließ auch, einem Orakel zufolge, eine Flasche mit Wasser aus der Quelle Klepsydra füllen. Inzwischen geriet Ventidius mit Pakoros, einem Sohne des parthischen Königs, der mit einer großen Armee aufs neue in Syrien eingedrungen war, in der Landschaft Kyrrhestika zusammen, brachte ihm eine große Niederlage bei und tötete eine Menge Feinde, unter welchen Pakoros zuerst fiel. Diese Tat, die unter die ruhmwürdigsten gehört, verschaffte den Römern die vollkommenste Rache wegen der Unglücksfälle des Crassus und schränkte die in drei Hauptschlachten nacheinander überwundenen Parther wieder auf Medien und Mesopotamien ein.

Ventidius wagte jedoch nicht, die Parther weiter zu verfolgen, weil er sich vor dem Neide des Antonius fürchten mußte. Dafür wandte er sich gegen die Abgefallenen, brachte sie wieder zum Gehorsam und schloß Antiochos, König von Kommagene, in der Stadt Samosata ein. Dieser erbot sich schon, 1 000 Talente zu erlegen und Antonius' Oberherrschaft anzuerkennen; er verwies ihn aber an Antonius selbst, der schon ganz nahe im Anzug war und Ventidius nicht gestattete, mit Antiochos einen Vergleich einzugehen, mit Rücksicht darauf, daß wenigstens diese einzige Tat seinen Namen führen und nicht alle rühmlichen Unternehmungen dem Ventidius zugeschrieben werden sollten. Da jedoch die Belagerung sich in die Länge zog und die Einwohner nach der fehlgeschlagenen Hoffnung auf Frieden die mutigste Gegenwehr leisteten, konnte er nichts ausrichten und war am Ende unter Scham und Reue über sein Verfahren noch froh, von Antiochos für den ihm bewilligten Vergleich 300 Talente zu bekommen. Nachdem er in Syrien noch einige unbedeutende Anordnungen getroffen hatte, kehrte er nach Athen zurück und schickte Ventidius, mit den verdienten Ehrenbezeigungen belohnt, nach Rom, um dort seinen Triumph zu halten.

Dieser Ventidius ist bis jetzt der einzige, der über die Parther triumphiert hat, ein Mann von niedriger Abkunft, der aber von Antonius' Freundschaft den Vorteil hatte, daß er Gelegenheit zu großen Taten bekam. Diese benutzte er auch vortrefflich und bestätigte die über Antonius und Caesar gemachte Bemerkung, daß sie in ihren Kriegsunternehmungen durch andere immer glücklicher als durch sich selbst gewesen sind. Denn auch Sossius, Antonius' Feldherr, verrichtete in Syrien viele rühmliche Taten, und Canidius, der von ihm in Armenien zurückgelassen worden, bezwang nicht nur die Armenier, sondern auch die Könige der Iberier und Albanier und drang bis zum Kaukasus vor. Durch diese ward der Ruhm von Antonius' Macht und Größe unter den Barbaren immer mehr ausgebreitet.

35. Unterdessen segelte Antonius selbst, der durch allerhand Beschuldigungen aufs neue gegen Caesar erbittert war, mit 300 Schiffen nach Italien. Da die Brundisier seiner Flotte das Einlaufen in ihre Häfen versagten, wandte er sich nach Tarentum und schickte von dort die Octavia, die ihn von Griechenland her begleitete und eben schwanger war, auch schon eine zweite Tochter von ihm hatte, auf ihre Bitten an ihren Bruder ab. Sie begegnete Caesar unterwegs, brachte erst unter dessen Freunden den Agrippa und Maecenas auf ihre Seite, wandte sich dann an ihn selbst und beschwor ihn mit flehentlichen Bitten, er möchte sie doch nicht aus der glücklichsten Frau die unglücklichste werden lassen. „Jetzt", sagte sie, „sind aller Augen auf mich gerichtet, da ich von zwei Oberfeldherren den einen zum Gemahl, den andern zum Bruder habe. Sollte aber das Schlimmere die Oberhand gewinnen und es zum Kriege kommen, so ist es zwar ungewiß, welchem von euch beiden es bestimmt sein mag, zu siegen oder besiegt zu werden, aber auf jeden Fall wird meine Lage traurig und unglücklich sein."

Durch diese Vorstellungen gerührt, kam Caesar mit friedfertigen Gesinnungen nach Tarentum, und hier sahen diejenigen, welche zugegen waren, eins der herrlichsten Schauspiele, da eine zahlreiche Armee am Lande ruhig stand und eine große Menge von Schiffen an den Küsten stille lag, die Häupter aber und ihre Freunde einander auf das freundschaftlichste bewillkommneten. Antonius gab zuerst ein Gastmahl, was Caesar sich ebenfalls seiner Schwester wegen gefallen ließ. Es wurde nun verabredet, daß Caesar dem Antonius zwei Legionen zum parthischen Kriege, Antonius aber Caesar hundert Schiffe mit ehernen Schnäbeln geben sollte, worauf sich Octavia von ihrem Gemahl noch zwanzig Piratenschiffe für ihren Bruder, von dem Bruder aber noch tausend Mann Soldaten für den Gemahl ausbat. Auf diese Weise schieden sie voneinander. Caesar begann sogleich den Krieg gegen Pompejus, weil er Sizilien zu haben wünschte; Antonius aber segelte nach Asien zurück, nachdem er jenem die Octavia und seine Kinder sowohl von ihr als von der Fulvia zum Schutze empfohlen hatte.

36. Allein jenes große Übel, das eine lange Zeit geschlummert hatte und durch bessere Grundsätze eingeschläfert und ganz behoben zu sein schien, ich meine die Liebe zu Kleopatra, erwachte jetzt, als er sich Syrien näherte, wieder mit verstärkter Kraft. Am Ende stieß er, wie Platon von dem widerspenstigen und zügellosen Lasttier der Seele sagt, alle vernünftige und heilsame Überlegung mit den Füßen von sich und schickte Fonteius Capito ab, um Kleopatra nach Syrien zu führen. Bei ihrer Ankunft machte er ihr zur Vergrößerung ihres Reichs keine kleinen oder unbedeutenden Geschenke, sondern gab ihr Phoinikien, Koilesyrien, Zypern, ein großes Stück von Kilikien, überdies den Teil von Judäa, der die Balsamstaude trägt, und von dem den Nabatäern gehörigen Arabien den ganzen Landstrich, der nach dem äußeren Meere zu liegt.

Diese Verschenkung schmerzte die Römer am meisten, wiewohl er vielen Privatpersonen ganze Fürstentümer und große Königreiche erteilte und dagegen wieder andern ihre Königreiche nahm, zum Beispiel dem jüdischen König Antigonos, den er sogar öffentlich enthaupten ließ, eine Strafe, die vorher noch keinem fremden Könige war angetan worden. Aber bei den Geschenken und Ehrenbezeigungen für Kleopatra war es die schändliche Ursache, die die Römer am meisten kränkte. Auch vermehrte er den üblen Ruf noch dadurch, daß er die mit ihr gezeugten Zwillinge anerkannte und den Sohn Alexander, die Tochter aber Kleopatra nannte, ihnen auch die Beinamen Sonne und Mond gab. Indes war er sehr geschickt, selbst den schändlichsten Dingen einen schönen Anstrich zu geben und sich noch damit zu brüsten. Er sagte, die Größe des römischen Reichs offenbare sich nicht sowohl durch das, was man nähme, als durch das, was man verschenke; edle Geschlechter würden durch eine zahlreiche Nachkommenschaft und durch Erzeugung vieler Könige immer mehr ausgebreitet; so sei auch sein Ahnherr von Herkules gezeugt worden, der die Fortpflanzung seines Geschlechts nicht bloß auf einer Frau habe beruhen lassen noch sich vor den Gesetzen Solons und den auf verbotene Schwängerung gesetzten Strafen gefürchtet, sondern der Natur den Anfang und die Grundlage zu vielen Geschlechtern zu hinterlassen gesucht habe.

37. Nachdem Phraates seinen Vater Orodes getötet und die königliche Würde an sich gerissen hatte, flohen nicht wenige Parther aus dem Lande, und unter andern nahm auch Monaises, ein vornehmer und angesehener Mann, seine Zuflucht zu Antonius. Dieser verglich dessen Schicksale mit denen des Themistokles, und da er an Reichtum sowohl als hoher Denkart den Königen der Perser nicht nachzustehen glaubte, schenkte er ihm drei Städte, Larissa, Arethusa und Hierapolis, die vormals Bambyke genannt wurde. Als aber der König der Parther dem Monaises alle Gnade und Freundschaft zusichern ließ, erlaubte ihm Antonius um so bereitwilliger zurückzukehren, weil er Phraates dadurch zu hintergehen suchte, daß er ihm den Frieden auf die Bedingung anbieten ließ, daß ihm die der Armee des Crassus abgenommenen Fahnen nebst den etwa noch am Leben befindlichen Gefangenen ausgeliefert würden.

Unterdessen schickte er Kleopatra nach Ägypten zurück und marschierte durch Arabien und Armenien, wo er, nachdem alle seine Truppen zusammengekommen waren und auch die mit ihm im Bunde stehenden Könige – deren waren sehr viele, und der größte unter ihnen, der von Armenien, Artavasdes, stellte 6 000 Mann Reiterei und 7 000 Mann Fußvolk – sich eingefunden hatten, über das ganze Heer Musterung hielt. Dieses bestand aus 60 000 Mann Fußvolk von wirklichen Römern und 10 000 spanischen und gallischen Reitern, die als Römer betrachtet wurden; dazu kamen dann noch von den andern Völkerschaften 30 000 Mann an Reiterei und leichtem Fußvolk.

Allein diese ungeheure Macht und Zurüstung, welche sogar die Inder jenseits von Baktra in Furcht setzte und ganz Asien erschütterte, ward ihm, wie man sagt, der Kleopatra wegen völlig unnütz. Weil er nämlich eilte, mit ihr den Winter hinzubringen, eröffnete er den Feldzug vor der gehörigen Jahreszeit und handelte in allen Stücken mit unüberlegter Hitze. Gleich als wenn er seines Verstandes nicht mehr mächtig, sondern durch Gifttränke oder Zaubermittel betört wäre, sah er sich immer ängstlich nach dem Gegenstand seiner Liebe um und war mehr darauf bedacht, recht bald zurückzukehren als die Feinde zu besiegen.

38. Fürs erste hätte er dort in Armenien überwintern, seine Armee, die durch einen Marsch von achttausend Stadien sehr mitgenommen war, ausruhen lassen und dann, ehe die Parther ihre Winterquartiere verließen, sich zum Herrn von Medien machen sollen. Aber er konnte die Zeit nicht erwarten, sondern rückte sogleich mit seiner Armee vor und fiel, indem er Armenien linker Hand liegen ließ, in Atropatene ein, wo er große Verwüstungen anrichtete. Sodann ließ er aus Eile die zu den Belagerungen notwendigen Sturmmaschinen, welche dem Heer auf dreihundert Wagen nachfolgten – und darunter auch einen achtzig Ellen langen Sturmbock –, die, wenn sie zu Schaden kamen, nicht so leicht wiederhergestellt werden konnten, weil das in den oberen Gegenden Asiens wachsende Holz nicht lang und fest genug dazu war – diese, sage ich, ließ er als Hindernisse seines schnellen Marsches zurück und gab den Wagen eine Bedeckung unter Anführung des Statianus. Darauf belagerte er Phraata, eine große, ansehnliche Stadt, worin sich die Gemahlinnen und Kinder des medischen Königs befanden. Allein der Erfolg belehrte ihn bald, was für einen großen Fehler er durch die Zurücklassung der Maschinen begangen hatte; daher ließ er, um den Feinden beizukommen, einen Damm gegen die Stadt aufführen, der sich aber nur langsam und unter großen Beschwerlichkeiten emporhob. Inzwischen rückte Phraates mit einer großen Armee heran, und als er von der Zurücklassung der Rüstwagen erfuhr, schickte er einen starken Haufen Reiterei gegen sie ab. Von dieser wurde Statianus eingekreist und mit zehntausend seiner Leute erschlagen. Die Barbaren bemächtigten sich dann aller Sturmmaschinen und zerstörten sie; außerdem machten sie noch viele Gefangene, worunter sich auch der König Polemon befand.

39. Die Truppen des Antonius machte, wie leicht zu erach-

ten, diese Schlappe, die sie wider alles Erwarten gleich zu Anfang des Feldzuges erlitten hatten, ziemlich niedergeschlagen, und der Armenier Artavasdes verzweifelte schon an der Rettung der Römer so sehr, daß er mit seinem ganzen Korps abzog, ungeachtet er diesen Krieg hauptsächlich veranlaßt hatte.

Da jetzt die Parther, stolz auf ihren Sieg, gegen die Belagerer anrückten und viele höhnende Drohungen ausstießen, führte Antonius, um nicht bei der Armee, wenn sie stille läge, Mißmut und Niedergeschlagenheit überhandnehmen zu lassen, zehn Legionen und drei prätorische schwerbewaffnete Kohorten nebst der ganzen Reiterei auf Lebensmittelbeschaffung aus, in der Hoffnung, daß er dadurch die Feinde am ehesten herbeilocken und es dann zu einer ordentlichen Schlacht kommen würde. Er hatte etwa eine Tagesreise zurückgelegt, als er bemerkte, daß die Parther seine Truppen auf allen Seiten umzingelten und sie auf dem Marsche anzugreifen Miene machten. Daher hängte er zwar im Lager das Zeichen zur Schlacht aus, ließ aber zugleich die Zelte abbrechen, als wenn er nicht kämpfen, sondern abziehen wollte, und marschierte an der in einem Halbmonde aufgestellten Schlachtordnung der Barbaren vorbei, nachdem er Ordre gegeben hatte, daß, wenn die vordersten derselben dem Fußvolk nahe genug wären, daß sie von ihm erreicht werden könnten, die Reiterei sogleich einhauen sollte.

Den gegenüberstehenden Parthern kam die von den Römern beobachtete Ordnung als etwas ganz Außerordentliches vor, und sie sahen ihnen mit Erstaunen zu, wie sie immer in gleichen Intervallen ohne die geringste Verwirrung vorüberzogen und stillschweigend ihre Speere schwangen. Als aber die Reiterei auf das gegebene Zeichen plötzlich schwenkte und unter lautem Geschrei in sie einhieb, empfingen sie diese zwar mit mutiger Gegenwehr, ob sie gleich der Nähe wegen ihre Pfeile nicht brauchen konnten; aber durch das Geschrei und Waffengeklirr des Fußvolks, welches nun ebenfalls angriff, wurden die Pferde so scheu und unbändig, daß sich die Parther, ehe es noch zum Handgemenge kam, auf die Flucht begaben. Antonius setzte ihnen hitzig nach und schmeichelte sich schon mit der Hoffnung, daß er dem Kriege durch dieses Treffen wo nicht ganz, so doch größtenteils ein Ende gemacht habe. Als aber das Fußvolk die Fliehenden fünfzig Stadien und die Reiterei noch dreimal so weit verfolgt hatte und man nun bei angestellter Untersuchung fand, daß der Gefangenen nur dreißig und der Toten nicht mehr als achtzig waren, gerieten alle in bange Furcht und Mutlosigkeit, und es kam ihnen schrecklich vor, wenn sie als Sieger nur so wenige töten, als Besiegte hingegen einen so ungeheuren Verlust, wie es der bei den Rüstwagen war, erleiden sollten.

Am folgenden Tage brachen sie auf und wandten sich wieder nach ihrem Lager bei der Stadt Phraata. Unterwegs stießen sie anfangs nur auf wenige Feinde, bald auf mehrere, endlich aber sahen sie die ganze Armee vor sich, die, als wenn sie noch frisch und unbesiegt wäre, sie herausforderte und von allen Seiten angriff, so daß sie nur mit Mühe und Not ihr Lager erreichen konnten.

Unterdessen hatten die Medier aus der Stadt einen Ausfall auf den Damm gemacht und die Truppen, welche ihn zu verteidigen hatten, zurückgetrieben. Darüber geriet Antonius in Zorn und bediente sich gegen die, welche vor dem Feinde gewichen waren, der sogenannten Dezimation oder Zehntung. Er teilte sie nämlich in Rotten von zehn Mann und ließ von jeder einen Mann, den das Los traf, hinrichten; den übrigen befahl er statt des Weizens Gerste zu reichen.

40. Dieser Krieg war jedoch für beide Teile sehr beschwerlich, noch furchtbarer aber das, was ihnen noch bevorstand. Auf der einen Seite mußte Antonius einer Hungersnot gewärtig sein, weil ohne Blutvergießen und großen Verlust an Toten keine Lebensmittel mehr herbeizuschaffen waren; auf der andern Seite wußte Phraates wohl, daß die Parther sich eher zu allem andern verständen, als zur Winterszeit im freien Felde zu bleiben und die damit verbundenen Beschwerlichkeiten auszuhalten; daher befürchtete er, daß, wenn die Römer ausharrten und standhielten, seine Truppen ihn am Ende ganz im Stich lassen möchten, zumal da schon jetzt nach der Herbst-Tagundnachtgleiche die Luft neblig und düster zu werden begann. Aus diesem Grunde wandte er folgende List an.

Diejenigen Parther, die mit den Römern am meisten bekannt waren, mußten sich auf seinen Befehl bei Zügen auf

Lebensmittelsuche und andern Gelegenheiten nachgiebiger gegen sie beweisen, sie zuweilen etwas mitnehmen lassen und sie wegen ihrer Tapferkeit loben, daß sie als die erfahrensten Krieger von ihrem Könige mit allem Rechte bewundert würden. Darauf kamen sie immer näher an das Lager, hielten mit ihren Pferden still und schalten auf Antonius, daß er dem Phraates, sosehr es auch dieser wünschte, nicht erlaubte, einen Vergleich zu schließen und so viele tapfere Männer zu schonen; daß er vielmehr die ärgsten und schrecklichsten Feinde, den Winter und den Hunger, ruhig abwarten wollte, die es ihnen schwer machen würden, selbst unter Geleitschutz der Parther zu entkommen.

Antonius, dem man dergleichen Reden häufig hinterbrachte, wurde nun wieder durch Hoffnung belebt; doch schickte er nicht eher Gesandte an den König der Parther, bis er jene Barbaren, die so freundschaftlich taten, hatte befragen lassen, ob auch ihre Reden mit den Gesinnungen ihres Königs übereinstimmten. Da sie dies bejahten und ihm zuredeten, alle Furcht, alles Mißtrauen beiseite zu setzen, schickte er einige seiner Vertrauten ab und verlangte nochmals die Auslieferung der Fahnen und der Gefangenen, um nicht den Anschein zu erwecken, als wenn er schon damit zufrieden wäre, sich durch die Flucht retten zu können. Der König der Parther antwortete, er sollte nur daran nicht weiter denken, versprach ihm aber Frieden und Sicherheit, wenn er sogleich abzöge; worauf denn Antonius wenige Tage hernach aufbrach und den Rückzug antrat.

So geschickt er sonst war, vor einer öffentlichen Versammlung zu reden, so gut er sich auch – vor jedem seiner Zeitgenossen – darauf verstand, eine Armee durch Vorstellungen zu leiten, unterließ er doch für jetzt aus Scham und Kummer, in eigener Person den Truppen Mut einzusprechen, trug aber dem Domitius Ahenobarbus auf, dies an seiner Stelle zu tun. Einige nahmen ihm das sehr übel, weil sie es als Verachtung auslegten; der größte Teil aber sah die Ursache wohl ein und wurde dadurch gerührt. Man hielt es nun desto mehr für Pflicht, dem Feldherrn alle Gegenachtung und Folgsamkeit zu beweisen.

41. Da er jetzt auf dem vorigen Wege, der durch ein flaches, von allem Gehölze entblößtes Land führte, zurückkehren wollte, kam ein Mann, von Geburt ein Marder, der mit den

Sitten der Parther gut bekannt war und sich schon in der Schlacht bei den Rüstwagen gegen die Römer treu bewiesen hatte, zu Antonius und riet ihm, sich auf dem Rückzuge rechter Hand an das Gebirge zu halten und das schwerbewaffnete Fußvolk ja nicht in den flachen und offenen Gegenden den Pfeilschüssen einer so zahlreichen Reiterei auszusetzen; eben um dies durch List zu bewirken, habe ihn Phraates durch glimpfliche Bedingungen von der Belagerung abgezogen, aber er wolle ihn einen weit kürzern Weg führen, der ihm auch einen weit größern Überfluß an Lebensmitteln und andern Bedürfnissen gewähren würde.

Über diesen Antrag ging nun Antonius mit sich zu Rate. Zwar wollte er nicht den Anschein erwecken, als wenn er nach jenem Vergleiche noch Mißtrauen in die Parther setzte, doch gefiel ihm auch der kürzere Weg und daß sein Marsch an bewohnten Dörfern hingehen sollte, und er verlangte daher von dem Marder ein Unterpfand der Treue. Dieser erbot sich nun, er wollte sich fesseln lassen, bis er die Armee nach Armenien gebracht hätte, und so gefesselt führte er die Römer zwei Tage lang ohne alles Hindernis fort.

Allein am dritten Tage, da schon Antonius gar nicht mehr an die Parther dachte und in aller Zuversicht den Marsch fortsetzte, bemerkte der Marder, daß ein Damm, der den Ausbruch eines Flusses aufhielt, erst kurz vorher aufgerissen war und ein starker Strom sich über den Weg, den man gehen mußte, ergoß. Er erkannte dies sogleich für ein Werk der Parther, die ihnen den Fluß in den Weg geleitet hätten, um sie durch dieses Hindernis aufzuhalten, und warnte den Antonius, er solle sich vorsehen und auf seiner Hut sein, weil die Feinde gewiß in der Nähe wären. Eben stellte nun dieser das schwere Fußvolk in Schlachtordnung und richtete sie so ein, daß die Schleuderer und Wurfspießträger gegen die Feinde ausrücken konnten, als die Parther zum Vorschein kamen und sich herumzogen, um die Römer einzuschließen und sie von allen Seiten in Verwirrung zu setzen. Da aber die leichten Truppen gleich gegen sie vorrückten, erlitten sie durch die bleiernen Kugeln und die Wurfspieße ebensoviel Schaden, als sie durch ihre Bogen anrichteten, und zogen sich daher wieder zurück. Hierauf griffen sie von neuem an, bis die gallischen Reiter in geschlossenen Gliedern einhieben und sie zerstreuten, so daß sie sich an diesem Tage nicht weiter sehen ließen.

42. Antonius, der aus diesem Vorfall lernte, was er zu tun hatte, deckte nicht nur die Nachhut, sondern auch die beiden Flanken mit vielen Schleuderern und Wurfspießträgern und ließ die Armee in einem länglichen Viereck marschieren; auch war der Reiterei befohlen, die andringenden Feinde zurückzuschlagen und, wenn sie wichen, sie nicht weit zu verfolgen. Auf diese Weise konnten die Parther in den folgenden vier Tagen den Römern nicht mehr Schaden zufügen, als sie selbst von ihnen erlitten, und ihre Hitze legte sich jetzt so sehr, daß sie unter Vorschützung des Winters schon darauf dachten, sich völlig zurückzuziehen.

Allein am fünften Tage kam Flavius Gallus, ein tapfrer, unternehmender Mann, der eine Befehlshaberstelle bekleidete, zu Antonius und bat sich einen stärkern Haufen leichter Truppen von der Nachhut nebst einigen Reitern von der Vorhut aus, um eine wichtige Unternehmung auszuführen. Als er diese erhalten hatte, stellte er sich den andringenden Feinden entgegen, so daß er nicht, wie bisher geschah, unterm Gefechte sich allmählich zu dem schweren Fußvolk zurückzog, sondern standhielt und auf eine dreistere Art mit ihnen handgemein wurde. Die Anführer der Nachhut, welche sahen, daß er sich zu weit entfernt hatte, ließen ihn zurückrufen, aber er gehorchte ihnen nicht. Der Quästor Titius ergriff sogar, wie man sagt, eine Fahne, kehrte wieder um und schalt auf den Gallus, daß er so viele tapfere Leute aufopferte; dieser aber erwiderte das Schelten und ermahnte seine Truppen, bei ihm standzuhalten, worauf denn Titius sich wegbegab. Gallus setzte nun zwar den vor ihm stehenden Feinden heftig zu, wurde aber von einem starken Haufen unbemerkt im Rücken eingeschlossen und ließ daher, wie er sich von allen Seiten angegriffen sah, um schleunige Hilfe bitten.

Hier scheinen nun die Anführer des schweren Fußvolks, zu denen auch Canidius gehörte, ein Mann, der bei Antonius am meisten galt, einen großen Fehler begangen zu haben. Denn anstatt das sämtliche Fußvolk auf einmal gegen den Feind zu führen, schickten sie Gallus immer nur kleine

Haufen zu Hilfe, und wenn diese geschlagen waren, ließen sie wieder andere nachrücken, so daß sie am Ende die Niederlage und Flucht über die ganze Armee würden verbreitet haben, wenn nicht Antonius noch in aller Eile mit dem schweren Fußvolke von der Vorhut zu Hilfe gekommen wäre, die dritte Legion mitten durch die Fliehenden hin den Feinden vorgeschoben und dadurch dem weiteren Nachsetzen Einhalt getan hätte.

43. Die Zahl der Toten belief sich auf nicht weniger als 3 000 Mann, und an die 5 000 Verwundete wurden in die Zelte getragen. Unter diesen befand sich auch Gallus, der von vier Geschossen von vorne durchbohrt war und auch bald darauf an seinen Wunden starb. Die andern besuchte Antonius der Reihe nach in ihren Zelten, tröstete sie und bezeigte ihnen durch viele Tränen sein Mitleid. Aber diese faßten mit heiterer, froher Miene seine Hand und baten ihn, sich wegzubegeben, für seine Gesundheit zu sorgen und sich ihretwegen keinen Kummer zu machen. Sie nannten ihn dabei ihren Imperator und versicherten, daß ihre Rettung ganz allein von seinem Wohlbefinden abhinge.

Überhaupt kann man wohl sagen, daß kein anderer Feldherr in jenen Zeiten eine Armee zusammengebracht habe, welche diese an Kraft, an Ausdauer oder an Rüstigkeit übertroffen hätte; aber die Ehrfurcht vor dem Feldherrn selbst, die Folgsamkeit, verbunden mit Liebe und Zuneigung, die bei allen ohne Ausnahme, bei Vornehmen und Geringen, bei Offizieren und Gemeinen, herrschende Gesinnung, die Gunst und Achtung des Antonius ihrer eigenen Sicherheit und Wohlfahrt vorzuziehen, konnte selbst bei den alten Römern nicht größer gewesen sein. Der Ursachen davon waren, wie schon oben erinnert worden, mehrere, nämlich die edle Geburt des Antonius, seine eindringende Beredsamkeit, sein schlichtes, aufrichtiges Betragen, seine Freigebigkeit und Größe im Schenken, seine Artigkeit im Scherzen und im Umgange. Und bei dieser Gelegenheit bewirkte er vollends durch die teilnehmende Bekümmernis, die er gegen die Notleidenden bewies, die Tätigkeit, womit er ihnen alles Nötige darreichte, daß die Kranken und Verwundeten sich noch bereitwilliger zeigten als selbst die Gesunden.

44. Indes erweckte jener Sieg den Mut der schon verzagenden und abgematteten Barbaren so sehr und brachte ihnen

eine solche Verachtung gegen die Römer bei, daß sie sogar des Nachts in der Nähe des Lagers stehen blieben, in der Erwartung, die verlassenen Zelte und das Gepäck der davonlaufenden Soldaten sogleich plündern zu können. Mit Anbruch des Tages erschienen sie daher in weit größerer Menge, und es sollen nicht weniger als 40000 Reiter beisammen gewesen sein, da der König auch die immer um seine Person befindlichen Truppen wie zu einem gewissen und ausgemachten Siege abgeschickt hatte; denn er selbst wohnte keinem einzigen Gefechte bei.

Unter diesen Umständen wollte Antonius eine Rede an seine Soldaten halten und forderte ein schwarzes Gewand, um durch seinen Anblick desto mehr Mitleiden zu erregen. Da jedoch seine Freunde sich dem widersetzten, trat er im Purpurmantel vor dem versammelten Heere auf und hielt eine Rede, worin er die, welche gesiegt hatten, lobte, denen aber, welche geflohen waren, bittere Vorwürfe machte. Jene riefen ihm zu, er sollte nur getrostes Mutes sein; letztere aber entschuldigten sich und waren bereit, sich jeder Strafe, selbst wenn er für gut fände, sie zu dezimieren, willig zu unterwerfen; nur baten sie ihn, daß er seinem Unwillen und seiner Betrübnis ein Ende machen möchte. Darauf hob er die Hände empor und betete zu den Göttern, daß, wenn ein neidisches Geschick ihn wegen seines vorigen Glücks verfolgte, es nur über ihn kommen, dem übrigen Heere aber Heil und Sieg bringen sollte.

45. Am folgenden Tage setzten sie, unter einer noch stärkern Bedeckung auf den Flanken, ihren Marsch fort, und den Parthern begegnete, da sie den Angriff erneuerten, etwas ganz Unerwartetes. Sie bildeten sich nämlich ein, daß sie bloß zum Rauben und Plündern, nicht zum Fechten kämen, wurden aber mit einem Hagel von Geschossen empfangen und sahen, daß die Römer mit frischem Mut und Feuer beseelt waren, wodurch sie abermals des Krieges müde und überdrüssig wurden. Doch wagten sie auf die Römer, da sie eben von einigen abschüssigen Hügeln herabstiegen und nur langsam gegen sie ausrücken konnten, einen neuen Angriff. Allein die Schildträger machten sogleich gegen sie Front, nahmen die leichten Truppen in die Mitte, fielen dann aufs Knie und hielten die Schilde vor sich; die vordere Reihe bedeckte nun die dahinter stehen-

den mit ihren Schilden, und ein gleiches taten immer die nachfolgenden Reihen. Diese Stellung, die einem Dache ähnlich sieht, gewährt einen theatralischen Anblick und ist die festeste Schutzwehr gegen die feindlichen Geschosse, welche davon abprallen müssen. Die Parther legten das Niederfallen der Römer als Müdigkeit und Entkräftung aus, warfen daher ihre Bogen von sich und rückten mit Speeren in der Hand gegen sie heran. Auf einmal aber sprangen die Römer unter lautem Feldgeschrei auf, wehrten sich mit ihren Wurfspießen und streckten nicht nur die Vordersten zu Boden, sondern schlugen auch alle die andern in die Flucht.

Ein gleiches geschah auch in den folgenden Tagen, wobei die Römer immer nur einen kleinen Weg zurücklegen konnten. Daher nahm nun der Hunger unter der Armee sehr überhand, da man die Lebensmittel nur in geringer Menge und unter beständigem Kampfe herbeischaffen konnte und an den zum Mahlen des Getreides notwendigen Gerätschaften ein großer Mangel war. Denn die meisten hatte man zurücklassen müssen, weil die Lasttiere teils gefallen waren, teils zum Fortschaffen der Kranken und Verwundeten gebraucht wurden. Ein attischer Choinix Weizen galt, wie man sagt, 50 Drachmen, und Gerstenbrot verkaufte man gegen ein gleiches Gewicht Silber. Die Soldaten nahmen daher ihre Zuflucht zu Wurzeln und Kräutern, und da sie nur wenige bekannte fanden, sahen sie sich genötigt, auch solche zu versuchen, die sie vorher noch nie gegessen hatten, gerieten aber an ein Kraut, das erst Wahnsinn und zuletzt den Tod bewirkte. Denn wer davon gegessen hatte, vergaß alles, bekümmerte sich um nichts und hatte kein anderes Geschäft, als jeden vorkommenden Stein zu bewegen und umzuwenden; dies tat er mit solchem Eifer, als wenn er die wichtigste Arbeit zu verrichten hätte. Die ganze Ebene wimmelte von Soldaten, die, zur Erde gebückt, die Steine herauswühlten und anderswohin legten. Darauf erfolgte ein Erbrechen von Galle und zuletzt der Tod, weil es auch an Wein fehlte, der noch das einzige Gegenmittel war. Da auf diese Weise viele ums Leben kamen und auch die Parther ihre Angriffe immer fortsetzten, soll Antonius zu wiederholten Malen ausgerufen haben: „Ach die Zehntausend!", womit er das von Xenophon angeführte Heer bewunderte, das einen viel weitern Weg von Babylonien aus gezogen war, sich mit weit zahlreichern Feinden herumgeschlagen und endlich doch wohlbehalten seine Heimat erreicht hatte.

46. Die Parther sahen nun wohl, daß sie das römische Heer weder durchbrechen noch in Unordnung bringen konnten, und da sie schon mehrmals waren besiegt und zurückgetrieben worden, mischten sie sich wieder auf eine friedfertige Art unter die, welche nach Futter oder Lebensmitteln vorausgingen, zeigten ihnen die abgespannten Sehnen ihrer Bogen und versicherten, daß sie nun abziehen und dem Nachsetzen ein Ende machen wollten; nur ein kleiner Haufen Medier würde ihnen noch einen oder zwei Märsche weit nachfolgen, nicht um sie zu beunruhigen, sondern um die entfernteren Dörfer zu beschützen. Diese Reden waren mit allerhand Höflichkeiten und Freundschaftsbezeigungen verbunden, so daß die Römer nun wieder ganz getrost waren und Antonius, auf die Nachricht davon, sich entschloß, lieber durch die Ebene zu ziehen, weil der Weg über das Gebirge wasserlos sein sollte.

Eben war er im Begriff, dieses Vorhaben auszuführen, als ein Mann, namens Mithridates, ein Vetter jenes Monaises, der sich bei Antonius aufgehalten und von ihm die drei Städte geschenkt bekommen hatte, von den Feinden her ins Lager kam. Dieser verlangte, daß jemand, der parthisch oder syrisch sprechen könnte, sich zu ihm begeben möchte. Als nun Alexander von Antiocheia, ein Vertrauter des Antonius, zu ihm ging, entdeckte er, wer er wäre und daß Monaises sich durch ihn dankbar erweisen wollte. Darauf fragte er Alexander, ob er in der Ferne die Kette hoher Berge liegen sähe, und als dieser es bejahte, fuhr er fort: „Unter jenen Bergen lauern die Parther mit gesamter Macht auf euch. Denn diese große Ebene stößt an jene Berge, und die Parther erwarten, daß ihr, von ihnen getäuscht, den Weg über das Gebirge verlassen und euch dorthin wenden sollt. Freilich werdet ihr auf jenem Wege Durst und viele Beschwerlichkeiten auszustehen haben, woran ihr doch schon gewöhnt seid; wählt aber Antonius diesen durch die Ebene, so kann er versichert sein, daß das Schicksal des Crassus ihm bevorsteht."

47. Nach dieser Erklärung begab Mithridates sich wieder

hinweg. Antonius geriet, als er davon unterrichtet wurde, in große Bestürzung und rief sogleich seine Freunde nebst seinem Wegeführer, dem Marder, zu sich. Dieser war ganz derselben Meinung und äußerte, soviel er wisse, sei der Weg durch die ungebahnte weitläufige Ebene auch ohne Feinde gefährlich und schwer zu finden und man könne sich darin leicht verirren; hingegen der Weg über das Gebirge habe weiter keine Schwierigkeit, als daß man eine Tagereise weit kein Wasser finde. Demnach änderte Antonius seinen Plan und brach noch in der Nacht auf, wobei er seinen Soldaten befahl, sich für diesen Marsch mit Wasser zu versehen. Aber den meisten fehlte es an Gefäßen; daher nahmen einige nur ihre Helme voll mit, andere faßten, so viel sie konnten, in Tierhäute.

Kaum hatte er den Marsch angetreten, als die Parther auch schon Nachricht davon erhielten und ihm noch in der Nacht, wider ihre sonstige Gewohnheit, nachsetzten. Mit Aufgang der Sonne erreichten sie die Nachhut des Heeres, die durch Entbehrung des Schlafs und viele Anstrengung sehr entkräftet war; denn die Truppen hatten in der Nacht nicht weniger als 240 Stadien zurückgelegt. Der so unerwartete schnelle Angriff der Feinde benahm ihnen nun vollends den Mut, und zugleich vermehrte das Fechten ihren Durst, da sie unter beständigen Scharmützeln ihren Marsch fortsetzten.

Indes trafen die Vordersten auf einen Fluß, dessen Wasser zwar frisch und hell, aber salzig und schädlich war, indem er allen, die davon tranken, Leibschmerzen verursachte und den Durst noch vermehrte. Der Marder sagte dies alles voraus; dennoch drängten die Soldaten mit Gewalt diejenigen weg, die sie abhalten sollten, und tranken von dem Wasser. Antonius ging selbst herum und bat die Soldaten, sie möchten sich nur noch eine kurze Zeit gedulden; denn es befände sich ein anderer Fluß von trinkbarem Wasser in der Nähe und der übrige Teil des Weges wäre rauh und für Pferde nicht begehbar, so daß die Feinde ihnen nicht weiter nachsetzen könnten. Zugleich rief er die, welche im Gefechte begriffen waren, zurück und gab das Zeichen, das Lager aufzuschlagen, damit die Soldaten wenigstens Schatten genießen könnten.

48. Während die Zelte errichtet wurden und die Parther

nach ihrer Gewohnheit sich sogleich entfernten, erschien jener Mithridates wieder und erteilte Alexander, der sich zu ihm verfügte, den Rat, die Armee nach einer kurzen Erholung aufbrechen zu lassen und nach dem Flusse zu eilen, weil die Parther nicht über denselben gehen, sondern nur bis dahin nachsetzen würden. Dies meldete Alexander dem Antonius und brachte dann von ihm eine Menge goldener Becher und Schalen, wovon jener, so viel er in seinem Kleide verbergen konnte, mit fortnahm.

Die Armee brach demzufolge noch bei Tage auf und setzte ihren Marsch fort, ohne daß die Feinde sie beunruhigten. Aber die Römer selbst machten sich die folgende Nacht zur gefährlichsten und schrecklichsten unter allen, die sie bisher gehabt hatten. Denn sie ermordeten diejenigen, welche Gold oder Silber hatten, plünderten sie aus und raubten die von den Lasttieren getragenen Güter; ja endlich vergriffen sie sich sogar an dem Gepäck des Antonius, zerschlugen die kostbarsten Gefäße und Tische und teilten sie unter sich. Darüber verbreitete sich nun im ganzen Heere ein großes Getümmel und Verwirrung, weil man glaubte, daß durch einen Überfall der Feinde alles in die Flucht geschlagen und zerstreut wäre. Antonius selbst rief einen seiner Freigelassenen, die ihm zur Leibwache dienten, namens Rhamnos, und ließ ihn schwören, daß er ihn auf den ersten Befehl mit dem Schwert durchbohren und den Kopf abhauen sollte, damit er weder den Feinden lebendig in die Hände fiele noch auch im Tode erkannt würde.

Antonius' Freunde brachen darüber in Tränen aus, aber der Marder tröstete ihn durch die Versicherung, daß der Fluß ganz nahe sein müßte, da ein von demselben kommender feuchter Dunst und eine kühlere Luft das Atemholen gar sehr erleichterte; auch sagte er, daß die Marschzeit die Entfernung des Flusses bestimmen helfe; denn von der Nacht war nur noch ein kleiner Teil übrig. Zugleich meldeten andere, daß die Verwirrung unter der Armee von der Ungerechtigkeit und Habsucht der Soldaten gegeneinander selbst herrühre. Um also der entstandenen Unordnung und Trennung ein Ende zu machen, ließ er das Zeichen geben, daß das Lager aufgeschlagen werden sollte.

49. Eben brach jetzt der Tag an, und die Armee begann einigermaßen zur Ruhe und Ordnung zu kommen, als die

Geschosse der Parther auf die Nachhut trafen und den leichten Truppen das Zeichen zum Gefecht gegeben wurde. Aber die Schwerbewaffneten deckten einander wieder wie vorher mit ihren Schilden und fingen so die Pfeile der Feinde auf, die sich jedoch nicht getrauten, näher zu kommen. Während nun die Vordersten auf diese Art allmählich fortrückten, kam endlich der Fluß zum Vorschein. Antonius stellte an dem Ufer desselben die Reiterei gegen den Feind auf und schaffte zuerst die Kranken hinüber. Doch konnten nun auch die, welche kämpfen mußten, mit aller Sicherheit und Bequemlichkeit ihren Durst löschen. Denn sobald die Parther den Fluß erblickten, spannten sie ihre Bogen ab und hießen die Römer, deren Tapferkeit sie sehr priesen, getrost hinübergehen. So setzten nun die Römer ungestört über diesen Fluß und marschierten dann, nachdem sie sich wieder erholt hatten, weiter fort, ohne eben den Parthern sehr zu trauen.

Am sechsten Tage nach dem letztern Gefechte erreichten sie den Fluß Araxes, der die Grenze zwischen Medien und Armenien bildet. Wegen der Tiefe und der reißenden Strömung schien er ihnen gefährlich zu sein; auch verbreitete sich das Gerücht, daß die Feinde ihnen dort auflauerten und sie beim Übergange angreifen wollten. Sie kamen jedoch glücklich und ohne weitere Gefahr hinüber, und als sie jetzt Armenien betraten, fielen sie nicht anders, als wenn sie dieses Land nach einer weiten Seefahrt erblickten, anbetend nieder und bezeigten ihre Freude durch Tränen und wechselseitige Umarmungen. Auf dem Marsche durch dieses reiche und fruchtbare Land erlaubten sie sich nach einem so langwierigen Mangel den uneingeschränktesten Genuß und zogen sich dadurch Wassersucht und Ruhr zu.

50. Hier hielt nun Antonius eine Musterung über seine Armee und fand einen Abgang von 20 000 Mann Fußvolk und 4 000 Reitern, die aber nicht alle durch die Feinde, sondern über die Hälfte durch Krankheiten umgekommen waren. Von der Stadt Phraata her waren die Römer siebenundzwanzig Tage lang marschiert und hatten die Parther in achtzehn Gefechten geschlagen; nur fehlte ihren Siegen immer der Nachdruck und die Vollständigkeit, weil sie die geschlagenen Feinde nie weit und kräftig genug verfolgen

konnten. Daraus erhellte aber am meisten, daß der Armenier Artavasdes den Antonius um den glücklichen Ausgang
dieses Feldzuges gebracht hatte. Denn wären die 16 000
Reiter, die er aus Medien wieder abführte und die nicht nur
auf gleiche Art wie die Parther gerüstet, sondern auch mit
ihnen zu kämpfen gewohnt waren, bei der Armee geblieben, so würden die Feinde, wenn sie von den Römern zurückgeschlagen und dann von jenen auf der Flucht verfolgt
worden wären, sich wohl nicht von der Niederlage so viele
Male erholt und mit neuem Mute angegriffen haben.
Daher waren alle gegen den König von Armenien äußerst
aufgebracht und drangen in Antonius, daß er an ihm Rache
nehmen sollte. Dieser aber machte nach reiflicher Überlegung dem Artavasdes für diesmal weder Vorwürfe wegen
seiner Treulosigkeit, noch ließ er an den gewöhnlichen
Höflichkeiten und Freundschaftsbezeigungen das mindeste
abgehen, weil seine Armee zu schwach war und an allem
Mangel litt. Jedoch rückte er in der Folge wieder in Armenien ein, brachte ihn durch viele Versprechungen und Ein-
ladungen dahin, daß er sich ihm in die Hände lieferte, bemächtigte sich dann seiner Person und nahm ihn mit nach
Alexandria, wo er ihn im Triumph aufführte. Dadurch beleidigte er aber die Römer am meisten, weil er der Kleopatra zu Gefallen die höchste Zierde und Ehrenbelohnung
des Vaterlandes den Ägyptern zuwendete. Doch dies ereignete sich erst später.
51. Für jetzt setzte er bei einer schon sehr strengen Kälte
und unter unaufhörlichem Schneegestöber seinen Marsch
eiligst fort und büßte dadurch unterwegs noch 8 000 Mann
ein. Er selbst begab sich mit einem kleinen Gefolge an die
Seeküste und erwartete in einem Dorfe namens Leuke
Kome, das zwischen Berytos und Sidon liegt, die Ankunft
der Kleopatra. Da diese zu lange ausblieb, ward er ängstlich
und überließ sich vor Langerweile dem Trunke und den Zechereien; doch konnte er auch in den Gelagen nicht lange
stillsitzen, sondern stand oft auf und sprang hinaus, um
nach ihr Ausschau zu halten. Endlich lief sie denn in den
Hafen ein und brachte für die Truppen viele Kleidungsstücke und Geld mit sich. Indes behaupten einige, die Kleidungsstücke habe er wohl von ihr bekommen, das Geld
aber aus seinen eigenen Mitteln verteilt und dabei vorgege-

ben, daß sie es den Soldaten mitgebracht hätte.

52. Bald darauf geriet der König der Medier mit Phraates, dem Könige der Parther, in Uneinigkeit. Sie entstand, wie man sagt, über die den Römern abgenommene Beute und setzte den Medier in Furcht und Argwohn, daß man ihm gar seine Herrschaft entreißen wollte. Dieser ließ daher den Antonius rufen und versprach, ihn in dem Kriege gegen die Parther mit seiner ganzen Macht zu unterstützen. Antonius machte sich schon große Hoffnungen, weil er sah, daß eben das, woran es ihm auf seinem vorigen Zuge zur völligen Besiegung der Parther gefehlt hatte, nämlich Reiterei und Bogenschützen, von freien Stücken angeboten wurde und daß er nicht darum zu bitten, sondern es gleichsam nur aus Gefälligkeit anzunehmen brauchte. Er traf also die nötigen Anstalten, um durch Armenien wieder vorzurücken, am Flusse Araxes zu dem Medier zu stoßen und auf diese Weise den Krieg von neuem anzufangen.

53. In Rom entschloß sich indes Octavia, in eigener Person zu Antonius zu reisen, wozu auch Caesar seine Einwilligung gab, nicht sowohl, wie die meisten sagen, aus Gefälligkeit gegen sie, als um eine schickliche Ursache zum Kriege zu bekommen, wenn sie etwa beschimpft und zurückgesetzt werden sollte. Bei ihrer Ankunft in Athen erhielt sie Briefe von Antonius, worin er ihr befahl, dort zu bleiben, und zugleich von dem bevorstehenden Feldzuge Nachricht gab. Dies schmerzte Octavia sehr, und sie konnte leicht die Veranlassung erraten; dennoch fragte sie in einem Briefe bei ihm an, wohin er befehle, daß das, was sie mitgebracht hätte, geschickt werden sollte. Sie brachte nämlich viele Soldatenkleider und Lasttiere, eine ansehnliche Summe Geldes und eine Menge Geschenke für seine Generale und Freunde mit; außerdem noch zweitausend auserlesene Soldaten, die zu prätorischen Kohorten mit prächtigen Rüstungen versehen waren. Ein gewisser Niger, Antonius' Freund, der von Octavia abgeschickt wurde, gab ihm davon Nachricht und erteilte dabei der Octavia das gehörige und verdiente Lob.

Aus dem allem konnte nun Kleopatra leicht erraten, daß Octavia es mit ihr aufzunehmen gedächte, und da sie befürchtete, diese Frau möchte wohl am Ende, wenn sie mit der Würde ihres Charakters und dem großen Gewichte Caesars einen gefälligen Umgang und Anhänglichkeit an Antonius verbände, unüberwindlich werden und den Mann gänzlich an sich fesseln, so tat sie, als wenn sie in Antonius sterblich verliebt wäre, und suchte ihren Leib durch spärliche Nahrung abzuzehren. Ihr Blick verriet, sooft Antonius sich ihr näherte, eine Art von Entzückung; ging er aber weg, so sah sie ihm schmachtend und niedergeschlagen nach. Auch brauchte sie die Kunst, manchmal weinend zu erscheinen, wischte aber die Tränen geschwind ab und verbarg sie, als wenn sie es den Antonius nicht wollte merken lassen. Dies Spiel trieb sie besonders, als derselbe im Begriff war, sich aus Syrien zum Könige der Medier zu begeben.

Nunmehr nahmen sich auch die Schmeichler ihrer an, schalten auf Antonius und nannten ihn einen harten, gefühllosen Mann, daß er kein Bedenken trüge, ein Weib hinzuopfern, das einzig und allein an ihm hinge. Octavia, sagten sie, wäre bloß aus politischem Interesse um ihres Bruders willen mit ihm vermählt worden und genösse den Vorzug, seine Gemahlin zu heißen. Kleopatra hingegen, die Königin eines so großen Volks, hieße bloß Antonius' Geliebte und hielte auch nicht einmal diesen Namen unter ihrer Würde, solange es ihr vergönnt wäre, ihn zu sehen und in seiner Gesellschaft zu sein; aber eine Trennung von ihm würde sie gewiß nicht überleben können.

Endlich machten sie den Mann durch dergleichen Zuflüsterungen so weichmütig und weibisch, daß er aus Besorgnis, Kleopatra möchte vor Kummer sterben, nach Alexandria zurückkehrte und den medischen König bis auf das künftige Frühjahr vertröstete, ob man gleich Nachricht hatte, daß die Parther untereinander selbst uneinig wären. Doch unternahm er in der Folge selbst eine Reise nach Medien, trat mit dem Könige in nähere Verbindung und verlobte eine von dessen Töchtern, die noch klein war, mit einem seiner Söhne von Kleopatra. Darauf kehrte er wieder zurück und war auf weiter nichts als den Bürgerkrieg bedacht.

54. Sobald Octavia wieder von Athen angekommen war, befahl ihr Caesar, der das Verfahren des Antonius für eine Beschimpfung ansah, eine eigene Wohnung zu beziehen. Sie erklärte aber, sie werde das Haus ihres Mannes nicht verlas-

sen; ja sie bat sogar jenen selbst, daß, wenn er nicht aus einer andern Ursache Antonius zu bekriegen beschlossen hätte, er auf ihr Interesse weiter keine Rücksicht nehmen möchte, denn es wäre schon nicht schön zu hören, daß von den zwei größten Imperatoren der eine aus Liebe zu einem Weibe, der andere aus Eifersucht die Römer in einen Bürgerkrieg verwickelt hätte. Diese Rede bestätigte sie noch mehr durch ihre Handlungen. Denn sie blieb in Antonius' Hause wohnen, als wenn er selbst zugegen wäre, und sorgte nicht nur für ihre eigenen Kinder, sondern auch für die von der Fulvia auf eine edle und großmütige Art. Überdies nahm sie alle Freunde des Antonius, die entweder um Ämter zu bekommen oder in Geschäften nach Rom geschickt wurden, liebreich auf und unterstützte sie selbst in ihren Gesuchen bei Caesar.

Allein eben dadurch tat sie wider ihre Absicht Antonius großen Schaden, denn er wurde wegen der an einer solchen Frau verübten Ungerechtigkeit allgemein gehaßt. Und diesen Haß vermehrte noch die Länderverteilung, die er für seine Söhne zu Alexandria vornahm und die nicht nur stolze Anmaßung und Übermut, sondern auch einen besonderen Haß gegen Rom zu verraten schien. Er ließ nämlich (in Alexandria) das Volk im Gymnasium zusammenkommen, wo auf einer silbernen Bühne zwei goldene Throne, der eine für ihn selbst, der andere für Kleopatra, und einige niedrigere für seine Söhne aufgestellt waren. Hier erklärte er zuerst Kleopatra zur Königin von Ägypten, Zypern, Afrika und Koilesyrien, und daß Caesarion, der für einen Sohn des ältern Caesar galt, weil dieser die Kleopatra schwanger zurückgelassen hatte, an der Regierung teilnehmen sollte. Sodann ernannte er auch seine eigenen Söhne von Kleopatra zu Königen der Könige; für Alexander bestimmte er Armenien, Medien und die Länder der Parther, die er noch erobern wollte, und für Ptolemaios Phoinikien, Syrien und Kilikien. Zugleich ließ er den Alexander in medischer Kleidung, zu welcher die Tiara und die Kitaris gehören, den Ptolemaios aber in Stiefeln, in der Chlamys und dem Kausias, um den ein Diadem gebunden war, auftreten. Denn dies war die Tracht der auf Alexander (den Großen) folgenden Könige, jenes aber die der Meder und Armenier. Nachdem die Söhne ihre Eltern umarmt und geküßt hatten, umgab den einen eine aus Armeniern, den andern eine aus Makedoniern bestehende Leibwache. Kleopatra selbst legte sich damals sowohl als auch nachher, sooft sie vor dem Volke erschien, eine andere als die gewöhnliche Kleidung zu, nämlich die heilige der Isis, und wurde auch die neue Isis genannt.

55. Alles dies trug Caesar dem Senate vor und führte auch vor dem Volke mehr als einmal Klage darüber, wodurch er den Pöbel sehr gegen Antonius erbitterte. Dieser aber ließ ebenfalls durch Abgeordnete seine Beschwerden über Caesar anbringen. Die wichtigsten Punkte, über die er sich beklagte, waren: erstlich, daß Caesar dem Pompejus Sizilien entrissen und die Insel nicht mit ihm geteilt; zweitens, daß er zu diesem Kriege Schiffe von ihm entlehnt, sie ihm aber nicht wiedergegeben; drittens, daß er dem Mitregenten Lepidus seine Herrschaft genommen, ihn aller Ehre und Würde beraubt und dessen Armee, Provinzen und die ihm angewiesenen Einkünfte sich zugeeignet, endlich, daß er beinahe ganz Italien unter seine eigenen Soldaten verteilt, für die des Antonius aber gar nichts übriggelassen hätte. Gegen diese Beschuldigungen führte Caesar zu seiner Rechtfertigung an, dem Lepidus habe er die Herrschaft genommen, weil er sich vieler Gewalttätigkeiten schuldig gemacht hätte; die im Kriege erworbenen Länder wolle er gern mit Antonius teilen, wenn ihm dieser einen Anteil von Armenien gebe; auf Italien aber dürften dessen Soldaten gar keinen Anspruch machen, denn sie hätten ja Medien und Parthien, welche Länder sie mit ihrem Feldherrn in jenem glorreichen Feldzuge den Römern erworben hätten.

56. Antonius hielt sich eben in Armenien auf, als ihm dies alles hinterbracht wurde. Sogleich gab er dem Canidius Befehl, mit sechzehn Legionen nach der Seeküste zu marschieren, er selbst nahm aber in Gesellschaft der Kleopatra den Weg nach Ephesos. Hier versammelte sich von allen Seiten her seine Seemacht, die nebst den Transportschiffen aus 800 Segeln bestand, wozu Kleopatra 200 Schiffe nebst 20 000 Talenten und den Lebensmitteln für die ganze Armee während des Krieges hergegeben hatte.

Antonius machte auf Vorstellung des Domitius und einiger andern der Kleopatra den Antrag, sie sollte nach Ägypten zurückschiffen und dort den Ausgang des Krieges erwarten.

Da sie aber befürchtete, daß durch Vermittlung der Octavia wieder ein Vergleich zustande kommen möchte, brachte sie den Canidius durch eine große Summe Geldes auf ihre Seite und ließ durch ihn dem Antonius vorstellen, es sei weder billig, diese Frau aus dem Kriege zu entfernen, die so viele Beiträge dazu gäbe, noch auch vorteilhaft, die Ägypter, einen so ansehnlichen Teil seiner Seemacht, dadurch in Mutlosigkeit zu versetzen; überdies begreife er auch nicht, welchem unter allen den Königen, die sich bei seiner Armee befänden, Kleopatra an Einsicht und Klugheit nachstehe, daß sie lange genug ein so großes Reich für sich selbst beherrscht und durch den langen Umgang mit ihm die wichtigsten Geschäfte zu betreiben gelernt habe. Diese Vorstellungen drangen durch, indem es nun einmal vom Schicksale verhängt war, daß dem Caesar alles zufallen sollte.

Während sich die Heeresmacht in Ephesos versammelte, fuhren sie hinüber nach Samos, wo sie die Zeit in Vergnügen und Lustbarkeiten hinbrachten. Denn so wie allen Königen, Fürsten und Tetrarchen, allen Völkern und Städten zwischen Syrien, dem mäotischen See, Armenien und Illyrien anbefohlen worden war, die Kriegsbedürfnisse zu schicken oder zu überbringen, ebenso war auch allen Theaterkünstlern und Lustigmachern auferlegt, sich nach Samos zu verfügen. Während also beinahe der ganze Erdkreis ringsherum von Seufzern und Wehklagen ertönte, erschallte diese einzige Insel viele Tage hintereinander von Flöten- und Saitenspiel, so daß die Theater beständig angefüllt waren und die Chöre immerfort miteinander um die Wette stritten. Jede Stadt schickte einen Ochsen dahin, um an den Opfern und Festen teilzunehmen, und die Könige suchten einander in Gastmählern und Geschenken zu übertreffen. Daher wurde auch überall davon gesprochen, was wohl Leute, die schon die Zurüstungen zum Kriege mit solcher Pracht feierten, nun erst als Sieger bei der Feier des Siegesfestes tun würden.

57. Nach Beendigung dieser Lustbarkeiten wies er den Schauspielern die Stadt Priene zur Wohnung an, er selbst aber schiffte nach Athen und überließ sich da von neuem der Kurzweil und den Theaterbelustigungen. Kleopatra, welche auf die von Octavia in dieser Stadt genossenen Eh-

renbezeigungen eifersüchtig war – denn Octavia wurde
von den Athenern ungemein geliebt –, suchte das Volk
durch reichliche Geschenke zu gewinnen. Die Athener erkannten daher auch ihr gewisse Ehrenbezeigungen zu und
schickten das darüber ausgefertigte Dekret durch Abgeordnete in ihre Wohnung. Unter diesen befand sich auch Antonius, als ein athenischer Bürger, welcher vor sie hintrat und
im Namen der Stadt eine Rede an sie hielt.

Von da schickte er nun Leute nach Rom, welche die Octavia aus seinem Hause werfen sollten. Sie verließ also dasselbe und nahm, wie man sagt, alle Kinder des Antonius,
den ältesten Sohn von Fulvia ausgenommen, welcher sich
beim Vater befand, mit sich fort, indem sie ihr Schicksal mit
Tränen beklagte, daß auch sie für eine der Ursachen des
Bürgerkrieges sollte angesehen werden. Aber die Römer bedauerten nicht sowohl sie als den Antonius, besonders diejenigen, welche Kleopatra gesehen hatten und also wußten,
daß sie vor der Octavia weder in Hinsicht auf Schönheit
noch Blüte der Jugend das geringste voraushatte.

58. Als Caesar von der Größe und Geschwindigkeit der Zurüstungen des Antonius Nachricht erhielt, ward ihm doch
bange, daß er noch in diesem Sommer den Krieg anzufangen möchte gezwungen werden. Denn es fehlte ihm noch
an vielem, und die auferlegten schweren Abgaben machten
das Volk sehr schwierig, da alle den vierten Teil ihres Ein-
kommens, die Freigelassenen aber gar den achten Teil ihres
Vermögens entrichten mußten. Darüber erhoben sie denn
gegen ihn ein großes Geschrei, und durch ganz Italien
herrschte Unruhe und Verwirrung. Aus diesem Grunde
rechnet man die Verzögerung des Krieges unter die größten Fehler, die Antonius begangen hat. Denn dadurch ließ
er Caesar Zeit, sich gehörig zu rüsten und die ausgebrochenen Unruhen zu stillen, da die Leute zwar über die Erpres-
sungen tobten, aber, nachdem sie das geforderte Geld einmal hergegeben hatten, sich bald wieder beruhigten.

Jetzt gingen auch zwei Konsularen, Titius und Plancus, vertraute Freunde und Anhänger des Antonius, die von Kleopatra sehr beschimpft worden waren, weil sie sich ihrer
Teilnahme an dem Feldzuge am meisten widersetzten, von
Antonius zu Caesar über und machten diesem Entdeckun-
gen über Antonius' Testament, von dessen Inhalt sie einige

Kenntnis hatten. Das Testament war bei den vestalischen Jungfrauen niedergelegt. Caesar ließ es ihnen abfordern; sie gaben es aber nicht heraus, sondern antworteten, wenn Caesar es haben wollte, möchte er selbst kommen und es wegnehmen, worauf er auch hinging und es abholte. Zuerst las er die Schriften für sich allein durch und bezeichnete alle die Stellen, gegen die sich leicht eine Klage anbringen ließ. Darauf aber versammelte er den Senat und las das Testament öffentlich ab, womit jedoch die meisten sehr unzufrieden waren. Denn es kam ihnen immer hart und ungerecht vor, daß einer noch bei seinen Lebzeiten über das Rechenschaft geben sollte, was er erst nach seinem Tode wollte getan wissen. Besonders hielt er sich bei dem Punkte des Testaments auf, der das Begräbnis betraf. Denn Antonius hatte verordnet, daß, wenn er in Rom stürbe, sein Leichnam in einem feierlichen Aufzuge über den Markt hingetragen und dann nach Alexandria zu Kleopatra geschickt werden sollte.

Außerdem brachte Calvisius, Caesars Freund, in Hinsicht auf Kleopatra noch folgende Beschuldigungen gegen Antonius vor: daß er ihr die in Pergamos aufbewahrten Büchersammlungen, welche an die 200 000 einzelne Werke enthielten, geschenkt habe; daß er bei einem Gastmahle in Gegenwart vieler Personen einer eingegangenen Wette zufolge aufgestanden sei und ihr die Füße gerieben habe; daß er den Ephesiern gestattet habe, Kleopatra in seiner Gegenwart als ihre Beherrscherin zu begrüßen, daß er oft, wenn er auf seinem Tribunal Königen und Fürsten Recht sprach, von ihr Liebesbriefchen, auf Onyx oder Kristall geschrieben, empfangen und ohne Scheu gelesen habe; daß er endlich, als Furnius, ein Mann von großem Ansehen und einer der größten Redner unter den Römern, vor ihm einen Rechtshandel führte und Kleopatra eben in einer Sänfte über den Markt hingetragen wurde, bei Erblickung derselben gleich aufgesprungen sei, das Gericht verlassen und sie, an der Sänfte hängend, begleitet habe.

59. Die meisten von diesen Beschuldigungen des Calvisius mochten nun wohl erdichtet sein. Doch gingen nun Antonius' Freunde in Rom herum und verwendeten sich für ihn beim Volke; auch schickten sie einen aus ihrer Mitte, den Geminius, ab und ließen ihn bitten, er möchte es doch

nicht so weit kommen lassen, daß er der Regierung entsetzt und für einen Feind des Vaterlandes erklärt würde. Geminius schiffte also nach Griechenland, ward aber bald der Kleopatra verdächtig, die ihn für einen Unterhändler der Octavia ansah. Daher wurde er bei Tafel immer geneckt und zum Schimpf untenan gesetzt. Dies ließ er sich alles gefallen und wartete nur auf eine schickliche Gelegenheit, mit Antonius allein zu sprechen. Als man ihn aber einst mitten über Tafel aufforderte, sich über die Absicht seines Kommens zu erklären, sagte er, sein Antrag setze Nüchternheit voraus; nur dies eine wisse er, er möchte nüchtern oder trunken sein, daß gewiß alles gut gehen werde, wenn Kleopatra sich nach Ägypten begäbe. Darüber wurde nun Antonius sehr böse, Kleopatra aber erwiderte: „Du hast wohl daran getan, Geminius, daß du die Wahrheit auch ohne Folter gestanden hast." Wenige Tage darauf schlich sich Geminius davon und ging nach Rom zurück.

Auf diese Weise verdrängten die Schmeichler der Kleopatra noch viele andere Freunde des Antonius, denen die Frechheit und Unverschämtheit derselben unerträglich war. Darunter befanden sich Marcus Silanus und der Geschichtsschreiber Dellius. Letzterer sagt auch, er habe sich vor den Nachstellungen der Kleopatra gefürchtet, und zwar auf die Warnungen des Arztes Glaukos. Er hatte nämlich Kleopatra dadurch sehr beleidigt, daß er einmal bei Tafel sagte: ihnen schenke man sauren Wein ein, während Sarmentus in Rom den herrlichsten Falerner zu trinken hätte. Sarmentus war einer von den Lustknaben Caesars, welche die Römer Deliciae zu nennen pflegen.

60. Nachdem sich endlich Caesar hinlänglich gerüstet hatte, wurde der Beschluß gefaßt, Kleopatra den Krieg anzukündigen und Antonius der Regierung zu entsetzen, die er einem Weibe abgetreten hätte. Caesar fügte noch hinzu, Antonius sei sogar durch Giftmittel und Liebestränke um seinen Verstand gekommen und der Krieg gegen Rom werde von Mardion, einem Verschnittenen, von Potheinos, von der Eiras, einem Kammermädchen der Kleopatra, und von der Charmion geführt, welche Leute die wichtigsten Regierungsgeschäfte zu besorgen hätten.

Dem Kriege selbst sollen folgende Anzeichen und Vorbedeutungen vorhergegangen sein. Pisaura, eine von Antonius angelegte Koloniestadt am Adriatischen Meere, versank bei einem heftigen Erdbeben in einen Abgrund. An einer der steinernen Bildsäulen des Antonius in Alba trat viele Tage hintereinander ein Schweiß hervor, der, sooft man ihn auch abwischte, nicht nachließ. Zu Patrai wurde, während Antonius sich dort aufhielt, der Heraklestempel durch Einschlagen des Blitzes in Asche gelegt. Aus der Abbildung des Gigantenstreites in Athen wurde die Statue des Bakchos von einem Sturmwinde herausgerissen und ins Theater geschleudert. Antonius aber gab sich für einen Abkömmling des Herkules aus und wurde, weil er in seiner Lebensart den Bakchos nachahmte, wie oben bemerkt worden, der jüngere Bakchos genannt. Ebendieser Sturmwind, der in Athen wütete, warf die Kolosse des Eumenes und Attalos, an welchen des Antonius Name stand, unter mehrern andern ganz allein zu Boden. Auch an dem Admiralsschiff der Kleopatra, welches Antonias hieß, ereignete sich eine schlimme Vorbedeutung. An dem Hinterteile desselben hatten Schwalben genistet; darauf kamen andere Schwalben, jagten jene weg und töteten die im Neste befindlichen Jungen.

61. Als jetzt der Krieg seinen Anfang nahm, hatte Antonius nicht weniger als 500 zum Kampfe taugliche Schiffe, worunter viele mit acht und zehn Reihen von Rudern versehen und mit auffallendem Prunke geschmückt waren. Seine Landmacht bestand aus 100 000 Mann Fußvolk und 12 000 Mann Reiterei. Mehrere von ihm abhängige Könige unterstützten ihn in diesem Kriege, Bokchos, König eines afrikanischen Volkes, Tarkondemos, König des obern Kilikiens, Archelaos, König von Kappadokien, Philadelphos, König von Paphlagonien, Mithridates, König von Kommagene, und Sadalas, König von Thrakien. Alle diese waren persönlich zugegen. Andere wieder hatten bloß Truppen geschickt, Polemon aus Pontos, Malchos aus Arabien und Herodes, König von Judäa, desgleichen auch Amyntas, König der Lykaonier, und Dejotaros, König der Galater; selbst vom Könige der Medier waren Hilfstruppen geschickt worden. Caesar hatte 250 Kriegsschiffe, an Fußvolk 80 000 Mann, und die Reiterei war an Menge der feindlichen gleich.

Antonius' Herrschaft erstreckte sich vom Euphrat und von Armenien an bis zum Ionischen Meere und Illyrien; die Caesars von Illyrien an über alle Länder bis zum westlichen Ozean und vom Ozean wieder bis zum Tyrrhenischen und Sizilischen Meere. Von Afrika hatte Caesar den Italien, Gallien und Spanien gegenüberliegenden Teil bis an die Säulen des Herkules; aber der Strich von Kyrene an bis nach Äthiopien gehörte Antonius.

62. Dieser hing nun aber so ganz von dem Weibe ab, daß er bei seiner großen Überlegenheit an Landmacht dennoch Kleopatra zu Gefallen die Entscheidung des Krieges der Seemacht zu überlassen beschloß, ungeachtet er selbst sah, daß wegen der schlechten Bemannung der Schiffe die Schiffskapitäne aus dem ohnehin schon hart mitgenommenen Griechenland Reisende, Eseltreiber, Schnitter, unreife Jünglinge mit Gewalt wegnahmen, die Schiffe aber auch auf diese Art noch nicht gehörig bemannt wurden, sondern die meisten wegen des Mangels an Matrosen schlecht manövrierten. Caesar, dessen Schiffe zwar weder im Hinblick auf Höhe noch Pracht ausgerüstet waren, um damit Staat zu machen, die aber dafür schnell segelten, sich leicht wenden ließen und die volle Bemannung hatten, hielt seine Seemacht in Tarentum und Brundisium beisammen und ließ Antonius den Vorschlag machen, er sollte die Zeit nicht unnützerweise hinbringen, sondern mit seiner Macht anrükken; er selbst wolle seine Flotte ohne Hindernis in die Häfen und Reeden einlaufen lassen und sich mit der Landmacht von der Küste so weit zurückziehen, als ein Pferd in einem Tage laufen könnte, bis er gelandet wäre und sich gelagert hätte.

Um diese Großsprecherei zu erwidern, forderte ihn Antonius, ob er gleich viel älter war, zum Zweikampf heraus; im Fall aber Caesar dazu keine Lust hätte, schlug er vor, daß man bei Pharsalos, wie vormals Caesar und Pompejus, den Streit durch eine ordentliche Feldschlacht entscheiden sollte. Caesar kam jedoch zuvor, und während Antonius bei Aktion, wo jetzt die Stadt Nikopolis steht, vor Anker lag, setzte er über das Ionische Meer und bemächtigte sich eines Platzes in Epeiros, welcher Toryne heißt. Antonius' Freunde wurden darüber bestürzt, weil die Landmacht noch nicht beisammen war, Kleopatra aber sagte spöttelnd:

„Was ist es denn eben für ein Unglück, wenn Caesar bei Toryne sitzt?"

63. Antonius geriet, da die feindliche Flotte mit Anbruch
des Tages gegen ihn anrückte, in Besorgnis, sie möchte sich
seiner von Mannschaft entblößten Schiffe bemächtigen; daher stellte er die Ruderer, wie Soldaten bewaffnet, bloß
zum Schein auf die Verdecke, ließ dann die Ruder zum Gebrauche fertig in die Höhe binden und die Schiffe, mit dem
Vorderteile gegeneinander gekehrt, sich in den Eingang der
Meerenge stellen, als wenn sie zur Schlacht völlig bereit
und gefaßt wären. Durch diese Kriegslist wurde denn auch
Caesar getäuscht, daß er, ohne etwas zu unternehmen, zurückkehrte. Überdies glaubte Antonius durch künstlich angelegte Verschanzungen alles Wasser eingeschlossen und
den Feinden abgeschnitten zu haben, da in den umliegenden Gegenden nur weniges und schlechtes zu finden war.
Gegen Domitius benahm er sich, wider die Meinung der
Kleopatra, auf eine edle und großmütige Art. Als nämlich
dieser, schon mit einem Fieber behaftet, in einen Nachen
stieg und zu Caesar überging, ward er zwar darüber aufgebracht, doch schickte er ihm sein ganzes Gepäck nebst seinen Freunden und Bedienten nach. Aber Domitius starb
gleich darauf, gleich als wenn er nach Entdeckung seiner
Verräterei und Treulosigkeit sich eines andern besonnen
hätte. Außer ihm gingen auch die beiden Könige Amyntas
und Dejotaros zu Caesar über.
Da indes alle Unternehmungen der Flotte unglücklich aus-
fielen und sie, wo Hilfe nötig war, immer zu spät kam, sah
Antonius sich gezwungen, seine Gedanken wieder auf die
Landmacht zu richten. Auch Canidius, der die Landtruppen
anführte, änderte bei der drohenden Gefahr seine Meinung
und gab ihm den Rat, Kleopatra nach Hause zu schicken,
sich nach Thrakien oder Makedonien zu wenden und es
dort auf eine Schlacht zu Lande ankommen zu lassen, zumal da Dikomes, der König der Geten, ihm mit einer großen Armee beizustehen versprochen hätte. Es sei gar keine
Schande, sagte er, wenn sie Caesar, dem der Sizilische Krieg
eine große Übung im Seewesen verschafft hätte, die See
räumten; aber seltsam würde es sein, wenn Antonius, der
im Landkriege die größte Erfahrung besäße, statt von der
starken und trefflich gerüsteten Armee Gebrauch zu ma-

chen, seine Macht auf die Schiffe verteilte und sie unnützerweise verbrauchte. Desungeachtet setzte Kleopatra es
durch, daß der Krieg durch eine Seeschlacht entschieden
werden sollte, sie, die schon jetzt auf die Flucht bedacht
war und bei den Anstalten, die sie traf, nicht sowohl darauf
Rücksicht nahm, wie sie zum Siege etwas beitragen, als wie
sie im Notfalle am leichtesten davonkommen möchte.

Von dem verschanzten Lager des Antonius erstreckten sich
lange Verbindungswälle bis an den Ort, wo die Schiffe lagen, durch die er oft ohne die geringste Furcht vor Gefahr
hin und her zu gehen pflegte. Da ein Sklave Caesar die Entdeckung machte, daß es wohl möglich wäre, Antonius,
wenn er durch diese Wälle ginge, zu fassen, schickte er einige Soldaten dahin, die ihm auflauern sollten. Diese aber
erreichten, weil sie zu früh aufsprangen, ihren Zweck nur
so weit, daß sie den vor Antonius hergehenden Mann ergriffen; er selbst rettete sich noch mit genauer Not durch
eine schleunige Flucht.

64. Als er einmal entschlossen war, eine Seeschlacht zu liefern, ließ er alle ägyptischen Schiffe bis auf sechzig verbrennen, seine größten und besten aber, von drei bis zu zehn
Ruderreihen, bemannte er mit 20 000 Mann schweren Fußvolks und 2 000 Bogenschützen. Da soll nun ein Hauptmann vom Fußvolk, der schon in vielen Schlachten für Antonius gefochten hatte und mit Narben ganz bedeckt war,
als dieser eben vorbeiging, laut geweint und gesagt haben:
„Ach Imperator: warum verzweifelst du an diesen Wunden,
an diesem Schwert, daß du auf schlechtes Holz deine Hoffnung gründest? Ägypter und Phoinikier mögen zur See
fechten, uns aber gib das Land, wo wir gewohnt sind, festen
Fußes zu streiten und entweder zu sterben oder die Feinde
zu besiegen."

Antonius antwortete nichts darauf, sondern machte bloß
mit der Hand und dem Gesichte ein Zeichen, als wenn er
ihn ermunterte, gutes Muts zu sein, und ging vorbei, indem
er selbst eben nicht die besten Hoffnungen hatte. Denn er
befahl den Steuerleuten, welche die Segel am Lande lassen
wollten, sie mit auf die Schiffe zu nehmen, unter dem Vorwande, daß niemand von den Feinden durch die Flucht entkommen dürfte.

65. An diesem und den drei folgenden Tagen machte die

stürmische und unruhige See eine Schlacht unmöglich; am fünften aber, da der Wind sich gelegt hatte und die See völlig ruhig war, rückten beide gegeneinander an. Antonius und Publicola befanden sich auf dem rechten Flügel, Coelius auf dem linken und in der Mitte Marcus Octavius nebst dem Marcus Insteius. Caesar übergab dem Agrippa den linken, für sich selbst aber behielt er den rechten Flügel. Die Landmacht stellte auf Antonius' Seite Canidius, auf Caesars Seite Taurus längs der Küste hin in Schlachtordnung, und beide hielten sich ruhig.

Von den Feldherrn selbst fuhr Antonius auf einem leichten Fahrzeuge überall herum und ermahnte die Soldaten, bei der Schwere der Schiffe, ebenso wie zu Lande, festen Fußes zu kämpfen; den Steuerleuten aber rief er zu, sie sollten mit ihren Schiffen, als wenn sie vor Anker lägen, den Anlauf der Feinde ohne die geringste Bewegung aushalten und sich besonders vor den gefährlichen Stellen in der Mündung in acht nehmen. Auch Caesar ging noch vor Anbruch des Tages aus seinem Zelte nach den Schiffen zu, und da soll ihm ein Mann, der einen Esel vor sich hertrieb, begegnet sein. Dieser gab sich auf die Frage, wer er wäre, zu erkennen. „Mein Name", sagte er, „ist Eutychos, und mein Esel heißt Nikon." Aus diesem Grunde ließ Caesar, als er in der Folge diesen Ort mit Schiffsschnäbeln zierte, die Bildsäulen des Mannes und seines Esels in Bronze daneben aufstellen.

Nachdem er die ganze Schlachtordnung in Augenschein genommen hatte, begab er sich in einem kleinen Fahrzeuge auf den rechten Flügel und sah mit Verwunderung, daß die Feinde in der Enge unbeweglich standen. Denn es hatte ganz den Anschein, als wenn die Schiffe vor Anker lägen; Caesar blieb auch eine lange Zeit bei dieser Meinung und hielt seine Schiffe zurück, die etwa acht Stadien weit von den Feinden entfernt waren. Es war schon um die sechste Stunde, und da sich jetzt ein Seewind erhob, wurden die Truppen des Antonius des langen Zögerns überdrüssig und setzten sich, im Vertrauen auf die Höhe und Größe ihrer Schiffe, die vor jedem Angriff sicher zu sein schienen, mit dem linken Flügel in Bewegung. Als Caesar dies sah, war er sehr froh und ließ seinen rechten Flügel rückwärts rudern, in der Absicht, die Feinde aus dem Meerbusen und der

Enge noch weiter herauszulocken, dann um sie herumzufahren und mit seinen leichten Fahrzeugen die wegen ihrer Größe und schlechten Bemannung langsamen und unbehilflichen Schiffe anzugreifen.

66. So begann denn endlich der Kampf, aber ohne daß die Schiffe gegeneinander anrannten oder sich gegenseitig zu durchbohren suchten. Denn die des Antonius konnten ihrer Schwere wegen keinen Anlauf nehmen, der den Stößen der Schnäbel den größten Nachdruck gibt, und die Caesars hüteten sich nicht nur, gegen das Vorderteil von Antonius' Schiffen, das mit einem starken und scharfen Schnabel von Erz versehen war, anzurennen, sondern getrauten sich auch nicht einmal, ihre Stöße an den Seiten anzubringen, weil die Schnäbel leicht zerbrachen, wenn sie gegen den Bauch stießen, der aus starken, durch eiserne Klammern verbundenen Balken gebaut war. Daher sah dieser Kampf einer Schlacht zu Lande oder, eigentlicher zu reden, der Bestürmung einer Mauer völlig gleich. Denn drei oder vier von Caesars Schiffen lagen immer zugleich um eins von Antonius' Schiffen und bedienten sich im Kampfe der Schilde, Speere, Haken und Brandpfeile; die Soldaten des Antonius hingegen schossen mit Katapulten von hölzernen Türmen herab.

Da jetzt Agrippa den linken Flügel immer weiter ausdehnte, um die Feinde einzuschließen, sah Publicola sich genötigt, ebenfalls gegen ihn auszurücken, trennte sich aber darüber vom Zentrum der Schlachtordnung, welches nun in Verwirrung geriet und zugleich auch von Arruntius angegriffen wurde. Indes dauerte der Kampf noch von beiden Seiten ohne die geringste Entscheidung fort, als man plötzlich die 60 Schiffe der Kleopatra die Segel aufziehen und mitten durch die Streitenden davonfliehen sah. Denn sie standen hinter den großen Schiffen und verursachten, da sie zwischen diesen durchfuhren, einige Unordnung. Auch die Feinde befremdete es nicht wenig, wie sie diese Schiffe mit vollen Segeln nach dem Peloponnes zu steuern sahen.

Hier zeigte nun Antonius auf das deutlichste, daß er sich weder durch die Überlegung eines Feldherrn noch die eines Mannes, ja nicht einmal durch seinen eigenen Verstand regieren und leiten ließ; sondern wie jemand scherzhafterweise gesagt hat, daß die Seele des Verliebten in einem fremden Körper lebe, wurde er von jenem Weibe fortgezogen, nicht anders, als wenn er mit ihr zusammengewachsen wäre und ihr in allen Bewegungen folgen müßte. Kaum sah er das Schiff der Kleopatra davonsegeln, als er alles vergaß und selbst diejenigen, welche für ihn stritten und starben, verriet und im Stich ließ; bloß in Gesellschaft des Syrers Alexas und eines gewissen Skellios bestieg er ein anderes Schiff von fünf Ruderreihen und eilte jener Frau nach, die ihn schon ins Verderben gestürzt hatte und nun seinen Untergang vollkommen machen wollte.

67. Als Kleopatra ihn von ferne kommen sah, gab sie von ihrem Schiffe ein Signal. Er fuhr also an dasselbe hin und wurde an Bord genommen; aber ohne sie zu sehen oder sich von ihr sehen zu lassen, ging er ganz allein nach dem Vorderteile, setzte sich stillschweigend in Gedanken vertieft nieder und hielt den Kopf mit beiden Händen. Indessen kamen einige liburnische Schiffe, die ihm von Caesar nachgeschickt waren, zum Vorschein. Antonius ließ das Schiff gegen sie umkehren und trieb sie dadurch zurück, bis auf eins, auf welchem Eurykles, ein Lakedaimonier, trotzig auf ihn eindrang und vom Verdeck eine Lanze schwenkte, als wenn er sie nach ihm werfen wollte. Antonius trat vorn an das Schiff und rief: „Wer ist es, der sich erkühnt, Antonius zu verfolgen?" Darauf antwortete jener: „Ich bin Eurykles, des Lachares Sohn, und will jetzt durch Caesars Glück den Tod meines Vaters rächen." Lachares war nämlich des Straßenraubs angeklagt und auf Antonius' Befehl mit dem Beile hingerichtet worden. Doch griff Eurykles nicht des Antonius Schiff selbst an, sondern wandte sich gegen das andere Admiralsschiff – denn es waren deren zwei –, drehte es durch einen Stoß mit dem Schnabel herum, faßte es dann von der Seite und eroberte es nebst noch einem von den übrigen, auf welchem sich kostbares Tischgerät befand.

Nachdem sich dieser entfernt hatte, setzte sich Antonius in ebender Stellung wieder nieder und hielt sich still. Auf diese Weise brachte er, es sei nun aus Zorn oder aus Scham gegen Kleopatra, drei Tage ganz allein auf dem Vorderteile des Schiffes zu, bis er bei Tainaros anlegen ließ. Hier brachten die Kammerfrauen der Kleopatra erst eine Unterredung zwischen beiden zustande, und dann beredeten sie sie auch, wieder miteinander zu speisen und zu schlafen.

Jetzt kamen auch mehrere Frachtschiffe an, und verschiedene ihrer Freunde fanden sich von der Flucht bei ihnen ein, welche die Nachricht mitbrachten, die Flotte sei zwar völlig verloren, sie glaubten aber, daß die Landarmee sich noch beisammen hielte. Antonius schickte daher durch Eilboten dem Canidius Befehl zu, mit der Armee in aller Geschwindigkeit durch Makedonien nach Asien zurückzukehren, und da er selbst im Begriff war, von Tainaros nach Afrika hinüberzufahren, suchte er ein Frachtschiff aus, welches mit vielem Gelde und mit einer Menge kostbarer königlicher Gerätschaften von Gold und Silber beladen war, und übergab es seinen Freunden, mit dem Befehl, diese Sachen unter sich zu verteilen und dann auf ihre Rettung bedacht zu sein. Da sie sich weigerten, dies zu tun, und in Tränen ausbrachen, tröstete er sie auf eine gütige und liebreiche Art und bewog sie durch Bitten, sich zu entfernen. Auch schrieb er an Theophilos, seinen Geschäftsführer in Korinth, daß er diesen Männern Sicherheit verschaffen und sie so lange verbergen sollte, bis sie eine Aussöhnung mit Caesar bewirken könnten. Dieser Theophilos war der Vater des Hipparchos, der bei Antonius am meisten galt, aber der erste unter dessen Freigelassenen war, der zu Caesar überging und sich in der Folge in Korinth häuslich niederließ.

68. Dies war die Lage, in welcher sich Antonius damals befand. Bei Aktion leistete indes seine Flotte Caesar noch lange Widerstand, und ob sie gleich wegen der von vorn gegen sie andringenden hohen Wellen einen äußerst nachteiligen Stand hatte, dauerte es doch bis zur zehnten Stunde, ehe sie den Kampf aufgab. An Toten hatte sie nicht mehr als 5 000, aber die Zahl der eroberten Schiffe belief sich auf 300, wie Caesar selbst aufgezeichnet hat.

Um die Flucht des Antonius wußten nur sehr wenige, und denen, welche davon hörten, kam das Gerücht anfangs unglaublich vor, daß er neunzehn noch unbesiegte Legionen und 12 000 Mann Reiterei sollte im Stich gelassen haben, als wenn er nicht schon oft das Glück in beiden Fällen versucht hätte und in einer Menge von Kämpfen und Schlachten mit dem Wechsel der Dinge vertraut geworden wäre. Die Soldaten äußerten eine große Sehnsucht nach ihm und erwarteten immer, daß er bald von irgendeiner Seite zum Vorschein kommen sollte; ja sie bewiesen so viel Treue und Mut, daß sie, obgleich an seiner Flucht nicht mehr zu zweifeln war, noch sieben Tage beisammen blieben und alle ihnen von Caesar gemachten Anträge ausschlugen. Endlich aber, da auch der Feldherr Canidius zu nächtlicher Zeit entwichen war und das Lager verlassen hatte, da sie sich nun von allen verlassen und sogar von ihren Anführern verraten sahen, mußten sie sich doch dem Sieger ergeben.

Caesar segelte hierauf nach Athen, söhnte sich mit den Griechen aus und verteilte das vom Kriege übriggebliebene Getreide unter die Städte, die sich in einer traurigen Lage befanden und um ihr Geld, ihre Sklaven und all ihr Vieh gekommen waren. So hat mein Urgroßvater Nikarchos oft erzählt, daß alle Bürger (von Chaironeia) ein gewisses Maß Weizen auf dem Rücken bis ans Meer bei Antikyra zu tragen gezwungen und durch Peitschenhiebe fortgetrieben worden wären. Eine Ladung hätten sie auf diese Art schon hingetragen, aber wie sie die zweite, die schon abgemessen war, aufhocken wollten, wäre die Nachricht von Antonius' Niederlage angekommen, und dies hätte noch die Stadt gerettet; denn sie hätten nun sogleich, da die Kommissäre und Soldaten die Flucht ergriffen, das Getreide unter sich verteilt.

69. Antonius schickte, als er die Küste von Afrika erreichte, Kleopatra von Paraitonion nach Ägypten voraus; er für seine Person überließ sich ganz der Einsamkeit und trieb sich bloß in Gesellschaft zweier Freunde, eines Griechen, des Redners Aristokrates, und eines Römers, des Lucilius, in ängstlicher Bekümmernis herum. Von diesem Lucilius habe ich anderwärts erzählt, daß er bei Philippi, um dem Brutus die Flucht zu erleichtern, sich für Brutus ausgegeben und den ihm nachsetzenden Feinden überliefert habe, daß er dann dem Antonius, der ihm das Leben schenkte, bis auf den letzten Augenblick mit unverrückter Treue zugetan geblieben sei.

Da jetzt auch der Befehlshaber, dem er die in Afrika stehenden Truppen anvertraut hatte, von ihm abfiel, wollte er schon sich selbst das Leben nehmen, wurde aber von seinen Freunden daran gehindert, die ihn nach Alexandria führten. Hier fand er Kleopatra mit einer großen und gewagten

Unternehmung beschäftigt. Weil nämlich die Landenge, welche das Rote Meer von dem Ägyptischen trennt und die Grenze von Asien und Afrika zu bilden scheint, da, wo sie von den beiden Meeren am meisten zusammengedrängt und also am schmalsten ist, nicht mehr als 300 Stadien beträgt, verfiel sie darauf, ihre Flotte darüber hin ziehen zu lassen, dann die Schiffe mit vielen Reichtümern und Truppen beladen in den Arabischen Meerbusen zu bringen und in einem fernen Lande sich eine Wohnung zu suchen, wo sie vor Krieg und Sklaverei sicher sein könnte. Da aber die um Petra wohnenden Araber gleich die ersten an das Land gezogenen Schiffe verbrannten, überdies auch Antonius glaubte, daß seine Armee noch bei Aktion beisammen stände, gab sie ihr Vorhaben auf und ließ alle in ihr Land führende Zugänge bewachen. Antonius verließ nun wieder die Stadt, entsagte allem Umgange mit seinen Freunden und legte sich bei Pharos auf einem Damme, den er in die See führte, eine vom Meere eingeschlossene Wohnung an. Hier lebte er von aller menschlichen Gesellschaft entfernt und gab vor, er finde an Timons Lebensart Gefallen und wolle sie nachahmen, weil er sich mit demselben in gleicher Lage befände; denn er habe von seinen Freunden nichts als Undank und Treulosigkeit erfahren und hege deswegen gegen alle Menschen Mißtrauen und Widerwillen.

70. Dieser Timon war ein Athener und lebte um die Zeit des Peloponnesischen Krieges, wie aus den Schauspielen des Aristophanes und Platon zu ersehen ist, in welchen er häufig als der ärgste Menschenfeind durchgezogen wird. Er vermied und scheute den Umgang mit jedermann, nur Alkibiades, ein junger frecher Mensch, war der einzige, den er gern hatte und küßte. Da Apemantos eines Tages sich darüber wunderte und ihn um die Ursache fragte, antwortete er: er liebe den Jüngling, weil er wisse, daß er einst noch viel Unglück über die Athener bringen werde. Einzig dem Apemantos gestattete er, weil derselbe ebenso dachte und eine gleiche Lebensart führte, noch zuweilen den Zutritt. Einstmals speisten die beiden zusammen an dem Feste, welches Choës heißt, und als Apemantos sagte: „Ei, mein Timon, wie schön und trefflich ist unser Gastmahl!", versetzte dieser: „Ja, wenn du nur nicht dabei wärest!"

Man erzählt auch von ihm, daß er einmal in einer Volksversammlung der Athener die Rednerbühne bestiegen und, da diese ungewöhnliche Erscheinung sogleich eine allgemeine Stille und Erwartung bewirkte, folgendes gesagt habe: „Ich besitze ein kleines Grundstück, ihr Bürger Athens, und auf demselben steht ein Feigenbaum, an welchem sich schon viele Bürger erhängt haben. Da ich nun diesen Platz zu bebauen gedenke, so wollte ich dies öffentlich bekanntmachen, damit die, welche etwa Lust haben, sich noch daran zu erhängen, es beizeiten tun mögen, ehe der Baum umgehauen wird."

Nach seinem Tode wurde er bei Halai nahe am Meere begraben; aber das davorliegende Gestade stürzte ein, so daß das Wasser sich um das Grabmal herumzog und es für jedermann unzugänglich machte: Auf demselben stand die Inschrift:

> Hier ist mein Grab! Ich beschloß ein elendes,
>   trauriges Leben.
> Forschet nur nicht, wie ich heiße. Verderben über
>   euch Schelme!

Diese soll er selbst noch bei seinen Lebzeiten gemacht haben. Außerdem ist auch folgende im Umlauf, die Kallimachos zum Verfasser hat:

> Ich, der Menschenfeind Timon, hause hier. Geh nur
>   vorüber!
> Fluche, wieviel du willst, aber geh immer vorbei!

Soviel mag von noch mehreren andern Anekdoten über Timon genug sein.

71. Dem Antonius überbrachte jetzt Canidius selbst die Nachricht von dem Verluste der Legionen bei Aktion, und bald darauf erfuhr er auch, daß der jüdische König Herodes mit einigen Legionen und Kohorten zu Caesar übergegangen, daß die andern Fürsten auf gleiche Weise abgefallen und außerhalb Ägyptens ihm gar nichts treu geblieben wäre. Indes rührte ihn dies alles nicht mehr, sondern er schien mit Vergnügen alle Hoffnung aufzugeben, um sich auch der Sorgen zu entschlagen, und verließ seine Wohnung in der See, die er Timoneion nannte. Er wurde nun

von Kleopatra in dem königlichen Schlosse aufgenommen und veranlaßte in der Stadt eine Menge Schmausereien, Trinkgelage und Spenden, da er den Sohn der Kleopatra von Caesar unter die Jünglinge aufnahm und dem Antyllus, seinem Sohne von Fulvia, die männliche Toga ohne Purpur anlegte. Deswegen wurden in Alexandria viele Tage hintereinander Gastmahle und Feste mit allerhand Lustbarkeiten angestellt. Sie selbst hoben jenes Kränzchen der Unnachahmlichlebenden auf, stifteten aber dafür ein anderes, das jenem an Üppigkeit, Schwelgerei und Verschwendung nichts nachgab und das Kränzchen der Zusammensterbenden genannt wurde. Denn es schrieben sich dazu solche Freunde ein, die mit ihnen sterben wollten, und sie lebten bei den der Reihe nach angestellten Gastmahlen in Lust und Freuden.

Unterdessen brachte Kleopatra allerlei Arten von tödlichen Giften zusammen und stellte mit jedem an Verbrechern, die auf Vollstreckung des Todesurteils warteten, Versuche an, um zu sehen, ob dessen Wirkung schmerzlos wäre. Da sie bemerkte, daß die schnell tötenden den Tod unter großen Schmerzen herbeiführten, die gelindern aber nur langsam wirkten, so machte sie noch Proben mit giftigen Tieren, die sie in ihrer Gegenwart andern Tieren ansetzen ließ. Dies tat sie täglich und fand dabei, daß beinahe unter allen nur der Biß der Natter ohne Zuckung und Ächzen eine Betäubung und unüberwindliche Neigung zum Schlafe bewirkt, so daß die Gebissenen unter einem leichten Schweiße des Gesichts und Verdunklung der Sinne nach und nach hinsterben und, wenn man sie aufwecken oder ermuntern will, ebenso unwillig werden wie die, welche im tiefen Schlafe liegen.

72. Zugleich schickten sie nun auch Gesandte an Caesar nach Asien; Kleopatra wollte für ihre Söhne die Herrschaft über Ägypten erbitten, Antonius aber verlangte, sein Leben in Athen, wenn es nicht in Ägypten sein könnte, als Privatmann hinbringen zu dürfen. Da sie, von allen Freunden verlassen, niemanden hatten, dem sie sich anvertrauen konnten, wurde Euphronios, der Lehrer ihrer Kinder, als Gesandter abgeschickt. Denn auch Alexas von Laodikeia, der in Rom durch Timagenes dem Antonius bekannt geworden war und bei ihm unter allen Griechen am meisten galt,

der auch immer das tätigste Werkzeug für Kleopatra gegen Antonius abgegeben und die in ihm etwa noch zum Vorteil der Octavia entstehenden Regungen verdrängt hatte, war schon abgeschickt worden, um den König Herodes vom Übertritt abzuhalten. Aber er blieb dort zurück, ward an Antonius zum Verräter und erdreistete sich sogar, weil er auf Herodes' Unterstützung rechnete, Caesar unter die Augen zu treten. Jedoch Herodes konnte ihm nichts helfen, sondern er wurde sogleich ins Gefängnis geworfen, dann gefesselt in seine Vaterstadt geführt und dort auf Caesars Befehl hingerichtet. Auf diese Weise erlebte es Antonius noch, daß Alexas für die an ihm begangene Treulosigkeit büßen mußte.

73. Die Anträge des Antonius verwarf Caesar geradezu, der Kleopatra aber ließ er antworten, sie könnte auf seine Billigkeit sichere Rechnung machen, wenn sie Antonius aus dem Wege räumen oder von sich jagen wollte. Zugleich schickte er seinerseits einen seiner Freigelassenen, namens Thyrsos, an sie ab, einen einsichtsvollen Mann, der die Unterhandlung zwischen einem jungen Feldherrn und einer ehrsüchtigen, auf ihre Schönheit und Reize ungemein eingebildeten Frau mit aller Geschicklichkeit zu führen wußte. Da jedoch dieser Mann länger und öfter als andere mit ihr sprach und vorzügliche Ehre genoß, erregte er Verdacht bei Antonius, der ihn greifen und auspeitschen ließ und dann an Caesar zurückschickte, wobei er schrieb, Thyrsos habe durch sein höhnisches und geringschätziges Benehmen ihn, der wegen seiner Unfälle ohnehin sehr reizbar wäre, zum Zorne gereizt. „Wenn dich", setzte er hinzu, „das Geschehene verdrießt, so hast du ja meinen Freigelassenen Hipparchos, den laß du immerhin aufhängen und peitschen, damit wir einander nichts vorzuwerfen haben."

Von nun an erwies Kleopatra Antonius, um dessen Argwohn und Vorwürfe zu zerstreuen, die ausgesuchtesten Schmeicheleien. So brachte sie ihren Geburtstag auf eine bescheidene, den Umständen angemessene Art hin; den seinigen hingegen feierte sie mit übertriebenem Glanz und Aufwand, so daß viele der eingeladenen Gäste, die arm zur Tafel gekommen waren, als reiche Leute wieder nach Hause gingen.

74. Unterdessen schrieb Agrippa von Rom aus mehrere

Briefe an Caesar und drängte ihn zurückzukehren, weil die dortigen Umstände seine Gegenwart erheischten. Dadurch erfuhr der Krieg vorderhand einigen Aufschub; sobald aber der Winter verflossen war, rückte Caesar wieder durch Syrien und seine Generäle durch Afrika gegen Ägypten vor. Pelusion wurde mit leichter Mühe erobert, und nun lief das Gerücht um, daß Seleukos sich nicht ohne Genehmigung von Kleopatra ergeben habe. Um dies zu widerlegen, überlieferte sie nicht nur dem Antonius die Gemahlin und die Kinder des Seleukos, daß er sie nach Belieben hinrichten sollte, sondern ließ auch in die von ihr erbaute Grab- und Gedenkstätte, ein Gebäude von außerordentlicher Schönheit und Höhe, das gleich neben dem Isistempel stand, die kostbarsten Güter des königlichen Schatzes an Gold, Silber, Smaragden, Perlen, Ebenholz, Elfenbein und Zimt und zuletzt eine Menge Fackeln und Werg zusammentragen, so daß Caesar, dem um diese Reichtümer bange war und der befürchtete, sie möchte am Ende, wenn man sie zur Verzweiflung brächte, alle die Kostbarkeiten durch Feuer zerstören, von Zeit zu Zeit Leute an sie abschickte, die sie mit angenehmen Hoffnungen hinhalten mußten, während er selbst eiligst gegen die Stadt anrückte.

Als er sich bei der Rennbahn gelagert hatte, machte Antonius einen Ausfall und stritt mit so ausgezeichneter Tapferkeit, daß er Caesars Reiterei in die Flucht schlug und sie bis ins Lager verfolgte. Stolz auf diesen Sieg, begab er sich in den königlichen Palast, küßte Kleopatra in voller Rüstung und empfahl ihr einen Soldaten, der im Kampfe den größten Mut bewiesen hatte. Sie schenkte auch demselben zur Belohnung einen goldenen Harnisch und Helm, aber der Soldat ging mit dem empfangenen Geschenk gleich in der folgenden Nacht zu Caesar über.

75. Antonius schickte nun noch einmal an Caesar und ließ ihn zum Zweikampf herausfordern, erhielt aber die Antwort, es ständen Antonius gar viele Wege zum Tode offen. Er sah nun wohl ein, daß für ihn kein Tod rühmlicher wäre als der auf dem Schlachtfelde und beschloß daher, seinen Gegner sowohl zu Wasser als zu Lande anzugreifen. Beim Abendessen befahl er, wie man sagt, den Bedienten, ihm reichlich einzuschenken und aufzutragen; denn es wäre ungewiß, ob sie dies morgen noch tun könnten oder andern

Herren aufwarten müßten, ob er nicht selbst entseelt und in ein Nichts verwandelt daliegen werde. Da er seine Freunde darüber weinen sah, erklärte er, er werde sie nicht mit in ein Treffen führen, in welchem er mehr einen rühmlichen Tod als Sieg und Rettung zu finden hoffe.

In der folgenden Nacht, ungefähr um die Mitte derselben, als durch die ganze Stadt, aus Furcht und Erwartung des bevorstehenden Schicksals, die tiefste Stille und Niedergeschlagenheit herrschte, ließ sich, so erzählt man, auf einmal eine artig zusammenstimmende Musik von allerhand Instrumenten und ein Volksgeschrei, verbunden mit Jauchzen und Satyrtänzen, hören, nicht anders, als wenn eine lärmende Prozession von Bakchanten auszöge. Dieser Zug schien fast mitten durch die Stadt zu dem Tore, das zum feindlichen Lager führte, hinauszugehen und das Getümmel, wie es eben am stärksten war, in dieser Gegend zu verschwinden. Leute, die über diese Erscheinung nachdachten, vermuteten, daß der Gott, welchem Antonius sich immer am meisten hätte gleichstellen und den er sich zum Muster nehmen wollen, jetzt gänzlich von ihm gewichen sei.

76. Mit Anbruch des Tages stellte Antonius selbst die Landmacht auf den vor der Stadt liegenden Hügeln in Schlachtordnung und beobachtete von da seine Schiffe, die aus dem Hafen liefen und auf die feindlichen losgingen. In der Erwartung, von diesen eine große Tat zu sehen, hielt er sich ruhig. Sobald sie aber nahe hinzu kamen, begrüßten sie mit den Rudern Caesars Schiffe, und da diese den Gruß erwiderten, gingen sie sämtlich zu ihnen über, worauf alle zusammen, in eine Flotte vereinigt, zum Angriff gegen die Stadt vorrückten. Während Antonius dies mit ansah, wurde er sogleich auch von der Reiterei verlassen, die geradewegs zu den Feinden überging. Er kehrte daher, da das Fußvolk bald über den Haufen geworfen war, in die Stadt zurück und schrie, er sei von Kleopatra an diejenigen verraten worden, mit denen er um ihretwillen Krieg geführt hätte.

Kleopatra, die sich vor seiner Wut und Verzweiflung fürchtete, nahm ihre Zuflucht in das Grabmal und ließ die Falltür nieder, die mit Riegeln und Schlössern fest verwahrt wurde; dann schickte sie Leute ab, die dem Antonius sagen mußten, sie habe ihrem Leben ein Ende gemacht. Dies glaubte er und sagte zu sich selbst: „Was zauderst du noch,

Antonius? Das Schicksal hat dir nun den einzigen noch übrigen Vorwand, dein Leben zu fristen, entrissen!" Mit diesen Worten ging er in sein Zimmer, band den Harnisch auf und zog ihn aus. „O Kleopatra", rief er, „mich schmerzt es nicht, deiner beraubt zu sein, denn ich werde bald wieder zu dir kommen; aber es tut mir wehe, daß ich, ein so großer Feldherr, von einem Weibe an Herzhaftigkeit mich übertroffen sehen muß!"

Er hatte einen treuen Sklaven, namens Eros. Diesem hatte er schon seit geraumer Zeit aufgetragen, ihn zu töten, sobald es die Umstände nötig machten, und jetzt forderte er ihn auf, sein Versprechen zu erfüllen. Eros zog auch das Schwert, holte aus, als wenn er ihn niederstechen wollte, kehrte aber das Gesicht weg und erstach sich selbst. Als er zu Antonius' Füßen niedersank, rief dieser: „Recht so, mein guter Eros! Du vermochtest nicht, es selbst zu tun, lehrst mich aber wenigstens, was ich zu tun habe." So stieß er sich das Schwert durch den Unterleib und warf sich rückwärts auf ein Ruhebett. Aber die Wunde bewirkte nicht gleich den Tod, und er kam, da im Liegen das Blut aufhörte zu fließen, wieder zu sich selbst und bat die Umstehenden, ihn vollends zu töten. Diese liefen aber zum Zimmer hinaus, während er schrie und sich ängstlich herumwarf, bis endlich von Kleopatra ihr Geheimschreiber Diomedes ankam, welcher Befehl hatte, ihn zu ihr in das Grabmal zu bringen.

77. Wie er hörte, daß Kleopatra noch lebte, befahl er seinen Bedienten mit vieler Hitze, ihn gleich aufzuheben, und so wurde er auf den Armen bis an die Tür des Grabmals getragen. Kleopatra öffnete die Falltür nicht, erschien aber oben an einem Fenster, ließ Seile und Taue herab, und nachdem Antonius daran war gebunden worden, zog sie ihn mit Hilfe zweier Frauen, der einzigen, die sie mit in das Grabmal genommen hatte, in die Höhe. Die, welche dabei zugegen waren, versicherten, daß sie nie einen rührenderen Anblick als diesen gehabt hätten, da Antonius, mit Blut bespritzt und mit dem Tode ringend, hinaufgezogen wurde, immer die Hände nach ihr ausstreckte und so eine ziemliche Zeit in der Schwebe hing. Denn für Frauen war dies keine so leichte Arbeit, sondern Kleopatra mußte sich mit beiden Händen unter großer Anstrengung, von der sich ihre Gesichtszüge verzerrten, an dem Seile anklammern,

während die Untenstehenden sie durch Zurufen ermunterten und die Angst mit ihr teilten.

Nachdem sie ihn auf diese Weise hereingenommen und auf ein Bett gelegt hatte, riß sie seinetwegen ihre Kleider auf, schlug und zerfleischte mit den Händen ihre Brust, wischte ihm mit dem Gesichte das Blut ab, nannte ihn bald ihren Herrn, bald ihren Gemahl, bald Imperator und vergaß aus Jammer über sein Unglück beinahe ihr eigenes. Antonius stillte ihre Klagen und verlangte Wein zu trinken, entweder weil er Durst hatte oder weil er dadurch seine Leiden desto geschwinder zu endigen hoffte. Als er getrunken hatte, ermahnte er sie, auf ihre Rettung bedacht zu sein, sofern es ohne Schande geschehen könnte, und sich unter Caesars Freunden vornehmlich Proculejus anzuvertrauen; ihn sollte sie wegen des letzten Glückswechsels nicht beklagen, sondern eher wegen des vielen Guten, das ihm zuteil geworden, glücklich preisen, da er den ausgebreitetsten Ruhm erlangt und die größte Macht besessen hätte, auch nun eben auf keine schimpfliche Art als Römer von einem Römer überwunden worden wäre.

78. Eben in dem Augenblick, da er den Geist aufgab, kam Proculejus von Caesar herbei. Als nämlich Antonius sich den Stich beigebracht hatte und zu Kleopatra getragen wurde, nahm Derketaios, einer der Leibwächter, dessen Schwert weg, versteckte es unter seinem Kleide, lief damit zu Caesar und brachte ihm die erste Nachricht von Antonius' Tode, indem er das blutige Schwert vorzeigte. Auf diese Nachricht entfernte sich Caesar in das Innere seines Zeltes und beweinte den Tod eines Mannes, der sein Schwager, sein Mitregent und Teilnehmer an vielen Kämpfen und Unternehmungen gewesen war. Darauf suchte er die mit ihm gewechselten Briefe und las sie seinen versammelten Freunden vor, um zu beweisen, daß Antonius ihm auf seine glimpflichen und gemäßigten Vorschläge immer in einem trotzigen und übermütigen Tone geantwortet hätte. Nun aber schickte er Proculejus ab, mit dem Befehle, daß er sich, wo möglich, vor allen Dingen der Kleopatra noch lebendig versichern sollte. Denn er war wegen der Schätze in Besorgnis und betrachtete es als die vornehmste Zierde seines Triumphs, wenn er Kleopatra mit aufführen könnte.

Mit Proculejus persönlich zusammenzukommen, schlug sie durchweg ab; doch fand zwischen ihnen eine Art von Unterredung an dem Gebäude statt, indem er von außen an die untere Türe trat, die zwar fest verschlossen war, aber der Stimme Durchgang gestattete. In dieser Unterredung bat Kleopatra sich aus, daß man ihren Söhnen die Herrschaft über Ägypten lassen möchte, Proculejus aber hieß sie gutes Muts sein und sich in allen Stücken auf Caesar verlassen.

79. Nachdem er den Ort in Augenschein genommen und Caesar von allem Bericht abgestattet hatte, wurde Gallus abgeschickt, um sich nochmals mit ihr zu besprechen. Dieser begab sich wieder an jene Tür und zog absichtlich die Unterredung in die Länge. Unterdessen stieg Proculejus auf einer angelegten Leiter durch ebendas Fenster, durch welches die Frauen Antonius hereingenommen hatten, und ging mit zwei Bedienten sogleich nach der Tür hinab, an welcher Kleopatra mit Gallus im Gespräche begriffen war. Eine der Frauen, die sich mit Kleopatra eingeschlossen hatten, rief ihr mit lauter Stimme zu: „Arme Kleopatra, du wirst gefangengenommen." Auf diese Worte drehte Kleopatra sich um, und da sie den Proculejus erblickte, wollte sie sich mit einem Räuberdolche erstechen, den sie gerade im Gürtel stecken hatte. Allein Proculejus sprang gleich hinzu und umfaßte sie mit beiden Händen. „Ei Kleopatra!" sagte er, „du handelst an dir selbst und an Caesar ungerecht, da du ihm eine so schöne Gelegenheit entziehst, seine Großmut zu zeigen, und den sanftmütigsten unter allen Feldherren in den Ruf eines hartherzigen und unversöhnlichen Mannes bringst." Zugleich wand er ihr den Dolch aus der Hand und schüttelte ihre Kleider durch, aus Besorgnis, sie möchte noch Gift bei sich versteckt haben. Auch wurde von Caesar einer seiner Freigelassenen, Epaphroditos, hingeschickt, der den Auftrag bekam, mit der größten Sorgfalt für ihr Leben zu wachen, sonst aber ihr auf das höflichste zu begegnen und alle ihre Wünsche zu befriedigen.

80. Nunmehr hielt Caesar seinen Einzug in die Stadt Alexandria, wobei er sich mit dem Philosophen Areios unterredete und ihn bei der Hand hielt, damit der Mann durch diese ihm erwiesene Ehre bei seinen Mitbürgern gleich in Ansehen kommen und eine ausgezeichnete Bewunderung erhalten sollte. Darauf verfügte er sich in das Gymnasium,

bestieg eine für ihn errichtete Bühne, und da die Einwohner sich voller Furcht und Angst vor ihm niederwarfen, hieß er sie aufstehen und sagte, er wolle ihnen alle Schuld erlassen, erstlich wegen Alexanders, des Erbauers, zweitens aus Bewunderung für die Größe und Schönheit der Stadt, drittens seinem Freunde Areios zu Gefallen.

Eine solche Ehre genoß Areios von Caesar, außerdem aber wirkte er auch andern durch seine Fürbitte Verzeihung aus. Unter diesen befand sich Philostratos, der unter allen Sophisten jener Zeit der geschickteste war, aus dem Stegreife zu reden, aber sich ungebührlicherweise in die Akademie eindrängte. Daher wies Caesar, der seine Aufführung verabscheute, alle für ihn eingelegten Bitten ab. Philostratos aber ließ den Bart lang wachsen, legte ein schwarzes Kleid an und folgte dem Areios überall auf dem Fuße nach, indem er ihm immer folgenden Vers zurief:

Die Weisen retten Weise, wenn sie weise sind.

Als Caesar dies hörte, verzieh er ihm, mehr um den Areios vom Neide als um den Philostratos von seiner Furcht zu befreien.

81. Von Antonius' Kindern wurde Antyllus, der älteste Sohn, den er von Fulvia hatte, von seinem Hofmeister Theodoros ausgeliefert und dann hingerichtet. Als die Soldaten ihm den Kopf abhieben, entwendete der Hofmeister einen Stein von großem Werte, den er am Halse trug, und nähte ihn in den Gürtel. Er wollte es leugnen, wurde aber überführt und ans Kreuz geschlagen. Die Kinder der Kleopatra wurden zwar nebst ihren Erziehern genau bewacht, sonst aber anständig gehalten.

Den Caesarion, der für einen Sohn des älteren Caesar galt, hatte die Mutter mit einer großen Summe Geldes über Äthiopien nach Indien geschickt; aber ein anderer Hofmeister, der dem Theodoros an Denkart gleich war, namens Rhodon, beredete ihn, wieder zurückzukehren, indem er ihm weismachte, Caesar habe ihn zur königlichen Würde berufen. Da Caesar, was ihn anging, unentschlossen war, soll Areios zu ihm gesagt haben:

Vielcäsarei frommt nicht!

Und so ließ er ihn in der Folge nach dem Tode der Kleopatra hinrichten.

82. Mehrere Könige und Generale baten darum, Antonius begraben zu dürfen; allein Caesar wollte der Kleopatra den Leichnam nicht nehmen lassen, welcher denn auch von ihren Händen mit königlicher Pracht beerdigt wurde, da sie Erlaubnis erhielt, alles, was sie wollte, dazu zu gebrauchen.

Bei der außerordentlichen Betrübnis und den vielen Schmerzen, die sie leiden mußte – denn ihre Brust war vom Schlagen ganz entzündet und voll schwärender Wunden –, fiel sie noch in ein heftiges Fieber, und diesen Vorwand ergriff sie mit Vergnügen, um sich aller Nahrung zu enthalten und auf diese Art ihrem Leben ungehindert ein Ende zu machen. Ihr Leibarzt war ein gewisser Olympos; diesem entdeckte sie ihre wahre Absicht und bediente sich seines Rats und seiner Beihilfe, um die Auszehrung zu bewirken, wie Olympos selbst erzählt, der die Geschichte dieser Ereignisse herausgegeben hat. Caesar aber schöpfte darüber Verdacht und setzte sie durch allerhand Drohungen hinsichtlich ihrer Kinder in solche Furcht, daß sie, durch diesen Kunstgriff besiegt, ihren Leib, wie man nur wollte, pflegen und warten ließ.

83. Wenige Tage danach kam Caesar selbst, um sie zu sprechen und zu trösten. Sie lag eben ganz schlecht gekleidet auf einem Ruhebett. Bei seinem Eintritte sprang sie im bloßen Unterkleide auf und warf sich mit äußerst zerwühltem Haare und verstörtem Gesichte, mit zitternder Stimme und verweinten Augen ihm zu Füßen; auch waren auf ihrem Busen noch viele Spuren von jener Zerfleischung sichtbar, und überhaupt schien ihr Körper sich um nichts besser zu befinden als ihr Geist. Indes war der ihr eigene Reiz, jenes kecke Vertrauen auf ihre Schönheit noch nicht ganz erloschen, sondern schimmerte, ihrer traurigen Lage ungeachtet, immer noch von innen durch und verriet sich im Gesicht durch ihre Mienen.

Als Caesar sie nötigte, sich wieder hinzulegen, und sich neben sie setzte, begann sie eine Art von Rechtfertigung und suchte das Geschehene mit der Notwendigkeit und der Furcht vor Antonius zu entschuldigen. Caesar aber widerlegte sie Punkt für Punkt, und da sie bald überführt wurde, legte sie sich aufs Bitten und suchte sein Mitleid zu erregen, als wenn sie noch so sehr an dem Leben hinge. Zuletzt überreichte sie Caesar ein Verzeichnis ihrer Schätze. Da Seleukos, einer von ihren Verwaltern, sie beschuldigte, daß sie einige Kostbarkeiten verhehle und unterschlagen wolle, sprang sie wütend auf, faßte ihn bei den Haaren und gab ihm viele Schläge ins Gesicht. Caesar lächelte darüber und suchte sie zu beruhigen. „Wie, Caesar?" sagte sie, „ist es nicht unerträglich, daß, während du mir in meiner jetzigen Lage die Ehre erweist, mich zu besuchen und mit mir zu sprechen, meine eigenen Sklaven als Kläger gegen mich auftreten, wenn ich die eine oder andere Weibersache beiseite gelegt habe, wahrlich nicht, um mich selbst damit zu schmücken – ach ich Arme! –, sondern um Octavia und deine Livia mit einigen Kleinigkeiten zu beschenken und durch sie desto mehr Gnade und Gütigkeit bei dir zu finden?" Caesar hörte dies mit vielem Vergnügen, weil er daraus sicher schloß, daß sie noch viel Liebe zum Leben haben müßte. Er sagte daher, daß er diese Sachen ihr gern überlasse, auch sie sonst mit einer Güte und Großmut, die alle ihre Hoffnungen überträfe, behandeln wolle, und begab sich dann weg, indem er glaubte, sie recht betrogen zu haben, aber selbst weit mehr betrogen war.

84. Unter Caesars Freunden befand sich Cornelius Dolabella, ein junger Mann von vornehmer Geburt. Dieser war der Kleopatra nicht abgeneigt, und auf ihre Bitten tat er ihr damals noch den Gefallen, daß er ihr heimlich melden ließ, Caesar werde zu Lande durch Syrien zurückkehren und habe beschlossen, sie mit ihren Kindern in drei Tagen nach Rom zu schicken. Auf diese Nachricht bat sie erst Caesar um die Erlaubnis, Antonius ein Totenopfer zu bringen, und da er es bewilligte, ging sie mit ihren vertrauten Frauen zu dem Grabmale und warf sich auf den Sarg. „Teuerster Antonius", sagte sie, „neulich begrub ich dich mit diesen noch freien Händen, jetzt bringe ich dir das Totenopfer als eine Gefangene, unter genauer Bewachung, daß ich diesen sklavischen, zum Triumph über dich aufbewahrten Körper ja nicht durch Tränen und Schläge mißhandle. Erwarte nun keine anderen Ehrenbezeigungen oder Totenopfer; dies sind die letzten, die Kleopatra dir bringt. Im Leben hat uns nichts voneinander trennen können; aber im Tode müssen wir noch allem Anschein nach den Ruheplatz vertauschen.

Du, ein Römer, liegst hier begraben, und ich Unglückliche werde mein Grab in Italien finden, den einzigen Anteil, den ich an deinem Vaterlande nehme. Doch wenn die dortigen Götter nur einige Macht und Stärke noch besitzen – die hiesigen haben uns verraten –, so gib mich, deine Gemahlin, nicht lebend preis, laß es nicht geschehen, daß in mir über dich triumphiert werde, sondern verbirg mich hier in einem Grabe mit dir, indem unter den tausend Übeln, die mich treffen, keins so schwer und empfindlich ist als die kurze Zeit, die ich ohne dich gelebt habe."

85. Nach dieser Klagerede schmückte sie den Sarg mit Kränzen und gab Befehl, für sie ein Bad zu bereiten. Nachdem sie sich gebadet hatte, legte sie sich zu Tische und hielt eine herrliche Mahlzeit. Während derselben kam jemand vom Lande und brachte ein Körbchen. Auf die Frage der Wachen, was er trüge, machte er es auf, nahm die Blätter oben weg und zeigte, daß es mit Feigen angefüllt war. Da jene sich über die Größe und Schönheit der Früchte wunderten, lächelte er und hieß sie davon nehmen; aber ohne den geringsten Argwohn befahlen sie ihm, das Körbchen hineinzutragen. Nach der Mahlzeit schickte Kleopatra ihre Schreibtafel, die sie beschrieben und versiegelt hatte, an Caesar, hieß alle aus dem Zimmer gehen, bis auf jene zwei Frauen, und schloß sich mit ihnen ein.

Caesar erbrach sogleich die Schreibtafel, und da er beim Lesen auf die flehentliche, mit Klagen vermischte Bitte stieß, daß er sie doch ja neben Antonius begraben möchte, erriet er bald, was geschehen war. Erst wollte er selbst ihr zu Hilfe eilen, schickte dann aber in der Geschwindigkeit andere hin, um die Sache zu untersuchen. Aber es war mit ihrem Tode äußerst schnell zugegangen, ohne daß die aufgestellten Wachen das geringste davon gemerkt hatten. Denn als jene im vollen Laufe dahin kamen und die Tür öffneten, fanden sie Kleopatra schon tot in königlichem Schmucke auf einem goldenen Bette liegen. Die eine von ihren Frauen, Eiras, verschied eben zu ihren Füßen; die andere, Charmion, die schon wankte und taumelte, machte das Diadem, womit das Haupt der Kleopatra umbunden war, zurecht. Da einer im Zorne zu ihr sagte: „Das ist schön, Charmion!", versetzte sie: „Freilich, das allerschönste, wie es sich für die Enkelin so vieler Könige schickt." Weiter konnte sie nichts sagen, sondern sank sogleich neben dem Bette nieder.

86. Man sagt nun, in dem Körbchen sei ihr eine Natter unter den Feigen und Blättern versteckt gebracht worden; denn sie habe es selbst so befohlen, damit sie, ohne es zu wissen, von dem Tiere gebissen würde. Als sie aber einige Blätter oben weggenommen hatte und die Schlange erblickte, habe sie gerufen: „Ei da ist sie ja" und sogleich den entblößten Arm ihr zum Beißen hingehalten. Andere erzählen, die Natter sei in einem Wasserkruge verschlossen aufbewahrt worden; Kleopatra habe sie mit einem goldenen Spinnrocken so lange gereizt und erbittert, bis sie heraussprang und sich ihr an den Arm hing. Den wahren Hergang der Sache weiß jedoch niemand zu bestimmen. Denn es wird auch erzählt, sie habe beständig Gift in einer hohlen Haarnadel bei sich getragen und diese in dem Kopfschmucke verborgen. Indes zeigte sich an ihrem Körper kein Flecken noch sonst ein Merkmal von Gift. Aber es war auch keine Schlange im Zimmer zu sehen; nur wollte man am Meere hin, nach welcher Seite das Zimmer die Aussicht hatte und wohin dessen Fenster gingen, einige Spuren von dem Gange derselben bemerkt haben. Einige versichern noch, daß an dem Arme der Kleopatra zwei zarte und kaum bemerkbare Stiche zu sehen gewesen wären, und dies scheint auch Caesar geglaubt zu haben. Denn beim Triumphe ließ er ein Bildnis der Kleopatra mit einer am Arm hängenden Natter mit aufführen. So werden diese Begebenheiten erzählt.

Ungeachtet nun Caesar über den Tod dieser Frau sehr ungehalten war, konnte er doch nicht umhin, ihren edlen Mut zu bewundern, und ließ ihren Leichnam neben dem des Antonius mit königlicher Pracht beerdigen. Auch erhielten die beiden Kammerfrauen auf seinen Befehl ein ehrenvolles Begräbnis.

Kleopatra starb in einem Alter von neununddreißig Jahren, von welchen sie zweiundzwanzig als Königin regiert und mehr als vierzehn mit Antonius geherrscht hat. Antonius hatte nach einigen ein Alter von sechsundfünfzig, nach anderen nur von dreiundfünfzig Jahren erreicht. Alle Bildsäulen des Antonius wurden umgeworfen, die der Kleopatra aber blieben stehen, weil Archibios, einer von ihren Freunden, Caesar 2 000 Talente bezahlte, damit sie nicht mit denen des Antonius gleiches Schicksal erfahren sollten.

87. Antonius hinterließ von drei Gemahlinnen eine Nachkommenschaft von sieben Kindern. Der älteste Sohn, Antyllus, wurde allein von Caesar hingerichtet; die übrigen
nahm Octavia zu sich und erzog sie mit ihren eigenen Kindern. Die Kleopatra, eine Tochter der Kleopatra, vermählte
sie mit Juba, dem gelehrtesten unter allen Königen. Antonius, den zweiten Sohn von Fulvia, erhob sie zu einer solchen Größe, daß, da Agrippa den ersten und die Söhne der
Livia den zweiten Rang in der Gunst bei Caesar hatten, dieser junge Antonius den dritten Platz zu behaupten
schien.

Octavia hatte von Marcellus zwei Töchter und einen einzigen Sohn, Marcellus. Diesen nahm Caesar an Kindes Statt
an und wählte ihn zum Schwiegersohn; von den Töchtern
gab er die eine dem Agrippa. Da Marcellus bald nach seiner
Vermählung starb und Caesar keinem unter seinen übrigen
Freunden genug traute, um ihn zum Schwiegersohn zu
wählen, machte ihm Octavia den Vorschlag, daß Agrippa
sich von ihrer Tochter scheiden und die Caesars nehmen
sollte. Dies ließ sich Caesar zuerst und dann auch Agrippa
gefallen, worauf sie ihre Tochter zurücknahm und mit Antonius vermählte, Agrippa aber Caesars Tochter heiratete.

Von den beiden Töchtern, die von Antonius und Octavia
vorhanden waren, bekam die ältere Antonia Domitius
Ahenobarbus, die jüngere Antonia, die sich durch Sittsamkeit und Schönheit auszeichnete, Drusus, der Sohn der Livia und Stiefsohn Caesars. Aus dieser Ehe gingen Germanicus und Claudius hervor, von welchen letzterer später zur
Regierung gelangte. Von den Kindern des Germanicus
führte Gaius eine kurze, berüchtigte Regierung und wurde
mit seiner Gemahlin und Tochter ermordet. Agrippina, die
von Ahenobarbus einen Sohn Lucius Domitius hatte, vermählte sich zum zweiten Male mit Claudius Caesar. Ihren
Sohn nahm Claudius an Kindes Statt an und gab ihm den
Namen Nero Germanicus. Dieser gelangte in unserm Zeitalter zur Herrschaft, ermordete seine Mutter, und es fehlte
wenig, so hätte er durch seine Unbesonnenheit und Tollheit das Römische Reich zerstört. Er stammte im fünften
Gliede von Antonius ab.

Vergleichung des Demetrios
mit dem Marcus Antonius

1. Da beide Männer außerordentliche Veränderungen des Glücks erfahren haben, so wollen wir zuerst die Art, wie sie zu der Macht und dem glänzenden Ruhme gelangt sind, in Betrachtung ziehen. Der eine verdankte sie seinem Vater und fand sie schon vorbereitet, indem Antigonos unter Alexanders Nachfolgern der mächtigste war und, ehe noch Demetrios das männliche Alter erreichte, den größten Teil von Asien durchzogen und sich unterwürfig gemacht hatte. Antonius hingegen hatte einen Vater, der zwar ein ganz guter ehrlicher Mann, aber zum Kriege nicht geschaffen war und ihm nicht die geringsten Mittel, sich emporzuschwingen, hinterließ; dennoch hatte er den Mut, nach Caesars Herrschaft zu streben, auf die er durch Verwandtschaft keinen Anspruch machen konnte, drängte sich als Erbe in die von jenem erworbenen Rechte und Vorzüge ein und gelangte durch keine anderen Mittel, als die er in sich selbst fand, zu einer solchen Macht, daß er das ganze Römische Reich in zwei Teile teilte und die vorzüglichere Hälfte für sich selbst wählte und sich zueignete; daß er abwesend durch seine Soldaten und Offiziere die Parther in vielen Schlachten besiegte und die am Kaukasus wohnenden wilden Völker bis an das Kaspische Meer zurückdrängte.
Für seine Größe zeugt selbst das, was ihm zum Vorwurf gereichte. Denn Antigonos war schon sehr froh, daß er seinen Sohn Demetrios mit der Phila, Antipaters Tochter, als einer Person von weit höherem Range, ob sie gleich viel älter war, vermählen konnte; Antonius hingegen zog sich durch die Vermählung mit Kleopatra Schande zu, mit einer Königin, die an Macht und Glanz alle Könige ihrer Zeit, den Arsakes einzig ausgenommen, bei weitem übertraf. Aber er hatte sich freilich zu einer solchen Größe erhoben, daß ihn

andere eines noch höheren Glücks, als er selbst verlangte, würdig hielten.

2. Die Grundsätze, nach welchen beide sich die Herrschaft erwarben, waren auf seiten des Demetrios ganz untadelhaft, da er Völker zu bezwingen und zu regieren suchte, die schon lange gewohnt waren, von Königen beherrscht zu werden; die des Antonius aber waren schlecht und tyrannisch, weil er das römische Volk unterjochte, das kaum erst der Alleinherrschaft Caesars entronnen war. Ja auch der Krieg gegen Cassius und Brutus, den man als die größte und glänzendste unter allen seinen Unternehmungen ansehen kann, wurde bloß in der Absicht geführt, um Vaterland und Mitbürger um ihre Freiheit zu bringen. Dagegen arbeitete Demetrios, ehe ihn der letzte Unfall traf, immer daran, Griechenland zu befreien und die Besatzungen aus den Städten zu vertreiben, nicht so wie Antonius, der stolz darauf war, daß er die Befreier Roms in Makedonien umgebracht hatte.

Eine der lobenswürdigen Eigenschaften des Antonius ist Freigebigkeit und Größe in den Geschenken, worin aber Demetrios wieder so sehr den Vorzug hat, daß er an seine Feinde mehr verschenkte, als Antonius seinen Freunden gab. Freilich macht es letzterem immer Ehre, daß er den Brutus mit aller Pracht begraben ließ; aber auch jener begrub alle Toten der Feinde und schickte dem Ptolemaios die Gefangenen mit Geld und Geschenken zurück.

3. Im Glücke waren beide ausschweifend und überließen sich ganz dem Vergnügen und Wohlleben. Indes kann man nicht sagen, daß Demetrios über den Lustbarkeiten und Freuden der Liebe Gelegenheiten zu großen Taten verabsäumt hätte; nur bei vieler Muße und Ruhe erlaubte er sich den Genuß der Vergnügungen, und Lamia diente ihm, wie in der Fabel, wirklich nur dann, wenn er scherzen oder schlafen wollte, zum Zeitvertreibe. Bei Kriegsrüstungen aber war nie sein Speer mit Efeu umwunden, nie duftete sein Helm von wohlriechenden Salben. Auch ging er nie glänzend und geputzt aus dem Schlafzimmer seiner Geliebten in die Schlachten; nein, dann ließ er alle fröhlichen Gelage, alle bakchischen Chöre schweigen, ward, um mit Euripides zu reden, ganz Diener des mörderischen Ares und machte sich überhaupt nie aus Hang zum Vergnügen oder

aus Zerstreuung eines Fehlers schuldig. Wie man hingegen auf Gemälden die Omphale dem Herakles die Keule aus der Hand winden und die Löwenhaut ausziehen sicht, so wußte auch Kleopatra oft Antonius zu entwaffnen und durch ihre Liebkosungen so zu bezaubern, daß er wichtige Unternehmungen und die dringendsten Feldzüge hintansetzte und an den Ufern bei Kanobos und Taphosiris mit ihr scherzend die Zeit vertändelte. Endlich entwich er gar, wie Paris, aus dem Treffen und verbarg sich in ihrem Schoße; oder wenn man es genau nimmt, floh doch Paris erst, nachdem er besiegt worden, ins Schlafzimmer, Antonius aber ergriff, um Kleopatra nachzueilen, die Flucht und ließ darüber sogar den Sieg fahren.

4. Ferner nahm Demetrios, was durch kein Gesetz verboten, vielmehr von Philippos und Alexander her bei den Makedoniern Sitte geworden war, mehrere Gemahlinnen, so gut wie Lysimachos und Ptolemaios, aber er hielt die, welche er genommen hatte, in Ehren. Antonius nahm dagegen erst zwei Frauen zugleich, ein Schritt, den sich bisher noch kein Römer erlaubt hatte; dann stieß er die rechtmäßig mit ihm vermählte Mitbürgerin aus dem Hause, und dies bloß der Ausländerin zu Gefallen, deren Verbindung mit ihm doch gesetzwidrig war. Daher brachte die Ehe jenem gar keinen Nachteil, diesem aber das größte Unglück.

Indes findet sich in dem Leben des Antonius keine so verruchte, aus Geilheit begangene Schandtat, als sie Demetrios begangen hat. Die Geschichtsschreiber melden, daß von der ganzen Burg zu Athen die Hunde entfernt gehalten wurden, weil diese Tiere sich vor allen andern öffentlich zu begatten pflegen. Aber Demetrios schwelgte in dem Parthenon selbst mit Lustdirnen und schändete viele Weiber der Bürger. Sogar ein Laster, das mit dergleichen Ausschweifungen und Üppigkeiten am wenigsten verbunden zu sein scheint, nämlich die Grausamkeit, zeigt sich in Demetrios' Hange zur Wollust, da er es geschehen ließ oder vielmehr veranlaßte, daß der schönste und tugendhafteste Athener eines jämmerlichen Todes starb, um nur der Schändung zu entgehen. Mit einem Worte, Antonius handelte durch seine Unenthaltsamkeit nur gegen sich selbst, Demetrios aber gegen andere ungerecht.

5. Gegen seine Verwandten bewies sich Demetrios in allen

Stücken untadelhaft; Antonius aber opferte seinen Oheim auf, um den Cicero umzubringen, eine Handlung, die schon an sich hart und grausam ist, so daß Antonius deshalb kaum Verzeihung verdient, auch wenn der Tod Ciceros der Lohn für die Rettung seines Oheims gewesen wäre.

Was Meineid und Treulosigkeit betrifft, deren sich beide schuldig machten, als der eine Artavasdes gefangennahm, der andere Alexander, Kassanders Sohn, aus dem Wege räumte, so findet sich auf seiten des Antonius immer noch ein gültiger Vorwand; denn er war von ihm in Medien verlassen und verraten worden. Demetrios hingegen erdichtete, wie viele sagen, um seine Handlung zu beschönigen, allerhand falsche Beschuldigungen und rächte sich an einem Manne, der eher der beleidigte als der beleidigende Teil war. Andererseits verrichtete Demetrios die großen Taten alle in eigener Person; Antonius aber trug, wo er nicht selbst zugegen war, die schönsten und wichtigsten Siege davon.

6. Beide verloren die Herrschaft durch ihre eigene Schuld, jedoch nicht auf gleiche Weise. Der eine wurde im Stich gelassen, da die Makedonier von ihm abfielen; der andere ließ selbst seine Armee im Stich und floh von denen, die für ihn kämpften. Jenen trifft also der Vorwurf, daß er die Soldaten so abgeneigt und feindselig gegen sich gemacht hatte, diesen, daß er auf eine so ungemeine Treue und Zuneigung, die er sich zu verschaffen gewußt hatte, Verzicht tat.

Die Todesart beider läßt sich nicht eben loben, aber die des Demetrios verdient den meisten Tadel. Denn er begab sich willig in die Gefangenschaft, ließ sich einschließen und war froh, noch eine Frist von drei Jahren zu gewinnen, indem er durch Wein und eine gute Tafel, wie ein wildes Tier, zahm gemacht wurde. Antonius hingegen machte zwar auf eine furchtsame, elende und schimpfliche Art, aber doch ehe er seinen Feinden in die Hände fiel, seinem Leben ein Ende.

Anmerkungen

Die Anmerkungen wollen dem Leser neben einer Zusammenfassung der wichtigsten biographischen Daten der behandelten Personen Hilfe bei all den Textstellen bieten, die sich dem unmittelbaren Verständnis entziehen oder falsch gedeutet werden könnten. Für eine weitergehende Beschäftigung sei er insbesondere auf das von Johannes Irmscher herausgegebene „Lexikon der Antike" hingewiesen.

Die verwendeten Zahlen beziehen sich auf die Kapitel der jeweiligen Biographie.

Themistokles

Themistokles, um 524–459 v. u. Z., war der erste radikale demokratische Politiker Athens. Er betrieb 493/92 als Archon im Interesse von Handwerk und Handel den Ausbau des Hafens Peiraieus und setzte sich für den beschleunigten Bau einer Kriegsflotte gegen die von Persien drohende Gefahr ein. Diesen Plänen widersetzten sich vor allem die athenischen Großgrundbesitzer unter Miltiades und Aristeides. Nach Ausschaltung seiner wichtigsten Gegner setzte Themistokles, erneut zum Archon gewählt, 483/82 ein Gesetz durch, das ihm erlaubte, die Erträge aus den Silberbergwerken von Laureion für den Flottenbau zu verwenden. Ein Jahr später war Athen eine Seemacht, die über 180 Schiffe verfügte. Im gemeinsamen Abwehrkampf Griechenlands gegen Persien kam Themistokles entscheidende Bedeutung zu. Er befehligte im Frühjahr 480 das athenische Kontingent im Tempe-Tal und siegte im gleichen Jahr als Stratege in der Seeschlacht bei Kap Artemision. Nach der Niederlage bei den Thermopylen hielt Themistokles die vereinigte griechische Flotte im Sund von Salamis fest und verleitete die Perser noch 480 durch eine List zu einer Entscheidungsschlacht, aus der die Griechen als Sieger hervorgingen. In der Folge kam es zum Bruch mit Sparta wegen der Wiederbefestigung Athens und der führenden Rolle, die es im Attisch-Delischen Seebund innehatte. Nach Erstarkung der innenpolitischen Gegenpartei unter Führung Kimons wurde Themistokles 470 durch Ostrakismos verbannt und wegen angeblichen Hochverrats zum Tode verurteilt. Er floh über Argos nach Susa zum persischen König Artaxerxes I., der ihn mit einigen Städten belehnte. Themistokles starb im Alter von 65 Jahren in Magnesia.

1   *Gymnasium* – Zunächst nur Ort körperlicher Übungen, wurde das mit Hof, Säulenhallen und Bädern ausgestattete Gymnasium seit Anfang des 4. Jahrhunderts v. u. Z. immer mehr zur höheren Bildungsstätte; die athenischen Gymnasien waren insbesondere durch die dort beheimateten philosophischen Schulen berühmt.

2   *Sophisten* – Der Name bedeutet im pejorativen Sinne „Klügler".

4   *Triere* – Ein leichtes, bewegliches Kriegsschiff von vierzig bis fünfzig Metern Länge und fünf Metern Breite, das mit drei Reihen Ruderern übereinander ausgestattet war. Es nahm 200 Mann Besatzung auf, darunter allein 170 Ruderer und etwa 12 Seesoldaten.

5   *Chorage* – Ein reicher athenischer Bürger, der für die Kosten einer Theateraufführung aufkam.
    Archon – Einer der neun höchsten Beamten Athens, die jährlich neu gewählt wurden.
    Ostrakismos – (griech.) Scherbengericht; vgl. dazu die Ausführungen Plutarchs im Kapitel 22 und in der Biographie des Perikles, Kap. 10.

6   *König* – Gemeint ist der persische König Xerxes.

7   *das heilige Schiff* – Es diente zur jährlichen Wallfahrt nach Delos.

10 *der areopagitische Rat* – Der Adelsrat in Athen, der sich aus ehemaligen Archonten zusammensetzte. Er führte die Staatsgeschäfte und war gleichzeitig oberster Gerichtshof, bis er durch die Reformen des Ephialtes 462 v. u. Z. entmachtet wurde und nur noch die Blutsgerichtsbarkeit behielt.
    der Peiraieus – Piräus, der Hafen von Athen.
    Kynos Sema – (griech.) Hundegrab.

12 *Schulwärter* – Knaben aus vornehmen Familien wurden von einem Sklaven beaufsichtigt, der sie vornehmlich zum Unterricht begleitete. Aus der griechischen Bezeichnung für diesen Sklaven, paidagogos, leitet sich die moderne Berufsbezeichnung der Lehrer her.

13 *Omestes* – Unter dieser Benennung für einen, der rohes Fleisch frißt, wurden dem Bakchos in früher Zeit Menschenopfer dargebracht.

15 *Jakchoszug* – Ein jauchzender Festzug, der am sechsten Tag der Eleusinien von Athen nach Eleusis ging. Dabei wurde die Statue des Jakchos, eines Gemahls oder Sohns der Demeter, nach anderer Auslegung eines Sohns der Persephone oder einer Inkarnation des Bakchos, mitgeführt.

19 *die Pnyx* – Ein Versammlungsplatz nahe der Akropolis in Athen.

20 *Amphiktyonen* – Die Teilnehmer eines Bundes griechischer Staaten und Städte, die sich zum Schutze eines bedeutenden Heiligtums zusammenschlossen.
    Pylagoren – Die gewählten Abgesandten zum Rat der Amphiktyonen.

21 *Aristobule* – (griech.) die am besten Ratende.

25 *das andere Meer* – Das Ägäische Meer.

27 *Chiliarch* – Bei den Persern der Oberste der königlichen Leibwache.

28 *Arimanios* – Nach der Lehre Zarathustras verkörperte Ahriman das Prinzip des Bösen.

30 *Leontokephalon* – (griech.) Löwenkopf.

31 *Ochsenblut* – Nach Angaben von Plinius dem Älteren soll es durch seine schnelle Gerinnung zum Tode geführt haben.

32 *wie in der Tragödie eine Maschine* – Es ist hier wohl auf die technische Vorrichtung angespielt, mit der die Göttergestalten auf die Bühne gebracht wurden, die eine unentwirrbare Handlung doch noch zu einem Ende führten.

Camillus

Marcus Furius Camillus, gest. 365 v. u. Z., war der bedeutendste Politiker Roms in der Zeit zwischen 400 und 370. Seiner Person hat sich die Legende in starkem Maße bemächtigt. Er war 403 Zensor, bekleidete sechsmal das Konsulartribunat (in den Jahren 401, 398, 394, 386, 384 und 381) und soll fünfmal Diktator (in den Jahren 396, 390, 389, 368 und 367) gewesen sein. Historisch verbürgt ist die Diktatur von 396, die mit der Eroberung der rivalisierenden Nachbarstadt Veji verbunden ist, sowie die von 389 (richtiger wohl 387), in der er die nach dem Kelteneinfall vordringenden Nachbarvölker von Rom abwehrte. Seine Verurteilung im Jahre 491 und das Exil in Ardea sind wohl Zutaten der Legende, ebenso seine Rückberufung als Diktator zur Vertreibung der Gallier unter Brennus. Camillus soll auch verhindert haben, daß Rom zugunsten von Veji aufgegeben wurde, und den Wiederaufbau der Stadt veranlaßt haben. Deswegen habe er den Ehrentitel „Vater des Vaterlands" erhalten.

5 *Leiden der Ino* – Sie mußte eine Sklavin als Kebsweib ihres Ge-
mahls Athamas erdulden. Nach dem Tode ihrer Schwester
Semele erzog sie deren Sohn Bakchos und wurde daher vom
Zorn der Göttin Hera verfolgt, bis sie sich im Wahnsinn ins
Meer stürzte, aber in die Göttin Leukothea verwandelt
wurde.

8 *Krater* – Ein Mischgefäß für Wein.

10 *Liktoren* – Amtsdiener der hohen römischen Beamten, die ihnen in der Öffentlichkeit die Faszes, lederriemenumwundene
Rutenbündel, in denen ein Beil steckte, als Zeichen der Amts-
gewalt vorantrugen.

13 *wie einst Achilleus* – Der griechische Held weigerte sich vor
Troja, nachdem man ihm die Sklavin Briseïs weggenommen
hatte, am weiteren Kampf teilzunehmen.

19 *der Monat Hippodromios* – Er entspricht etwa dem heutigen
Juli.
Monat Boëdromion – Ungefähr der heutige September.
der Thargelion – Er entspricht etwa dem heutigen Mai.
der Monat Metageitnion – Er ist etwa dem heutigen August
gleichzusetzen.
Auszug des Jakchos – Vgl. die Anm. zu Themistokles, Kap.
15.

20 *Namen von den Fässern* – Diese Stelle hieß Doliola, „die Fäß-
chen".

30 *Iden des Quintilis* – Der 15. September.
Iden des Februar – Der 13. Februar.

Perikles

Perikles, um 495–429 v. u. Z., gilt als der bedeutendste Staatsmann Athens, der den Stadtstaat ökonomisch, politisch und kultu-
rell zu einer Blütezeit, dem sogenannten Perikleischen Zeitalter,
führte. 463 trat er als Ankläger im Prozeß gegen Kimon, den Führer der Großgrundbesitzer, hervor und unterstützte 462 die radikalen demokratischen Reformen des Ephialtes. Nach der Verbannung Kimons im Jahre 461 stand Perikles lange Zeit an der Spitze
des politischen Lebens; seine Stellung beruhte formal auf dem Amt
des Strategen, das er nach 443 fünfzehnmal bekleidete. Perikles
machte Athen nach wechselvollen Auseinandersetzungen mit den
Nachbarn zur beherrschenden Macht in Mittelgriechenland und
zum unbestrittenen Kopf des Attischen Seebunds, dessen Bundes-
schatz 454 von Delos nach Athen überführt wurde. Mit den Geldern des Bundes finanzierte Perikles vorrangig seine Kulturpolitik,
u. a. die großartige Neugestaltung der Akropolis ab 448/47. 449

schloß Athen im Kalliasvertrag einen Vergleich mit Persien, der im wesentlichen den Status quo festschrieb. Ein für 448/47 geplanter panhellenischer Kongreß aus Anlaß des Endes der Perserkriege scheiterte am Widerstand Spartas, mit dem es in der Folge wieder zu militärischen Auseinandersetzungen kam. 446/45 wurde zwischen Athen und Sparta ein dreißigjähriger Friede beschlossen, der jedoch bereits 431 mit Beginn des Peloponnesischen Krieges gebrochen wurde. Die athenischen Aktionen, die auf eine Offensive zur See hinzielten, wurden nach Plänen des Perikles geführt. 430 brach die Pest in Athen aus. Perikles wurde seines Strategenamtes enthoben und wegen Unterschlagung verurteilt, 429 jedoch rehabilitiert. Im gleichen Jahr starb er an der Pest.

3   *Kephalegeretas* – (griech.) einer, der die Köpfe versammelt. Der Spottname ist nach dem Beinamen des Zeus, der die Wolken versammelt, gebildet.

5   *wie die Aufführung der Tragödien ... mit ... Satirischem begleitet* – Im athenischen Tragödienwettbewerb folgte auf drei Tragödien sozusagen als Nachspiel ein Satyrstück.

7   *das salaminische Schiff* – Ein heiliges Schiff, das zur jährlichen Wallfahrt nach Delos diente.

8   *Peiraieus* – Piräus, der Hafen von Athen.

9   *Schauspielgelder, Gerichtssporteln* – Als Ausgleich für entgangene Einnahmen erhielten die Athener Bürger beim Besuch des Theaters oder bei Ausüben einer Geschworenenfunktion eine Entschädigung in Form von Geld.

    areopagitischer Rat – Vgl. die Anm. zu Themistokles, Kap. 10.

    Archon ..., Thesmothetes, ... Basileus ... Polemarchos – Von den neun Archonten (vgl. die Anm. zu Themistokles, Kap. 5) führte der erste den Namen Archon, „Regent", der zweite Basileus, „König", der dritte Polemarchos, „Kriegsoberster", und die übrigen hießen Thesmothetai, „Gesetzgeber".

16   *die neuen Peisistratiden* – Der Tyrann Peisistratos war mittels seiner Leibwache zur Macht gelangt.

21   *eherner Wolf* – Ein in Delphi aufgestelltes Weihgeschenk.

22   *Ephoren* – Die fünf höchsten Beamten Spartas, die jährlich neu gewählt wurden.

23   *Hippobaten* – Diejenigen, „die zu Pferde stiegen", die Ritter.

24   *Omphale* – Bei dieser lydischen Königin diente Herakles, wobei er sogar Frauenarbeiten verrichtete.

    Deianeira – Gattin des Herakles, durch deren Verschulden er das vergiftete Hemd des Nessos überzog und den Tod fand.

27   *Periphoretos* – (griech.) der Herumgetragene.

30 *das geheiligte Feld* – Ein Flecken zwischen Eleusis und Megara,
    der den Göttinnen Demeter und Persephone geweiht war.
32 *die Prytanen* – Die fünfzig den Vorsitz führenden Ratsmitglie-
    der des Rats der Fünfhundert in Athen.
33 *Fluch ... von mütterlicher Seite her* – Wegen eines Mords an ei-
    nem Schutzflehenden stand Megakles, der Urgroßvater des
    Perikles, unter einem Fluch der Göttin Athene.
36 *Fünfkampf* – Der Pentathlon, der Springen, Laufen, Diskus-
    werfen, Speerwurf und Ringen umfaßte.

Fabius Maximus

Quintus Fabius Maximus Verrucosus, gest. 203 v. u. Z., erhielt wegen seiner Hinhaltetaktik im Krieg gegen Hannibal den
Beinamen Cunctator, „der Zauderer". Er war fünfmal Konsul (in
den Jahren 233, 228, 215, 214 und 209) und bekleidete 230 das Amt
des Zensors. Im Jahre 217 wurde er nach der römischen Niederlage
am Trasimenischen See zum Diktator ernannt und zermürbte
durch seine ausweichende Kriegführung den karthagischen Gegner
auf italischem Boden. 209 wurde unter seiner Führung die Stadt
Tarentum eingenommen. Er gilt als der berühmteste Fabier des
3. Jahrhunderts und wurde als der „Schild Roms" charakterisiert.

1   *Maximus* – (lat.) der Größte.
    Verrucosus – (lat.) der Warzige.
4   *Vorantritt von vierundzwanzig Liktoren* – Vgl. die Anm. zu Ca-
    millus, Kap. 10. Soviel Amtsdiener standen allein dem Dik-
    tator zu; die beiden Konsuln wurden von je zwölf Liktoren
    begleitet.
5   *nannten ihn einen Schulwärter* – Vgl. die Anm. zu Themistokles,
    Kap. 12.
13 *die Adler* – Gemeint sind die silbernen Feldzeichen der Legio-
    nen.
25 *zu Hause zurückgehalten* – Der Oberpriester, der Pontifex maxi-
    mus, durfte das Gebiet Italiens nicht verlassen.

Alkibiades

Alkibiades, um 450–404 v. u. Z., kam frühzeitig mit der Politik in Berührung, denn er wuchs im Hause seines Onkels und Vor-
munds Perikles auf und hatte zeitweilig Sokrates zum Lehrer. Seine
äußere Erscheinung und sein leutseliges Wesen begünstigten seinen Einfluß auf die Mitbürger. Nach dem Tode Kleons setzte er

sich 422 an die Spitze der radikalen demokratischen Partei und suchte Sparta politisch zu isolieren, was er 420 als Stratege durchzusetzen vermochte: Athen rückte von Sparta ab und schloß sich mit anderen griechischen Stadtstaaten zu einem Defensivbündnis zusammen. Es kam zu militärischen Auseinandersetzungen. 417/16 eroberte Alkibiades als Stratege das neutrale Melos. In der Folge drängte er zu einem Feldzug gegen Sizilien, der 415 zustande kam. Vor der Abfahrt der Flotte ereignete sich in Athen das Sakrileg der Verstümmlung der Hermen; Alkibiades galt als einer der Hauptakteure. Es kam jedoch aus taktischen Rücksichten nicht sogleich zu einem Prozeß, sondern Alkibiades wurde erst nach Ankunft in Sizilien zurückbeordert. Er stellte sich nicht, sondern floh nach Sparta. In Abwesenheit wurde er in Athen als Mysterienschänder zum Tode verurteilt. Nunmehr richtete sich Alkibiades gegen Athen und unterstützte die spartanischen und persischen Aktionen gegen die Heimatstadt. Ein Rückberufungsgesuch wurde von der oligarchischen Regierung Athens im Jahre 411 abgelehnt, jedoch wählte die demokratisch gesinnte athenische Flotte vor Samos Alkibiades im gleichen Jahr zum Strategen. In dieser Funktion besiegte er 410 die spartanische Flotte bei Kyzikos und eroberte Byzanz. 408 zog er als gefeierter Sieger in Athen ein, wurde rehabilitiert und zum Hegemon gewählt. Bereits ein Jahr später nach der Niederlage bei Notion abgesetzt, zog er sich nach Thrakien zurück. 404 mußte er vor den Spartanern fliehen und wurde am Hofe des persischen Satrapen Pharnabazos umgebracht.

1   *Labenkopf* – Im griechischen Wortspiel steht an dieser Stelle ein Wort in der Bedeutung „Kopf eines Schmeichlers".

2   *einen Flötenspieler geschunden* – Apollon besiegte in einem musikalischen Wettstreit den Silen Marsyas und zog ihm zur Strafe die Haut bei lebendigem Leibe ab.

5   *Schutzverwandter* – Ein Metoike, ein freier Nichtathener, der sich gegen Entrichtung eines Entgelts bei einem vornehmen athenischen Bürger in Schutz begab.

10   *der größte unter allen Rednern* – Gemeint ist Demosthenes.

13   *die Scherbe* – Anspielung auf den Ostrakismos, das Scherbengericht; als Stimmzettel dienten dabei Tonscherben.

14   *Gastfreund … von Staats wegen* – Er nahm die Interessen auswärtiger Staaten in seiner Heimat wahr, erfüllte also gewissermaßen Aufgaben heutiger Konsuln.

17   *Halbzirkel* – Gemeint ist ein Teil des Theaters.

19   *Hierophant* – Der Oberpriester bei den eleusinischen Mysterien.
    die Göttinnen – Demeter und Persephone; ihnen galt der eleusinische Mysterienkult.

19 *Abmessung des Wassers* – Durch eine Wasseruhr wurde vor Gericht die Redezeit der einzelnen Prozeßparteien bemessen.

22 *zu Mysten und Epopten gemacht* – Die Mysten besaßen den niedrigsten Grad der Weihe, während die Epopten den letzten Grad erreicht hatten, in die sogenannten Großen Mysterien eingeweiht waren.
    Eumolpiden – Als Nachkommen des Stifters der eleusinischen Mysterien, des Thrakiers Eumolpos, hatten sie als Priester bestimmte gottesdienstliche Funktionen wahrzunehmen.

23 *ein milesischer Mantel* – Ein kostbarer Mantel aus feinem Wollstoff von meist purpurner Farbe.
    das ist Achills Sohn nicht, nein … der leibhaftige Zögling des Lykurgos – Das Sprichwort führte die Folgerung zu Achilleus selbst fort; hier wird auf den legendären strengen Gesetzgeber Spartas Lykurgos hingewiesen.
    Noch ist's dasselbe Weib – So wird bei Euripides die schöne Helena charakterisiert, als sie am Grabe ihrer Schwester Klytaimnestra ihre Haare als Grabspende weihen will, aber nur die äußersten Haarspitzen abschneidet.

26 *der Peiraieus* – Piräus, der Hafen von Athen.

28 *Ephoren* – Die jährlich gewählten fünf höchsten Beamten Spartas.

30 *Peltasten* – Leichtbewaffnete Kämpfer zu Fuß.

34 *Praxiergiden* – Ein attisches Priestergeschlecht.
    der Monat Thargelion – Er entspricht etwa dem heutigen Mai.
    Jakchos – Vgl. die Anm. zu Themistokles, Kap. 15.

Gaius Marcius Coriolanus

Gnaeus (nicht Gaius) Marcius gehört zu den legendären Helden und Heerführern der frühen römischen Geschichte. 493 v. u. Z. soll er die volskische Stadt Corioli erobert haben und mit dem Beinamen Coriolanus geehrt worden sein. Als adelsstolzer Patrizier war er den römischen Plebejern besonders verhaßt. Sie setzten 491 seine Verbannung durch. Coriolanus ging zu den Volskern und rückte, nachdem er zahlreiche Städte in der Umgebung besiegt hatte, 489/88 mit einem Heer vor die Mauern Roms. Erst auf die Bitten seiner Mutter und seiner Gattin nahm er von einer Bestürmung der Stadt Abstand. Er wurde im Exil von den Volskern ermordet.

1 *das reichlichste und beste Wasser* – Gemeint ist die Aqua Marcia, die Marcische Wasserleitung.

1 *die Tugend geradezu „Virtus" nannten* – In dem lateinischen Wort ist die Bezeichnung für Mann, „vir", enthalten; es bedeutet also auch Mannheit.

3 *weil man die Eiche der Arkadier wegen schätzt* – Von den Arkadiern sollen einige Städte als Kolonien am Tiber gegründet worden sein; sie galten daher als deren Stammeltern.

eine Art von Met – Es kann sich nur um ein Getränk handeln, das aus dem Baumsaft gewonnen wurde.

die Mistel, ein Werkzeug der Jagd – Aus der Mistel wurde Vogelleim hergestellt.

11 *Soter* – (griech.) der Retter.

Kallinikos – (griech.) der ruhmvolle Sieger.

Physkon – (griech.) Schmerbauch.

Grypos – (griech.) Adlernase.

Euergetes – (griech.) der Wohltäter.

Philadelphos – (griech.) einer, der Bruder oder Schwester liebt.

Eudaimon – (griech.) der Glückliche.

Doson – (griech.) einer, der geben will.

Lathyros – (griech.) Kichererbse, Wicke.

Diadematus – (lat.) der mit einem Diadem Geschmückte.

Celer – (lat.) der Schnelle, Rasche.

Proculus – Der Name ist von lat. procul, „weitab", „in der Ferne" abgeleitet.

Posthumus – (lat.) der Nachgeborene.

Sulla – Der Name bezeichnet einen, der ein kupferfarbenes oder finniges Gesicht hat.

Niger – (lat.) der Schwarze.

Rufus – (lat.) der Rotschopf.

Caecus – (lat.) der Blinde.

Claudius – Der Name kommt von lat. claudus, „lahm", „hinkend".

17 *die Ädilen* – Hier: die zwei plebejischen Amtsdiener der Volkstribunen.

25 *die sogenannten Tensen* – Wagen, auf denen die Götterstatuen im Festzug gefahren wurden.

Demetrios

Demetrios, um 336–283 v. u. Z., Sohn des Diadochenkönigs Antigonos, war ein bedeutender Feldherr, der wegen seiner vielen Eroberungen den Beinamen Poliorketes, „der Städtebelagerer", führte. Nachdem sein Vater große Gebiete seines Reichs in Asien an Seleukos verloren hatte, konzentrierte sich die Aufmerksamkeit des Demetrios auf Griechenland. 307 eroberte er Athen, von wo er den Demetrios von Phaleron vertrieb, und errang 306 über Ptolemaios bei Salamis einen Sieg. Dies brachte ihm die Mitregentschaft neben seinem Vater und den Königstitel ein. 305/04 belagerte er vergeblich Rhodos und schwang sich 302 zum Protektor des Korinthischen Bundes auf. 301 wurde er in der Schlacht bei Ipsos geschlagen, in der auch sein Vater den Tod fand. Demetrios gelang es in der Folge, seinen Einfluß in Griechenland wiederzuerlangen. Er eroberte 294 erneut das im Jahre 301 abgefallene Athen und unterwarf 292 Boiotien sowie 291 Theben. Von 294 bis 287 war er König von Makedonien und Thessalien. Die Heere der verbündeten Diadochenkönige bezwangen ihn 285 in Kilikien. Zwei Jahre später starb Demetrios in der Gefangenschaft.

1 *Heloten* – Die unterworfenen bäuerlichen Urbewohner des Gebiets um Sparta, die als eine Art Staatssklaven die Hälfte des Bodenertrags abzuliefern hatten und im Krieg als Leichtbewaffnete dienten.

4 *der Pontos Euxeinos* – Das Schwarze Meer.

8 *der Monat Thargelion* – Etwa der heutige Mai.
   der Peiraieus – Piräus, der Hafen von Athen.

10 *Archontenwürde* – Die neun jährlich neu zu wählenden Archonten waren die höchsten Beamten in Athen. Nach dem Namen des Archon Eponymos, der für die innere Verwaltung zuständig war, wurde das Jahr benannt.
   der heilige Mantel – Ein weißer Mantel mit figürlicher Goldstickkerei, der alle fünf Jahre neu verfertigt wurde und der Bildsäule der Athene im Parthenon als Umhang diente.

11 *der Kerameikos* – Ein Stadtteil in Athen, wo die Töpfer ihr Quartier hatten.

12 *der Monat Munychion* – Er entspricht etwa dem heutigen April.

19 *Doppellauf* – Ein Lauf, bei dem die Strecke hin und zurück bewältigt werden mußte.
   ein thasischer oder ein chiischer Fluß – Angespielt wird damit auf die hochgeschätzten Weine von den Inseln Thasos und Chios.

20 *Helepoleis* – (griech.) die Städteeroberer.

26 *Monat Anthesterion* – Er entspricht etwa dem heutigen Februar.
   Monat Boëdromion – Er ist etwa dem heutigen September gleichzusetzen.
   Epopt – Vgl. die Anm. zu Alkibiades, Kap. 22.

27 *Helepolis* – (griech.) die Städteeroberin, Anspielung auf die in Kap. 20 beschriebene Belagerungsmaschine.

27 *ein leibhaftes Märchen, weil er ... eine Lamia um sich hätte* – Lamia,
eine zur Hexe gewordene afrikanische Königin, raubte der
Sage nach Kinder, um sie zu verspeisen.

39 *Polemarch* – (griech.) Oberbefehlshaber.

40 *Ahnherr des ganzen Stammes* – Apollon galt als der Vater des
Ion, von dem sich die Ionier herleiten. Die Athener rechneten
sich zum ionischen Stamm.

41 *Kausias* – Ein bei den Makedoniern üblicher Hut aus Le-
der.

42 *Städtebelagerer* – Griechisch Poliorketes.

46 *Kind des blinden Greises Antigonos* – Im Anfangsvers des Sopho-
kleischen „Oidipus in Kolonos" redet der blinde Oidipus
seine Tochter Antigone an; ihr Name ist vertauscht mit dem
des Antigonos, der nur ein Auge hatte.

53 *die Inseln* – Gemeint sind die Kykladischen Inseln.

Marcus Antonius

Marcus Antonius, 82–30 v. u. Z., war ein Parteigänger des Julius Caesar, dessen Interessen er 49 als Volkstribun erstmals wirk-
sam in Rom vertrat. Während des Bürgerkriegs bewährte er sich in
mehreren Funktionen im Heer und wurde 44 mit Caesar Konsul.
Nach dessen Ermordung an den Iden des März schwang er sich
zum führenden Politiker auf, indem er sich des Staatsschatzes und
der Privatpapiere Caesars versicherte, die es ihm ermöglichten,
nicht nur von Caesar ausgearbeitete Gesetze, sondern auch eigene
unter dessen Namen durchzusetzen. In der Folge kam es mit dem
Senat und dem Erben Caesars, Octavian, zu Auseinandersetzungen
um Einfluß und Macht, die aber 43 im sogenannten zweiten Triumvi-
virat, zu dem Lepidus als dritter hinzukam, vorerst geschlichtet
werden konnten. Die gemeinsamen Aktionen der Triumvirn richteten sich gegen die Mörder Caesars, die 42 in der Schlacht bei Philippi besiegt wurden. Bei der darauf vorgenommenen Neuvertei-
lung der Einflußsphären erhielt Antonius die reichen östlichen
Provinzen. Er begab sich über Griechenland und Kleinasien nach
Ägypten, wo er seit 41 mit der Königin Kleopatra VII. in Verbindung trat. Mißhelligkeiten mit Octavian konnten im September 40
bereinigt werden. Zur Bekräftigung der Aussöhnung heiratete Antonius die verwitwete Schwester Octavians und kehrte erst im Winter 37/36 nach Syrien zu Kleopatra zurück. 36 heiratete er trotz seiner Ehe mit Octavia, die er erst 32 offiziell verstieß, die ägyptische
Königin, um sich die Verfügung über deren Machtmittel zu sichern. Der Feldzug gegen die Parther im Jahre 36 wurde ein Mißer-
folg, jedoch siegte Antonius 34 über den armenischen König.Arta-

vasdes. Die neuentstandene Situation sowie die selbstherrlichen Verfügungen des Antonius führten zum endgültigen Bruch mit Octavian, der 32 der Kleopatra den Krieg erklären ließ. In der Seeschlacht von Aktion am 2. September 31 fiel die Entscheidung zugunsten von Octavian. Antonius folgte der fliehenden Kleopatra nach Alexandria. Dort gab er sich nach weiteren militärischen Niederlagen am 1. August 30 selbst den Tod.

3   *Typhon* – In der ägyptischen Mythologie ein Bruder von Isis und Osiris, Prinzip alles Bösen.

15   *Charoniden* – Die Bezeichnung bezieht sich auf Charon, den Fährmann in der Unterwelt.

18   *Cotylon* – Der Name bedeutet soviel wie Trunkenbold, Säufer.

24   *wie jene Stadt bei Sophokles* – Gemeint ist das von der Pest heimgesuchte Theben in der Tragödie „König Oidipus".
      Omestes – Vgl. die Anm. zu Themistokles, Kap. 13.
      Agrionios – „Wild", „grausam"; unter diesem Beinamen wurde dem Bakchos ein Fest gefeiert.

33   *Gymnasiarch* – Ein Ehrenamt zur Ausrichtung von athletischen Wettkämpfen in Athen.

36   *das äußere Meer* – Gemeint ist das Mittelmeer.

54   *Tiara* – Ein kleiner kegelförmiger Hut, der den Hinterkopf bedeckte.
      Kitaris – Eine turbanähnliche Kopfbedeckung mit aufrecht stehender Spitze.
      Chlamys – Ein kurzer Mantel.
      Kausias – Ein Lederhut der Makedonier.

62   *wenn Caesar bei Toryne sitzt* – Ein Wortspiel, denn Toryne bedeutet im Griechischen auch Quirl.

65   *Eutychos* – (griech.) glücklich.
      Nikon – (griech.) Sieger.
      die sechste Stunde – Die Stunden wurden von Tagesbeginn an gerechnet, es war also gegen Mittag.

68   *bis zur zehnten Stunde* – Bis gegen 16 Uhr.

70   *Choës* – (griech.) das Kannenfest; der zweite Tag der Anthesterien, die zu Ehren des Bakchos unter ausgelassenem Zechen begangen wurden.

75   *der Gott, welchem Antonius sich ... gleichstellen .... wollen* – Gemeint ist Bakchos.

80   *der ... sich ungebührlicherweise in die Akademie eindrängte* – Der Lebenswandel des Philostratos entsprach nicht den Ansichten der akademischen Philosophenschule.

87   *Gaius* – Gemeint ist Kaiser Caligula.

Maße und Gewichte

Längenmaße

Elle: örtlich unterschiedliches Maß; ungefähr 44,40 cm
Fuß: örtlich unterschiedliches Maß; ungefähr 29,60 cm
Stadion: 600 Fuß; ungefähr 178,60 m

Hohlmaße

Choinix: etwa 1,09 l
Kotyle: etwa 0,27 l
Medimnos: etwa 52,50 l
Modius: etwa 8,74 l

Massemaße

As: 1/10 Denar
Denar: ungefähr 4,55 g
Drachme: ungefähr 6 g
Mine: ungefähr 436,6 g
Obole: ungefähr 1 g
Pfund: ungefähr 327,5 g
Sesterz: 2 1/2 As
Stater: ungefähr 8,73 g
Talent: ungefähr 26 196 g

Die Massebezeichnungen dienten gleichzeitig als Bezeichnungen für die Münzwerte, die in der Regel die angegebene Masse in Silber darstellten. Der As bestand aus Kupfer. Eine Umrechnung in eine moderne Währung ist schwierig, weil sowohl Gewicht als auch Kaufkraft der einzelnen Münzen schon in der Antike Schwankungen unterlagen.

Inhalt

Publius Vergilius Maro

Hirtengedichte

Aus dem Lateinischen übertragen
von Dietrich Ebener
Lateinisch und deutsch
88 Seiten · Leinen
Best.-Nr. 612 6629
Bestellwort: Vergil, Hirtengedichte

Vergil begründete mit seinen Hirtengedichten die
Tradition der bukolischen Dichtung in Rom und
wurde dadurch schon zu Lebzeiten berühmt. In der
Antike galten seine Verse als mustergültig für alle
Dichtungen. Vergils Bucolica gediehen später zum
Vorbild der europäischen Hirtendichtung von der Re-
naissance an. Noch heute, zweitausend Jahre später,
haben seine Gedichte über eine verklärt glückliche
und harmonische Welt weder an ihrer Schönheit
noch an ihrer Meisterhaftigkeit verloren.

Aufbau-Verlag Berlin und Weimar

BdW

Bibliothek der Weltliteratur

Aus allen Nationalliteraturen
Werke von welthistorischem Rang
in Einzelausgaben

Nachauflagen 1986

Johann Wolfgang Goethe: Gedichte
Gottfried Keller: Der grüne Heinrich
Giovanni Boccaccio: Das Dekameron
Herman Melville: Moby Dick oder Der Wal
Theodore Dreiser: Eine amerikanische Tragödie
Jaroslav Hašek: Die Abenteuer des braven Soldaten
     Schwejk

Aufbau-Verlag Berlin und Weimar

Anton Tschechow: Meistererzählungen
August Strindberg: Das Rote Zimmer
Edgar Allan Poe: Erzählungen

Rütten & Loening · Berlin

TWV

Taschenbibliothek
der Weltliteratur

1986 erscheinen

Aufbau-Verlag Berlin und Weimar